# 판소피아와 교육

| 나현규 지음 |

*Pansophia & Education*

학지사

## 추천사

최근까지 신학 분야에서 코메니우스 관련 논문과 저술 그리고 번역본이 다수 나온 것으로 알고 있다. 그가 교육학 분야에 끼친 지대한 영향을 고려해 볼 때, 그의 교육사상에 대한 연구는 그리 다양하지도, 심원하지도 않다는 생각이 든다. 그의 삶과 저작을 공부해 본 사람이라면 누구나 느낄 수 있듯이, 그의 신학 사상과 교육사상은 분리되지 않으며 분리될 수도 없다. 그는 교육의 마당을 지나지 않고는 신앙의 궁전에 들어갈 수 없음을 누누이 천명한 인물이었다. 그는 예수 사역의 대부분이 교육이었다는 점을 굳게 믿었으며 그 길을 걸었던 교육사상가요, 교육실천가였다. 이러한 관점에서 그에 대한 연구의 출발점을 그의 교육사역(敎育使役)에서 찾는 것은 너무나도 당연한 일인지 모른다.

이번에 출간된 나현규 박사의 『판소피아와 교육』은 바로 이런 점에서 기존의 저작들과는 차별화된다는 생각이 든다. 저자는 목회자이지만 코메니우스의 길을 따라 그의 사상을 교육학적 관점에서 조명하고 있다. 그는 이 책을 통해 하나님이 창조하고 구조화한 세계에 대한 코메니우스의 교육사상을 코메니우스처럼 생각하고 시각화하고 있다. 기존의 연구들과 달리 저자는 코메니우스에 관한 방대한 자료를 토대로 판소피아(pansophia)의 의미와 구조를 밝히고 이것을 교육학적 관점에서 해석하고 있다. 나아가 저자는 판소피아의 사상 속에서 코메니우스가 본래 구현하고자 했던 목적과 소명이 무엇인가를 밝히는 데 초점을 맞추고 있다.

『판소피아와 교육』은 코메니우스 연구의 중요한 학술자료로서도 기여할 것으로 보인다. 이는 코메니우스의 저술 구조 안에 담긴 삶의 지혜를 찾아내려고 시도하였다는 점에서 접근방식이 새로울 뿐만 아니라, 코메니우스 사상에 대한 새로운 이해의 가능성을 열어 주고 있기 때문이다. 특히 제2부에서 코메니우스의 교육 저작들 안에 담긴 전체 구조와 세부 구조의 의미를 치밀하게 분석하고 그것을 교육학적으로 새롭게 조명한 점은 그의 교육사상 이해의 지평을 넓히는 데 크게 기여할 것으로 보인다.

모쪼록 이 책이 코메니우스의 진의(眞意)를 파악하기 위해 밤을 지새우는 연구자들에게 도움이 되길 바라며, 교육이야말로 인간을 구원하고 인류를 구원하는 최고의 사업임을 굳게 믿는 사람들에게 용기를 불어넣어 주는 책이 되길 희망한다. 생의 마지막까지 온갖 고난과 역경을 겪으면서도 결코 굴하지 않고 교육활동에 매진했던 코메니우스의 교육 열정을 마음에 새기면서 무소처럼 본래적인 길을 걸어가려는 교육실천가들에게도 큰 힘이 되었으면 한다. 이 책이 위대한 인물로 안내하는 또 하나의 값진 계기가 되길 희망한다.

공주대학교 신관 캠퍼스에서

이병승 識

## 저자 서문

만약 누군가 내게 코메니우스(John Amos Comenius, 1592~1670)의 사상을 이해하기 위해 알아야 할 '핵심 단어'가 무엇인지 묻는다면, 나는 주저하지 않고 다음과 같이 대답하겠다. '미로(labyrinth)'와 '판소피아(Pansophia)'!

'미로'의 본질은 수천 가지로 갈리는 복잡한 길에 있다. 코메니우스는 사상적 분리, 학문적 분리, 언어의 분리, 종교의 분리 등을 가리켜서 '미로'와 같다고 말한다. 이런 현상은 오늘날 교육철학의 현실과 다르지 않아 보인다. 교육철학에 발을 들여 놓는 것은 마치 미노스(Minos)의 미로에 들어서는 것처럼 느껴진다. 그래서 필자는 코메니우스의 전체성에 주목하게 되었다. 코메니우스는 복잡한 수천 갈래의 길을 세 가지로 정리하기를 좋아했다. 이름하여 '삼분법'이다. 아주 흥미롭게도 그의 이름도 '삼분법'으로 정리할 수 있는데, 이는 그의 생애를 이해하는 또 하나의 방법이다.

첫째, '코메니우스'라는 이름이다. '코메니우스'는 체코식 이름인 '코멘스키(Komenský)'의 라틴식 이름이다. 아버지에게 물려받은 코멘스키라는 이름은 '꼼냐(Komňa)에서 온 사람'이란 뜻이다. 꼼냐는 체코의 모라비아에 있는 한 지역 이름이다. 코메니우스는 체코의 니브니체(Nivnice)에서 태어나 우헤르스키 브로드(Uhersky Brod)에서 자랐다. 코메니우스가 헤르보른 대학에 입학할 당시 입학 등록 명부에 기록한 이름은 '니브니첸시스(Nivnicensis)'였다. 또한 그는 대학 생활 중에 자신의 이름을 '니바누스 모라브스(Nivanus Moravus)'로 쓰기도 했다. 이를 통해 우리는 그가 자신의 성(last name)을 지역(거주지, 세상, 자연)과 연관시키고 있음을 알 수 있다.

열 살에 아버지를 잃고 열한 살에 어머니와 두 여동생을 잃은 코메니우스는 고아가 되었고, 청년 시절 이후 평생 동안 떠도는 생활을 했다. 그는 조국을 떠나 망명생활을 하던 중에 30년 전쟁(1618~1648년)을 겪었고, 전쟁 통에 사랑하는 아내와 두 아들을 모두 잃기까지 했다. 이처럼 이 땅에서의 삶이 고난의 연속이었음에도 코메니우스는 '세계, 자연, 땅'을 매우 중요하게 생각했다. 그에게 '세계' 혹은 '자연'은 지긋지긋한 곳이 아니라 탐구하고, 실습하고, 향유해야 할 하나의 '책'(그는 이것을 '자연의 책'이라고 불렀다.)과 같았다. 이는 그의 사상에서 매우 중요한 요소다. 코메니우스는 자연을 책으로 삼아 자연으로부터 지혜를 얻었다. 그래서 코메니우스가 실제 사물의 지식과 자연과학 분야, 자연 질서에 따른 교수방식, 실물 관찰의 중요성, 사물과 언어의 연결 등을 강조한 것은 바로 이런 정신에서 온 것이다. 이에 따라 코메니우스는 다음과 같은 황금률을 제시한다. "모든 것을 가능한 한 항상 감각을 통해 배워야 한다. 눈으로 알 수 있는 것은 눈앞에 보여 주고, 들어서 알 수 있는 것은 귀로 듣게 해 주며, 냄새로 알 수 있는 것은 코앞에 갖다 대 주고, 맛으로 알 수 있는 것은 미각을 통해 맛볼 수 있도록 해 주어야 하며, 만져서 알 수 있는 것은 촉각으로 느낄 수 있게 해 주어야 한다."(Comenius, 1910)

둘째, '아모스(Amos)'라는 이름이다. 코메니우스의 체코식 원래 이름은 얀 코멘스키(Jan Komenský)였다. '아모스'라는 이름은 코메니우스가 프르제로프

(Přerov) 라틴어 학교에 다닐 때(1608~1611) 친구들에 의해 처음으로 불린 것으로 전해진다(Anastasas, 1973). 라틴어의 '사랑(Amor)'이라는 단어에서 '아모스'라는 이름을 가져온 것이다. 그러던 중 그는 헤르보른 대학에 입학하면서부터 정식으로 '아모스'라는 이름(middle name)을 사용하기 시작했다. 이 이름에는 두 가지 의미가 담겨 있다. 하나는 '사랑'이라는 의미이며, 다른 하나는 '짐을 실어 나르는 자'라는 의미다. 두 번째 의미는 구약 성경에서 선지자의 이름으로 사용되었던 것이다. 이 두 가지 이름의 의미는 그의 사상에 있어서 또 다른 차원을 열어 준다. 먼저 '사랑'은 바로 인간 및 인간의 이성에 대한 사랑을 뜻하며, 이 사랑은 그의 인문학적 관심으로 나타났다. 코메니우스는 인문학을 하나님이 주신 '이성의 책'으로 간주했을 뿐만 아니라 그 자신이 매우 열심히 읽었다.

젊은 날에 코메니우스는 다양한 저자의 책을 탐독하였는데, 저자들 중에는 라티키우스(Raticius), 헬비쿠스(Helvicus), 레니우스(Rhenius), 리터(Ritter), 글라움(Glaum), 라트케(Ratke), 케킬리우스(Caecillius) 등이 있으며, 특별한 영향을 받은 저자들 중에는 안드레(Andreae), 캄파넬라(Campanella), 베룰람(Verulam) 등이 있다. 이 외에도 아리스토텔레스(Aristoteles), 코페르니쿠스(Copernicus), 베이컨(Bacon)과 같은 저자들로부터는 구체적인 아이디어를 얻을 정도였다. 예를 들어, 코메니우스는 아리스토텔레스의 『자연학(Physica)』의 영향을 받아 『자연학 개론(Physicae Synopsis)』을 저술하여 자연철학의 개혁을 시도하였으며, 베이컨의 『대개혁(Instauratio Magna)』(1620)을 읽고는 "내가 보기에 다른 어떤 것보다도 지금 떠오르는 새로운 시대의 철학에 대한 가장 밝은 빛으로서 경탄할 만한 작품"이라고 격찬하기도 했다. 또한 『신기관(Novum Organum)』을 정독하면서 그의 사상적 아이디어를 얻었다고 말한다. 특히 코페르니쿠스의 작품과 관련된 재미있는 일화가 있다. 코메니우스가 하이델베르크 대학에서 수학하던 중 어떤 사람(그녀는 한 교수의 미망인이었다)이 코페르니쿠스의 『천구의 회전에 관하여(De revolutionibus orbium coelestium)』라는 책의 초고를 갖고 있다는 소식을 듣고 찾아가 자신이 갖고 있던 생활비 전부를 털어 그 책을 샀다. 결국 그는 하이델베르크에서 프라하까지 걸어서 귀국해야 했다.

 '아모스'의 의미 중에 '짐을 실어 나르는 자'라는 뜻은 그의 사상에서 정치철학과 관련이 깊다. 구약 성경의 아모스 선지자는 '공법과 정의'를 외친 선지자였다. 코메니우스가 스물일곱 살 때 지은 『하늘로 보내는 편지들(Listove, do neve)』이라는 작품을 보면, 당시 억압받고 있던 가난한 자들의 모습을 성경의 아모스 선지자의 심정으로 묘사하는 내용이 나온다. "정말 공평하지 않은 일들이 벌어지고 있다. 저 부자들은 세상의 물질을 풍족하게, 아니 더구나 불필요하게 많이 가지고 있는데, 그와 반대로 우리는 궁핍함에 시달려야만 한다." 코메니우스는 이런 시대 상황을 묘사하는 것에 멈추지 않고 그 원인까지 언급하고 있다. 즉, 당시 붕괴되어 가는 봉건주의와 신생하는 초기 자본주의의 부패에 대한 비판적 입장을 보여 주고 있다. 그의 이런 사상적 고민으로부터 정치적 관심이 시작되었으며, 인생의 고난이 깊어질수록 정치적 필요성에 대하여 보다 깊이 생각하며 평화를 갈망하게 되었다. 이러한 평화는 국가 내의 사회적 평화뿐만 아니라 국가 대 국가 간의 평화로 확장되었다.

 셋째, '요한'이란 이름이다. 이 이름은 코메니우스의 세례명으로 신약 성경에 나오는 예수님의 제자 중 한 사람의 이름과 같다. 코메니우스는 '여호와는 자비로우시다.'라는 뜻의 '요한'이라는 이름을 특별히 좋아했는데, 그는 체코 형제연합교회에서 어릴 때부터 이 이름으로 자라났다. 그는 요한이라는 이름에서 자신에게 주어진 소명을 느끼곤 했다. 그래서 그는 자신의 작품마다 이 땅에 생명을 주시며, 빛을 비추시는 로고스(λόγος)이신 예수님을 소개하는 요한복음 1장을 자주 인용하곤 했던 것이다. 그에게 예수님은 모든 만물의 시작이며, 과정이며, 끝이다. 달리 말해서, 여호와 하나님은 전체이며, 완전이며, 궁극이다. 그는 영원한 것만이 우리의 사고의 방향을 결정지을 수 있다고 믿었다. 그래서 그는 영원한 것을 중심으로 이 땅의 모든 것을 통합하고자 했던 것이다. 이런 사상적 맥은 성경에서 출발하여 아우구스티누스와 칼뱅을 잇는 개혁교회의 특성이다.

코메니우스가 영향을 받은 대표적인 신학자로는 아우구스티누스(Augustinus), 에라스무스(Erasmus), 루터(Luther), 칼뱅(Calvin), 아른트(Arndt), 후스(Hus) 등이 있고, 헤르보른 대학 시절의 알스테트(Alsted), 피스카토르(Piscator), 하이델베르크 대학에 있던 파레우스(Pareus) 등의 영향을 강하게 받았다.

성경에 대한 그의 생각은 확고했다. 그에게 성경은 '계시의 책'이다. '자연의 책'과 '이성의 책'은 '계시의 책'을 통해 볼 때만 그 의미를 온전히 알 수 있다. 따라서 모든 책 중에서 가장 중요한 책은 성경이다. 성경과 자신의 신학의 관계에 대하여 코메니우스는 다음과 같이 고백했다. "만약 나의 신학에 대해 질문을 한다면, 나는 성경을 끌어안고 나의 온 마음과 목소리를 다해 '나는 이 책에 기록된 것은 모두 믿습니다.'라고 말할 것이다." 그렇기 때문에 코메니우스의 핵심 사상인 '판소피아(pansophia)'가 로마서 11:36과 골로새서 1:28을 두 축으로 하여 세워진 것은 결코 우연이 아니었다.

코메니우스에 의하면, '미로'에서 빠져나올 수 있는 코드 숫자가 있는데, 바로 '3'과 '1'이다. 이 숫자는 '삼일성(三一性, trinality)'이라는 특성에서 나온 것이며, '삼일성'은 '삼위일체(Trinity)' 하나님으로부터 나왔다. '삼일성'이란 부분이 아닌 전체('1')를 의미하며, 또한 단순한 본질의 세 모양('3')을 의미한다. 코메니우스는 '삼위일체' 하나님으로부터 시작하여 창조세계 전체를 포괄하는 사상체계인 판소피아를 구상했다. 한마디로 말해서 '미로'에 대한 해법은 '필요한 한 가지'이며, 그것을 사상적으로 표현한다면 '판소피아'다. '미로'가 질문이라면, '판소피아'는 그에 대한 답변이다. '미로'가 당시의 어두운 혼돈이라면, '판소피아'는 빛의 길이다. '미로'가 문제라면, '판소피아'는 대안이다.

그렇다면 '판소피아'란 무엇인가? '판소피아'란 전체적 지혜다. 즉, 모든 사물에 대한 존재 근원과 존재 방식 그리고 존재 목적에 대한 앎과 관련된 전체적이면서 포괄적인 하나의 체계를 의미한다. 이와 같이 코메니우스는 포괄적이며 균형을 이루는 판소피아 사상의 체계를 통해 감각, 이성, 신앙을 바라보았기 때문에 자연과 이성을 분리시키지 않고, 이성과 신앙을 이원화하지 않을 수 있었던 것이다. 즉, 코메니우스는 판소피아를 통해 이성 안에서 감각을 깨웠던 교사요, 감각을 통해 이성을 밝혀 준 지도자였으며, 믿음으로부터 이성을 분리시키지 않으면서도 신앙을 일깨웠던 선지자였다. 더 나아가 자연과학을 널리 수용했던 교육학자요, 인문학을 두루 섭렵한 철학자였으며, 정통 신학을 계승한 신학자였던 그는 치우침 없는 포괄적 사상체계인 판소피아의 적용을 희망하였다.

판소피아의 적용은 다르게 말해서 '전체적 교육(Pampaedia)'이며, 이는 곧 개혁이었다. 개혁의 대상은 '학교' '국가' '교회'였으며, 코메니우스는 거기서 멈추지 않고 나아가 영역별 세계적 모임인 '빛의 대학' '평화 재판소' '거룩한 종교회의'를 제안하기에 이르렀다. 이와 같은 그의 제안은 마침내 1945년 '국제연합(UN)'이 창설됨으로써 결실을 거두게 되었으며[그 안에 국제사법재판소(ICJ)와 유엔교육과학문화기구(UNESCO) 등이 결성되어 있음], 1956년에 인도 뉴델리에서 개최된 UNESCO 회의에서 코메니우스가 UNESCO 정신의 최초 제안자임을 공식적으로 인정받게 되었다. 코메니우스는 『삶의 법칙(Rules of Life)』이라는 책의 마지막에서 다음과 같이 말했다. "당신이 어느 곳에 있든지, 하나님을 위해 사십시오. 그분은 당신에게 생명을 주신 분입니다. 양심에 따라 사십시오. 양심은 당신의 삶의 생명입니다. 명예를 위해 사십시오. 명예는 당신의 삶 이후의 생명입니다." 오늘날 우리는 그의 인생이 바로 하나님을 위한 삶이었으며, 양심에 따라 산 삶이었을 뿐만 아니라 명예로운 삶이었음을 확인할 수 있다.

이 책을 출판하게 된 것은 시작부터 중간 과정, 마무리까지 모든 것이 은혜였으며, 그 은혜 위에 은혜가 더해진 것이다. 지면을 통해 감사를 표하고 싶다. 이병승 교수님과의 만남 자체가 큰 은혜였다. 이 책의 기획부터 출판까지 도와주시고 함께해 주셨다. 이달우 교수님은 때마다 코메니우스의 지혜로 필자를 격려해 주셨다. 그것은 필자에게 불같은 에너지였다. 두 분을 통해 은사(恩師)와 함께하는 행복을 누릴 수 있었다. 진심으로 감사드린다. 고려대학교 강선보 교수님은 초고를 읽고 아낌없는 지도와 격려를 해 주셨다. 진심으로 감사드린다. 오춘희 교수님과 최진경 교수님은 필자에게 코메니우스를 가르쳐 주신 분들이다. 필자는 두 분의 좋은 '글'만이 아니라 실제 '본'을 통해 코메니우스를 배울 수 있었다. 두 분 역시 초고를 읽고 중요한 부분을 코멘트 해 주셨다. 진심으로 감사드린다. 필자의 오랜 은사이며, 필자로 하여금 코메니우스를 처음 접할 수 있도록 이끌어 주신 정일웅 총장님은 이 책의 출판을 기뻐해 주시고 귀한 추천의 글을 써 주셨다. 진심으로 감사드린다. 부족한 글을 크게 격려해 주신 총회 김창수 목사님, 책의 내용을 함께 나누며 좋은 생각을 불러일으켰던 공주대학교 교육사철학회 원우들, 책의 중요한 내용을 함께 고민해 준 귀우(貴友) 김우정 박사에게 진심으로 감사드린다. 이 땅의 학문적 진보를 위해 개척자 정신으로 이 책의 출판을 허락해 주신 학지사 김진환 사장님과 이규환 과장님, 편집자 황미나 선생님께 진심으로 감사드린다.

끝으로 교육학 연구를 시작할 수 있도록 용기를 주고, 때마다 학문하는 즐거움을 함께 나누며, 이 책의 내용을 공유했던 사랑하는 아내 정미숙과 사랑하는 딸 주혜와 함께 이 책의 뜻깊은 출판을 기뻐하고 싶다.

이 모든 감사와 기쁨을 담아 의와 긍휼의 통치자시며 나의 아버지 되신 여호와 하나님께 이 책을 즐거이 드리나이다.

"이는 만물이 주에게서 나오고 주로 말미암고 주에게로 돌아감이라 그에게 영광이 세세에 있을지어다 아멘."(롬 11:36)

Soli Deo Laus & Gloria!

2015. 9.
나현규

# 일러두기

* 본문 안의 인명과 도서명의 경우 한글로 적고 괄호 안에 원어를 병기하였다.
* 도서와 잡지인 경우는 『 』로, 논문은 「 」로, 그 외 예술작품 등은 〈 〉로 표기하였다.
* 한글 단어만으로 의미 전달이 충분하지 않다고 판단한 경우 괄호 안에 라틴어, 독일어, 영어, 그리스어, 히브리어, 한자 등을 병기하였다.
* 이 책에서 인용한 성경 구절은 한글 개역개정판을 참고하였다.
* 인용문의 경우 글자 크기를 본문과 달리하고 양 옆 여백으로 본문과 구별하였다.
* 본문의 각주는 각 장마다 새롭게 시작하였다.
* 본문 하단의 각주 내용 중 Dedication 다음의 숫자(예: Comenius, 1938: Dedication 9)는 별도로 구성된 책의 헌사 페이지, Preface 다음의 숫자는 책의 서문 페이지, Introduction 다음의 숫자는 책의 입문 페이지를 뜻한다.
* 본문 하단의 각주 내용 중, 예를 들어 'Comenius, 1966: Tomus 2, 24. sp. 22'에서 'Tomus 2'는 책의 권수(Volum 2)를 뜻하고, '24'는 책 하단의 페이지를 가리키고, 'sp. 22'는 24쪽의 상단에 기록된 분할 페이지를 뜻한다. 같은 맥락에서 본문의 내각주 중 'Comenius, 1957: Tomus 1, Pars Prima, 420'의 경우, 'Pars Prima'는 책의 구성 중 '제1부'를 의미하고, 그 뒤의 숫자는 페이지 번호다.
* 본문 중의 약어표는 다음과 같다.

  DM → Didactica Magna

  VL → Via Lucis

  OP → Orbis Pictus

  Pamp → Pampaedia

* 본문 중 『일반담론』은 『인간개선에 관한 일반담론(*De Rerum Humanarum Emendatione Consultatio Catholica*)』의 축약형이다.

차 례

추천사 / 3
저자 서문 / 5


총 론 ▶ 19
　　1. 학문적 분리주의는 극복될 수 있는가 _ 23
　　2. 코메니우스 연구의 발자취 _ 31
　　3. 교육학의 대가에게 접근하는 법 _ 41


제1부  판소피아와 코메니우스


제1장  판소피아 사상의 형성 배경 ▶ 53
　　1. 유토피아 사상 _ 58
　　2. 범지주의 _ 63
　　3. 성경–신학 _ 70

제2장 판소피아의 개념 ▶ 81

　　1. 코메니우스와 판소피아 _ 85

　　2. 판소피아의 개념 _ 92


제3장 판소피아의 특성 ▶ 101

　　1. 본질-방편-목적 _ 105

　　2. 대상-내용-방법 _ 112

　　3. 판소피아 특성의 부분적 조명 _ 116

　　4. 판소피아의 특성 _ 120


제4장 판소피아의 구조 ▶ 135

　　1. 구조의 의미 _ 139

　　2. 코메니우스와 구조 _ 149

　　3. 판소피아 특성과 구조의 관련성 _ 153

　　4. 판소피아 구조의 기원 _ 158

　　5. 판소피아의 구조 _ 165


**제2부 텍스트 구조분석과 판소피아**


제5장 텍스트 구조분석을 위한 준거 ▶ 187

　　1. 구조분석의 의미 _ 191

　　2. 구조분석의 필요성 _ 193

　　3. 텍스트 선정 배경 _ 195

제6장 '토대'로서의『대교수학』 ▶ 199

　　1.『대교수학』의 전체 구조와 의미 _ 203

　　2.『대교수학』의 세부 구조와 의미 _ 208

　　3. 구조분석을 통해 본『대교수학』의 특성 _ 223


제7장 '원리'로서의『빛의 길』 ▶ 229

　　1.『빛의 길』의 전체 구조와 의미 _ 233

　　2.『빛의 길』의 세부 구조와 의미 _ 237

　　3. 구조분석을 통해 본『빛의 길』의 특성 _ 249


제8장 '순서'로서의『세계도회』 ▶ 251

　　1.『세계도회』의 형식 및 구조분석의 필요성 _ 255

　　2.『세계도회』의 구조 _ 260

　　3. 구조분석을 통해 본『세계도회』의 특성 _ 267


제9장 '방법'으로서의『팜패디아』 ▶ 271

　　1.『팜패디아』의 전체 구조와 의미 _ 276

　　2.『팜패디아』의 세부 구조와 의미 _ 284

　　3. 구조분석을 통해 본『팜패디아』의 특성 _ 295


제10장 텍스트 구조분석을 통해 본 판소피아 ▶ 299

　　1. 텍스트 구조분석 결과 _ 303

　　2. 텍스트 구조에 나타난 판소피아적 특성 _ 308

　　3. 텍스트 구조분석과 비교연결의 의미 _ 312

# 제3부 판소피아와 교육

## 제11장 판소피아와 교육의 상관성 ▶ 319

1. 코메니우스의 교육사적 위상 _ 323
2. 판소피아와 교육의 관계 _ 326
3. 판소피아 특성의 교육적 의미 _ 328
4. 판소피아 구조의 교육적 의미 _ 329

## 제12장 판소피아와 교육목적 ▶ 331

1. 교육목적 _ 335
2. 판소피아와 교육목적 _ 341
3. 판소피아와 교육의 주체 _ 346
4. 판소피아 구조를 통해 본 교육목적의 특성 _ 349

## 제13장 판소피아와 교육내용 ▶ 355

1. 교육내용 _ 359
2. 판소피아와 교육내용 _ 361
3. 판소피아 구조를 통해 본 교육내용의 특성 _ 372

**제14장 판소피아와 교육방법** ▶ 379

    1. 교육방법 _ 383

    2. 판소피아와 교육방법 _ 386

    3. 판소피아 구조를 통해 본 교육방법의 특성 _ 398


**결 론** ▶ 417

    1. 요 약 _ 421

    2. 판소피아와 교육적 희망 _ 437


참고문헌 / 441

찾아보기 / 461

# 총 론

1. 학문적 분리주의는 극복될 수 있는가

2. 코메니우스 연구의 발자취

3. 교육학의 대가에게 접근하는 법

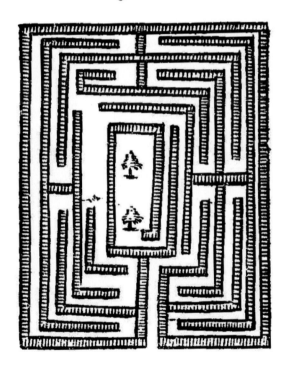

*Labyrinthus.*

*Labyrinthus.*

총론의 표지 그림은 『언어의 문(*Janua Linguarum*)』에 나오는 '미로 (Labyrinthus)'다(Comenius, 1665). 그림 하단에 입구가 보인다. 목적지에 해당하는 중앙의 나무에 이르는 길은 첫 갈림길에서 크게 두 가지로 나뉜다. 흥미로운 것은 두 길 모두 목적지에 이른다는 점이다. 결국 그림에서 중요한 것은 목적지에 이르는 과정에서 헤매지 않고 얼마나 쉽고 빠르게 도달할 수 있느냐다. 이를 위해서는 전체를 조망하는 것이 필수적이다.

과학과 지식의 격변기였던 17세기에 코메니우스는 세상을 '미로'로 비유했다. 온갖 허영과 불의, 무질서로 가득한 세상은 마치 미로와 같다는 것이다. 코메니우스는 이런 세상을 극복하는 길을 통합적 사상체계인 '판소피아'를 통해 찾았다.

필요한 한 가지(one thing necessary)에 대한 그리스도의 방법적 법칙은 준수되어야 한다. 왜냐하면 이것만이 유일하게 세상의 미로(labyrinthus)로부터 빠져나갈 길을 보여 주기 때문이며, 세상의 짐을 가볍게 하고, 이 세상에서 굶주림에 시달리는 지역에 배부름을 제공하기 때문이다. 또한 그리스도께서 친히 특별한 적용과 말씀 및 모범을 통해 이 방법을 가르치셨기 때문이다(Comenius, 2008a).

# 1. 학문적 분리주의는 극복될 수 있는가

슐라이어마허(Schleiermacher, 1768~1834)는 근대의 급속한 기술문명이 발전하던 초기에 역사적이고 철학적인 확신을 가지고 다음과 같이 선언했다. "만약에 우리 인류가 이성과 자연의 일치를 실현할 수 있다면, 모든 것은 개선의 걸음을 걸을 것이다."(오인탁, 1996: 364에서 재인용) 이 말은 이성과 자연의 분열이 얼마나 중대한 문제를 야기했는지를 보여 준다. 그는 과학과 과학기술이 가져다주는 편리함 뒤에 드리워진 위험을 간파하고 있었다.

이성과 자연의 분열은 갑작스럽게 일어난 것이 아니었다. 이미 16세기 이후 근대사조는 과학혁명에 힘입어 지식의 세분화를 사명으로 여겼다. 이로 인해 학문적·사상적 분리가 대세를 이루게 되었던 것이다. 17세기의 탁월한 교육학자요 철학자이며 신학자였던 코메니우스(John Amos Comenius, 1592~1670)는 이런 현상을 '미로'에 비유했다.[1] 그는 입구로 들어서자마자 수천 갈래로 갈리는 끝없는 미로를 연상했던 것이다. 코메니우스가 보기에, 당시 '미로'에서 빠져나갈 길을 찾기 위한 많은 학자들의 시도는 실패했을 뿐만 아니라 오히려 새로운 미로를 추가하는 결과를 낳을 뿐이었다(Comenius, 2008a: 18). 이와 관련하여 코메니우스가 언급한 학자 중 대표적인 사람이 바로 근대철학의 아버지라 불리는 데카르트(Ren Descartes, 1596~1650)였다.[2] 실제로 데카르트의 이성 중심의 사고

---

1 코메니우스는 자신의 책 『필요한 한 가지(Unum Necessarium)』의 1장에서 '미로'를 설명하면서, 그리스의 미노스(Minos) 신화를 언급한다. 간략하게 정리하면, 크레타의 왕 미노스는 자신의 의붓아들인 미노타우로스(Minotaurs)를 감추기 위해 천재적인 건축가인 다이달로스(Daedalus)에게 복잡한 미로를 건축하라고 명령했다. 이에 다이달로스는 수천 갈래로 갈라지는 끝없는 미로로 가득한 미궁을 건축했고, 그 미궁 안에 들어간 자는 그 누구도 스스로 탈출할 수 없었다(Comenius, 2008a: 15).

2 코메니우스는 데카르트의 회의적 사고방식에 대하여 다음과 같이 말한다. "그러나 모든 사물(하나님과 인간 포함)에 대한 질문은 위험으로 가득 차 보이며, 모든 사물을 시험해 본다는 것은 헤아릴 수 없는 진통이기 때문에, 많은 사람은 그(데카르트)가 한 일은 단지 새로운 미로를 만든 것일 뿐이라고 불평하고 있다." (Comenius, 2008a: 18)

체계는 결국 이성과 자연의 분리라는 안타까운 현실을 초래하게 했던 것이다.

데카르트에게서 시작된 자연과 이성에 대한 이원론적 사상은 두 가지 사상적 지류를 낳았다. 하나는 과학적 합리주의로 불리는 객관주의(objectivism)요, 다른 하나는 인간을 절대화하는 주관주의(subjectivism)다(강영안, 1997: 65-68). 객관주의는 지식을 과학적 지식으로만 한정하기 때문에 지식, 도덕, 예술, 사회 조직 등에서 인격적 요소를 배제하여 객관적이고 합리적인 기준으로 모든 것을 조종하고 관리한다. 결국 인격성과 주체성을 배제하는 결과를 낳게 될 뿐이다. 주관주의는 객관주의와는 정반대 편의 극단으로 나아가 자아의 절대성과 이성의 자율성 등을 앞세워 인간을 세계의 근원이며 절대적 존재라고까지 생각한다. 그 결과 자연을 인간의 욕구 충족을 위한 수단으로 전락시켰으며, 나아가 인간이 더불어 살아가는 사회를 통제하고 관리할 수 있다는 주장에까지 이르게 하는 사상적 근거를 제공했다. 그러나 이런 철학사상은 결국 허무주의와 상대주의로 귀착될 수밖에 없다.[3]

매킨타이어(MacIntyre, 1984: 5)는 이런 현상을 '덕(德, arete)의 상실'이라는 새로운 측면으로 조명하고 있다. 그에게 있어서 덕이란 '아리스토텔레스주의(Aristotelianism)'로 명명되는 서양의 고유한 전통인데, 그는 이런 덕에 대한 개념이 지나치게 세분화되는 바람에 오늘날에는 함께 공유하고 대화할 수 있는 공통적인 어휘를 상실했다고 말하면서 그 위험성을 경고하고 있다. 그는 도덕의 통합적 실체가 파편화되었으며 또한 부분적으로 파괴되었다고 진단한다.

송인규(2008: 124-130)는 또 다른 차원에서 현대인의 삶에 나타나는 분리적 현상을 '통전성(統全性, wholeness)'의 상실로 표현한다. 그에 의하면 '통전성'이란 "어떤 사물이나 대상이 보유한 특성들 혹은 요소들 가운데 어느 하나도 빠뜨리

---

3  객관주의의 반대편 극단인 주관주의는 반이성주의(antirationalism) 및 반과학주의(antiscientism)와 더불어 해체주의를 낳았다. 해체주의의 대표자라고 할 수 있는 데리다(Jacques Derrida)는 많은 사람에 의해 주관주의와 객관주의에 대한 엄밀한 정당화라고 하는 호평을 받았는데, 승계호는 이런 반이성주의 및 해체주의에 대하여 설득력 있게 비판하고 있다(Seung, 2009: 7-8). 최소한 승계호의 입장은 반이성주의를 새로운 시대의 주도적 정신으로 끌어올리는 것이 지적 무정부 상태를 불러일으키는 것이라고 보고 있다.

지 않고, 그것들이 전체적 통일성 가운데 융합과 조화를 나타내도록 돕는 특질"
이다. 그래서 '통전성'은 어떤 사물이나 대상의 다양한 특성 혹은 요소를 인정
하는 것과 다양한 특성 혹은 요소 사이의 조화와 균형을 추구한다. 그러나 문제
는 현대인의 삶에 이런 통전성이 상실되었다는 사실이다. 이로 말미암아 삶이
'파편화(fragmentalization)'되었고, '극단화(extremization)'되었으며, '구획화(com-
partmentalization)'되었다.[4]

　이런 사상적 흐름이 교육에도 영향을 미치고 있음은 두말할 나위가 없다. 오
인탁(2009: 6-7)은 인간의 전인성이 이성을 도구적으로 사용하면서 전체성을 상
실하게 되었다고 말한다.[5] 그에 의하면 "오늘날 우리는 디지털테크노미디어 시
대를 살고 있다. IT(Information Technology)와 유비쿼터스(ubiquitous)로 대변되는
현재의 놀라운 테크노피아는 도구적 이성을 극대화하는 길을 아무런 전체적 통
제 없이 달리고 있다." 박성익(2003: 11)은 오늘날 학교교육의 특징을 '지식 위주
의 기계론적 교수·학습'이라고 진단했다. 특기교육 및 적성교육의 강조 역시
한 가지만 잘하면 성공한다는 교육풍토의 맥락에서 나온 것이며, 그 결과 학습
자들은 인성과 사회성의 결여뿐만 아니라 지적인 편향성으로 인해 올바른 사고
와 판단 및 의사결정이 어려운 인간을 양성하고 있다는 것이다. 심지어 이달우
(2012: 85)는 교육학을 다루는 상아탑에서조차도 "교육을 과학적으로 보려고 하
기 때문에 통제가 불가능한 '무의도적인 교육'을 교육의 개념에서 아예 배제하

---

4　송인규(2008: 125, 126, 128)에 따르면 '파편화'란 "사물의 전체를 도외시한 채 여러 부분으로 조각을 내어
　　버리는 경향"을 의미하고, '극단화'란 "사건 혹은 현상에 대한 여러 가지 관점을 좀 더 객관적이고 동정적
　　(sympathetically)으로 파악하지 못함으로써 어느 한쪽으로 치우치는 현상"을 의미하며, '구획화'란 "사물이
　　나 현상을 둘로 나누어 중간에 선을 긋고, 그 두 영역이나 요소 사이의 교류는 말할 것도 없고 상호 연관성
　　조차 인정하지 않는 것"을 의미한다.

5　손원영(2004: 14)은 이를 '분절화'라고 말한다. '분절화'란 사람들이 개인적으로나 집단적으로 서로 나뉘어
　　서 대립하는 현상이요, 그에 따라 갈등과 분쟁을 생산할 수밖에 없는 왜곡된 현상을 뜻하며, 인간 존재가
　　자신의 내면을 스스로 바라볼 때 인간을 구성하는 각 구성체의 유기적인 통전성으로 자신을 바라보기보
　　다는 이성과 감성, 지성과 의지, 정신과 몸이 마치 서로 분리될 수 있다는 착각 속에서 그 관계성을 상실한
　　현상을 의미한다. 이런 분절화 현상이 냉전 이데올로기, 인종차별과 성차별, 그리고 환경 파괴 같은 몰가
　　치적 결과물을 낳게 했다. 이에 대하여는 김도일(2010: 10-11) 역시 같은 맥락에서 언급하고 있다.

는 현상"이 나타나고 있다고 말한다.[6]

## 1) 통합을 위한 시도

그렇다면 이런 현상과 문제점에 대한 해결책은 있는 것인가? 슐라이어마허가 이성과 자연의 하나됨을 희망했듯이, 매킨타이어는 전통적인 덕의 세 가지 덕목(호머, 아리스토텔레스, 신약 성경)의 통합을 희망한다. 그는 스스로 이런 덕을 하나로 통일할 수 있는 핵심 개념을 이끌어 낼 수 있는지 묻고 다음과 같이 답한다. "나는 우리가 실제로 그런 핵심 개념을 발견할 수 있으며, 내가 그것의 개념적 통일성과 함께 서술한 역사인 전통을 제공할 수 있음을 주장하려고 한다."(MacIntyre, 1984: 186) 그는 주장하기를 "하나의 통일성(unity)으로 이해된 인간 삶의 전체성에 '텔로스(telos)'에 대한 지배적인 개념이 없이는 개인적인 덕에 대한 우리의 개념은 부분적이며 불완전한 채로 남아 있을 수밖에 없다."라고 하였다(MacIntyre, 1984: 201). 매킨타이어는 그 통일성을 "하나의 유일한 삶 속에 실현된 이야기(narrative)에 대한 통일성"이라고 말한다(MacIntyre, 1984: 218-219). 즉, 인간 삶의 통일성이란 이야기 탐구에 대한 통일성이라는 것이다. 우리는 그의 주장을 통해 인간의 삶을 전체성 혹은 통일성의 시각으로 바라보는 것의 필요성을 깨닫는다.

강영안(1997: 71-72)은 과학적 합리성과 주체(主體)의 위치, 그리고 인간의 삶에서 가지는 종교적 신앙의 진정한 자리를 되찾아 줄 필요성에 대하여 역설한다.[7] 즉, 이론적 차원에서는 근대철학 이후 심화된 전체와 개체의 분리, 주관과

---

6  이병승(2012: 299-319)은 이런 현상과 더불어 교사에 관한 연구와 교사 교수방법 역시 지나치게 과학적 방법론에 치우쳐 있는 점을 문제로 지적하고 있다.

7  강영안(1997: 68)은 만일 "어떤 초월적인 기준이나 믿음을 갖지 않을 경우 이런 포스트모던 철학은 결국 허무주의와 상대주의를 견지할 수밖에 없다."라고 말한다. 그는 과학과 기술이 현대사회에서 차지하고 있는 절대적 위치에 대하여 의심하고 세계의 의미 근원으로서의 인간 주체가 그렇게 절대적이 아님을 밝혀 주는 현대철학에 대하여 최소한 '포스트모던적' 경향으로 아우를 수 있다고 말한다(강영안, 1997: 39).

객관의 대립, 자아의 절대성 주장을 넘어서 타인과 자연, 그리고 하나님과 더불어 사는 총체적 세계로 향한 상상력이 그 어느 때보다 더 절실하게 요구된다는 것이다.[8] 그러면서 그는 객관주의와 주관주의를 극복하는 대안 중 하나로 과학철학자인 마이클 폴라니(Michael Polanyi)의 '인격적 지식(personal knowledge)'을 소개하고 있다.

폴라니(1974: vii)에 따르면 과학적 지식 역시 객관주의자들이 믿고 있는 것처럼 관찰자료를 그렇게 탈인격적(脫人格的)으로 기록만 하는 것이 아니라 인식 주체의 느낌, 판단 등과 같은 인격적인 참여를 통해 이루어진다. 그에 의하면 "모든 이해의 행위에는 이해자의 인격적 참여"가 있다. 그래서 "인격적 지식이란 인격적인 참여와 객관적인 것이 결합된 것"이라고 말한다. 뿐만 아니라 폴라니는 인식에 있어서 '믿음'을 강조한다. 그는 "비록 위험 요소들이 포함되어 있음에도 불구하고, 나는 진리와 나의 모습의 상태를 찾기 위해 부름을 받았다는 것을 믿는다."라고 말하면서 이 문장을 자신의 '믿음의 프로그램(the fiduciary programme)'을 요약하는 문장이라고 소개한다(Polanyi, 1974: 299). 그가 말하는 궁극적인 믿음이란 '내맡김(commitment)'이다. 이런 폴라니의 주장을 통해 확인할 수 있는 것은 과학과 형이상학이 서로 다른 차원으로 분리되지 않는다는 사실이다. 형이상학적 믿음은 과학 자체의 구조를 이루고, 과학은 형이상학적 개념인 진ㆍ선ㆍ미와 같은 본질적 가치에 따라 현실에서 무엇인가를 드러내는 인간의 통합적 행위인 것이다.

또 다른 과학철학자로 불릴 만한 윌슨(Wilson) 역시 인간 삶의 통일성을 추구했다. 그는 자신의 책 『통섭(*Consilience*)』에서 지식이 갖고 있는 본유의 통일성

---

8  송인규(2008: 126)는 이에 대하여 '기독교적 세계관'이 큰 유익을 제공한다고 말한다. 그에 따르면 기독교 세계관은 만물의 영역을 '천사' '인간' '자연' '문화' '사회'의 범주로 나누기도 하지만, 각 영역을 그리스도의 창조-보존-화목을 통해 하나로 엮어 주기도 하기 때문에 각 분야의 지식을 얻는 과정에서 그것이 파편화되는 경향을 극복할 수 있다고 말한다. 즉, 각 분야별 전문 지식도 필요하지만 더 넓은 영역을 조망하는 인접 분야와의 연계적 지식도 매우 중요한데, 기독교 세계관을 가지고 있는 자들은 그리스도의 사역이라는 통일된 시각을 가지고 있기 때문에 이런 작업이 가능하다는 것이다.

을 주장한다. 그는 인간을 이해하는 조건으로 자연과학의 우위성과 그것의 중심성을 강조한다. 그에 의하면 "자연과학은 근래에 사회과학과 인문학의 경계로 그 범위를 확장하며 세 영역을 한데 묶고 있다."(Wilson, 2005: 26) 그래서 "과학의 자리에서 인간의 조건에 대한 모든 가정을 가차 없이 시험대 위에 올려놓아야 할 것"(Wilson, 2005: 458)이라고 말한다.

그러나 이런 윌슨의 주장은 인격체인 인간의 총체적 특성을 간과한 주장으로 보인다. 인간은 '몸'과 '정신'을 따로 나눌 수 없으며, 더 나아가 인간은 '몸'과 '정신'과 '영혼'으로 이루어진 총체적 존재다. 이런 관점에서 인간의 총체성을 연구한 학자가 반 퍼슨(Van Peursen)이다. 그는 역사적인 이원론의 대표적인 예가 인간을 물질적인 면과 비물질적인 면으로 쪼개는 것이었다고 말한다. "여러 철학과 종교에서 그것을 '몸'과 '영혼'의 구별로 표현했다. 때로는 여기에 '정신'이라는 제3의 요소를 더하여 인간이 단순히 몸과 영혼으로 구성되어 있는 것이 아니라 그 이상이라는 것을 보여 주고자 했다. 그래서 '정신'을 인간적인 것과 신(神)적인 것이 서로 이어지는 영역으로 보기도 했다."(Van Peursen, 1985: 4) 그러면서 그는 각각의 요소는 서로 쪼개서는 안 된다고 말한다. 그렇게 하는 것은 인간을 순전히 대상으로 볼 때만이 가능하다는 것이다. 인간을 볼 때 조화와 통일의 관점으로 바라보는 것이 중요하며, 그렇기 때문에 인간이 살고 있는 구체적인 현실에서 보아야 함을 강조하고 있다.

아들러(Adler, 1990: 167)에 따르면, "인간의 본질은 인류의 구성원 모두에게 공통적으로 적용되는 속성인 가능성(potentiality)으로 이루어져 있다." 그 가능성이란 다름 아닌 교육적 가능성을 의미하는 것이다. 그러므로 참된 교육의 희망은 인간의 가능성인 '전체성'을 회복하는 길에 있다(오인탁, 2009: 6). 이것을 나스르(Nasr, 2001: 177-179)는 3차원적 전인교육을 위한 "목적 있는 노력(a purposeful effort), 지속적인 노력(a sustained effort), 공동의 노력(a concerted effort)"이라고 표현하고 있다. 그는 우리가 교육의 질을 추구한다면, 전인교육을 피할 수 없을 것이라고 말한다.

## 2) 코메니우스의 통합적 시도

사상적·학문적 통합의 중요성이 지속적으로 대두되고 있는 지금,[9] 우리는 데카르트에 의해 이성과 자연의 분리론이 태동했던 17세기 당시에 벌써 분리주의를 지각하고 대통합의 위대한 도전을 시도한 인물을 만남으로써 새로운 비전을 확보하는 데 도움을 얻을 수 있을 것이다. 그는 바로 약 340여 년 전 인생의 전부를 다하여 희망을 품은 채 통전성(統全性)을 주장한 요한 아모스 코메니우스(John Amos Comenius)다.[10] 코메니우스는 전체성, 보편성, 우주적 체계, 통합, 구조를 강조한 사상가였다. 그의 사상의 핵심은 바로 판소피아(Pansophia)[11]라

---

9  최근에 시도된 이형대의 연구를 통해 통합에 대한 관점과 학문의 자세를 배울 수 있다. 그는 10명의 미국 지성인을 선정하여 각기 다른 입장 가운데서도 공통점을 발견하여 제시하고 있다. 그들 모두가 '통합'을 지향하고 있었다는 점에 주목한 것이다. 브라운슨(Brownson)의 경우 보수주의 정치를 통해 통합을 추구했다는 점, 조지(Henry George)의 경우 사회제도 개혁에 의한 사회통합을 추구했다는 점, 섬너(Sumner)의 경우 전통과 제도에 의한 유기적 사회통합을 추구했다는 점, 제임스(James)의 경우 프래그머티즘에 의한 전체와 부분들의 역동적 통합을 추구했다는 점, 듀이(Dewey)의 경우 전통과 진보의 융합에 의한 사회통합을 추구했다는 점, 니버(Niebuhr)의 경우 문명과 종교의 융화에 의한 유기적 사회통합을 추구했다는 점, 슐레진저(Schlesinger, Jr.)의 경우 전체주의의 위협으로부터 자유사회의 통합을 추구했다는 점, 리프먼(Lippmann)의 경우 전통적 가치관에 의한 사회통합을 추구했다는 점, 마틴 루서 킹 2세(Martin Luther King, Jr.)의 경우 흑백의 분열과 갈등을 넘어 통합사회를 추구했다는 점, 래쉬(Lasch)의 경우 진보에 대한 반성과 민중정신에 의한 사회통합을 추구했다는 점을 조명하고 있다. 이는 미국처럼 지적 전통이 다양하고 복잡한 사회 속에서 인종적·문화적·종교적으로 서로 다른 입장에 처한 사람들이 어떤 생각과 자세로 나아가야 하는지를 학문적으로 보여 준 것이라고 생각한다. 그는 "국가와 사회가 분열될수록 사회의 통합에 대한 열망은 커지고, 그런 의식과 정신은 통합사상으로 구체화되어 나타난다."(이형대, 2012: 601)라고 말한다. 그러므로 다양하고 복잡한 현실과 이론들에 주저앉지 말고 인류의 발전을 위해 희망찬 노젓기를 멈추지 말아야 한다는 것을 보여 준다.

10  코메니우스 당시의 주된 사상적 흐름은 지식의 통합과 관련된 것이었다. 경험주의를 대표하는 베이컨(Bacon)의 경우 자연의 지배 법칙을 중심으로 지식의 체계를 세우려 했다면, 합리주의를 대표하는 데카르트는 인간 정신에 대한 과학적 연구방법으로 지식을 체계화하려고 했던 것이다(Čapková, 1992: 191). 그러나 아이러니하게도 이런 대표적인 두 사상의 공통점은 이성을 신학에서 분리하고자 했다는 점이다. 이런 맥락에서 볼 때, 코메니우스의 통합적 접근은 말 그대로 포괄적 통합이라고 할 수 있다.

11  '판소피아(Pansophia)'의 우리말 번역은 여러 가지가 사용되고 있다. 이홍우는 '일체지(一切智)'로(Boyd, 1996: 366), 정영수(1992: 172), 정병훈(1994: 383), 이숙종(2006: 316), 오춘희(1998a: 2)는 '범지학(汎智學 혹은 汎知學)'으로, 정일웅(2003a: 70)과 최진경(2005b: 336)은 '범지혜'로 번역하고 있다. 필자는 이 책의 핵심 주제어라는 차원에서 차별성을 두기 위해 '판소피아'로 사용하고자 한다. 다만, '범지학'이란 용어를

고 할 수 있다. 판소피아는 전체를 다루며, 우주적 체계를 포함하고, 모든 것을 포괄하는 구조를 가지고 있다. 코메니우스는 당대의 여러 흐름을 간파하고 사상적 통합을 시도했다. 그의 사상의 많은 부분이 그가 살았던 시대의 성격을 드러내고 있지만, 그렇다고 해서 그가 시대의 조류에 수동적으로 따라간 것은 아니었다. 코메니우스는 전통적인 이론을 완전히 배척하지 않고 선택적으로 수용하며 보완하려고 시도했다(오춘희, 1997b: 283). 모든 것을 통합하려는 시도는 그의 철학 및 교육학에서도 잘 나타난다. 그의 철학에서 근본적인 동기와 목표는 성경에 기반을 둔 기독교의 유산과 새로 등장하고 있는 자연과학, 그리고 인간사(人間事)의 학문들을 판소피아의 관점으로 통합하여, 모든 사람에게(Omnes) 모든 것(Omnia)을 철저하게(Omnino) 가르침으로 분열과 갈등을 극복하는 것이었다.[12]

이런 이유로 필자는 사상적 객관주의 및 주관주의, 학문적 분리주의와 파편화, 그리고 그에 기초한 인간관이 가져오는 폐해, 교육의 불균형성 등을 극복하는 하나의 시도로서 코메니우스의 판소피아에 주목하게 되었다. 필자는 그의 삶과 사상을 통해서 인간을 전체성으로 보는 것이 무엇을 의미하며, 특히 전체성에 입각하여 가르치고 배우는 것이 무엇인지를 깨닫게 되었기 때문이다.

따라서 이 책의 목적은 코메니우스의 판소피아와 교육의 연관성을 밝히는 것에 있다. 즉, 코메니우스의 판소피아를 구조라는 방법적 틀을 통해 조명한 후 그 구조에 함축되어 있는 교육적 의미를 이끌어 내는 것이다. 이를 위해 필자는 우선 판소피아 특성을 새롭게 정리하는 데 심혈을 기울였다. 왜냐하면 판소피아 특성은 판소피아 구조와 매우 밀접하게 관련되어 있기 때문이다. 또한 필자는 특성을 통해 새롭게 제시한 판소피아 구조의 타당성을 입증하기 위해 코메

---

사용할 때는 일반적으로 사용되는 '범지학(汎知學)'을 지칭한다.

12 당시 데카르트와 만나 서로의 사상을 나누기도 했던 코메니우스는 데카르트가 과학과 철학의 완전한 갱신을 위하여 노력한 것, 모든 선입견과 거짓 이데아를 피하기 위해 새로운 방법을 찾으려고 노력한 것 등은 인정했지만, 지식에 이르는 데 있어서 오직 이성만을 강조한 것과 인과론의 기계론적 세계를 주장한 것 등은 비판했다(오춘희, 1998a: 263-265).

니우스가 저술한 대표적인 작품의 구조분석을 시도했다. 코메니우스가 집필한 대표적인 저서에는 그의 사상인 판소피아가 투영되어 있을 것이 분명하기 때문이다. 그러고 나서 판소피아와 교육의 함축된 의미를 판소피아 구조를 통해 조명하고자 했다.

## 2. 코메니우스 연구의 발자취

### 1) 17~19세기 연구 동향

17세기의 코메니우스 연구자들은 그가 탁월한 교과서 집필자라는 점에 주목했다. 코메니우스를 당대에 유럽 전역에 걸쳐서 교육개혁가의 위상과 명성을 얻게 한 대표적인 저술이 바로 라틴어 교재인『열려진 언어의 문(*Janua Linguarum Reserata*)』[13]이다(Spinka, 1943: 52). 또한『세계도회(*Orbis Sensualium Pictus*)』[14] 역시 당시 코메니우스를 유명하게 한 작품이다. 어린이를 위한 교재인『세계도회』는 『열려진 언어의 문』에 이어 또 한 번 국제적인 명성과 성공을 거두게 한 작품이며, 그 후 셀 수 없을 정도의 출판 횟수를 거듭했다(Dieterich, 2008: 132). 이와는 다른 방식으로 코메니우스의 사상을 수용하던 당대의 흐름이 있었다. 바로 17세기 독일의 경건주의자들이었다(오춘희, 1998a: 234). 이들은 교육사에 있어서 코메니우스를 높이 평가하면서 그의 사상을 종교적인 교육과 관련하여 직접적으

---

13  『열려진 언어의 문』이 출판된 것은 1631년이다. 그 후 이 책은 수많은 발행 부수를 기록했고 유럽 언어뿐만 아니라 그 이외의 많은 언어로도 번역되었다. 결국 이 책은 그를 세계적으로 유명하게 만들었으며, 그가 살아 있는 동안에 가장 널리 알려진 작품이 되었다(Dieterich, 2008: 90).

14  『세계도회』의 원제는 'Orbis Sensualium Pictus'다. 그 의미는 '그림으로 보는 감각의 세계'라고 할 수 있다. 그러나 일반적으로는 'Orbis Pictus'로 알려져 있다. 이 책이 우리말로 번역되면서 여러 가지 이름을 갖게 되었다. 이원호는 이를『세계도회』(Comenius, 1998)로 번역하였고, 남혜승은『세계 최초의 그림 교과서』(Comenius, 1999)로 번역하였다. 필자는 가장 일반적으로 사용되고 있는『세계도회』로 표기할 것이다.

로 받아들인 자들이었다.

코메니우스에 대한 연구 및 해석의 편향성은 18세기 후반으로 갈수록 더욱 확연하게 드러난다(오춘희, 1998a: 236). 그의 라틴어 교과서들은 여전히 계속하여 유럽 전역에서 널리 사용되고 있었기 때문에, 계몽주의 정신은 특별히 코메니우스를 인간의 이성과 계몽을 강조하는 과학적인 교수학자로 인식하도록 강요했던 것이다. 코메니우스에 대한 해석의 새로운 문을 연 사람은 헤르더(Herder, 1744~1803)였다. 19세기에 들어서면서 계몽주의에 대한 비판이 일어나자, 헤르더에 의하여 코메니우스에 대한 학문적 가치가 다시 높아지기 시작했다. 그는 코메니우스를 평화개혁자(a peace reformer)로 언급하면서 그의 생각 안에서 인간, 자연 그리고 우주에 대한 유사점을 발견했다(Sadler, 2007: 17). 헤르더는 코메니우스의 사상이 유기적인 전체성을 강조한 것에 주목했다. 그는 코메니우스의 사상이 "이성 일변도의 계몽주의의 편협한 시대정신을 극복할 수 있는 전체성의 철학"이라고 높이 평가했다. 그는 『인간개선에 관한 일반담론(De Rerum Humanarum Emendatione Consultatio Catholica)』의 일부를 알고 있었다.[15] 즉, 그는 코메니우스가 단순한 교수학자가 아니라 범지학을 자랑하는 사상가임을 알고 있었던 것이다(오춘희, 1998a: 237). 헤르더의 연구는 이제까지 코메니우스에 대하여 기계론적인 교수학자로서 해석했던 범주를 넘어 코메니우스다운 포괄적인 모습을 보여 주었다.

이러한 헤르더의 코메니우스에 대한 조명이 19세기 초 독일의 정치적인 상황과 맞물려서 코메니우스에 대한 관심을 더욱 증폭시켰다. 새들러(Sadler, 2007: 17-19)는 당시 코메니우스의 중요성을 부각시킨 요소를 두 가지로 정리하고 있

---

15 『인간개선에 관한 일반담론(De Rerum Humanarum Emendatione Consultatio Catholica)』을 우리말로 번역하는 데 있어서 학자들 간에 약간의 차이가 있다. 정영수(1992: 170)는 『인간적 사물의 개선에 관한 일반적 권고』로 번역하고 있으며, 정일웅의 경우는 『인간사 개선에 관한 포괄적인 제언』(Comenius, 2008b: 11) 혹은 『인간 사물의 개선을 위한 보편적인 제언』으로 번역하고 있다(정일웅, 2003a: 9). 필자는 오인탁(1980: 318)의 경우가 최초의 소개 자료인 점을 감안하여 그의 번역을 따르기로 한다. 『인간개선에 관한 일반담론』은 간략하게 『일반담론』으로 부르기도 한다.

다. 첫째, 프랑스 혁명에 의한 이상주의적 파열음, 산업혁명에 의한 희망과 두려움, 특히 1806년 예나에서 나폴레옹에게 당한 굴욕적 패배에 따르는 프로이센 지역의 치솟는 민족주의 감정 등과 같은 정치적 정황이 대중교육 운동의 필요성을 부추겼다는 것이다. 둘째, 체코 민족주의의 대두다. 1620년 이후 주권을 잃었던 체코 민족에게 체코의 위대한 애국자로서 코메니우스의 재발견은 의미심장한 것이었다. 즉, 체코인의 민족적 자각과 함께 시작된 코메니우스의 연구는 주로 체코인으로서의 위상과 의미를 강조한 것이다.

코메니우스의『교수학전집(*Opera Didactica Omnia*)』출판 200주년(1857)과 서거 200주년(1871)이었던 19세기 중후반에 또 다른 관점이 대두되었다(오춘희, 1998a: 239). 그즈음에는 이미 여러 나라에서 코메니우스에 대한 관심과 연구가 크게 일어나고 있었다. 1871년에 라이프치히 교사연합에서는 코메니우스를 그들이 이상적으로 따라야 할 지도적 교사상으로 선정했다. 코메니우스의『대교수학(*Didactica Magna*)』은 새롭게 교사들의 지침서로 간주되었고, 이로 인하여 코메니우스에 대한 평가가 17~18세기의 교수학 운동의 대표적 인물이라는 평에 머물지 않고 탁월한 교사로 조명되는 새로운 관점을 제시하게 된 것이다.

17~19세기에 이루어진 코메니우스에 대한 연구는 전체성의 관점을 조명하기에는 어려움이 있었다. 초기에는 그의 교수법과 관련된 탁월한 교과서로 인하여 교과서의 집필자로 각인되기도 했으며, 계몽주의와 같은 시대적 사조에 의하여 그의 사상이 근대적이라고 평가를 받는가 하면, 경건주의자들에 의해서는 신앙의 교사로 받아들여졌고, 또 다른 관점에서는 전근대적 사상가로 평가되기도 했다. 다행스러운 것은 시간이 흐르면서 분실되었던 그의 주요 저작이 속속 발견되고 출판되어 연구가 거듭될수록 코메니우스와 그의 핵심 사상이 전체적인 맥락에서 조명되기 시작했다는 점이다.

## 2) 20세기의 연구 동향

19세기 말에 독일에서 '코메니우스 학회(Comenius-Gesellschaft)'[16]가 설립된
후 코메니우스의 사상에서 근대문화의 정수라고 여겨지는 것들을 찾아냄으로
써 그의 사상의 혁신적이고 근대적인 측면을 강조하기 시작했다(오춘희, 1998a:
240). 이런 흐름은 20세기 초까지 지속되었고, 코메니우스는 합리주의, 경험주
의, 실학주의, 자연주의 교육학의 첫 조상으로 기술되기 시작했다. 예를 들어,
딜타이(Dilthey, 2008: 77, 103, 114)는 코메니우스를 교육학의 대가 중 한 사람으로
인정하고, 그를 처음으로 교수학의 체계를 세운 사람으로 소개한다. 즉, 이때도
코메니우스 사상은 과학적인 교육학을 중심으로 수용되고 있으며, 근대적인 계
몽주의적 사상에 따른 근대정신(近代精神)과 동일시되고 있음을 알 수 있다. 그
러나 여전히 코메니우스 사상체계의 전체성을 온전히 보여 주지는 못했다. 그
러던 중 코메니우스 사후(死後)에 분실되었던 『인간개선에 관한 일반담론』의 원
고가 1934년에 독일의 할레에 있는 프랑켄 고아원 도서관의 고문서(古文書) 보
관소에서 발견되었다. 이 책의 발견은 이후 코메니우스의 연구에 획을 긋는 사
건이었다(Choi, 2005: 5). 하지만 본격적인 연구는 20세기 후반으로 넘겨야 했다.
제2차 세계대전으로 인하여 코메니우스에 대한 연구가 정체되었기 때문이다.

제2차 세계대전 이후부터 코메니우스에 대한 연구의 새 관점이 대두되기 시
작했다. 그것은 바로 이데올로기에 영향을 받은 연구다. 동독의 알트(Alt)가 마
르크스주의적인 관점에서 코메니우스 교육학의 진보적 성격을 해석한 뒤, 동구
권에서는 사회주의적인 맥락에서 코메니우스를 연구하기 시작한 것이다(오춘

---

16 '코메니우스 학회'는 1891년 10월 10일에 베를린에서 설립되었다. 이 학회의 목적은 첫째, 유럽 민족들의
종교, 철학적 세계관의 전개 과정을 과학적으로 탐구하며, 종교사와 정신사를 독자적 지식 영역으로 끌
어올리고, 둘째, 코메니우스의 정신, 근본 원리와 명제들, 역사와 그와 같은 정신세계에 서 있는 라이프
니츠, 헤르더, 피히테, 칸트, 슐라이어마허를 과학적으로 연구하고, 셋째, 그의 정신으로 교육하면서 오
늘의 사회에 기여하고, 동시에 하나의 국민교육학인 사회교육학을 자율적인 지식 영역으로 정립하는 것
이다(오인탁, 1980: 319).

희, 1998a: 242). 그들은 코메니우스의 종교적 성향을 시대적 영향으로 간주하여 부정하거나 침묵하면서, 그의 사상에 대해서는 마르크스–레닌주의적인 정치적 의미를 부여했다. 즉, 코메니우스의 사상에서 유물론적인 감각주의, 인민민주주의, 과학적 인본주의 등을 도출해 내어 마르크스, 레닌과 사상적 일치점을 찾으려고 했던 것이다. 이들의 해석 역시 코메니우스의 사상을 일면 드러내고 있는 것은 사실이지만, 그것 역시 코메니우스 사상의 단면만을 보여 주고 있다.

20세기 후반에 들어서면서 코메니우스에 대한 연구는 활력을 띠기 시작했다. 제2차 세계대전 후 상황과 맞물려 코메니우스의 사상이 세계적인 관심을 받게 되었기 때문이다. 1957년에 UNESCO는 코메니우스의 『교수학전집』의 출판 300주년 기념사업의 일환으로 그의 작품들의 출판을 지원하게 된 것이다. 이 지원으로 1966년에 『인간개선에 관한 일반담론』이 출판되었고, 이것은 코메니우스 사상 연구의 획기적인 전환을 이루었다. 그 이후 코메니우스의 핵심 사상인 판소피아가 주목을 받기 시작했는데, 그 결과 코메니우스의 철학이 새로운 연구 분야로 떠올랐다.

지속적인 학술대회의 결과로서 코메니우스의 철학적 입장에 대한 새로운 관점이 제시되었다. 즉, 코메니우스의 철학적 입장은 근대적이기보다는 근대 이전의 성격이 더 강하다는 연구 결과를 제시한 것이다. 이런 관점은 1970년 프라하 학술대회에서 샬러(Schaller)와 파토츠카(Patočka)에 의하여 정식으로 제기되었다. 이들은 코메니우스 사상의 핵심인 판소피아는 근대철학의 기반 위에 있다기보다는 르네상스의 신플라톤주의적 이해 위에 있다고 지적했다(오춘희, 1998a: 244). 이런 주장은 그동안 이어져 내려왔던 코메니우스에 대한 해석과 상충된다. 왜냐하면 그들의 주장대로 사상사적 분류에 의하면 코메니우스는 근대 이전의 사상가라고 할 수 있지만, 반대로 교육학적 이론의 세부적인 내용에 따르면 언어교수법, 시청각 교육, 평생교육원리, 환경교육, 평화교육 등과 같은 근대적 혁신성(革新性)을 가지고 있기 때문이다.

## 3) 최근의 연구 동향

코메니우스에 관한 최근의 연구 동향은 새 관점에 따른 것이라고 볼 수 있다. 필자는 이를 크게 두 가지로 정리했다. 하나는 코메니우스의 종교적 측면을 조명하는 것이며, 다른 하나는 코메니우스의 핵심 사상인 판소피아의 삼원성(三元性)을 조명하는 것이다. 먼저 코메니우스의 종교적 측면을 조명하는 연구는 20세기 말 동구의 몰락과 함께 시작되었다. 공산주의라는 이데올로기가 사라지자 유럽 전체는 문화사적 맥락이 강조되면서 새로운 협력이 가능해졌고, 다양한 측면이 지적되었다. 즉, 그동안 외면받아 온 코메니우스 사상의 신학적·신앙적 요소들이 새로운 연구 영역으로 주목을 받게 된 것이다(오춘희, 1998a: 245). 특히 1992년에 코메니우스 탄생 400주년을 맞이하여 많은 기념대회가 열렸는데, 이를 통해 코메니우스 연구자들은 그의 사상의 전체적인 측면을 통일된 하나의 체계로 재조명하는 것이 가장 바람직한 연구의 방향이라고 뜻을 모으게 되었다(오춘희, 1998a: 246). 코메니우스의 신학적 측면을 강조한 연구가 20세기 말부터 최근까지 이어져 왔다.[17] 최진경(2006: 146)은 그동안 코메니우스의 교육적인 업적 때문에 종교지도자이자 신학자로서 그의 활동 및 사상이 상대적으로 주목을 끌지 못한 점을 언급했다. 즉, 이제까지 코메니우스의 교육론에 대한 연구는 그의 교육학에 나타난 종교적 측면을 간과한 채, 주로 일반 교육학적인 요소만을 연구, 소개했다는 것이다. 디터리히(Veit-Jakobus Dieterich) 역시 코메니우스의 사상을 신학적·교육학적·정치적으로 설명하면서 신학자, 교육학자, 정치가로서의 코메니우스를 소개하고 있다. 이것은 곧 그가 가장 우선적으로 코메니우스를 신학자로 간주하고 있음을 보여 주는데, "코메니우스의 교육학은 정치적인 것뿐만 아니라 그의 신학적 결과로서만 이해할 수 있기 때문이

---

17  물론 그 이전에도 코메니우스를 신학자로 조명한 연구가 있었다. 예를 들어, 19세기 말에 코메니우스를 신학자로서 조명한 학자로는 독일의 헤르만 크리이게른(Von Criegern)을 들 수 있다. 그는 코메니우스를 신학자인 동시에 목사로 조명하고 있다(Von Criegern, 1881: 57-105).

다."(Choi, 2005: 6에서 재인용.)[18] 코메니우스를 그의 교육론적 관점에서 연구하는 것이나 신학적 관점에서 연구하는 것 모두에 있어서 중요한 것은 코메니우스의 전체성을 간과해서는 안 된다는 점이다.

최근의 연구 동향 중에서 코메니우스의 사상을 삼위일체 교리에서 나온 삼원론(三元論, triadik)에 입각하여 연구하는 흐름이 있다. 호프만(Hofmann)은 『트리에르티움 카톨리쿰(*Triertium Catholicum*)』[19]에 대한 교육학적 분석을 시도했다. 이 책은 코메니우스의 사상체계의 구조를 유기체적으로 보여 주는 저서다. 호프만(1970: 91-92)은 신적(神的) SAL[20]을 통해 지혜의 삼각형으로서 정신(Mens), 언어(Lingua), 손(Manus)과 '사고(Denken)' '말(Sprechen)' '행동(Handeln)'의 연관성을, 나아가 '논리(Logik)' '문법(Grammatik)' '실용(Pragmatik)'과의 연관성을 설명하면서, 결론적으로 판소피아를 보충하기 위해 지은 『트리에르티움 카톨리쿰』이 17세기 당시뿐만 아니라 오늘날에도 교수·학습에 유용한 것이라고 말한다.

샤델(Schadel) 역시 삼원적 관점으로 코메니우스의 사상을 연구한 학자다. 그는 코메니우스가 아우구스티누스(Augustinus), 쿠자누스(Cusanus), 캄파넬라(Campanella)로 이어지는 전통의 연장선상에 있으며, 코메니우스의 우주관은 세계 사이의 병행주의(Parallelismus)로 설명된다고 말한다(Schadel, 1985: 164-170: 오춘희, 1998a: 244에서 재인용). 샤델에 의하면 코메니우스는 자신의 판소피아를 삼위일체론에서 출발하고 있으며, 그의 기본적인 구조는 바로 이런 삼일성(三一性)이었다. 코메니우스는 모든 것을 삼원구조로 파악했던 것이다.

---

18 최진경은 코메니우스의 판소피아 사상의 신학적 측면을 강조한 연구자의 예로 헤닝 슈뢰어(Schröer)를 들고 있다. 슈뢰어는 『판오르토시아(*Panorthosia*)』를 가리켜서 코메니우스의 실천신학적인 면을 잘 보여 주는 작품으로 소개하고 있다(Choi, 2005: 7-9).

19 코메니우스의 『트리에르티움 카톨리쿰』(1650~1670)은 그의 후기 작품이다. 이 책의 제목에 대한 번역어가 다양하다. 이숙종(2006: 121)은 '삼위일체적 일반기술', 오춘희(1998a: 226)는 '삼원기술론', 최진경(Dieterich, 2008: 167, 196)은 '포괄적인 삼중예술'로 번역하고 있다. 필자는 '삼원적 포괄성'으로 이해한다.

20 SAL은 라틴어 'Sapere(지혜)' 'Agere(움직임)' 'Loqui(말)'의 이니셜을 조합한 것이다.

체코의 토마슈 폴딘(Foltýn, 2008: 10-11)은 코메니우스의 전체성에 대한 열망을 감각, 이성, 성경에 대한 인식론적 '하나됨'의 관점으로 제시하고 있다. 그 하나됨은 삼위일체 안에서의 하나됨이며, 이는 곧 감각, 이성, 계시의 하나됨이다. 이런 삼중구조는 많은 영역에서 골고루 미치는 우주적 섬김의 모델이다.

패리(Parry, 2011a: 4-10)는 코메니우스의 다양한 지혜를 말하면서 범지인(汎知人)의 삼중직(三重職, Triple vocation)에 주목했다. 삼중직은 코메니우스가 『팜패디아』에서 말한 철학자, 왕, 제사장으로서의 직분을 의미한다. 패리는 이런 삼중직의 기원을 설명하면서 신비적 전승(hermetic tradition)과 연결하려고 시도했다.[21] 그는 또 다른 논문에서 3학(Trivium)과 삼위일체(Trinity)와 모든 사물에 대한 이론을 코메니우스와 포더비(Fotherby)의 작품 가운데 교육, 수사학, 종교를 중심으로 논한다. 여기서 그는 포더비가 주장하는 삼위일체의 삼위(Three persons)와 3학의 세 기술(three arts)의 관계성을 주목한다(Parry, 2011b: 4). 즉, 전통적인 교과과정에서 지식의 조직과 신(神)적인 질서 사이의 연관성을 밝히고 있는 것이다. 마찬가지로 코메니우스의 경우 자연세계와 인간세계의 삼중구조는 하나님의 삼위가 그의 피조물 가운데 나타난 것이라고 주장한다(Parry, 2011b: 6). 코메니우스의 사상구조와 삼위일체의 연관성을 제시한 것이라고 볼 수 있다.

이와 같이 코메니우스 사상의 삼원론에 주목하는 것은 의미 있는 것이라고 생각한다. 코메니우스의 핵심 사상인 판소피아는 삼중성과 매우 깊은 관련이 있어 보이기 때문이다. 코메니우스가 추구하는 판소피아는 이런 맥락에서 볼 때, 조화와 균형을 철저하게 요청하고 있다. 필자는 조화와 균형이 삼중성과 밀접하게 연관되어 있다고 생각한다.

---

21 간략하게 결론적으로 말하면, 패리의 주장은 일견 설득력이 있어 보이지만 이단적인 책에 대한 코메니우스의 입장을 놓고 볼 때 지나친 주장으로 보인다. 『대교수학』 제25장을 참조하기 바란다.

## 4) 한국에서의 연구 동향

한국에서의 코메니우스에 관한 연구물로는 1960년에 함종규에 의하여 코메니우스의 『대교수학』이 소개된 이후로 20여 년간 코메니우스의 작품과 사상을 소개하는 논문과 서양교육사를 다루는 책들이 있었다.[22] 그러다가 1980년 오인탁이 코메니우스의 범교육(汎敎育, Pampaedia) 이론을 소개한 이후부터 코메니우스 사상을 연구한 학위논문이 다수 등장하기 시작했다(오춘희, 1997b: 286). 1980년대 이후 코메니우스에 대한 연구의 흐름은 크게 다섯 가지로 정리할 수 있다.[23] 첫째, 코메니우스의 판소피아 및 교육사상을 다루는 연구, 둘째, 코메니우스의 교육과정 및 방법론을 다루는 연구, 셋째, 코메니우스를 신학자, 목회자, 실천신학자, 기독교 교육학자로 조명하는 연구, 넷째, 코메니우스의 아동교육을 조명하는 연구, 다섯째, 그 밖에 특별한 장르로 분류할 수 있다.[24]

---

22　1960~1979년의 연구물에 대한 것은 오인탁의 논문(1980: 313)을, 또한 1990년대 초반까지의 연구 동향은 이숙종(2006: 467-471)의 글을 참고하기 바란다.

23　김광순(2009: 2-3)은 1990년대 이후의 코메니우스에 대한 연구를 세 가지 방향으로 정리하고 있다. 첫째, 코메니우스 교육이론의 전체적 이해를 위한 연구, 둘째, 기독교 학자들의 연구, 셋째, 코메니우스의 유아 및 아동에 대한 연구다. 필자는 이를 확대하여 다섯 가지 범주로 구분하고자 한다. 아울러 이 책에서 다루는 연구물의 범위는 1980년 이후의 박사학위논문과 학술지 논문에 한정하기로 한다.

24　먼저 코메니우스의 판소피아 및 교육사상을 다룬 연구에는 권재일(1990), 이숙종(1987, 1991, 1992, 1995, 1998, 2004), 박신경(1993), 오춘희(1997a, 1998a, 1998b), 정영수(1992), 이근엽(1992), 김선양(1992), 정병훈(1994), 김기숙(2003, 2010, 2012), 구경선(2003), 정일웅(2003a, 2003b), 최진경(2005b, 2010, 2013a), 강선보(2004), 이시용(2004), 강선보, 김희선(2005), 박득자(2005), 김홍진(2006), 윤기종(2008), 강기수(2009), 우정길(2009), 노진호(2000), 장진용(2011), 나현규, 이병승(2012), 김인정(2012), 조관성(2013, 2014), 김선아(2013) 등이 있다. 둘째로 코메니우스의 교육과정 및 방법론을 다룬 연구에는 이숙종(1989, 1990, 2002), 안건상(1986), 김기숙(2001, 2008), 강선보(2002), 정일웅(2003c), 노상우, 신병준(2003), Jitka(2005), 김남순(2006, 2007), 이상현(2007), 이향명(2007), 최진경(2007, 2013b), 박민수(2009), 정훈(2010), 조관성(2011), 나현규, 이병승(2011), 신현광(2011), 정희영(2011), 유순이(2011), 이홍찬(2012), 김홍진(2013), 박신경(2013), 김병희, 김유라(2013) 등이 있다. 셋째로 코메니우스를 신학자, 종교지도자, 기독교 교육자로 조명한 연구로는 이숙종(1993), 정일웅(1995, 2005, 2006, 2013), 김기숙(2005, 2008, 2013), 마송희(2001), 유화자(2002), 조래영(2003), 안영혁(2009a, 2009b), 최진경(2005a, 2006, 2011, 2012), 김선아(2009, 2011) 등이 있다. 넷째로 코메니우스의 아동교육을 조명하는 연구로는 장화선(1991, 1993, 1994), 김창환(1996), 조양자(1999), 이은하(2002), 조래영(2004), 정일웅(2004), 김선아(2007), 김성

첫 번째 연구 경향의 범주 가운데 주목할 만한 연구는 우정길의 「두 개의 세계, 두 개의 인간학 그리고 하나의 교육—코메니우스의 기독교 우주론적 보편주의에 대한 소고」(2009)다.[25] 비록 그의 주장에는 이론의 여지가 많지만 눈여겨볼 점은 그의 접근방식이다. 그는 『세계도회』에 대한 그림을 해석하는 도상학적(圖像學的) 방식을 사용하고 있다(우정길, 2009: 10, 12, 14-20). 이런 연구방식은 코메니우스의 사상을 연구하기에 좋은 방식 중의 하나다. 즉, 전체성을 염두에 둔 연구방식인 것이다. 또한 나현규와 이병승의 「'팜패디아'의 구조를 통해 본 코메니우스의 교육목적론 탐구」(2012) 역시 코메니우스에 대한 새로운 연구방식을 보여 주고 있다. 즉, 코메니우스 작품의 구조를 분석함으로써 사상적 의미를 조명해 주고 있다는 점에서 독특하다. 두 번째 범주 가운데 특이한 것은 나현규와 이병승의 「'대교수학'의 구조를 통해 본 코메니우스의 교수학습 원리 탐구」(2011)다. 이것은 코메니우스 작품의 구조를 분석하여 그 의미를 조명한 것으로는 처음 시도한 것으로 보인다. 또한 김병희와 김유라(2013)는 『세계도회』의 내용을 통해 책의 구조 혹은 구성에 주목한 후 코메니우스의 언어교육론에 대하여 다루고 있다. 이들은 특별히 그림을 통해 구체적인 언어교육을 시도하고 있는 점과 어린이 문학교육의 원리가 투영된 점을 잘 보여 주고 있다. 그동안 한국에서의 코메니우스에 대한 연구 중 적지 않은 수가 세 번째 범주에 속해 있다고 해도 틀린 말이 아니다. 한국에서의 코메니우스에 대한 연구의 기폭제가 된 것은 이런 기독교적 관점에서의 조명이 큰 몫을 담당하고 있음을 부인할 수 없을 것이다. 또한 네 번째 범주인 유아 및 어린이 교육에 대한 연구는 세 번째 범주와 밀접하게 연결되어 있으며, 마지막 범주는 기타 주제로 묶을 수 있는데, 코메니우스의 사상과 체육교육, 장애인교육, 문학적 관련성, 청교도와의 관련성

---

애(2005), 김숙이(2007), 김광순(2009) 등이 있다. 마지막으로 그 밖의 경우로는 조쟁규, 백영호, 이의철(1997), 오춘희(1997b), 조쟁규(1999, 2000), 김규진(2005), 이준우(2008) 등이 있다.

25 필자는 우정길(2009)의 결론에 동의하지 않는다. 그는 코메니우스의 판소피아를 전체적으로 조망하고 있는 것 같지 않다. 구체적인 비평에 대하여는 이후에 다룰 것이다.

등을 다루고 있다.

한 가지 주목할 사항은 코메니우스 연구 초기에 집중적으로 조명되었던 코메니우스의 교육사상에 대한 연구가 대부분 개략적인 소개 정도에 그치고 있다는 점이다. 최근에 시도되고 있는 코메니우스의 사상 연구 역시 소수를 제외하고는 일반적인 소개로 그치거나, '전체성'의 관점에서 볼 때 부분적 조명에 그치고 있는 점을 지적할 수 있을 것이다.

## 3. 교육학의 대가에게 접근하는 방법

### 1) 코메니우스의 판소피아

앞서 살펴본 바와 같이 지난 300여 년 동안 코메니우스에 대한 많은 연구가 있어 왔다. 그러나 그의 판소피아에 대하여 관심을 갖기 시작한 것은 그의 판소피아가 영향력을 끼쳐 온 세월에 비한다면 지극히 근래의 일이다. 우리나라의 경우 선구자적 학자들의 영향으로 이제는 코메니우스에 대한 관심이 크게 늘고 있는 실정이다. 아쉬운 점은 코메니우스의 판소피아 자체에 대한 관심보다는 교수방법과 관련된 연구가 주류를 이루고 있다는 것이다. 물론 최근 들어 판소피아 자체에 대한 밀도 있는 연구가 김기숙(2012), 최진경(2013a) 등에 의해 시도되고 있기는 하지만, 판소피아에 대한 다각적인 연구가 절실히 필요한 시점이라고 생각한다.

이에 따라 필자는 코메니우스의 판소피아에 관심을 갖게 되었다. 코메니우스의 판소피아는 전체에서 시작하여 전체를 통해 보고, 전체로 종결하는 전체성에 입각한 개념이다. 그에 의하면 인간은 전체를 통해서만 도움을 받을 수 있다(Comenius, 2008b: 76). 판소피아란 '전체적인 지혜(sapientia universalis)'를 뜻한다. 이것은 '모든 사람에게, 모든 것을, 철저하게 알리는 것'의 3중적 전체를 의미하며, 자연학-감각적인 것(sensualia), 형이상학-지적인 것(intelletualia), 초자연학-영적인 것(spiritualia)을 모두 하나의 전체로서 연구하는 것을 의미한다(오춘희, 1998b: 36-39). 이것은 모든 것을 본질적으로 이해하며, 그 존재 방식에 따라 이해하고, 그 본래의 사용 목적에 따라 제시할 수 있음을 뜻한다. 이런 전체성은 코메니우스의 판소피아에서 매우 중요한 개념이다.

그렇다면 코메니우스의 판소피아를 보다 명료하게 이해할 수 있는 방법은 무엇인가? 필자는 이 질문에 대한 답을 코메니우스가 저술한 작품의 구조를 분석하는 가운데 발견했다. 실례로 코메니우스의 『대교수학』은 그의 초기 작품에 해당한다. 이 책에는 코메니우스가 제시하는 구조가 없다. 그런데 흥미로운 점은 그의 후기 작품에 속하는 『팜패디아(Pampaedia)』에서는 서론 다음에 '범교육학에 대한 개요'라는 제목으로 그가 직접 전체 구조를 제시하고 있다는 것이다(Comenius, 2008b: 14).[26] 이를 통해 필자는 코메니우스가 책의 전체 구조에 대하여 특별한 의미를 부여하고 있음을 알 수 있었다. '전체'의 중요성을 강조했던 코메니우스는 독자들로 하여금 책의 전체 구조를 통해 '전체성'에 대한 인식에 도움을 주고자 했던 것이다. 그렇다면 책의 구조를 주목하는 것은 책을 전체적으로 대하는 것과 같은 셈이다. 이와 같이 코메니우스의 '전체성'이 구조적으로 저작에 스며들어 있는 것은 단지 한두 개의 작품에만 해당하는 것이 아닐 것이다. 모든 작품에는 저마다 전체 구조를 가지고 있을 것이며, 그 구조들이 책의 전체성을 나타내는 것이라면, 책의 구조는 코메니우스의 판소피아 사상의 전체성을 나름대로 포함하고 있을 것이다. 그러므로 코메니우스의 대표적인 저술의 구조를 분석하여 그 구조를 해석하면, 판소피아를 명료하게 이해할 수 있을 것이다. 키틴지(Keatinge)는 "모든 사물에 대한 시각화는 코메니우스적인 방법론

---

26 물론 코메니우스가 책의 앞부분에서 제시하는 구조는 기초적이며 개략적인 수준이다. 따라서 필자가 말하는 구조분석은 좀 더 구체적이며 세밀한 것을 뜻하며, 그 구조를 통해 의미를 끌어낼 수 있는 정도의 구조분석을 말한다. 또한 이 책에서 필자는 '구조' '체계' '틀'이란 용어를 특별한 구별 없이 교호적으로 사용하고 있음을 밝힌다.

의 모토(watchword)다."(Comenius, 1910: 150)라고 말했다. 사물을 시각화(視覺化)하는 것이 코메니우스적인 방법이라는 것이다. 물론 이 말은 사물에 대한 시각화를 의미하는 것이지만, 결국 '모든 것' 중에 포함되어 있는 '책'의 구조를 드러내는 것은 곧 책을 시각화하는 것이다.

따라서 필자는 코메니우스의 판소피아를 시각화하는 작업을 먼저 진행할 것이다. 판소피아의 개념과 특성을 통해 판소피아 구조를 상정한 후 코메니우스의 저서 중에서 핵심적인 책들을 선정하여 각 책의 구조를 분석할 것이다. 코메니우스는 판소피아의 체계를 구축하는 것을 일생일대의 소명(召命)으로 알고 그것을 실현하기 위해 모진 고난 가운데서도 흔들리지 않고 살았다. 그렇기 때문에 판소피아의 실현을 위해 집필한 그의 모든 작품에는 사실상 판소피아 사상이 스며들어 있을 것이다. 그러므로 코메니우스의 핵심 작품들의 구조분석 자료는 앞서 상정한 판소피아 구조의 타당성을 입증하는 역할을 하게 될 것이다. 판소피아 구조가 밝혀지면, 필자는 판소피아 구조에 비추어 코메니우스의 교육론을 재조명해 볼 것이다.

이제까지 서술한 논지를 다음과 같이 간략하게 세 가지로 정리할 수 있을 것이다. 첫째, 코메니우스의 판소피아를 어떻게 시각화 혹은 구조화할 수 있는가? 둘째, 코메니우스의 저서를 분석한 결과 드러난 판소피아 구조는 어떤 것인가? 셋째, 판소피아 구조가 가지고 있는 교육적 함의는 무엇인가?

## 2) 텍스트 구조분석

딜타이(Dilthey, 2008: 76-77)에 의하면, 교육학은 교육학의 대가(大家)를 기술하고 분석해야 한다. 이를 통해서 교육학은 다음 세대의 교육자를 존엄감과 자신의 직업에 대한 열정으로 충만하도록 이끌 수 있다. 왜냐하면 교육학의 대가들에게는 가장 근원적인 것이 들어 있기 때문이다. 그러면서 딜타이는 교육학의 대가들로서 소크라테스, 플라톤, 코메니우스, 페스탈로치, 헤르바르트, 프뢰벨을 예로 들고 있다.

　이 책은 딜타이가 열거했던 교육학의 대가 중 한 사람인 코메니우스의 사상
과 저술에 대한 연구를 해석학적 연구방법을 사용하여 진행할 것이다. 해석학
이란 이해의 현상, 요소, 구조, 유형 및 가정 등을 연구하는 이론적·철학적 학
문이다(이상오, 2008: 15). 해석학을 연구의 방법적 논리로서 적극 수용하는 교육
학은 딜타이가 정초하고 그의 후학들이 계승, 발전시킨 '정신과학적 교육학'의
영역에서 뚜렷하게 전개된다(이상오, 2008: 15). 딜타이는 해석학의 개념을 주로
이중적 의도로 사용하고 있다. 첫째, 그는 인간과 인간의 삶의 표현을 연구 대
상으로 삼고 있으며, 둘째, 그는 해석학을 텍스트 해석의 학문으로 칭하고 있다
(오인탁, 1990: 223). 즉, 딜타이는 '삶'이라는 텍스트와 '문헌'이라는 텍스트를 해
석학의 대상으로 본 것이다. 오인탁은 "해석학적 방법은 유의미한 문서들, 특히
텍스트를 합리적인 방법론적 고찰을 거쳐서 검증 가능하게 처리하는 과학적 방
법"(오인탁, 1990: 232)이라고 말한다. 필자가 생각하는 해석학적 연구방법이란
딜타이가 말한 두 번째 개념에 해당하며, 동시에 오인탁이 말하는 유의미한 문
서들의 합리적인 고찰이라고 할 수 있다. 한마디로 말해서 필자가 이 책에서 시
도하는 연구방법은 코메니우스의 작품을 '텍스트 구조분석'을 통해 고찰하는 것
이다.

　이를 위해 필자는 코메니우스의 저작 중 네 권의 책을 선정했다. 그것은 『대
교수학』『빛의 길(*Via Lucis*)』『세계도회』『팜패디아』다.[27] 필자는 이 네 권의 책

---

27 판소피아 구조에 대한 가장 바람직한 연구 범위는 코메니우스 일생의 대작이라고 할 수 있는 『인간개
　선에 관한 일반담론』 일곱 권이다. 하지만 필자는 판소피아 구조와 교육적 관련성이라는 연구주제에
　따라 텍스트 연구 범위를 교육적인 내용을 담고 있는 것으로 한정했다. 따라서 필자는 코메니우스의 초
　기 저작에 해당하는 『대교수학』『빛의 길』 및 비교적 초기에 해당하는 『세계도회』, 그리고 『인간개선
　에 관한 일반담론』 일곱 권 중에서 교육론을 다루고 있는 『팜패디아』를 선정하게 되었다. 물론 네 권
　의 책 중에 『빛의 길』보다는 『판소피아의 선구자(*Prodromus Pansophiae*)』가 더 적절할 것이란 주장
　이 있을 수 있다. 실제로 『판소피아의 선구자』는 출간 직후 영국에서 『학교의 개혁(*A Reformation of
　Schooles*)』이라는 제목의 영어책으로 번역되기도 했다. 그러나 『판소피아의 선구자』는 코메니우스
　가 정식으로 출판하기 위해 시도한 것이라기보다는 정식 출판을 위한 준비 작업에 해당하는 책이라

을 선정한 기준을 코메니우스의 『대교수학』에서 발견했다. 코메니우스는 『대교수학』의 '표제'에 전체 구조와 연관된 핵심 단어들을 제시하고 있는데, '토대' 혹은 '기초'(Fundamentum), '진리' 혹은 '원리'(Veritas), '순서' 혹은 '질서'(Series), '길' 혹은 '방법'(Via)이다(Comenius, 1957: Tomus 1, Pars Prima 5). 이런 핵심어들은 네 권의 책과 깊은 연관성이 있어 보인다. 즉, 『대교수학』이 '토대' 혹은 '기초'와 연결된다면, 『빛의 길』은 '진리' 혹은 '원리'와 연결되고, 『세계도회』는 '순서' 혹은 '질서'와, 『팜패디아』는 '길' 혹은 '방법'과 연결된다.[28]

## 3) 장별 핵심 안내

제1부에서는 판소피아의 이해를 위해 판소피아의 배경 및 개념, 특성 그리고 구조를 밝히고 있다. 이를 위해 네 개의 세부 연구가 이어지는데, 첫째, 코메니우스의 판소피아 이해를 위한 토대로서의 유토피아(Utopia) 사상과 범지주의(Pansophism) 및 성경과 신학적 배경을 고찰한다(제1장). 둘째, 코메니우스의 판소피아 개념을 그의 작품과 삶의 궤적을 배경으로 살핀 후 '판(Pan)'과 '소피아(sopia)'의 용어를 중심으로 개념 정리를 시도한다(제2장). 셋째, 코메니우스의 판소피아 특성을 새롭게 정리하는 것인데, 이는 다음 단계인 구조 제시를 위해 매우 필요한 과정이다(제3장). 여기에서는 개념에서 제시되었던 로마서 11:36과 골로새서 1:28을 중심으로 판소피아의 '완전성'과 '전체성'을 드러낸다. 즉, 판소

---

고 할 수 있다. 그러다 보니 다른 저서들에 비하여 장 및 절 구분이 명료하지 않다. 또한 코메니우스에 따르면 『빛의 길』은 『판소피아의 선구자』의 연장선상에 있는 저서라고 할 수 있다(Comenius, 1938: Dedication 4-5). 따라서 필자는 텍스트 구조분석의 특성과 학자들 가운데 '작은 일반담론'으로 불리는 『빛의 길』의 특성을 감안하여 『빛의 길』을 분석하게 되었다(이 책 88~89쪽의 각주 4 참조). 선정한 네 권의 책은 『인간개선에 관한 일반담론』에 비하여 중요도의 비중이 약하다고 할 수 있겠지만, 그럼에도 불구하고 코메니우스의 판소피아 구조와 관련된 핵심 내용을 포함하고 있다.

28  이 외에도 네 권의 책은 코메니우스의 판소피아적 삶의 궤적과 관련하여 매우 의미 있는 위치에 놓여 있다는 점, 특히 네 권 모두가 공통적으로 교육적 관심과 깊은 관련이 되어 있다는 점을 특징으로 들 수 있다. 이에 대한 더 구체적인 내용은 이 책의 제2장과 제5장을 참고하기 바란다.

피아의 특성은 하나님 자신과 관련된 '완전성'과 하나님의 창조물과 관련된 '전체성'으로 정리할 수 있다. 이런 특성을 구분하고 정리하는 것은 이후 계속되는 논의에 중요한 역할을 한다. 넷째, 판소피아 특성을 바탕으로 판소피아 구조를 시각화할 것이다(제4장). 이때 브루너(Bruner)와 피아제(Piaget)가 주창한 구조 의미를 함께 살피고, 아우구스티누스에서 시작하여 보나벤투라(Bonaventure)를 거쳐 쿠자누스(Cusanus)를 통해 흐르는 판소피아 구조의 기원을 고찰한다. 그러고 나서 판소피아 구조를 '하나님'과 '인간'과 '세계'가 하나로 합쳐진 그림을 통해 제시할 것이다.

제2부에서는 코메니우스의 작품 중에서 핵심적인 네 권의 책에 대한 구조분석을 시도한다. 이를 위해 먼저 텍스트 구조분석을 위한 준거를 제시한다(제5장). 즉, 구조분석의 의미와 필요성 및 네 권의 책인『대교수학』『빛의 길』『세계도회』『팜패디아』를 선정한 이유에 대하여 제시한다. 구조분석이란 단순한 목차와 개요의 소개가 아니라 '분석' 후 '종합'을 이루고, '비교연결'을 통해 그 의미를 밝히는 것을 뜻한다. 또한 선택된 네 권의 책이 판소피아의 토대, 원리, 순서, 방법과 연결된다는 것을 논증한다. 그러고 나서 네 권에 대한 전체적·세부적 구조를 분석하고 그 의미와 특성을 제시한다(제6장~제9장).『대교수학』은 토대–기초, 진리–원리, 순서–질서, 길–방법이라는 큰 범주로 이루어져 있으며,『빛의 길』은 이후 코메니우스의 작품들에 대한 모판과 같은 모습임을 알 수 있고,『세계도회』는 판소피아를 현장에서 적용할 수 있는 교과서라고 할 수 있으며,『팜패디아』는 방법론적 연구서라고 할 수 있다. 결국 네 권의 텍스트 구조분석 결과는 판소피아 구조의 특성과 맥을 같이하고 있음을 확인할 수 있다. 구조분석의 목적은 분석 자체에 있지 않고, 분석 자료를 종합하고 비교연결하여 더 깊은 의미를 도출하는 데 있다(제10장). 그 의미는 교육과의 연관성이다.

제3부에서는 드러낸 판소피아 구조를 교육의 요소인 목적, 내용, 방법과 연결하여 교육적 함의를 끌어낸다. 이를 위해 우선적으로, 판소피아와 교육의 특별한 관계를 드러낸다(제11장). 판소피아 구조는 교육적 요소들과 잘 연결되는

데, '완전성'의 특징은 궁극적 목적과 연결되며, '전체성'의 특징은 교육적 요소
(교육주체, 교육객체, 교육방법)와 맥을 같이한다. 그다음으로 제시하는 교육적 함
의는 교육적 요소를 판소피아 구조를 통해 조명하는 과정이다. 이를 위한 첫 번
째 시도는 판소피아 구조를 통해 교육목적을 고찰하는 것이다(제12장). 필자는
코메니우스의 교육목적을 현실적 목적과 초월적 목적으로 구분하여 제시했다.
또한 교육목적이 교육주체와 관련이 깊다는 점을 감안하여 교육의 주체를 다
루는데, 코메니우스가 말하는 교육주체는 교육의 현실적 주체와 초월적 주체로
구분할 수 있다. 교육내용과 관련하여서는 '교육객체로의 모든 것' '교육교재로
서의 범교재'로 구분하여 제시한다(제13장). 마지막으로 교육방법을 『팜패디아』
를 중심으로 제시하면서 교수 · 학습방법에 관하여 다루고 있다(제14장). 코메
니우스의 교육방법에서 주목할 것은 빠르면서 재미있고 철저한 방법을 사용하
고 있다는 점과 인격성을 강조하는 방법이라는 점, 그리고 믿음을 강조하는 방
법이라는 점, 마지막으로 적용 및 개혁을 추구하는 교육방법이라는 점이다.

간단히 정리해 본다면, 판소피아는 본질적으로 하나님으로부터 나와 인간의
교육적 역할을 통해 이 세상에 실현되어야 할 포괄적인 사상체계다. 중요한 것
은 본질과 실제 사이의 균형인데, 판소피아 구조는 이런 균형을 위해 필요한 또
하나의 틀이라고 볼 수 있다. 그렇다면 교육은 본질과 실제 사이의 균형 잡기라
고 할 수 있을 것이다.

# 제1부

# 판소피아와 코메니우스

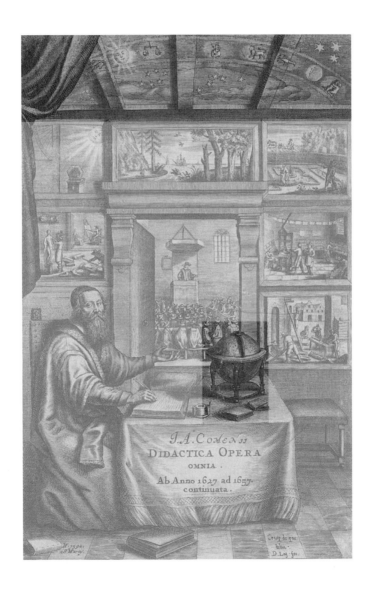

제1부와 연계하여 표지 사진에서 주목할 부분은 두 곳이다. 하나는 그림의 맨 윗부분으로, 이는 천체를 묘사한 것이다. 그림 안에는 둥근 궤도를 따라 태양과 달 그리고 별자리(천칭, 처녀, 사자, 전갈, 쌍둥이)들이 보인다. 그 주변으로 별과 구름이 있는데, 이는 전형적인 천체를 보여 준다.

두 번째 주목할 부분은 코메니우스 앞에 있는 탁자 위의 물체다. 여러 정황으로 볼 때, 그림의 형태는 지구본이라기보다는 천체라고 하는 것이 더 정확할 것이다.

표지 그림 중에서 두 부분이 의미하는 것은 무엇인가? 코메니우스 사상의 우주적 스케일을 보여 준다. 그의 판소피아를 '우주적 지혜' 혹은 '전체적 지혜'라고 할 때, 앞서 언급한 그림의 부분들은 판소피아의 개념과 맥을 같이한다. 코메니우스는 전체에서 시작하여 전체로 마무리한다. 제1부에서는 코메니우스의 사상적 배경과 그의 핵심 사상인 판소피아에 대하여 다룰 것이다.

# 제1장
# 판소피아 사상의 형성 배경

1. 유토피아 사상
2. 범지주의
3. 성경—신학

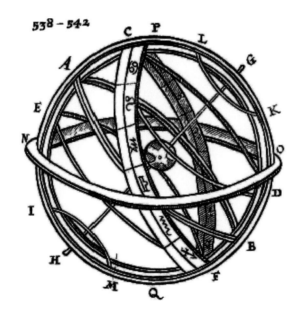

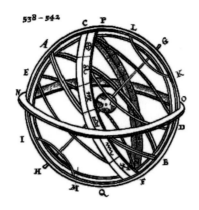

제1장의 표지 그림은 당시의 천문학자가 바라보는 천체를 묘사한 것이다(Comenius, 1665). 코메니우스의 『언어의 문(*Janua Linguarum*)』에 있는 이 그림은 이후 『세계도회』에서 좀 더 세밀하게 표현되어 '천구(Sphera Caelestis)'라는 제목으로 제시되었다. 그림의 선분 GH는 '축'을 의미하고, 중앙에 있는 것은 지구다. 이것은 당시의 지구 중심적인 세계관을 보여 주는 하나의 예이기도 하다.

우리는 이 그림을 통해서 당시의 상황을 추정할 수 있는데, 17세기에 이미 등장하고 있었던 우주에 대한 인간의 태도 변화다. 프랜시스 예이츠(Yates)에 따르면 이런 우주에 대한 관점의 변화는 과학의 발생 및 발전에 필수조건이라고 할 수 있다(Yates, 1982).

코메니우스는 당시 새롭게 대두되던 자연과학 지식을 적극 수용하는 동시에 전통적인 지식과 더불어 신앙의 유산을 포기하지 않고 통합하는 자세를 견지했다.

코메니우스의 판소피아 사상이 형성된 시대적 배경에는 최소한 세 가지 이상의 사상이 자리하고 있다. 그중에 하나가 기독교적 이상(理想)으로 사회 개혁을 위한 일종의 청사진을 제시했던 유토피아 사상이라면, 다른 하나는 급속도로 발전하는 자연과학과 종교적 신앙의 조화를 통해 새로운 체계로의 종합을 시도했던 범지주의(Pansophism)이며, 나머지 하나는 판소피아 사상의 실제적인 뿌리를 이루고 있는 성경 및 신학사상이라고 할 수 있다.

이것들을 살피기 전에, 코메니우스가 받은 사상적 영향에 있어서 아리스토텔레스(Aristoteles)와의 관련성을 언급하지 않을 수 없다. 실제로 코메니우스는 아리스토텔레스의 다양한 철학사상과 원리를 통하여 자신의 교육원리를 발전시켰다(이숙종, 2006: 69). 가장 대표적인 예로, 코메니우스는『분석교수학』에서 "먼저 감각을 통하지 않고는 어떤 것도 이해할 수 없다."라고 언급하고 있는데, 이것은 아리스토텔레스의 공리인 "만일 (오감을 통해) 지각하지 못한다면, 어느 누구도 배우거나 이해할 수 없다."[1]는 말을 달리 표현한 것이다. 코메니우스는 이런 원리를『세계도회』의 '독자에게 드리는 글'[2]에서도 적용하고 있다. 아리스토텔레스는 지식을 이론적 지식(theoria), 실천적 지식(praxis), 생산적 지식(poiesis)으로 구분하고 있는데,[3] 이를 통해서 코메니우스는 앎에 이르는 세 단계인, 사물에 대한 지각을 통한 '이론(theoria)', 사물에 대한 조작을 통한 '실천(praxis)', 사물의 존재 목적을 통한 '사용(chresis)'이라는 자신만의 방식을 정리하였다. 또한 코메니우스는 아리스토텔레스의『자연학(Physicae)』의 영향을 받아

---

1  인용한 글의 원문은 다음과 같다. "Nihil est intellectu, quod non prius fuerit in sensu." 이것은 아리스토텔레스의『영혼론(De anima)』3권 8장 432쪽 왼쪽에 있는 글을 새롭게 표현한 것이다(Comenius, 1953: 128).

2  "감각 속에 존재하지 않는 것은 이성 속에도 존재하지 않습니다. 따라서 사물을 올바르게 구별하고 파악하도록 감각을 잘 훈련하는 것은 모든 지혜와 모든 지적 능력, 그리고 인생의 활동에서 모든 사고의 기초가 되는 일입니다."(Comenius, 1999:11)

3  아들러는 이런 아리스토텔레스의 지식 구분을 인간의 세 가지 차원으로 쉽게 정리하여 제시한다. 그 세 가지는 '만듦(making)' '행함(doing)' '앎(knowing)'이다. 생산적 지식인 '만듦'은 예술과 연결되며, 실천적 지식인 '행함'은 도덕과 연결되고, 이론적 지식인 '앎'은 진리와 연결된다(Adler, 1994: 38-42).

자신의 『자연학 개론(*Physicae Synopsis*)』을 저술하여 일종의 자연철학의 개혁을 시도하고 있다. 그는 아리스토텔레스의 자연이해와 원리를 이용하여 자연사물의 발생과 진화, 다양한 사물 간의 병행과 조화의 개념을 발전시켰던 것이다(이숙종, 2006: 73-74). 클로저(Clauser)에 따르면, 코메니우스에게는 '관념'이라는 개념조차도 플라톤보다는 합리성과 현실과 조화를 강조하고 있는 아리스토텔레스의 영향을 더 강하게 반영한 것이라고 말한다(Clauser, 1995: 245).

비록 코메니우스가 아리스토텔레스의 사상과 방법론적 원리를 대담하게 받아들였지만, 무분별하게 모든 것을 수용한 것은 아니었다. 이와 관련하여 코메니우스는 『자연학 개론(*Physicare Synopis*)』 서문에서 소요학파에 대하여 언급한다(Comenius, 1651a: Preface). 즉, 그들의 사상은 많은 부분에서 불완전하며, 방법이 복잡하고, 철저하게 꼬여 있으며, 부분적으로 잘못되었기 때문에 모든 기독교 학교에서 아리스토텔레스를 마치 유일한 철학교사인 양 대할 필요가 없다는 것이다.

## 1. 유토피아 사상

'유토피아(utopia)'는 토머스 모어(Thomas More)가 처음으로 사용한 용어다.[4] 모어에 의해 유토피아가 제기된 후 1세기가 지난 17세기는 유토피아주의의 개화기라고 할 수 있다(김영한, 임지현, 1994: 24). 여기서는 16~17세기의 대표적 유토피아 사상에 대하여 모어, 캄파넬라(Campanella), 안드레(Andreae)를 중심으로 살피고,[5] 16~17세기의 유토피아 사상의 특성을 정리해 보고자 한다.

---

4  '유토피아(utopia)'는 그리스어에서 '없음'을 뜻하는 '우-(ού)'와 '장소'를 뜻하는 '토포스(τόπος)'의 합성어다. '우'는 '없다'는 뜻과 '좋다'는 뜻을 함께 가지고 있다. 그러므로 유토피아는 이 세상에 '없는 곳(ou-topia)'을 뜻하지만 동시에 '좋은 곳(eu-topia)'을 뜻하기도 한다.

5  물론 16~17세기의 유토피아 사상가 중에는 『신아틀란티스(*New Atlantis*)』를 지은 프랜시스 베이컨(Bacon)을 빼놓을 수가 없다. 베이컨의 경우 이후에 '베이컨주의' 항목에서 더 구체적으로 다룰 것이다.

## 1) 토머스 모어

토머스 모어(1478~1535)의 유토피아는 하나의 섬이다. 섬 전체가 약 500마일 정도의 큰 원을 이루고 있는데, 전체적으로 초승달 모양을 하고 있다. 지리적 여건에 따라 다소 차이는 있겠지만, 그 섬의 도시들은 모두 하나의 계획안에 따라 건설되었으며(More, 2012: 64), 섬 전체의 모습은 거의 정방형이다(More, 2012: 67). 총 2부로 구성된『유토피아』는 당시 영국 사회의 악과 부패를 풍자하고 있으며, 그에 대한 해결책으로 적극적 규범의 세계를 그리고 있다. 즉, 정치적으로는 대의민주제(代議民主制) 원리가, 경제적으로는 공유제(共有制)가 실시되고 있고, 사회적으로는 재산과 신분이 아닌 덕망과 지혜에 따라 위계질서가 이루어지는 사회다(김영한, 임지현, 1994: 23). 모어에 의하면 모든 사회적 악과 모순은 미봉책과 같은 느슨한 사회제도와 인간들의 3대 악인 나태, 탐욕, 자만에서 비롯된 것이다. 그러면서도 그는 사회악의 뿌리를 사회제도와 함께 인간의 본성에 두고 있다. 모어는 유토피아에 사는 사람들의 도덕철학적 사고방식에 대하여 "한편으로는 다른 나라의 어리석은 제도와는 완전히 다른 사회제도 속에서 길러졌고, 다른 한편으로는 교육과 독서를 통해 얻은 것"(More, 2012: 93)이라고 말한다. 따라서 이상사회를 이룩하기 위해서는 사회체제를 근본적으로 개편해야 하며, 또한 교육을 통해 엄격한 금욕을 요구할 것을 주장한다. 달리 말해서, 이상사회의 건설을 위해 필수적인 전제조건은 나태와 탐욕과 자만을 배제하는 것이다. 이를 위해 노동의 평등, 재화의 균등한 분배, 모든 차별과 불평등의 제거를 주장한다. 또한 그는 이상사회를 위해 정의와 평등, 행복과 쾌락, 자연과 이성, 법과 덕이 지배하는 사회를 설계했다. 이를 위해 통제와 제한, 엄격한 제도와 법의 구속, 고도의 덕성과 자제가 요청된다(김영한, 1983: 181-182). 따라서 그의『유토피아』에는 경건과 이성, 덕성과 자연을 조화시키려는 금욕적 정신주의가 짙게 깔려 있다고 할 수 있다.

## 2) 톰마소 캄파넬라

톰마소 캄파넬라(Tommaso Campanella, 1568~1639)는 도미니크 교단의 수도 사였다. 그의 대표작인 『태양의 나라(Civitas Solis)』에는 그의 유토피아 사상이 종합적으로 나타나 있다. 멈퍼드(Mumford, 2010: 100)에 의하면 캄파넬라가 그린 『태양의 나라』는 플라톤의 『국가(ΠΟΛΙΤΕΙΑ)』와 몬테수마의 궁정을 결합한 것이다. 『태양의 나라』는 구체적인 사회개혁을 보여 준다. 그가 그리는 사회개혁은 새로운 기독교에 입각한 보편교회를 건설하는 것이다. 새로운 기독교란 신비성에 합리성이 결합된 기독교를 의미한다. 캄파넬라는 이것을 『태양의 나라』의 종교로 생각하고 있다. 『태양의 나라』의 정치는 종교와 도덕이 밀접하게 결합되어 있으며, 이 나라의 최고 통치자는 형이상학자요, 성직자인 '태양(Sol)'이다. 태양을 보좌하는 3인의 엘리트가 있는데, '권력(Pon)' '지혜(Sin)' '사랑(Mor)'이며, 이것은 바로 기독교의 삼위일체를 닮았다. 태양인들은 하나님이 최고의 힘이며, 하나님에게서 최고의 지혜가 나오고, 동시에 이 양자로부터 지고한 사랑이 나온다고 믿기 때문이다. 캄파넬라는 인간의 이성을 가로막고 사회악을 조장하는 요소로 이기심(탐욕), 나태, 자만을 들고 있다. 이 중에서 이기심은 권력욕과 탐욕, 사치와 위선을 낳고 그 결과 사회적 혼란과 분열을 초래한다. 그러므로 이기심을 없애고 사회적 평등과 단합을 위해서는 사유제와 가족제도를 폐지하고 모든 것을 통일하는 사회의 전국적 통제를 주장한다(김영한, 1983: 162-167). 코메니우스는 자신이 캄파넬라의 서적을 읽고 크게 도움을 받았다고 전한다. 특히 캄파넬라는 중세의 신앙, 즉 종교와 현대 과학운동의 성취와의 관계를 일치시킨 최초의 철학자로 불릴 만한데, 새들러(Sadler, 1969: 21)에 따르면 코메니우스는 특히 『태양의 나라』에 크게 감동하여 여러 차례 읽었다고 한다.

### 3) 요하네스 발렌티누스 안드레

요하네스 발렌티누스 안드레(Johannes Valentinus Andreae, 1586~1654)는 교육과 사회 및 종교 분야의 개혁을 위해 일생 동안 헌신한 독일의 루터파 목사였다. 그의 유토피아 사상이 집약된 작품인 『기독교 국가(Christianopolis)』는 기독교적 덕성을 이상화(理想化)한 사회를 묘사하고 있으며, 특별히 과학연구와 그것의 적용을 중시하고 있고, 또한 산업협동사회를 통해 상부상조하는 이상적 협동마을을 그리고 있다.[6]

안드레는 『기독교 국가』를 '카파르 살라마(Caphar Salama)'라는 섬을 중심으로 펼치고 있는데, '카파르 살라마'는 평화의 나라를 의미한다. 세계 전체의 축소판인 이 섬은 정사각형의 도시로 되어 있는데, 산업별 조직에 따라 다시 동서남북 4개의 지역으로 구분되어 있다. 이것은 균형과 조화의 미를 살린 도시계획에 의한 것이라고 할 수 있다. 『기독교 국가』의 핵심은 종교와 도덕 그리고 교육과 과학에 있다(김영한, 1983: 168). 그래서 이상적 사회의 목표는 기독교 덕성의 함양을 통한 하나님의 경배와 지식 추구로 집약될 수 있다. 정치는 '종교' '정의' '학문'의 삼두정치이며, 모든 공직자는 신분이나 빈부 여하에 관계없이 기독교 정신과 덕성에 따라 선출된다. 그곳의 모든 사람은 여가 시간을 주로 하나님을 경배하며, 덕을 수양하는 데 사용한다. 이 나라에서 종교 다음으로 중요한 것은 교육이다. 교육에서 강조하고 있는 것은 과학지식과 그 지식의 실제적인 적용에 있다. 그러면서 교육의 궁극적 목표는 하나님에 대한 경배, 도덕의 추구, 정신 계발에 있다. 안드레의 인간관 역시 기독교적 관점을 드러낸다. 비록 그는 다른 유토피아 작가들과는 달리 사형제를 폐지하는 특이점이 있지만, 인간이란 어떤 설득과 형벌로 어찌할 수 없는 죄인이라고 본다. 그로 인해 사회악은 현실에서 필연적이다. 결국 사회악을 최소화하기 위해서는 두 가지가 강조

---

6 멈퍼드(Mumford, 2010: 99)는 안드레의 『기독교 국가』에 비하면 베이컨과 캄파넬라의 작품은 이류에 속한다고 평가한다.

되고 있는데, 하나는 인간의 양심을 회복하기 위한 교육이요, 다른 하나는 사회의 구조를 개혁하여 인간으로 하여금 죄악에 빠지지 않도록 하는 것이다. 이를 위해 전면적인 사회적 통제와 구속이 불가피하며 통일, 질서, 도덕적 엄격성이 강조되지 않을 수 없다(김영한, 1983: 171). 안드레의 작품에서 나타나는 사상은 성경을 중심으로 하는 포괄적인 신학적-철학적 체계를 그리고 있다. 그는 이것을 교육을 통해 전달하고자 했다는 점에서 코메니우스와 맥을 같이한다. 그러나 한 가지 중요한 차이점이 있다면, 안드레가 그리는 사상체계는 '신(神)지혜(Theosophie)'적인 체계로서 단지 학자들을 위한 것이며 엘리트 지향적인 구조를 제시하고 있는 반면에, 코메니우스의 사상체계는 모든 사람을 위한 '범지혜(Pansophie)'적 체계를 지향하고 있다는 점이다(Dieterich, 2008: 72). 그 결과 안드레가 한 개인의 변화를 강조했다면, 코메니우스의 경우는 전 세계의 변화를 목적으로 하고 있다.

이상에서 우리는 16~17세기 유토피아 사상가 중에서 대표적으로 모어, 캄파넬라, 안드레의 유토피아 작품을 간략하게 살펴보았다. 이들의 유토피아적 사상을 통해 우리는 16~17세기의 유토피아 사상의 특성을 다음과 같이 정리할 수 있다. 첫째, 16~17세기 유토피아 사상은 기독교적 배경을 가지고 있다는 공통점이 있다. 당시 유토피아 작가들이 드러내고자 하는 이상사회의 체제가 기독교의 윤리와 정신을 기반으로 삼고 있다는 점에서 볼 때 '기독교적 유토피아(Christian utopia)'라고 할 수 있다는 것이다(Manuel & Manuel, 1979: 114, 205-206). 둘째, 16~17세기 유토피아 사상은 모어의 유토피아를 모델로 하는 '전형적 유토피아 문학 장르'적 성격을 보여 준다(김영한, 임지현, 1994: 18). 캄파넬라의 『태양의 도시』와 안드레의 『기독교 국가』가 대표적인 예다. 이것들은 픽션의 형식을 도입하여 이상적 사회를 그리고 있다. 셋째, 16~17세기 유토피아 사상은 교육을 강조하는 성향을 보여 주는 특징이 있다. 유토피아 사상은 인간의 타락으로 말미암은 원죄를 인정하면서도 인간의 가능성을 주창한다. 즉, 인간은 자신의 노력과 조건에 따라 얼마든지 개선될 수 있다고 생각한 것이다(김영한, 임지현, 1994: 17). 이 때문에 유토피아 사상가들은 교육과 후생학(厚生學)에 큰 비중을 두고 있는 것이다(김영한, 1983: 171). 넷째, 16~17세기 유토피아 사상은 개혁적 성향을 강하게 보여 준다. 유토피아가 이상화하는 것은 사회제도와 조직이다. 그것도 사회제도의 부분적 개선이 아니라 사회의 전면적인 재조정과 재구성에 대한 것이다(김영한, 임지현, 1994: 15). 그래서 사회구조의 전면적인 재조정과 재구성에 주목하는 특징이 있다. 다섯째, 16~17세기 유토피아 사상은 통일적 성격을 가지고 있다. 달리 말해서, 사회를 하나의 전체로 파악하고 있다는 것이다(Mumford, 2010: 18). 예를 들어, 캄파넬라는 종교적 통합을 시도하였으며, 안드레의 경우는 복장의 통일을 강조하고 있다. 모어(More, 2012: 67)의 『유토피아』에서의 도시들이 정방형으로 이루어져 있는 것처럼 안드레의 『기독교 국가』에서 도시가 정사각형으로 이루어져 있는 것도 같은 맥락이라고 할 수 있다.

판 데어 린데(Van der Linde, 1999: 57)에 의하면 많은 학자들이 코메니우스의 『일반담론』을 가리켜서 구체적인 유토피아라고 부르는데, 이는 코메니우스 사상에 유토피아 사상이 자리하고 있음을 언급하는 것이다. 이것을 가리켜서 기독교적 유토피아라고 할 수 있다. 기독교적 유토피아와 관련하여 코메니우스의 사명은 분명했다. 그는 기독교적 유토피아에 대한 소망을 가지고 있었다. 즉, 코메니우스는 역사의 긍정적인 완성이 어디에서도 실현되지 않는다는 것을 명확하게 알고 있었음에도 기독교적 소망을 잃지도, 놓지도 않았던 것이다. 따라서 이런 유토피아 사상이 코메니우스의 저서에 기독교적 양상으로 나타나는 것은 어쩌면 당연한 것이라고 할 수 있다.


## 2. 범지주의

16~17세기는 '전체성'이라는 지적인 풍토가 팽배했던 시기다. 이런 경향을

가장 잘 반영해 주는 예가 바로 종교와 과학을 조화시키려는 시도라고 할 수 있다.[7] 종교개혁의 여파로 교회의 분열이 종교분쟁 양상으로 나타나게 되자 지식인들 사이에서는 기독교 세계가 붕괴될지 모른다는 위기의식이 대두되었다. 또한 자연과학의 괄목할 만한 발전은 기독교의 신앙을 위협하는 상황이었다. 이런 분위기로 인하여 당시의 사회를 새롭게 재정립하기 위해서는 종교적 진리와 과학적 진리를 '전체성'이라는 유기적 체계로 종합하려는 지적 운동이 일어나게 된 것이다. 이런 움직임을 총칭하여 이른바 '범지주의(Pansophism)'라고 한다 (Manuel & Manuel, 1979: 206). 이 시기의 범지주의를 대표하는 사상적 흐름은 베이컨주의, 백과전서주의, 판소피아로 집약할 수 있다.

## 1) 베이컨주의

중세 후기에 자연관찰에 주의를 기울이고, 관찰 결과의 정확성을 크게 개선한 사람들이 있었지만, 그들은 단지 기술적(記述的) 성격의 백과사전을 편찬하려는 경향이 있었다. 그들은 여전히 이전의 철학적 설명체계에 의존하고 있었던 것이다. 17세기 초 프랜시스 베이컨(Francis Bacon, 1561~1626)은 '관찰'과 '설명' 간의 새로운 체계를 밝히려 했다(Butterfield, 1980: 96). 호이카스(Hooykaas)에 의하면, 그 새로운 체계를 '새로운 철학(New Philosophy)'[8]이라고 할 수 있다

---

7　16~17세기에는 어떤 일이 번창하기 위해서는 종교적 승인이 필요했던 시기였다. 그러므로 종교와 과학의 조화를 시도하는 변화는 과학의 입장에서는 큰 도움을 얻은 결과라고 할 수 있다(Hooykaas, 1988: 79). 한편 과학의 입장에서만 보면, 성직자의 억압에서 과학을 해방시키려고 애썼던 사람들이 종교적 계몽과 과학적 계몽이 병행되어야 하며 종교가 과학에 침투하고, 명료하게 해 주고, 혁명적으로 변화시켜야 한다는 확신을 가지고 있었다는 사실에 의아해할 수도 있다. 그러나 이런 사람들에게 종교란 이전의 스콜라 신학이 아니었으며, 심지어 교회 당국의 공식적 결정을 의미하는 것이 아니라는 점을 인식할 필요가 있다 (Hooykaas, 1988: 153).

8　호이카스(1988: 53)는 베이컨을 새로운 자연사적 경험론의 대변자라고 말한다. 그러면서 비록 베이컨은 실제 과학 자체에는 기여한 바가 거의 없지만, 그의 사상이 과학자들에게 광범위하게 영향을 미쳤다고 말한다.

(Hooykaas, 1988: 53). 새로운 철학이란 한편으로는 반아리스토텔레스주의였으며, 다른 한편으로는 베이컨을 선구자로 하는 '손을 사용하는 실험(manual experiment)'에 기초한 '과학'이었다(Hooykaas, 1988: 148). 그의 철학은 과학의 진보를 방해하는 그릇된 전통과 오류를 비판하는 소극적 혹은 부정적 측면과 동시에 과학의 진보를 위해 올바른 방법을 발견하여 새로운 학문체계를 수립하려는 적극적 혹은 긍정적 측면을 함께 가지고 있다. 그에게 중요한 것은 과학의 진보였다. 하지만 그가 볼 때, 인류의 전 역사과정을 통해서 순수한 과학적 진보가 이루어진 것은 단지 짧은 세 시기가 있었을 뿐 거의 아무런 진보를 이루지 못했다.[9] 그는 학문이 진보를 이루지 못하고 정체에 빠지게 된 것은 아담의 타락으로 인간이 자연지배권을 상실하고 자연과 유리되었기 때문이라고 보았다. 그 결과 인간은 자연을 신격화하게 되었고, 그로 인하여 모든 문제가 발생했다고 보았다. 따라서 베이컨의 목표는 학문의 진보를 이루는 것이다. 즉, 과학의 발전이란 인간이 자연의 법칙을 파악하고 자연을 지배하고 자연을 효율적으로 이용할 수 있을 때 가능하다는 것이다. 그렇다면 과학을 발전시키는 길은 무엇인가? 그것은 바로 올바른 방법을 찾아내는 일이다. 올바른 방법을 발견, 적용할 때 인간과 자연과의 관계가 새롭게 되고 자연의 숨은 비밀이 밝혀져 사회적 진보가 촉진될 수 있다고 그는 확신했다(김영한, 1989: 189). 그가 말하는 올바른 방법은 다름 아닌 귀납법이었다. 이는 감각적 경험에서 출발하여 이성의 결론에 도달하게 하는 방법이다. 즉, 자연 자체를 대상으로 한 관찰과 실험을 통해서 얻은 감각적 경험은 이성이 올바르게 작용할 수 있는 기반을 제공하며 마침내 진리에 도달하게 하는 방법이다.

베이컨주의가 발생하게 된 배경은 당시의 청교도주의와 관련이 깊다. 과학과 기술의 중요성을 피력한 베이컨은 비록 자신이 청교도가 아니었지만 청교도

---

9　베이컨이 구분하는 순수 과학적 진보가 이루어진 세 시기는 그리스시대, 로마시대 및 17세기가 향유하고 있는 제3의 시기다. 그는 고대의 두 시기 중 각각 과학의 진보는 200년에 국한된다고 말한다(Butterfield, 1980: 118).

주의의 정신으로 교육을 받았으며, 청교도의 사상이 그의 이론에 반영되어 있었다(Hooykaas, 1988: 149). 베이컨은 성경을 과학교재로 사용하는 데 크게 혐오감을 가지고 있었음에도, 그의 태도는 "아리스토텔레스로부터 나와서 성경 속으로"라는 구호로 집약된다(Hooykaas, 1988: 54). 또한 그는 '신의 말의 책'이나 '신의 작업의 책'을 아무리 탐구해도 지나치지 않다고 생각했다. 즉, 성경과 자연에 대한 탐구를 의미하며, 신학과 과학에 대한 연구를 뜻한다. 예를 들어, 베이컨은 "너희가 성경도 하나님의 능력도 알지 못하는 고로 오해하였도다."[10]에서 '하나님의 능력'을 '피조물', 즉 자연의 책으로 해석하고 있다(Bacon, 2007: 92-93). 한마디로 말해서 베이컨은 종교적 토대 위에서 과학을 강조한 것이다. 이런 베이컨의 철학은 청교도들뿐만 아니라 기독교적 체계를 원하는 사람들의 이상과 완전히 부합되어 베이컨주의를 형성했다.

베이컨은 『학문의 진보(*The Advancement of Learning*)』에서 인간의 보다 나은 삶을 위해서는 사회의 정의나 개혁보다는 과학의 진보를 이루어야 함을 피력하고 있다. 이를 위해 기존의 모든 지식체계에 대하여 비판하고 재편성하고자 하는 계획을 『대개혁(*Instauratio Magna*)』에서 제시하고 있다. 영국의 베이컨주의자들은 자신들의 이상을 실현하기 위해 사회제도의 개혁에 관심을 집중하였는데, 그 개혁의 방식으로 베이컨의 철학을 수용하게 된 것이다(오춘희, 1998a: 107). 그래서 인간이 과학의 진보를 통해 자연의 법칙을 이해하고 자연을 지배하여 자연을 효율적으로 이용할 수 있을 때 인간의 생활조건이 개선되고 인류의 복지가 실현 가능하다고 생각하게 되었다.

## 2) 백과전서주의

백과전서주의의 개념은 고대 그리스의 '엔키클리오스 파이데이아(enkyklios

---

10  "예수께서 대답하여 이르시되 너희가 성경도, 하나님의 능력도 알지 못하는 고로 오해하였도다."(마 22:29; 한글 개역개정판, 이하 성경은 개역개정판 인용)

paideia)'에서 유래했다. 이것은 모든 지식을 완전히 분류하고 체계화하려는 사전적 계획에 지식이란 '전체적인 하나의 원형 구조'라는 신념이 합쳐진 것이었다(오춘희, 1998b: 32-33). 16세기에 '세계의 질서'를 '말의 질서'로 재구성하려는 관심이 일어나기 시작했다. 이런 운동은 '백과전서주의'로 대변할 수 있다. 예를 들어 푸코(M. Foucault, 2012: 74-75)는 말하기를 16세기 말과 17세기 초의 백과사전의 형태는 인간이 알고 있는 지식을 사물의 실제적인 배치에 대응하는 단어의 연쇄와 배치에 상응하도록 우주의 질서를 재구성하려는 시도였다고 하였다. 15세기 이후 대폭적인 지식의 증가는 새로운 차원의 종합을 요청하게 되었다. 중세적, 스콜라신학적 차원의 종합으로는 인간, 자연, 역사에 대한 지식을 더 이상 종합할 수 없었기 때문이었다. 16~17세기에는 르네상스 이후 증가된 지식을 새로운 방식으로 집대성하려는 노력이 등장하였는데, 그것을 '백과전서(Encyclopaedia 혹은 Cyclopaedia, Theatrum)'라고 부르게 되었다. 17세기에는 지식이 질적·양적으로 폭발적인 팽창이 이루어지던 시기였다. 학문의 새로운 분야가 열리기 시작했으며, 세계관의 변화와 함께 지식을 얻는 방법에도 큰 변화가 이루어졌다. 자연의 관찰, 즉 경험을 통해 지식을 얻어야 한다는 주장이 강하게 대두되었던 것이다(오춘희, 1998a: 109). 또한 여러 지식의 분야는 통합되어야 하고, 교육을 받은 사람은 이것을 모두 알아야 한다는 새로운 지식관이 등장했다. 그러다 보니 17세기의 지식은 하나의 국가 차원의 재원으로 가치가 부상하게 되었다. 그래서 나라마다 백과사전의 편찬이 시도되었다. 일례로 17세기 전기의 대표적인 백과사전은 알스테트(Johann Heinrich Alsted)의 평생의 역작인 『과학백과사전(*Encyclopaedia Scientiarum Omnium*)』(1630)이다(Murphy, 1995: 76).[11] 그는 이 책에서 고전학문과 성경의 역사체계 및 학문의 통합을 내용으로

---

11 알스테트는 당시 헤르보른 아카데미의 교수였으며, 그 대학의 출판사를 통해 그의 책이 출판되어 베스트셀러가 되었다. 헤르보른 아카데미는 출판 사업 때문에 유명해진 학교다. 1585년에 크리스토프 코르빈(Christoph Corvin, 1552~1620)이 시작한 이 학교의 출판 사업은 당대에 중요한 책들을 내놓으며 세상에 헤르보른의 위상을 높였다. 이 출판사에서 출판하는 대부분의 책 표지에는 이 출판사를 의미하는 그림이 들어가 있는데, 그림에는 까마귀가 등장한다. 까마귀는 라틴어로 코르비누스(Corvinus)를 의미한

하여 기독교 신학과 예언, 인간의 경험과 지식, 예술, 세계지리와 연대기를 정리
했다.[12]

코메니우스는 당시의 백과사전에는 사물들 간의 필연적인 상호연관이 결여
되어 있다고 생각했다(오춘희, 1998a: 109). 즉, 단편적인 사실의 나열은 의미가
없다고 여긴 것이다. 하나의 사물에 대하여 전체적인 조화 속에서 그 사물의 본
질과 질서를 알려 주지 않는 기존의 백과사전적 지식을 비판한 것이다.

코메니우스는 백과사전적 지식의 특징을 간파하고 있었다. 그는 그리스 사
람들이 생각하는 전체에 대한 지식의 총합으로서의 '백과사전'적 인식을 알고
있었으며, 17세기 당시에 이미 모든 사물에 대한 관찰을 과학이라는 하나의 체
계로 만들어 '백과사전(Encyclopaediarum)' 혹은 '박학(Polymathiarum)' 등으로 정
리한 사람들의 작품들을 알고 있었다(Comenius, 1966; Tomus 2, 24. Sp. 22). 또한
그는 스승이었던 알스테트를 통해서 학문과 신학 등에 대하여 다양하고 넓은
안목을 갖추게 되었으며, 평생의 과제였던 판소피아 사상에 대하여 밑그림을
그릴 수 있게 되었다.


## 3) 범지주의

앞서 언급한 바와 같이 17세기의 사상적 흐름은 신학과 과학의 결합을 시

---

다. 이 출판사의 책 표지에는 까마귀가 엘리야에게 먹을 것을 날라다 주는 그림이 나오는데, 그림을 감싸
는 액자에 세 단어로 된 문구인 "모든 것이 한 분에게서(Omnia ex uno)"가 들어가 있다. 1586년에 이 출
판사의 첫 출판물이 나왔는데, 그것은 올레비아누스(Caspar Olevianus)가 작업한 칼뱅의 기독교강요 요
약이었다. 올레비아누스가 번역한 칼뱅의 설교, 올레비아누스의 에베소서 주석 등이 여기서 출판되었
다. 이 출판사는 개혁신학자들의 책을 출판하면서 명성을 쌓아 갔다. 베스트셀러는 루터의 성경, 하이델
베르크 요리문답이 첨부된 시편 송이었다. 유명한 작품으로는 피스카토르(Piscator)의 성경, 요한 알트후
시우스(Althusius)의 『정치학(Politica)』, 알스테트(Alsted)의 백과사전(Encyclopaedia) 등이 있다(Müller,
1988/1989: 75-77).

12 알스테트는 이미 1608년에 『지식의 통합(Encyclopaedia Cursus Philosophici)』을 저술하여 모든 지식의
통합을 제시했다(이숙종, 2006: 104).

도하는 것이었으며, 이런 사상적 경향을 범지주의(pansophism)라고 할 수 있다. 크바촬라(J. Kvacala)에 따르면, '판소피아(Pansophia)'라는 말은 필로(Philo of Alexandria)의 작품 가운데서 최초로 나타났으며, 스토아철학에 기원을 두고 있다. 그 후 신플라톤주의(Neo-Platonism)와 함께 르네상스에서 원류를 발견할 수 있다. 이 용어는 당시 전 유럽에 확산되어 르네상스 문학에서 발전되었다(Rood, 1970: 121; Manuel & Manuel, 1979: 829). 17세기의 철학적 특징이 분석(analysis)이었다면, 르네상스 철학의 본질은 종합(synthesis)에 있었다. 르네상스 시기에 신플라톤주의와 스토아주의가 함께 부활하면서 종교와 세속문화의 통합을 시도하게 된 것이다. 한마디로 르네상스의 철학과 학문은 '범지주의'로 묘사될 수 있다(Rood, 1970: 121). '범지주의' 이념이 이 시기의 대표적인 사상가인 페트리시우스(Franciscus Patricius)[13]의 작품에 이미 나타나고 있다. 그의 『새로운 우주철학(Nova De Universis Philosophia)』에는 '판아우기아(Panaugia, 범광채)' '판아르키아(Panarchia, 범정치)' '판피지키아(Panpsychia, 범영혼)' '판코스미아(Pancosmia, 범질서)'라는 장별 제목이 나타나고 있다. 그는 장별 제목에 '판(Pan)'이라는 접두사를 사용하고 있다. 그러다가 17세기에 이르러서 독일의 로렘베르크(Peter Lauremberg, 1585~1639)에 의해서 '판소피아(Pansophia)'라는 단어가 최초로 쓰이게 되었다. 로렘베르크는 자신의 책인 『범지혜 혹은 교육철학(Pansophia sive Paedia Philosophia)』에서 판소피아란 용어를 사용하면서 학문과 기술에 대한 새롭고 다양한 사항을 기술하고 있다(Sadler, 1969: 21). 코메니우스(1969: 64)는 1642년에 출판된 『학교의 개혁(A Reformation of Schooles)』에서 로렘베르크의 책에 대하여 언급하고 있다.

판소피아는 르네상스 이후 폭발적으로 팽창한 각 분야의 지식을 종합하여 하

---

13 페트리시우스(1529~1597)는 기독교 사상에 입각하여 플라톤주의를 옹호하고, 반아리스토텔레스주의 입장을 견지했던 이탈리아 철학자요 과학자였다. 대표 저서로는 『소요학파에 대한 논의 총서 15(Discussionum Peripateticorum Libri XV)』(1571)와 『새로운 우주 철학(Nova De Universis Philosophia)』(1591)이 있다. 그의 작품에는 범지주의 개념이 스며들어 있다. 또한 그의 철학은 스토아철학과 신플라톤주의 요소가 섞여 있으며, 종교와 철학 및 과학의 조화를 꾀하는 것이 주된 목적이었다(Rood, 1970: 122).

나의 학문으로 통일하면서 동시에 신앙과 조화시키려는 시도였다. 당시 판소피아를 추구한 자들의 근본 명제는 하나님, 인간, 자연 사이에 통일된 질서가 있다는 것이다(오춘희, 1998a: 112). 즉, 통일된 질서 안에서 신학과 철학, 특별히 과학과의 연합 및 조화를 꾀하는 것이었다. 코메니우스 역시 그의 판소피아의 체계를 분열된 학문의 통합으로 생각했다. 그러나 코메니우스는 당대의 판소피아 학자들과 자신을 구별하기 위해 '기독교적'이라는 말을 추가하여 사용했다. 그가 생각할 때 진정한 판소피아는 신앙의 영역까지 포함해야 하는 것이었다. 이런 판소피아적 관심은 교수학의 배경에 늘 자리하고 있었다. 그의 교수학의 원리는 바로 판소피아였던 것이다. 그가 추구하는 판소피아 방법은 "인식론적 관심에 의한 것이라기보다는 지식체계의 형이상학적 정당화"(오춘희, 1998a: 113)였다고 할 수 있다.

앞서 살펴본 바와 같이 16~17세기는 급격하게 증가하는 지식의 총체적 종합에 관심이 집중되던 시기였다. 이런 사상적 흐름 안에서 유토피아적 사상, 백과전서주의, 베이컨주의, 범지주의가 등장하게 된 것이다. 이들의 공통적 특징을 찾는다면 '전체성'에 있다. 이런 맥락에서 당시에 이미 '판소피아'란 용어가 사용되고 있었던 것이다. 분명한 것은 17세기의 '판소피아' 사상을 깊이 있게 연구하여 실제적으로 체계화시킨 사람이 코메니우스라는 사실이다. 이렇게 말하는 데 이견은 없을 것이다.


## 3. 성경-신학

성경과 신학사상은 코메니우스 사상의 바탕을 이루고 있다. 특히 판소피아 사상은 성경과 신학사상(기독론)을 이론적 토대로 하고 있다(최진경, 2012: 29). 코메니우스의 전제는 창조자에 대한 믿음이었다. 또한 인간이 자연과 이성과 성경에서 읽을 수 있는 모든 인식은 창조자의 은혜로 말미암은 것인데, 코메니우스는 그 모든 인식을 성경적으로 입증하고 있다(Großmann & Schröer, 1997: 73-74). 이런 사실은 그의 모든 작품에서 수도 없이 성경을 인용하고 있는 사실을 통해 확인할 수 있다.

## 1) 신구약 성경

코메니우스는 그의 신학의 원천을 우선 구약 성경에서 발견했다. 학교, 교회, 국가라는 개념은 헤브라이적 특색을 띠고 있는 그의 사상에서 중요한 축을 이루고 있는 것인데, 코메니우스는 이런 개념들을 구약에서 찾았던 것이다(Van der Linde, 1999: 182-183). 그는 성경의 사상이 통일된 결합을 이루면서 하나님 안에 존재하는 현실, 질서, 그리고 인간과 사물 및 세계 전체를 보여 준다고 생각했다. 즉, 창조와 중생, 첫 아담과 둘째 아담, 하나님의 형상으로서의 인간과 하나님의 백성으로서의 인간, 현실 세상, 교회와 종말에 대한 것들을 구약의 토대 위에서 이해했다. 그래서 그는 창세기 1장에 있는 천지창조를 모든 참된 철학의 근본이라고 불렀고, 창세기 2장과 3장의 인간 창조와 타락의 내용을 신학 전체의 기초인 원시복음이라고 불렀다.

코메니우스(2008b: 25)는 인간의 존재 목적을 성경에서 발견했다. 그는 인간이 하나님의 형상으로 창조되었으며, 그렇기 때문에 인간 존재의 목적은 바로 하나님 자신이라는 것이다. 그는 이런 의미가 창세기 1:26-28에 나타난다고 말한다.[14] 이 구절들이 의미하는 바는, 첫째, 하나님이 인간을 특별하게 이성적 존재로 지으신 이유는 하나님의 형상을 자신 밖에 두어 기뻐하시기 위함이었다. 둘째, 인간으로 하여금 모든 피조물을 다스리도록 하시기 위함이었다. 셋째, 인

---

14 "하나님이 이르시되 우리의 형상을 따라 우리의 모양대로 우리가 사람을 만들고 그들로 바다의 물고기와 하늘의 새와 가축과 온 땅과 땅에 기는 모든 것을 다스리게 하자 하시고(26절), 하나님이 그들에게 복을 주시며 하나님이 그들에게 이르시되 생육하고 번성하여 땅에 충만하라, 땅을 정복하라, 바다의 물고기와 하늘의 새와 땅에 움직이는 모든 생물을 다스리라 하시니라(28절)."

간이 자기 자신을 다스릴 수 있는 능력이 자신 안에 있음을 의미한다.

또한 코메니우스(2008b: 56)는 성경에서 인간의 세 가지 기능을 발견했다.[15] 그는 창세기 1-2장을 통해 그것들을 끌어냈다. "하나님은 인간(아담)이 모든 사물을 볼 수 있도록 그에게 이끌어 오셨고(창 2:19a), 아담으로 하여금 그것들의 이름을 짓게 하셨으며(창 2:19b), 아담을 에덴동산에 두심으로 그것들을 다스리며 지키게 하셨다(창 2:15)." 이런 세 가지 활동을 통해서 아담은 '관찰'하고, '이름 짓고', '행동'을 하는 인간의 특징 세 가지를 끌어냈다. 즉, '생각-지식'과 '말-언어'와 '손-행동'을 말한다. 이런 인간의 특징은 그의 판소피아에 있어서 중요한 틀과 밀접하게 관련되어 있다.

가장 주목할 만한 점이 코메니우스가 제시한 『팜패디아』의 근본 명제에 나타나고 있다. 그는 『팜패디아』의 서론에서 핵심적인 개념을 제시하고 있다. 여기서 그는 키케로(Cicero)의 글과 모세 및 요엘 선지자의 예언 그리고 마태복음, 마가복음, 바울의 서신에 나와 있는 성경구절을 인용하고 있다. 그중에서도 『팜패디아』의 근본 명제가 담겨 있는 "모든 사람이 그리스도 안에서 온전하게 되기 위해 모든 지혜로 고귀하게" 가르침을 받아야 한다는 문장을 제시하고 있다. 여기서 언급된 세 가지 라틴어 단어가 바로 '옴네스(Omnes, 모든 사람)' '옴니아(Omnia, 모든 것)' '옴니노(Omnino, 철저하게)'다. 이 단어들은 그의 판소피아에 매우 중요한 역할을 하고 있다. 코메니우스는 이 핵심 용어들을 성경에서 발견하여 끌어왔는데, 바로 골로새서 1:28이다.

한마디로 말해서 학자요, 목사요, 교사였던 코메니우스에게 성경은 사상적 토대, 고백적 토대, 실천적 권위의 토대였다. 우리는 이런 사실을 그가 말년에

---

15 코메니우스는 이런 인간의 세 가지 특징을 하나님의 사역 단계와 닮은 것으로 본다. 그는 하나님의 창조 과정을 세 단계로 나누고 있다. 첫째, 하나님이 계획하시는 단계다. "하나님이 이르시되 우리의 형상을 따라 우리의 모양대로 우리가 사람을 만들고"(창 1:26) 이때는 창조의 실행 단계가 아니라 구상 단계다. 둘째, 하나님이 계획하신 것을 선포하는 단계다. "하나님이 이르시되"(창 1:3, 6, 9) 하나님은 계획하신 것을 말(언어)로 선포하셨다. 셋째, 하나님의 행하심이 나타나는 단계다. "남자와 여자를 창조하시고"(창 1:27) 하나님의 행하심의 절정은 인간의 창조와 연결되어 있다.

지은 『필요한 한 가지(*Unum Necessarium*)』에서 발견할 수 있다. 그는 다음과 같이 언급한다.

첫째, 인간을 위해 필요한 한 가지는 '지혜롭게 되는 것'인데, 이런 지혜의 빛을 얻기 위해 세 가지가 필요하다. 그것은 '하나님을 경외하는 것'(잠 1:7), '기도하는 것'(약 1:5), '하나님의 말씀'이다(Comenius, 2008a: 48). 그에 의하면 하나님의 책은 세 가지가 있는데, '이성'과 '세상'과 '성경'이다. 그중에서 성경은 '필요한 한 가지'이자 '모든 것'이다. 그는 "그렇다. 만약 우리가 하나님을 따라 지혜로운 자가 되려면, 마리아가 예수님의 발 앞에 앉았던 것처럼 해야 한다. 왜냐하면 사실상 성경이 영원한 지혜의 보좌이기 때문이다."(Comenius, 2008a: 56)라고 말한다.

둘째, 코메니우스는 아퀴나스가 임종을 앞에 두고 그렇게 했던 것처럼 "만약에 나의 신학에 대하여 질문을 한다면, 나는 성경을 끌어안고서 나의 온 마음과 목소리를 다해 '나는 이 책에 기록된 것은 모두 믿습니다.'라고 말할 것이다." (Comenius, 2008a: 82)라고 고백한다.

셋째, 코메니우스는 진정한 회복을 언급하면서 성경에 대하여 "즉, 하늘의 교사이신 하나님이 성경에서 그의 모든 것을 발견하시는 것처럼, 우리 각 사람 역시 주어진 하나님의 계시의 말씀에 대한 일반적 고백에 동의해야 할 것이며, 성경을 부여잡고 '나는 하나님이 이 책 안에서 계시하신 모든 것을 믿는다. 나는 그가 명령하신 것은 무엇이든지 순종할 것이다. 나는 하나님이 약속하신 것은 무엇이든지 소망한다.'라고 외쳐야 할 것이다."(Comenius, 2008a: 73)라고 언급한다. 한평생을 철학자요, 신학자요, 교육자로 살았던 코메니우스가 말년에 한 이 고백은 성경에 대한 그의 관심과 비중이 어떠했는지를 짐작하게 해 준다.

## 2) 신학적 배경

코메니우스의 판소피아는 신학적인 틀을 가지고 있다. 그렇기 때문에 그의 판소피아를 이해하기 위해서는 신학적 배경을 살피는 것이 필요하다. 일반적으로 코메니우스의 신학적 배경을 고찰할 때면, 으레 얀 후스(Jan Hus)를 중심으로 언급하든지(최진경, 2010),[16] 형제연합교회에서 시작하여 에라스무스(Erasmus), 루터(Luther)와 칼뱅(Calvin)을 언급하는 경향이 있다(이숙종, 2006: 107). 흥미로운 것은 국내의 연구물 중에서는 신학적 배경이나 사상적 배경과 관련하여 아우구스티누스(Augustinus)를 언급하는 경우가 거의 없다는 사실이다. 판 데어 린데(Van der Linde)는 특별히 코메니우스의 신학적 사상이 종교개혁 시대의 사상가뿐만 아니라 교부들과 연결되어 있음을 주장한다.

> 코메니우스는 성경적–신학적인 사상의 간단한 개념을 교회 교부들과 중세 시대와 종교개혁의 다양한 원천에서 빌려와 이미 하나의 범세계적인 신학을 시도했다. 우리는 그것을 통해 다양한 교회 전통뿐만 아니라 일반 철학자들과 신학자들과 정치가들을 이해할 수 있을 것이다(Van der Linde, 1999: 179).

판 데어 린데는 코메니우스의 성경적–신학적 사상이 교부들의 다양한 원천에서 빌려온 것이며, 그것으로부터 판소피아적 사상을 시도하고 있다고 언급한다. 물론 종교개혁 시대의 사상가로부터 영향을 받은 것은 분명하다. 그러나 그이전 사상가의 영향을 간과하는 것은 적절하지 않다. 특히 코메니우스의 판소피아 구조를 볼 때는 더욱 그렇다.[17] 따라서 필자는 코메니우스의 사상에 있어서, 특별히 판소피아 사상에 있어서 아우구스티누스와의 연관성에 초점을 두고 조명한 후에 형제연합교회와의 관련성을 얀 후스를 중심으로 간략하게 정리할 것이다.

---

16 최진경(2012: 57-60, 25-29)의 경우, 형제연합교회의 배경을 언급하면서 얀 후스와 함께 이후 루터주의자 및 칼뱅주의자와의 관계를 조명하며, 헤르보른 대학 시절의 하인리히 알스테트, 요하네스 피스카토르, 하이델베르크 대학에 있던 다비트 파레우스(Pareus)의 영향을 언급하고 있다.

17 이런 내용은 판소피아 구조를 다루는 이 책의 제3장과 제4장에서 더 자세하게 언급할 것이다.

### 3) 아우구스티누스

코메니우스 사상의 근본적인 개념과 틀은 아우구스티누스로부터 적지 않은 영향을 받았다. 도비(Dobbie)에 의하면 코메니우스는 아우구스티누스의 『신의 도성(*De Civitate Dei*)』과 『고백록(Confessions)』을 늘 연구하였으며, 그의 여러 저서에서 아우구스티누스에 대하여 인용하고 있다고 말한다(Comenius, 1987: 17).[18] 또한 코메니우스는 기독교 신학의 주제를 집필할 때에 일관성을 유지하기 위해 아우구스티누스의 작품에서 많은 실례를 끌어왔다고 한다(Comenius, 1995b: 20). 판 데어 린데 역시 코메니우스는 성경을 인용하듯이 아우구스티누스의 글을 인용하고 있다고 말한다(Van der Linde, 1999: 78). 신학 사상적 관점에서 볼 때 이 주장은 설득력이 있다. 코메니우스는 자신의 작품에서 많은 사상가의 이름과 함께 그들의 견해를 인용하고 있다. 이런 인용에는 주목할 만한 사실이 하나 있다. 즉, 사상적 이론을 다루는 작품에서 인용하는 사상가와 교수방법(혹은 언어)을 다루는 작품에서 인용하는 사상가 사이에는 차이가 있다는 점이다. 판소피아 방법에 해당하는 『팜패디아』에서 아우구스티누스가 언급된 것은 사실이지만 3회에 불과하다. 이는 11회 이상 인용된 세네카(Seneca)에 비교할 때 아주 적은 것이다. 그러나 그의 판소피아의 사상적 기초를 다지는 초기 작품인 『빛의 길(*Via Lucis*)』에서의 경우는 다르다. 실례를 들어 보면 〈표 1-1〉과 같은데, 이것은 『빛의 길』에서 인용된 사상가들을 정리한 것이다. 『빛의 길』은 코메니우스의 판소피아 사상의 기초가 전체적으로 기술되어 있는 책으로, 분량이 그렇게 많지 않다.

〈표 1-1〉을 통해 볼 때 『빛의 길』에서 코메니우스는 최소한 13명 이상의 사상가들을 언급하며 그들의 주장을 인용하고 있다. 그런데 13명의 사상가 중에서 가장 많이 언급된 사상가가 아우구스티누스라는 점은 시사하는 바가 크다.[19]

---

18  예를 들어, 『팜패디아』 6장 7절, 7장 29절, 8장 11절 등에서 인용되고 있다.

19  도비는 코메니우스가 『일반담론(*Consultatio*)』에서 가장 자주 언급하는 학자의 이름을 그 인용 횟수가 많

**〈표 1-1〉『빛의 길』에서 인용된 사상가별 언급 횟수 표**

| 사상가 | 인용 횟수 | 장-절 및 페이지 |
|---|---|---|
| 아우구스티누스 | 5 | 헌사-18(14), 14-7(117), 14-12(124), 14-19(132), 15-8(141) |
| 베이컨 | 4 | 헌사-13(11), 16-21(158), 17-5(169), 18-10(172) |
| 세네카 | 4 | 헌사-24(20), 18-11(173), 21-3(207), 21-22(224) |
| 아리스토텔레스 | 3(2) | 16-23(159), 16-23(160) |
| 키케로 | 2 | 3-6(14), 16-11(150) |
| 후아르투스 | 2 | 14-12(124), 16-24(160) |
| 디오게네스 | 2 | 헌사-29(23), 3-9(16) |
| 엠페도클레스 | 1(2) | 16-23(159) |
| 제임스 | 1 | 헌사-20(17) |
| 헤라클레이토스 | 1 | 3-9(16) |
| 데모크리토스 | 1 | 3-9(16) |
| 클레멘트 | 1 | 14-12(124) |
| 슐테투스 | 1 | 16-20(157) |

* 괄호 안의 숫자는 해당 페이지를 뜻함.

물론 인용 횟수가 많다는 사실이 사상적 영향을 받은 것과 반드시 비례하는 것은 아니다. 하지만 책의 핵심 장에서 인용된 경우라면 이야기는 달라질 수 있다. 『빛의 길』의 경우가 그렇다. 『빛의 길』은 그가 영국에 체류하고 있는 기간인 1641~1642년에 집필했다가 그가 죽기 2년 전인 1668년에 출판된 책으로, 주목할 사항은 1668년에 기록된 헌사와 책의 핵심을 이루고 있는 14장이다. '헌사'는 코메니우스가 말년에 새롭게 첨부한 내용이라는 점에서 중요하며, 14장은 코메니우스의 핵심 사상이 다뤄지고 있다는 점에서 중요하다.[20] 〈표 1-2〉를 통해서 『빛의 길』의 각 장에 인용된 사상가들이 누구인지 한눈에 볼 수 있다.

〈표 1-2〉를 보면 아우구스티누스는 '헌사'(1회)와 '14장'(3회), '15장'(1회)에서 인용되고 있다. 이를 통해 우리는 코메니우스의 사상이 아우구스티누스의 사상

---

은 순으로 열거하면 아우구스티누스 베이컨, 캄파넬라, 플라톤 순이라고 한다(Comenius, 1995b: 21).

20  이에 대한 더 자세한 내용은 이 책의 제7장을 참고하기 바란다.

〈표 1-2〉 『빛의 길』 장별 사상가 인용 횟수

| 장 구분 | 횟수 | 언급된 사상가별 횟수 |
|---|---|---|
| 헌사 | 5 | 아우구스티누스(1), 베이컨(1), 세네카(1), 디오게네스(1), 제임스(1) |
| 3장 | 4 | 키케로(1), 디오게네스(1), 헤라클레이토스(1), 데모크리토스(1) |
| 14장 | 5 | 아우구스티누스(3), 후아르투스(1), 클레멘트(1) |
| 15장 | 1 | 아우구스티누스(1) |
| 16장 | 7 | 베이컨(1), 아리스토텔레스(2), 키케로(1), 후아르투스(1), 엠페도클레스(1), 슐테투스(1) |
| 17장 | 1 | 베이컨(1) |
| 18장 | 2 | 베이컨(1), 세네카(1) |
| 21장 | 2 | 세네카(2) |

과 결코 무관하지 않다는 사실을 알 수 있다. 예를 들어, 코메니우스는 특별히 14장의 '보편적인 빛'의 목적을 언급하는 가운데, 수학적 진리와 기타 학문의 필요성을 언급하는 대목에서 아우구스티누스의 말을 언급하고 있다. 그는 "아우구스티누스가 수(numbers)와 학문(science)에 대하여 무지한 사람은 누구라도 하나님의 신비를 연구할 것을 생각지도 말아야 한다고 경고한 것은 이유가 있었다."라고 말한다(Comenius, 1938: 124). 이와 연관된 아우구스티누스의 언급을 우리는 『삼위일체론(De Trinitate)』에서 발견할 수 있다. 그는 "그러나 이 수들을 성경에 넣은 데에는 어떤 목적이나 어떤 신비한 이유가 있었던 것이 아니라고 주장한다면, 그런 어리석거나 우스운 사람은 되지 말았으면 한다."(Augustinus, 2007: 145)라고 했다.

코메니우스가 아우구스티누스로부터 받은 것 중의 하나는 헤브라이즘(Hebraism)과 헬레니즘(Hellenism)의 조화를 위한 단초였다(오춘희, 1998a: 116). 그는 세상의 모든 혼란과 무질서의 이유를 알기 위해 문제가 무엇인지를 진단했다. 그것은, 첫째, 본질적이고 필연적인 것이 아닌 것들에 시간을 낭비하고 있기 때문이며, 둘째, 학습내용의 불충분성에 기인하며, 셋째, 사소하고 지엽적인 것들을 추구하고 있기 때문이라고 보았다. 이런 문제를 해결하기 위해 그는 근본적으로 아우구스티누스가 시도했던 것처럼 헬레니즘 전승을 헤브라이즘 적인 사고로 재구성할 수 있다고 믿었다. 그에게 모든 진리는 하나님의 진리라 는 하나의 틀 안에 통합될 수 있었다. 성(聖)과 속(俗)은 하나의 조화로운 세계, 하나님이 통치하시는 세계로 통합되어야 했다.

## 4) 형제연합교회

보헤미아 형제연합교회의 기원은 얀 후스(1347~1415)의 교회개혁운동과 연 결되어 있다. 후스는 교회사에서 종교개혁의 선구자로 간주되고 있다. 루터 (Luther)는 후스를 가리켜서 "바울과 아우구스티누스와 같은 사람"이라고 하였 으며, 칼뱅(Calvin)은 후스의 죽음이 새로운 시대의 태동을 알리는 것으로 보고 있다(최진경, 2012: 39). 후스는 성경을 기독교 신앙의 유일한 규범으로 강조하였 던 영국의 개혁자 존 위클리프(John Wycliffe, 1320~1384)에게서 영향을 많이 받 았다. 그가 강력하게 주장했던 것은 예배 시 모국어를 사용할 것, 성만찬 시에 빵과 포도주, 이 두 가지를 성도들에게 수여할 것, 오직 하나님의 말씀(성경)에 만 순종할 것 등이었다. 또한 기독교적 민주주의를 제창하는 한편, 국민의 종교 적 자유와 종교의 개혁을 주장하였고, 나아가 전 유럽과 세계를 위한 평화정치, 사회정의를 부르짖었다. 이로 인하여 그는 1415년 콘스탄스 종교회의 결정에 따라 순교했다.

그 후 형제연합교회는 후스의 경건생활과 순교정신을 이어받아 보헤미아, 폴 란드, 독일 등지에 퍼지게 되었다. 이들은 당시에 진보적인 개신교 운동을 전개 하는 동시에 초대교회의 영적 공동체 생활을 추구하여 가정 중심의 소규모 교 회를 유지해 왔다. 이들은 신자로서 개인의 생활과 가족 사이에서 준수해야 할 다양한 규례와 도덕적 신앙생활을 위한 교육과 훈육을 중요하게 여겼다. 또한 '우주적 교회'를 강조하였는데, 이것은 그리스도를 머리로 한 보이지 않는 교회 의 연합을 의미한다(이숙종, 2006: 86-87). 이런 차원에서 형제연합교회는 루터파

교회와 개혁파 교회와도 연합과 친교의 관계를 유지하려고 힘썼다.[21]

후스가 본래 의도한 교회개혁은 보헤미아 형제연합교회를 통해 계속 이어졌다(최진경, 2012: 46). 페트르 본 첼취츠키(Petr von Chelčický)의 영향 아래 시작된 이 단체는 구성원의 한 사람이었던 그레고르 본 프라그(Gregor von Prag)에 의해 정식으로 설립되었으며, 제1세대들은 정신적 지도자였던 첼취츠키의 가르침을 따라 성경을 중심으로 한 실천적 신앙생활을 중시하며 살았다. 1464년에 보헤미아 형제연합교회는 독립된 교회법을 마련하기 위한 총회를 개최하고, 세 가지 신앙생활의 핵심을 규정했다(최진경, 2012: 49). 첫째, '믿음에 의한 칭의'는 이들 신앙의 토대였다. 이들이 강조하는 칭의(稱義, Justification)는 믿음과 동시에 사랑에 근거하고 있다. 둘째, '그리스도에 대한 순종'을 그리스도인에게 당연히 나타나야 할 성령의 열매로 간주했다. 즉, 사랑의 행위는 곧 그리스도의 계명에 순종하는 증거였던 것이다. 셋째, 이런 맥락에서 형제연합교회는 '교회의 훈육'을 필요 불가결한 것으로 생각했다. 그러나 이때의 훈육은 강요나 폭력에 의한 것이 아니라 '사랑의 훈육'이었다.

코메니우스는 자신이 속해 있던 형제연합교회의 유산 중의 유산을 세 가지로 언급한다(최진경, 2012: 65-69). 첫째, '하나님의 진리에 대한 사랑'이다. 코메니우스는 이것을 얀 후스가 그의 민족에 심어 준 결실이라고 말한다. 둘째, 그리스도의 사랑의 계명을 순종하고 실천하도록 이끄는 '교회의 훈육'에 대한 강조였다. 그는 신앙이 죽지 않고 세상 가운데서 영향력 있게 살아 있도록 하기 위해 하나님의 자녀에게는 반드시 훈육이 필요하다고 보았다. 셋째, '교회연합정신'이었다. 그는 그리스도인이 된 형제자매들의 하나됨(Unitas)을 의미하는

---

21 코메니우스가 속해 있던 보헤미아-모라비아 형제연합교회는 프로테스탄트에 속해 있었다. 형제연합 교회 신학에서 가장 우선적이고도 중요한 원리는 바로 성경의 원리(Schriftprinzip)였다. 즉, 이들의 최고의 권위는 성경이었는데, 그중에서도 신약 성경의 믿음, 사랑, 소망을 핵심 사상으로 여겼다. '믿음'으로 말미암은 '칭의'는 형제연합교회의 신학적 토대였으며, 여기에 실천 덕목인 이웃에 대한 '사랑'이 강조되었고, 앞으로 도래할 그리스도의 재림에 대한 소망은 고난 중에 있던 그들의 신학에 깊이 뿌리내리고 있었던 것이다(Dieterich, 2008: 25-27).

전 우주적 교회를 중시했다. 그래서 그는 모든 그리스도 교회에게 믿음과 사랑 안에서 마음이 하나됨으로 협동·단결하고 일치하여 결속할 것을 강조했던 것이다.

# 제2장
# 판소피아의 개념

1. 코메니우스와 판소피아

2. 판소피아의 개념

UKÁZKA ZE SPISU LEXICON REALE PANSOPHICUM. (HESLO PANSOPHIA.)
MANU SCRIPTI LEXICI REALIS PANSOPHICI LOCUS, UBI PANSOPHIA PERTRACTATUR.

　제2장의 표지 그림은 코메니우스(Comenius)가 직접 쓴 『판소피아 실제 사전(*Lexicon Reale Pansophicum*)』에 나오는 한 부분이다(Comenius, 1966). 주목할 것은 그림의 내용이다. 그림의 중간 부분에 보면 'Pansophia'라는 단어가 나오고, 그에 대한 개념 설명이 비교적 길게 이어진다. 코메니우스는 그림에서와 같이 '판소피아'의 개념을 직접 정의하고 있는데, 그 내용은 다음과 같다.

　판소피아란 전체적 지혜(sapientia universalis)다. 즉, 사물의 존재가 무엇인지, 그것들이 어떤 방식으로 존재하는지, 그리고 그것들이 이르는 목적과 바른 사용은 무엇인지에 대한 앎이다. 그래서 세 가지를 요구한다. 첫째, 모든 것은 본질적으로 이해되어야 한다. 둘째, 그 존재 방식에 따라 이해되어야 한다. 셋째, 마지막으로 모든 것은 그것의 사용 목적에 따라 제시되어야 한다(Comenius, 1966).

## 1. 코메니우스와 판소피아

코메니우스의 판소피아 개념에 대해 살펴보기에 앞서 그와 판소피아와의 만남을 시대순으로 살피고, 판소피아와 관련된 그의 삶의 궤적을 대표적인 작품을 중심으로 살펴볼 필요가 있다. 그리고 나서 판소피아의 개념을 판(πᾶν)의 의미와 소피아(σοφία)의 의미를 중심으로 정리해 보고자 한다.

### 1) 판소피아 사상과의 만남

코메니우스는 1611년 독일의 헤르보른 대학에 입학하면서부터 '범지주의'와 인연을 맺기 시작했다. 바로 그때 세기의 백과사전 저자인 알스테트(Alsted)를 만난 것이다. 알스테트의 『과학백과사전(*Encyclopaedia Scientiarum Omnium*)』은 교육적 작품이었으며, 이후 코메니우스가 자신의 교육적 작품을 저술하는 데 있어서 근본적인 원리에 대한 지침을 주는 것이었다(Murphy, 1995: 10). 코메니우스는 스승에게서 지식과 학문의 통합과 일치에 대한 안목과 통찰을 배우게 되었다. 그리고 그것은 코메니우스 일생 동안 판소피아적 가르침을 폭넓게 시도할 수 있게 된 토대가 되었다.

코메니우스가 프랜시스 베이컨(Francis Bacon, 1561~1626)의 저작을 읽기 시작한 때는 1630년이었다(오춘희, 1998a: 106). 특별히 그는 『대개혁(*Instauratio Magna*)』[1]과 『신아틀란티스(*The New Atlantis*)』를 통해 크게 감명을 받았는데, 베

---

1  특별히 코메니우스는 베이컨의 『대개혁』(1620)을 "내가 보기에 다른 어떤 것보다도 지금 떠오르는 새로운 시대의 철학에 대한 가장 밝은 빛으로서 경탄할 만한 작품"이라고 말한다. 그는 베이컨의 작품이 캄파넬라와 같이 대담한 논증을 통해 원하는 사물의 진리를 제시하고 있다고 이해했다. 그러나 코메니우스가 보기에 아쉬운 점은 베이컨의 책은 자연의 비밀을 여는 것이 아니라 자연에 대한 열쇠를 제시하고 있다는 점이었다. 즉, 베이컨은 단지 그들이 어떻게 열려 있는가에 대한 몇 가지의 예만을 보여 주었을 뿐 나머지에 대해서는 지속적 관찰과 제시를 여러 세대를 위해 남겨 두고 있다는 것이다(Sadler, 1969: 29).

이컨을 철학의 복된 개혁자(felix instaurator philosophiae)라고 불렀다. 그는 베이컨의 책을 통해서 자연과학적 새 철학에 큰 관심을 갖게 되었으며 판소피아의 중심 내용인 모든 지식을 포괄하는 '전체적 체계'에 대하여 구상하기 시작했다(Adamson, 1921: 49). 베이컨의 『신아틀란티스』에 나오는 '솔로몬의 전당'은 '6일 작업 대학'이라고도 불렀는데, 이는 창세기 1-2장의 6일 창조와 연결된다. 솔로몬의 전당을 건립한 목적은 사물의 진정한 본질을 발견하기 위한 것으로, 피조물을 창조한 신의 영광을 더욱 밝게 드러내면서 동시에 인간이 이들 피조물을 더욱 값지게 활용하는 것이다(Bacon, 2009: 50-51). 이런 베이컨의 사상이 코메니우스의 판소피아 사상에 스며들었다.

코메니우스가 또 다른 판소피아적 사상을 만나게 된 것은 페트리시우스(Patricius)의 작품을 통해서였다(Rood, 1970: 122). 페트리시우스의 『신우주철학(*Nova De Uniersis Philosophia*)』이란 작품 역시 당시의 종교적 경험과 철학 및 과학을 조화시키려는 판소피아적 사상이 담겨 있는 것이었다.

코메니우스는 캄파넬라(Campanella)의 작품을 통해서도 판소피아에 대한 생각을 접할 수 있었다. 캄파넬라는 당시 중세의 신앙과 과학을 연결하려고 시도했던 철학자로서, 코메니우스(Comenius, 1651a: Preface 9)는 캄파넬라에 대하여 "유일하고 참되고 분명한 철학의 방법은 감각, 이성, 성경을 통하여 모든 사물을 이끌어 내는 일이다. 우리는 최초로 철학의 세 가지 원리를 캄파넬라와 그의 감각, 이성, 성경과 함께 제시한다."라고 언급했다.

1632년에 코메니우스는 로렘베르크(Peter Lauremberg)가 지은 『판소피아(*Pansophia*)』를 읽었다. 그 책은 학문과 기술의 여러 가지 새로운 사항을 잘 기술하고 있지만, 그것들의 상호연관성에 관해서는 특별하게 언급하고 있지 않았다. 이에 대하여 코메니우스(Comenius, 1969: 64)는 다음과 같이 기술하고 있다. "그러는 동안에 로렘베르크는 '판소피아(총체적인 지식 혹은 지혜)' '백과사전' 혹은 '모든 예술에 대한 총체적 이해'라는 제목하에 커다란 소망과 기대를 가진 책을 내놓았지만, 그 제목에 흡족할 만한 답변을 발견할 수 없었다. 왜냐하면 그 책은 진정한 지혜의 근원이시며 목적이신 그리스도를 포함하고 있지 않았으며, 나아가 진정한 지혜에까지 나아갈 방법도 없었기 때문이다." 이 책으로 인하여 코메니우스는 기독교적 판소피아를 세워 보려는 생각을 구체화하기 시작했다.

## 2) 판소피아적 삶의 궤적과 작품

코메니우스 판소피아 사상의 완성은 그의 삶의 궤적과 연관성이 깊다. 그가 판소피아에 관심을 갖기 시작하면서부터 그의 삶은 판소피아의 완성을 향한 여정과도 같은 것이었다. 코메니우스는 판소피아 이론을 접한 이후 1614년에 독일 유학을 마치고 귀국한 후에 첫 번째 시도로서 모든 지식의 통합을 다룬 작품인 『사물의 극장(*Theatrum Universitatis Rerum*)』을 저술했다(Spinka, 1943: 31). 그는 이 책에서 모든 사물에 대한 정리를 시도하고 있으며, 과학, 역사, 철학에 이르는 다양한 지식을 분류하고 종합하고 있다.

코메니우스는 판소피아 사상의 기초단계 작업으로서 1628년부터 구상하기 시작했던 교수학에 대한 책을 저술하여 1632년에 완성했다. 바로 체코어로 저술한 『교수학(*Didactica*)』이었다. 코메니우스는 이 책을 1638년에 라틴어로 번역했고, 그의 판소피아적 저술을 기대하던 친구들에게 사본을 돌려 읽게 했다. 『교수학』은 『대교수학(*Didactica Magna*)』(1657)의 초기 작품인 셈이다. 이를 통해 알 수 있는 것은 코메니우스가 『대교수학』을 판소피아적 작품으로 간주하고 작업했다는 사실이다(오춘희, 1998a: 124). 실제로 『대교수학』은 비록 '교수학'이라는 제목을 달고 있지만, 그의 사상적 토대를 이루는 작품이라고 할 수 있다.

1629년부터 1631년 사이에 코메니우스는 자신의 판소피아적 사상이 담겨 있는 또 하나의 작품인 『열려진 언어의 문(*Janua Linguarum Reserata*)』(1631)을 저술했다. 그는 이 책에서 과학, 이성, 성경의 3중 조화의 원리에 근거하여 모든 지식을 기독교적으로 종합하려고 시도하고 있다. 즉, 교육을 통해서 모든 사람이 자연과 인간과 신앙의 범지적 진보를 이룰 수 있다는 것이다. 이 책은 후에 『사물의 문(*Janua Rerum*)』(1681)[2]이라는 이름으로 확대 증보하여 출판되었다.

비슷한 시기인 1630년부터 1632년 사이에 코메니우스는 판소피아에 대한 체계적인 해설을 시도한 『자연학 개론(*Physicae Synopsis*)』(1633)을 저술했다. 이 책은 기독교적 관점에 따라 과학, 연금술, 우주론, 천문학, 인류학 등의 체계화를 시도하고 있다(Dieterich, 2008: 90-91). 즉, 자연탐구라는 '사물들'의 영역에서 백과사전적인 작업을 진행했으며, 당시 자연과학에 대한 견해를 수집하여 체계화했던 것이다. 또한 물질, 정신, 빛은 자연의 모든 사물과 상호 연결되어 있으며, 이 모든 것은 '정신'에 의해 지배된다는 사실을 코메니우스는 강조하고 있다(이숙종, 2006: 323). 간단히 말해서 코메니우스는 『자연학 개론』을 통해 판소피아의 체계적인 사상을 시도하고 있다.

다음으로 주목할 책은 『판소피아의 선구자(*Prodromus Pansophiae*)』(1639)다. 이 책은 1634년부터 1639년 사이에 저술된 책으로 영국에서 출판되었다.[3] 이 책은 코메니우스가 영국의 하틀리브(Hartlib, 1600~1662)에게 보낸 '판소피아 구상 원고'(미간행)에서 시작되었다. 코메니우스는 이 원고를 하틀리브가 읽고 조언해 주길 바라는 마음으로 보냈다. 그러나 이 원고를 읽은 하틀리브는 코메니우스의 동의 없이 『코메니우스적인 시도의 준비(*Conatuum Comenianorum Praeludia*)』(1637)라는 제목으로 판소피아의 진흥을 위한 후원을 요청하는 서문을 붙여 출판했다. 그 후 개정을 거쳐서 『판소피아의 선구자』로 출판하게 된 것이다.[4] 이 책은 특별히 과학, 종교, 정치 세 분야에 대한 인간사회 전체를 개혁하

---

2 『사물의 문』은 소위 '판소피아의 소백과사전'으로 불린다. 이 책에서 코메니우스는 모든 지식에 대한 판소피아적 제시를 보여 주고 있다. 즉, 근본적으로 모든 지식의 통일된 속성이 중요함을 언급하고 있으며, 나선형적 학습과정을 통해 통일된 지식의 실체를 보여 주고 있다. 그는 전체적 지식의 통합을 통해 불일치를 극복하고 사고의 조화를 제시하고 있다. 또한 판소피아적 관점에서 모든 사물의 목적과 조직과 구조를 체계적으로 제시하고 있다(이숙종, 2006: 324-325).

3 『판소피아의 선구자』는 총 294권이 출판되었다. 이 책을 받은 인명록에는 당대의 청교도혁명의 중요한 인물들이 거의 포함되어 있었으며, 코메니우스의 책은 이들에게 환영을 받았다(오춘희, 1998a: 116).

4 『판소피아의 선구자』는 학자들 사이에 널리 주목을 받았으며 좋은 반응을 얻었지만, 정작 코메니우스가

고자 하는 매우 야심 찬 계획을 보급하기 위한 목적으로 저술되었다(Korthaase & Beer, 2008: 24). 그 후 1639년부터 1641년까지 코메니우스는 『판소피아의 형태(*Pansophia Diatyposis*)』(1643)[5]를 저술하여 그의 신학적인 사상을 철학적이며 학문적으로 소개했다. 지혜로운 성전의 일곱 부분으로 설명되었던 판소피아가 이 책을 통해 일곱 권의 책인 '준비에 대한 책(Preparatories)' '원형에 대한 책(Ideals)' '자연에 대한 책(Naturals)' '예술에 대한 책(Artificials)' '영성에 대한 책(spirituals)' '영원에 대한 책(eternals)' '실천에 대한 책(Praxis of all these)'으로서 각각의 명칭을 얻게 되었다(Comenius, 1651b: 98-101).

『빛의 길(*Via Lucis*)』은 코메니우스가 영국 체류 기간 중인 1641년 11월에 집필을 시작한 후 1642년 4월에 완성했다. 이 책은 복음으로 세계 정치의 개선과 평화를 목적으로 하는 '학자연합단체'의 비밀 프로그램 중 하나였다. 이를 위해서는 학교의 개혁, 교회 종파 간의 평화, 판소피아의 구성이 필요했다. 코메니우스는 이런 목적을 실현하기 위해 새로운 방식의 판소피아를 구상하고 집필했던 것이다(Dieterich, 2008: 112). 파토츠카(Patočka)는 『빛의 길』을 '우주적 개혁을 위한 교수학'이라고 부르며, 일군의 학자들은 '작은 일반담론'이라고 부르기도 한다. 왜냐하면 인간사 전반에 대한 개혁의 구체적인 계획이 소개된 것은 『빛의 길』이 처음이기 때문이다. 브람보라(Brambora)는 『빛의 길』이 코메니우스의 판소피아적 저술 가운데 유일하게 그 자신에 의해 완결된 작품이라고 주장한다(오춘희, 1998a: 132). 코메니우스는 이 책에서 철학적 사고를 시도하고 있는데, 판소피아를 집필함에 있어서 이제까지의 방식인 정적(靜的)인 질서원리가 아닌 역동적인

---

속해 있는 형제연합교회 내부에서 비판이 일어났다. 그러자 코메니우스는 1638년에서 1639년으로 해가 바뀌는 시기에 『판소피아 시도의 설명(*Conatuum Pansophiae Dilucidatio*)』이라는 제목으로 책을 저술했다. 교회 내의 비난을 잠재우고 그의 판소피아를 교인들에게 이해시키기 위한 일환이었다. 이 책은 판소피아를 일곱 부분으로 구성된 지혜의 성전으로 비유하여 설명하고 있다(Comenius, 1969: 80-89). 하틀리브는 『판소피아의 선구자』와 『판소피아 시도의 설명』을 합본하여 1639년 라틴어로 출판했고, 3년 후인 1642년에는 위의 합본된 책을 『학교의 개혁(*A Reformation of Schooles*)』이라는 제목으로 번역 출판했다.

5 이 책은 1651년에 제레미 콜리어(Jeremy Collier)에 의해서 『우주적 지식의 패턴(*A Pattern of Universal Knowledge*)』이라는 제목으로 번역되었다.

구속사적(救贖史的) 관점에 따라 이해하려고 시도했다(Dieterich, 2008: 112).

코메니우스가 헝가리의 샤로슈퍼터크에 머문 기간(1650~1654년)은 그의 판소피아 사상에 있어서 새로운 전환점을 이룬 시기라고 할 수 있다. 그가 샤로슈퍼터크에 간 가장 큰 이유는 판소피아적 학교를 세워 자신의 판소피아를 실험하는 것이었다(오춘희, 1998a: 164; 이숙종, 2006: 57). 1653년부터 1654년 사이에 저술한 두 권의 학교 교재인 『세계도회(*Orbis Pictus*)』와 『놀이학교(*Schola Ludus*)』는 지금까지도 중요한 작품으로 인정받고 있다. 그중에서도 『세계도회』는 코메니우스로 하여금 큰 명성을 얻게 했다. 학자들은 『세계도회』를 가리켜서 코메니우스가 자신의 교육원리를 적용한 책이라고 말하며, 판소피아를 촉진하기 위한 책이라고 말한다. 한마디로 『세계도회』는 코메니우스의 판소피아 이론을 실천하기 위한 지침서라고 할 수 있을 것이다.

코메니우스가 평생에 걸쳐서 열정을 가지고 연구했던 판소피아는 생애 말년에 저술한 『인간개선에 관한 일반담론(*De Rerum Humanarum Emendatione Consultatio Catholica*)』을 통해 결산을 보게 되었다. 그는 이 작품을 1640년대 초반부터 구상하여 저술을 시작했다고 말하는데, 이로 보아 적어도 30년에 걸쳐 집필된 것이다. 이 작품은 총 7부로 구성되어 있다. 그러나 7부로 구성된 대작은 코메니우스 자신의 손으로 마무리되지 못하고 엘빙(Elbing)에서 지내던 시절의 동역자였던 크리스티안 니그린(Christian W. Nigrin)과 폴 하르트만(Paul Hartmann)에 의해서 정리되었다(Comenius, 1966: Tomus 1, 10). 그래서 샬러(Schaller)는 이 작품이 코메니우스의 의도와는 상관없이 편집자들에 의해서 데카르트적으로 각색되었을 가능성을 제기했다. 이에 대한 근거로 샬러는 같은 기간에 집필된 『엘리야의 경고(*Clamores Eliae*)』(1665~1670)와 비교해 보았을 때, 데카르트적인 이성주의에 대한 비판이 강하게 나타나지 않고 있는 점을 지적하고 있다. 즉, 코메니우스가 만년에 받았던 혹독한 비판을 잘 아는 편집자들이 비판의 여지가 있는 부분을 편집했을 가능성이 있다는 것이다. 또한 출판을 위한 원고 정리 기간이 7년이나 걸렸다는 점은 샬러가 제기한 가능성에 설득력을 더해 주는 것 같다(오춘희, 1998a: 216). 그럼에도 『인간개선에 관한 일반담론』에 코메니우스가 평생 동안 구축하려고 노력한 판소피아의 전체 구조는 그대로 남아 있다. 코메니우스는 『인간개선에 관한 일반담론』의 서문을 다음과 같이 시작한다.

> 먼저 무엇이 인간사(人間事, rerum humanarum)에 해당하는 지식인지 살펴보자. 즉, 그것은 하나님의 형상인 인간이 다스려야 할 사물들과의 관계, 진지하게 대해야 할 동등한 다른 사람들과의 관계, 그리고 하나님과의 관계와 관련된 지식이다. 이 하나님은 영원히 다스리시며, 인간의 의는 그분의 뜻에 따라 이 최고자이신 그분과의 교제를 위한 준비에 힘을 써야 한다. 간단히 말해 학문(eruditio), 정치(politia), 종교(religio)가 바로 인간사에 해당되는 지식인 것이다(Dieterich, 2008: 168).

코메니우스(1966: Tomus 1, 28-29)는 계속해서 일곱 권의 책을 핵심적으로 정리해 주고 있다. 첫 번째 책인 『판에게르시아(Panegersia)』는 인간의 마음을 각성시키기 위한 목적으로 저술되었다. 인간은 삶에 있어서 불행하다고 느끼고 있는 것이 현실인데, 그런 현실에 대한 개선의 소망을 마음속에 불러일으키는 내용을 담고 있다. 두 번째 책인 『판아우기아(Panaugia)』는 인간에게 보편적인 빛을 제시하고 있다. 인간으로 하여금 유일하고 분명하며 강력하게 모든 것을 흡수하는 '이성의 빛'으로 세속적 혼동의 어두움을 효과적으로 몰아내는 방법을 보여 주고 있다. 세 번째 책인 『판탁시아(Pantaxia)』는 사물들에 대한 포괄적 백과사전이라고 할 수 있다. 이 책은 존재하는 모든 것을 본성과 질서에 따라 한눈에 볼 수 있도록, 존재하는 모든 사물의 경계선 안에서 모든 사물이 어떻게 빛을 낼 수 있는지를 보여 주고 있다. 네 번째 책인 『팜패디아(Pampaedia)』는 감성, 이성, 영성에 대한 포괄적인 교육을 담고 있다. 모든 사람이 모든 사물의 구조를 이해할 수 있도록 인간의 감성, 이성, 영성을 빛의 영역으로 이끄는 방법에 대하여 제시하고 있다. 다섯 번째 책인 『판글로티아(*Panglottia*)』는 언어에 대한 포괄적 육성 방안을 내용으로 하고 있다. 즉, 세상 모든 민족과 종족에게 판소피아의 빛을 효과적인 언어를 통해 바르고 깊이 있게 확장하는 방법을 제시하고 있다. 여섯 번째 책인 『판오르토시아(*Panorthosia*)』는 범개혁에 대한 내용을 담고 있다. 하나님의 도움으로 새로운 시대와 세상이 올 수 있도록 학문적인 작업, 신앙적인 삶, 정치적인 삶이 어떻게 개혁될 수 있는가에 대해 제시하고 있다. 마지막 책인 『판누테시아(*Pannuthesia*)』는 앞서 제시한 모든 것이 수행되도록 학자, 성직자, 정치가 및 세상의 모든 그리스도인에게 요청하는 내용을 담고 있다.

## 2. 판소피아의 개념

'판소피아(Pansophia)'는 코메니우스의 인식론이자 사상의 핵심이다. '판소피아'란 말은 '전체' '모든' '포괄적인' '우주적인' '보편적인'이라는 의미를 지닌 그리스어 '판(πᾶν)'과 '지식' 혹은 '지혜'를 뜻하는 '소피아(σοφία)'의 합성어다. 판소피아의 개념을 분명히 하기 위해서는 먼저 '판'의 의미와 '소피아'의 의미를 명확하게 정리할 필요가 있다.

### 1) 판(πᾶν)의 의미

코메니우스(1966: Tomus 2, 15. Sp. 4)는 『팜패디아』에서 '판(πᾶν)'의 의미를 '전체' 혹은 '모든 것'을 의미하는 '우니베르살리타스(Universalitas)'로 정의했다. 그는 여기에 연결하여 '모든 사람(Omnes)' '모든 것(Omnia)' '철저하게(Omnino)'에 해당하는 '판테스(πάντεσ)' '판타(πάντα)' '판토스(πάντωσ)'를 언급한다. 이런 개념은 성경에서 가져온 것이다. 대표적인 구절로 골로새서 1:28을 들 수 있다.[6]

---

6 "우리가 그를 전파하여 각 사람을 권하고 모든 지혜로 각 사람을 가르침은 각 사람을 그리스도 안에

'판'이란 전체와 밀접하게 관련되어 있음을 보여 준다. 즉, '판'이란 모든 사람, 모든 사물, 모든 방법, 모든 지혜 등 전체적인 의미를 가지고 있는 것이다.

또한 '전체'를 뜻하는 라틴어 '우니베르살리타스'는 '우누스(unus: 하나, 유일한)'라는 수사와 '베르수스(versus: 무엇으로 향하여)'라는 전치사가 결합된 단어다. 이 단어에 대하여 판 데어 린데(Van der Linde, 1999: 82-83)는 '우누스'를 유일하신 한 분 하나님으로 해석한다.[7] 그래서 '판'이란 한 분 하나님이신 '우누스'에게로 향하는 것(versus)이라고 설명한다. 이런 개념 역시 성경과 밀접하게 연결되어 있는데, 바로 로마서 11:36이다. "이는 만물이 주에게서 나오고 주로 말미암고 주에게로 돌아감이라."(롬 11:36) 코메니우스(Comenius, 1651a: 27, 239)는 초기 작품에 해당하는 『자연학 개론(*Physicae Synopsis*)』[8]에서 이 구절을 인용하면서, 하나님이 모든 사물의 시작이요, 마침이며, 알파와 오메가임을 언급하고 있다.

한마디로 정리해서 '판'이란 모든 사람, 모든 사물로 하여금 한 분이신 하나님께로 향하게 하는 모든 방법과 관련된 '전체'임을 알 수 있다. 이런 '판'의 개념은 판소피아의 시작이요, 궁극적인 목적이 되는 것이다. 또한 '판'의 개념은 이후에 판소피아 구조를 이해하는 데 매우 중요한 통찰을 준다.

---

서 완전한 자로 세우려 함이니"(골 1:28). 골로새서 1:28에 대한 라틴 벌게이트(Latin Vulgate) 성경은 다음과 같다. "quem nos adnuntiamus corripientes omnem hominem et docentes omnem hominem in omni sapientia ut exhibeamus omnem hominem perfectum in Christo Iesu" 정리하면, '각 사람(omnem hominem)'은 '옴네스(Omnes)'-판테스(πάντεσ), '모든 지혜(omni sapientia)'는 '옴니아(Omnia)'-판타(πάντα), '각 사람을 완전한 자로(omnem hominem perfectum)'는 '옴니노(Omnino)'-판토스(πάντωσ)와 연결된다.

7 판 데어 린데(1999: 82, 106)는 '전체'를 해석하면서, 'Pan' 자체가 하나님이요, 그래서 그리스도 역시 'Pan'이라고 말한다. 하나님은 자체로 전체성이며 완전성(Pan)이라는 것이다. 그러나 코메니우스에 의하면 '판'은 '전체(Universalitas)'를 의미한다. 판은 하나님에게서 존재하게 되었기 때문에 하나와 관련되어 있고, 하나를 향하여 나아가는 존재인 것이다. 즉, 하나님이 한 분이심과 같이 판도 하나인 것과 같은 이치다(오인탁, 1980: 328-329 참조).

8 『자연학 개론』은 1651년에 '*Natural Philosophie Reformed by Divine Light*'라는 제목으로 번역되어 출판되었다.

## 2) 소피아(σοφία)의 의미

코메니우스에게 소피아(지혜)의 개념은 전혀 새로운 것이 아니다. 그렇다고 해서 그의 지혜 개념이 르네상스 인문주의자들이 생각하는 지혜 개념과 같은 선상에서 출발하고 있음을 뜻하는 것은 아니다. 코메니우스의 지혜 개념은 철저히 성경에 기반을 두고 있으며, 크게 두 가지로 정리할 수 있다.

첫째, 코메니우스(Comenius, 1969: 1)에게 지혜란 궁극적으로 하나님 자신을 뜻한다. 그래서 지혜를 가리켜서 모든 사물을 지으신 자요, 모든 사물에 대한 교사라고 말한다. 또한 지혜는 하나님의 창조사역 때부터 함께 있었던 것이다.[9] 성경 잠언에는 "여호와께서 그 조화의 시작 곧 태초에 일하시기 전에 나를 가지셨으며 만세 전부터, 태초부터, 땅이 생기기 전부터 내가 세움을 받았나니"(잠 8:22-23)라고 되어 있다. 그렇다면 지혜는 그리스도를 지칭하는 것이다. 이처럼 그는 구약의 지혜문학에서 지혜의 개념을 차용하고 있다. 신약 성경에서의 지혜 역시 대부분의 경우 그리스도를 지칭한다. 그리스도는 솔로몬의 지혜를 언급하면서 자신을 가리켜 솔로몬보다 더 큰 지혜라고 선포했다(마 12:42). 바울 사도에 따르면 그리스인이 구하는 지혜가 사라질 세상의 지혜라면, 그리스도는 하나님의 지혜다(고전 1:20-25). 그리스도 안에는 지혜와 지식의 모든 보화가 감

---

9 아우구스티누스(Augustinus, 2007: 215)에 의하면 '지혜'는 삼위일체 하나님의 본질이다. '능력'과 '영광'이 성부, 성자, 성령에게 동등한 본질인 것과 마찬가지로 '지혜'도 삼위가 동등하다. 즉, 그리스도는 하나님의 지혜다(고전 1:24). 왜냐하면 성자이신 그리스도는 성부 하나님에게서 난 지혜이기 때문이다. 이것은 성부가 단독으로 빛이며 성자가 단독으로 빛인 동시에 두 위격(位格, Persona)이 한 빛인 것과 마찬가지로, 성부가 단독으로 지혜이며 성자가 단독으로 지혜인 동시에 두 위격이 한 지혜인 것이다. 성령에 대해서도 마찬가지로 말할 수 있다(Augustinus, 2007: 217). 성령은 성부와 성자를 결합하는 완전한 사랑이다. "하나님은 사랑이시라"라는 말씀이 있으므로(요일 4:16), 사랑이라는 이름은 성령에 적합하다. 그렇다면 하나님이 사랑이며 성령도 사랑이라면, 하나님이 지혜이기 때문에 성령도 지혜라고 할 수 있다. 이에 대하여 아우구스티누스는 "그러므로 성부가 빛이시며, 성자가 빛이지만, 함께 세 빛이 아니라 한 빛이시다. 또한 그러므로 성부가 지혜이시며, 성자가 지혜이시며, 성령이 지혜이시지만, 세 지혜이신 것이 아니라 한 지혜이시다. 또 삼위일체의 경우에는 존재하는 것과 지혜로운 것이 동일하므로, 성부와 성자와 성령은 한 본질적 존재이다. 삼위일체에서는 존재한다는 것은 하나님이시라는 것과 다르지 않으므로 한 하나님이 계시며, 그 하나님은 성부와 성자와 성령이시다."(Augustinus, 2007: 218)라고 정리한다.

추어져 있기 때문에(골 2:3) 그리스도는 완전한 지혜다.

둘째, 코메니우스에게 지혜는 포괄적인 개념이다. 그래서 그는 "모든 지혜로 각 사람을 가르침은 각 사람을 그리스도 안에서 완전한 자로 세우려 함이니"라는 골로새서 1:28의 '모든 지혜(πάση σοφία)'에 주목한다. 즉, 지혜란 '하나님의 지혜' '신령한 지혜' '일반적 지혜'를 다 포함하고 있는 개념이라는 말이다. '하나님의 지혜'란 하나님 자체가 지혜이심을 뜻한다. '신령한 지혜'란 하나님의 지혜를 반사하는 신적 지혜(divine wisdom), 즉 하나님의 지혜를 다양하게 드러내는 지혜를 뜻한다(Comenius, 1938: 4). 이 지혜는 사람들의 마음으로부터 무지와 부조화의 나쁜 그림자를 제거하여 세상에 진정한 빛을 비추는 것이다(Comenius, 1938: 12). 또한 '일반적 지혜'란 코메니우스에 의하면 '신령한 지혜'의 입문에 해당하는 지혜다(Comenius, 1938: Dedication 19). 그것은 일명 인간의 지혜(human wisdom)이며, 하나님의 지혜의 표본인 물질세계를 통해 얻을 수 있는 지혜를 뜻한다.

이상에서 살펴본 바와 같이, 코메니우스에게 지혜는 완전한 지혜이신 '하나님의 지혜'를 의미하는 동시에 세상에서 진정한 지혜를 알 수 있는 '신령한 지혜'와 자연과학을 통해서 발견할 수 있는 '일반적 지혜'를 모두 포함하는 전체적 지혜라고 할 수 있다.

### 3) 판+소피아의 의미

코메니우스 사상의 핵심인 판소피아는 '판'과 '소피아'가 조화를 이루는 개념임을 짐작할 수 있다. 가장 정확하게 이해하자면 코메니우스의 주장을 통해서 그 개념을 정리하는 것이다. 먼저 고려할 것이 있다면, 코메니우스의 판소피아 개념은 초기와 후기 사이에 약간의 차이가 있다는 점이다. 특히 판소피아가 그의 사상적 핵심으로 자리를 잡게 된 뒤에는 더욱 그렇다. 예를 들어, 코메니우스(1938: 145-146)는 『빛의 길』을 집필하던 당시만 해도 판소피아에 대하여 좁은 의미의 개념을 가지고 있었다. 당시의 판소피아란 영원한 진리의 정수를 포함하고 있는 범교재(universal books)를 지칭하는 것이었다. 진리의 정수란 모든 사물에 대한 전체로서의 근본적인 조건이라고 할 수 있는데, '판소피아'는 범교재 중에서 첫 번째 책이다.[10] 물론 코메니우스가 언급한 좁은 의미의 판소피아 개념 안에 이후에 정리된 판소피아의 사상적 요소들이 포함되지 않은 것은 아니다. 즉, 판소피아는 지혜롭게 되기를 원하는 모든 사람에게 필요한 모든 사물을 포함하고 있으며, 모든 사물의 온전한 목적과 그 목적에 이르는 수단을 포함하고 있으며, 또한 그 수단을 정확히 사용하여 목적을 이루는 지혜를 포함하고 있다(Comenius, 1938: 146). 그럼에도 『빛의 길』을 집필할 당시에 그가 생각했던 판소피아가 범교재 중 하나였던 것은 분명하다(Comenius, 1938: 148).

코메니우스가 생각하는 판소피아 개념의 핵심적인 정리는 그의 『판소피아 실제 사전(*Lexicon Reale Pansophicum*)』에서 확인할 수 있다. 코메니우스(1966: Tomus 2, 604, Sp. 1121)가 말하는 판소피아 개념은 다음과 같다.

> 판소피아란 전체적 지혜(sapientia universalis)다. 즉, 사물의 존재가 무엇인지, 그것들이 어떤 방식으로 존재하는지, 그리고 그것들이 이르는 목적과 바른 사용은 무엇인지에 대한 앎이다. 그래서 세 가지를 요구한다. 첫째, 모든 것은 본질적으로 이해되어야 한다. 둘째, 그 존재 방식에 따라 이해되어야 한다. 셋째, 마지막으로 모든 것은 그것의 사용 목적에 따라 제시되어야 한다.

---

10  책으로서의 판소피아에 대하여 코메니우스(1938: 148)는 『빛의 길』 16장에서 비교적 구체적으로 소개하고 있다. 이 책은 자연의 책, 성경, 이성의 책을 포함하고 있다. 이 책을 읽고 이해하는 사람은 자신과 자연과 하나님을 이해할 수 있다. 또한 이 책은 가장 보편적인 책이고, 가장 엄격한 질서를 논하는 책이며, 가장 완전하게 준비된 책이다. 이 책의 목적은 사람들에게 학적인 지식을 높여 주기 위한 것에 있는 것이 아니라, 사람들을 지혜롭고 현명하게 하는 데 있다. 즉, 사람으로 하여금 자신의 존재 목적과 사물의 존재 목적을 알고 그 목적에 알맞은 수단을 알아 사용할 수 있게 하는 지혜다(Comenius, 1938: 149). 또한 이 책은 처음부터 마지막까지, 가장 낮은 것에서부터 가장 높은 것에 이르기까지 일관성 있게 구성되어 있기 때문에 무지하고 단순한 사람들 모두에게 쉽게 이해될 수 있는 책이다(Comenius, 1938: 150).

즉, 판소피아는 진정한 앎에 대한 전체적 지혜다. 그에 의하면 진정한 앎이란 사물 존재의 근원에 대한 앎, 그것의 존재 방식에 대한 앎, 그리고 그것의 바른 사용 및 목적에 대한 앎을 포괄하는 전체성을 띠고 있다.[11] 이런 판소피아의 정의를 통해 우리는 세 가지 의미를 도출해 낼 수 있다. 첫째, 판소피아는 '내용'에 대한 전체적 지혜다. 여기서 '전체적(omnia)' 지혜란 존재의 본성과 근원에 대한 전체적 앎을 의미한다. 둘째, '방법'에 대한 전체적 지혜. 존재하는 모든 것의 모든 존재 방식에 대한 전체적인 앎을 의미한다. 셋째, 판소피아는 '목적'에 대한 전체적 지혜다. 단순히 앎의 대상이나 지식 자체에 의미가 있는 것이 아니라 세상 만물에 대한 바른 이해를 바탕으로 그 만물의 근원을 밝히고 세상이 창조자의 질서에 의해 유지되고 있는 의미나 목적에 대한 전체적 지혜를 뜻한다. 여기서 기억할 것은 존재의 근원과 방편과 목적이 하나님과 밀접하게 연결되어 있다는 사실이다. 즉, 모든 만물이 하나님에게서 나오고, 하나님으로 말미암고, 하나님에게로 나아간다는 점이다. 이런 정의는 결국 '판'의 개념과 '소피아'의 개념이 균형 있게 조화를 이루는 정의라고 할 수 있다.

이에 대해서는 코메니우스의 다른 저서에 제시되어 있는 판소피아의 개념을 통해 확인해 볼 수 있다. 코메니우스는 『학교의 개혁』에서 자신이 주장하는 판소피아의 개념이 어떤 의미와 특성을 가지고 있는지를 언급하고 있다. 먼저 코메니우스(Comenius, 1969: 4)에 따르면 판소피아란 모든 사물을 대할 수 있는 지혜를 의미한다. 그 지혜란 모든 사물을 가르치는 것과 관련되며, 그것들을 사용하기 위한 배움과 관련되어 있고, 모든 사물에 대한 전체적 지식(universal knowledge)을 얻기 위한 수단을 개선하는 것과 관련되어 있다. 이런 주장은 앞서 제시한 판소피아 개념과 맥을 같이하는 것이다. 또한 코메니우스가 분명하게 주장하는 판소피아 특성이 있다. 그가 말하는 판소피아는 기독교적 판소피

---

11  이런 판소피아를 소유하게 된 사람을 범지인(汎知人)이라고 할 수 있는데, 범지인이란 첫째, 사물의 구조, 생각, 언어를 이해하는 사람이요, 둘째, 자신 및 이웃의 수단과 목표와 모든 행동양식을 이해하는 사람이요, 셋째, 언어, 사고, 행동에서 본질적인 것을 구별할 수 있는 사람을 의미한다(Comenius, 1986: 21).

아다. 한마디로 말해서, 코메니우스가 말하는 판소피아 개념은 기독교의 삼위일체 신비와 매우 밀접하게 연결되어 있다. 이에 대하여 코메니우스(1969: 52)는 다음과 같이 말한다.

> 그러므로 이런 기독교 판소피아(Christian Pansophy)로 하여금 지혜로우시고, 전능하시며, 최고의 선(善)이시자 영원토록 경배받으실 여호와(JEHOVAH), 유일하신 하나님의 영원한 삼위일체에 대한 삼원성의 신비(Ternary mysteries)가 펼쳐지도록 하라.

심지어 코메니우스는 '판소피아'라는 단어를 무분별하게 사용하도록 해서는 안 된다고 말한다. 왜냐하면 판소피아와 관련된 유일한 지혜는 하나님 한 분뿐이시기 때문이다(롬 16:27). 그렇다면 그가 말하는 판소피아의 개념은 기독교의 삼위일체 하나님의 속성과 깊은 연관이 있음을 알 수 있다.

또한 코메니우스(1938: Dedication 7)는 학자들에 의해 '작은 일반담론'이라고 불리는 『빛의 길』의 헌사에서 판소피아를 다음과 같이 간략하게 정의하고 있다.[12]

> 우리는 이런 세 가지(앎, 의지, 행함)가 비록 광범위하지만, 모든 사물의 다양성에 대하여 철저하게 파헤치기에 충분하다는 것을 제시했으며, 그것이 세계 안에 포함된 모든 것에 대한 규범으로 적용된다는 것을 제시했고, 또한 만약 (하나님의 계시된 말씀에 의해서 제공된) 보다 나은 규범에서 떠나 있는 것은 어떤 것이든 수정할 수 있는 것임을 제시해 왔다. 그리하여 우리는 담대하게 이 모든 것에서 인간의 전체적 지식(Human Omni-Science), 즉 우리가 알고, 말하고, 행할 수 있도록 우리에게 주어진 하늘 아래의 모든 사물에 대한

---

12  여기서 우리는 코메니우스가 『빛의 길』을 집필한 시기와 헌사를 쓴 시기가 다르다는 점을 인식할 필요가 있다. 앞에서 언급한 바와 같이 『빛의 길』을 집필했을 때는 1641년 11월~1642년 4월이다. 그러나 이 책의 출판을 위해 코메니우스가 헌사를 집필한 때는 1668년 4월이었다. 따라서 『빛의 길』은 내용과 헌사의 집필 시기에 있어서 27년이란 세월의 차이가 있다.

유일하고 포괄적인 체계(scheme)를 함께 궁리하여 왔던 것이다. 그래서 우리는 누구든지 주의 깊은 마음으로 모든 사물을 조사하는 자는 모든 사물을 이해할 수 있거나 혹은 그것에 대하여 진정한 일치성을 부여할 수 있다는 확실성과 함께, 현재든지 혹은 미래든지, 숨겨져 있든지 혹은 드러나 있든지, 신성한 질서 안에서 그리고 결코 깨질 수 없는 사실 안에서, 모든 사물을 진술할 수 있는 하나의 체계를 '판소피아(Pansophia)'라고 명명한다.

코메니우스가 말하는 세 가지란 '앎(scire)' '의지(velle)' '행함(posse)'으로 인간이 가지고 있는 모든 종류의 필연성과 일치하는 내재적인 원리다. 『빛의 길』 헌사에 제시된 판소피아의 정의는 다섯 가지 의미로 정리할 수 있다. 첫째, 판소피아는 모든 사람과 관련된 앎이다. 둘째, 판소피아는 인간의 내재적 원리와 연결된 지혜라고 할 수 있다. 인간의 내재적 원리란 인간의 인격성을 의미하는 것이다. 셋째, 판소피아는 모든 사물을 탐구하는 지혜다. 넷째, 판소피아는 참된 이해를 통해 진정한 통일을 추구하는 지혜다. 이것은 판소피아의 철저성과 관련된 것이다. 다섯째, 판소피아는 인간의 전체적이며 완전한 지식에 대한 유일하며 포괄적인 체계다. 결국 판소피아는 모든 사람이 모든 사물에 대하여 얻을 수 있는 철저한 지식(참된 이해와 진정한 일치를 이룰 수 있으며, 인간의 전체적 지식에 대한 포괄적인 체계)이라는 것을 알 수 있다.

# 제3장
# 판소피아의 특성

1. 본질–방편–목적
2. 대상–내용–방법
3. 판소피아 특성의 부분적 조명
4. 판소피아의 특성

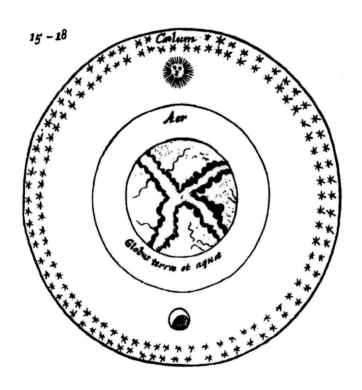

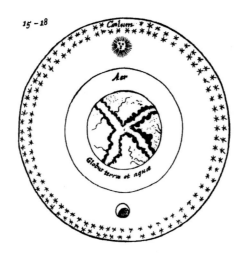

제3장의 표지 그림은 『언어의 문(*Janua Linguarum*)』에 나오는 '세계의 형태'에 관한 그림이다(Comenius, 1665). 코메니우스는 『세계도회(*Orbis Pictus*)』를 통해 '세계'를 더 구체적인 그림 형태로 제시한다(Comenius, 1658). 『세계도회』의 '세계(Mundus)'와 비교할 때, 이 그림은 세계의 영역에 대한 구분이 더 명료하다. 그는 세계의 영역을 크게 '하늘(Caelum)' '대기(Aer)' '땅과 바다(Terra & Aqua)'로 삼분하여 제시한다. 이런 삼중 분할은 코메니우스의 판소피아적 특성과 잘 연결된다.

우리의 방법에는 놀랍고 특별한 것이 있는데, 그것은 모든 사물에 대한 최상의 분류는 3분법(trichotomy)에 의해 이루어진다는 것이다(Comenius, 1969).

앞서 살펴본 바와 같이 코메니우스는 '판(πᾶν)'을 '전체'로 이해했다. 또한 판의 개념에는 전체성과 함께 한 분 하나님을 향하여 나아가는 의미가 담겨 있다. 이와 함께 우리는 '소피아(σοφία)' 역시 완전하신 하나님 자체라는 점과 지혜의 전체성에 대해서도 살펴보았다. 이런 판과 소피아의 개념은 코메니우스의 작품에서 매우 보편적으로 사용되고 있는데, 한편으로는 존재의 본질(근원), 존재의 방편, 존재의 목적과 관련되어 있으며, 다른 한편으로는 '모든 사람' '모든 사물' '철저하게'라는 그의 교육적 모토와 관련되어 있다. 전자의 근원지가 로마서 11:36이라고 한다면, 후자의 근원지는 골로새서 1:28이라고 할 수 있다. 이 장에서는 이런 두 가지 근원지[1]를 살핀 후 그로부터 판소피아 특성이 무엇인지 정리하고자 한다.

## 1. 본질-방편-목적

실제로 로마서 11:36은 '판'의 의미뿐만 아니라 특성과도 연결되어 있고, 결국은 판소피아 특성과도 밀접하게 연결되어 있다.[2] 즉, 로마서 11:36에 판소피아 특성이 담겨 있다는 것이다. 필자는 이 구절에 대한 코메니우스의 해석을 살

---

1 판소피아 사상이 로마서 11:36과 골로새서 1:28과 연관되어 있다는 사실은 일반적으로 알려져 있다. 그러나 그에 대한 근거를 제시한 글은 찾기 어렵다. 예를 들어, 김기숙(2012: 37)은 최근에 발표한 소논문에서 "판소피아 개념은 골로새서 1:28에 근거한 것이었고, 인간 사물에 대한 그의 개혁의지는 로마서 11:36에 기초하고 있었다."라고 주장하지만, 아쉽게도 그 근거는 제시하고 있지 않다. 정일웅(2003a: 15-16)의 경우도 마찬가지다.

2 로마서 11:33-36은 하나의 단락으로서, 로마서 9장에서 시작되는 '하나님의 의'에 대한 대단원이다. 이 단락은 '세 가지 요소'를 여러 가지로 나타내고 있다. 즉, 로마서 11:33-36의 단락이 보여 주는 세 가지 요소란 첫째, 전체 단락이 삼중구조로 되어 있다는 점이다. 다시 말해서, 33절, 34-35절, 36절로 단락의 구조를 삼분할 수 있다는 것이다. 둘째, 34-35절에 나타나는 세 가지 수사적인 질문이다. 셋째, 36절이 세 가지의 전치사 에크(ἐξ), 디아(διὰ), 에이스(εἰς)로 이루어져 있다는 점이다. 그중의 하나가 바로 36절에 나타나는 세 가지의 전치사다.

펴보기에 앞서 아우구스티누스(Augustinus)의 해석을 살펴보려고 한다. 왜냐하면 필자가 보기에 코메니우스는 아우구스티누스와 신앙의 맥을 같이하고 있을 뿐만 아니라 사상적으로도 깊은 연관성이 있어 보이기 때문이다. 앞에서 언급한 바와 같이 실제로 코메니우스는 아우구스티누스의 사상, 특히 『신국론(*De Civitate Dei*)』과 『고백록(*Confessions*)』을 꾸준히 그리고 깊이 있게 연구했다. 그렇기 때문에 그의 판소피아 사상에 아우구스티누스의 삼위일체적 특징이 깊이 뿌리내리고 있는 것은 결코 우연한 일이 아니다.[3]

## 1) 아우구스티누스의 견해

초대 교회는 하나님의 유일성(唯一性)과 삼일성(三一性)은 분리될 수 없다는 확신을 가지고 있었다. 그들에게 하나님이라는 말은 곧 삼위일체를 의미했다. 그래서 '신학자(Theologos)'라고 하면 곧 '삼위일체론자'를 생각했다(Augustinus, 2007: 21). 아우구스티누스는 『삼위일체론(*De Trinitate*)』에서 기독교신학의 토대라고 할 수 있는 삼위일체 사상을 함축적이면서 동시에 풍성하게, 독창적이면서 동시에 성경적으로 논하고 있다.

삼위일체론의 핵심 중 하나는 성부, 성자, 성령이 같은 본질이시며, 한 분이신 참 하나님이시라는 교리다. 세 위격(位格)으로 계신 성부(聖父), 성자(聖子), 성령(聖靈)이 한 본질, 즉 일체(一體)라는 것이다. 이에 대하여 아우구스티누스(2007: 179–180)는 로마서 11:36을 인용하여 다음과 같이 말한다.

그러므로 성부가 전능하시며, 성자가 전능하시며, 성령이 전능하시지만, 세 전능자가 아니라 한 전능자이시다. '이는 만물이 주에게서 나오고 주로 말

---

3 샤델(Schadel, 2008: 126)에 의하면, 세계(Welt), 영혼(Seele), 하나님(Gott)은 아우구스티누스에게 매우 중요한 세 가지 영역이었다. 이것은 삼위일체 틀에서 나온 것으로, 코메니우스가 강조하는 세 영역인 자연, 이성, 하나님과 맥을 같이한다.

미암고 주에게로 돌아감이라. 영광이 그에게 있으리로다.'(롬 11:36) 요약하면, 하나님에 대해 그 자신을 말하는 것, 성부, 성자, 성령 한 분 한 분에 대해 말하는 것, 삼위일체 자체에 대해 한꺼번에 말하는 것은 무엇이든지 한 분 한 분에 대해 단수로 말하고 복수로 말해서는 안 된다. 하나님이 계시다는 것과 위대하시다는 것은 다르지 않고, 계시다는 것은 곧 위대하시다는 것이다. 그러므로 우리는 세 본질을 말하지 않는 것과 같이 세 위대성을 말하지 않는다.

『삼위일체론』 제5권은 성경을 근거로 삼지 않고 자신의 이성을 근거로 삼아 성부와 성자의 본질이 같지 않다고 주장하는 이단자들을 반박하는 내용을 담고 있다. 그들의 주장은 아버지(낳은 자)와 아들(난 자)은 서로 다르며, 서로 다른 본질이라는 것이다. 그러나 하나님에 대한 말은 모두가 다 본질을 의미하는 것은 아니다. 즉, 다른 존재와의 관계에 대해 말하는 것도 있다. 예를 들어, 하나님을 성자에 관해서 아버지라고 부르는 것이나 피조물에 관해서 주(主)라고 부르는 것은 본질적 표현이라기보다는 관계적 표현이다. 본질에 해당하는 것은 앞 인용구에서 보는 바와 같이 '전능하심' 또는 '선하심' '영원하심' '지혜로우심' 등과 같은 것이다. 그런 면에서 성부, 성자, 성령은 같은 본질이시며 한 분 하나님이시다. 이런 삼위일체의 본질적 동일성과 한 분이심을 증명하는 구절로 아우구스티누스는 로마서 11:36을 인용하고 있다. 이 구절은 삼위를 따로 언급함과 동시에 삼위일체 자체를 한 번에 언급하고 있다고 말한다. 삼위(三位)의 구별성에 대한 언급을 또 다른 장에서는 다음과 같이 진술하고 있다.

하나님은 한 분이시나 동시에 삼위일체이시다. "만물이 주에게서 나오고 주로 말미암고 주에게로 돌아감이라."라고 한 말씀을 쓸 때에 구별이 없다고 생각해서는 안 되며 동시에 여러 신을 생각해서도 안 된다. "영광이 그에게 세세에 있으리로다. 아멘."(롬 11:36)이라고 되어 있기 때문이다(Augustinus, 2007:

206, 강조는 필자).[4]

그는 이 구절을 통해 삼위의 구별되심과 동시에 하나이심에 대한 근거를 논하고 있다. 이 절의 '주에게서(ἐξ αὐτοῦ)' '주로(δι᾽ αὐτοῦ)' '주에게로(εἰς αὐτὸν)'에 해당하는 그리스어는 '그에게(αὐτῷ)'와 같이 3인칭 단수의 인칭대명사다. 아우구스티누스는 여기에서 첫 번째 '주'는 '성부', 두 번째 '주'는 '성자', 세 번째 '주'는 '성령'을 의미하는 것으로 언급하면서, "그에게 영광이 세세에 있으리로다. 아멘."에서 단수로 제시되고 있는 '그에게'는 결국 성부-성자-성령이 한 분 하나님이심을 의미하는 것이 자명하다고 해석하고 있다(Augustinus, 2007: 40-41).

또한 '주에게서'에서 '에크(ἐξ)'는 만물의 존재 기원을 말하고, '디아(διὰ)'는 만물의 존재 방편을 의미하며, '에이스(εἰς)'는 만물의 의미 혹은 존재 목적을 뜻한다. 이와 같이 삼위일체가 '존재의 기원'과 '존재의 방식'과 '존재의 의미'가 되고 있음에 대하여 아우구스티누스는 『신국론』에서 다음과 같이 설명하고 있다.

> 삼위일체는 거룩한 도성, 저 드높은 곳에서 거룩한 천사들 안에 자리 잡고 있는 거룩한 도성의 기원이자 도성의 형성이자 도성의 행복이다. 그 도성이 어디서 왔느냐고 묻는다면 하나님이 그 도성을 세웠다고 하리라. 어디서 유래하여 현자가 되느냐고 묻는다면 하나님이 조명하기 때문이라고 답하리라. 어디서 유래하여 행복해지느냐고 묻는다면 하나님을 향유(享有)해서 행복해진다고 답하리라. 하나님 안에 존재함으로써 분수를 지니고 하나님을 직관함으로써 조명을 받고 하나님께 연합함으로써 열락을 얻는다(Augustinus, 2010a: 1205, 강조는 필자).

아우구스티누스는 '거룩한 도성(都城)'이 무엇으로부터 왔으며(기원), 어떻게 유지되고 있으며(형성), 무엇을 향해 나아가고 있는지(행복)에 대한 물음에 대하

---

4 로마서 11:36에 해당하는 그리스어는 다음과 같다. "ὅτι ἐξ αὐτοῦ καὶ δι᾽ αὐτοῦ καὶ εἰς αὐτὸν τὰ πάντα· αὐτῷ ἡ δόξα εἰς τοὺς αἰῶνας, ἀμήν·."

여 삼위일체라고 답하고 있다. 즉, 존재하는 것의 대표라고 할 수 있는 거룩한 도성의 기원이 하나님 안에 있으며, 하나님을 통해 조명을 받고 있고, 하나님과의 연합을 향해 나아가고 있음을 말하고 있는 것이다. 그의 말대로 하나님 안에 있지 않은 것은 없으며, 그렇기 때문에 존재하는 모든 것은 하나님에게서 나왔다고 할 수 있고, 하나님 안에 있다면 살거나 움직이는 것이 그의 안에서가 아니면 살아 움직일 곳이 없고, 결국은 하나님에게로 나아간다는 것이다(Augustinus, 2007: 392). 한마디로 말해서, 존재하는 모든 것은 하나님에게서 나왔으며, 하나님으로 말미암아 존재하고, 하나님을 향하여 나아가는 것이다. 이런 아우구스티누스의 사상은 삼위일체 사상과 함께 코메니우스의 판소피아 사상에 영향을 주었다. 우리는 이 사실을 이제부터 살펴볼 코메니우스의 작품을 통해 확인할 수 있다.

## 2) 코메니우스의 견해

코메니우스에게 있어서 모든 사물의 근원과 존재 방식과 존재 목적에 대한 개념은 매우 명료하다. 그의 『자연학 개론(*Physicae Synopsis*)』에는 이런 개념이 잘 나타나 있다. 코메니우스는 사물의 본질이 생겨나고 사라지며, 작동하고 멈추는 존재의 법칙 아래 있다고 생각했다. 그것은 창조자가 모든 사물에게 부여한 것이다. 왜냐하면 창조자가 모든 사물을 창조했기 때문이다. 코메니우스(1651a: 1-16)는 이런 개념을 창세기 1-2장에서 끌어오고 있다. 그는 세상에서 보이는 사물들에 대한 세 가지 원리를 물질(matter), 영(spirit), 빛(light)으로 제시한다(Comenius, 1651a: 20). 이것들은 창조 첫날에 만들어진 것이며, 이 세 가지에서 정교하면서도 다양한 것이 나오게 되었다. 코메니우스는 이런 세 가지 원리를 유비적으로 삼위일체 하나님과 연결시키고 있다(Comenius, 1651a: 24). 즉, 무(nothing)로부터 창조된 '물질'은 성부(聖父)의 속성을 가진 전능하신 하나님의 사역의 결과이고, 세상에 광명과 질서를 가져다준 '빛'은 지혜이신 성자(聖子)의 사역의 산물이며, 모든 피조물에 선(virtue)을 불어넣는 것은 선 자체이신 성령의 사역의 산물이라는 것이다. 코메니우스는 더 나아가서 이런 세 가지 원리를 로마서 11:36과 연결시킨다(Comenius, 1651a: 27, 239).

> 이 세상에서 물질(matter)은 첫 번째 본질(entity)이고, 영(Spirit)은 첫 번째 살아 있는 것(living thing)이며, 빛은 첫 번째 움직이는 사물이다. 그 결과 세상의 모든 본체(body)는 물질(matter)로부터 말미암고(of), 빛(light)에 의해(by), 영(spirit) 안에(in) 존재한다. 그리고 그것은 그의 형상에 따라 존재하는 것이다. "이는 만물이 주에게서 나오고 주로 말미암고 주에게로 돌아감이라 그에게 영광이 세세에 있을지어다. 아멘"(롬 11:36) (Comenius, 1651a: 27)

코메니우스는 삼위일체 하나님을 전능하시고, 3중의 복을 주관하시는 분이시며, 모든 사물의 시작이요, 마침이며, 알파(α)와 오메가(ω)라고 말한다. 그래서 모든 사물은 한 분이신 하나님에게서 나오고(from one), 한 분이신 하나님에 의해서 존재하며(by one), 모든 사물은 한 분이신 하나님을 향하고 있다(to one).[5] 즉, 그는 모든 사물의 존재 근원과 존재 방식과 존재 목적을 로마서 11:36과 연결시키고 있다.

디터리히(Dieterich, 2008: 172)는 『판탁시아(*Pantaxia*)』[6]를 가리켜서 '보편적인 존재 질서' 혹은 '백과사전'으로 부를 수 있다고 말하면서, 코메니우스가 『판탁

---

5 로마서 11:36에 대한 코메니우스의 이런 견해는 그가 판소피아 사상의 개념적 토대를 형성하기 시작하던 초기부터 나타난다. 그의 『판소피아의 선구자(*Prodromus Pansophiae*)』를 보면, 비록 '로마서 11:36'이란 인용은 없지만 그 내용이 정확하게 인용되고 있음을 확인할 수 있다. "Protestatus est Deus, se α & ω esse, Principium & Finem omnium: ex quo, per quem, & in quo sint omnia."(Comenius, 1957: Tomus 1, Pars Prima, 420). 『빛의 길』에서도 이와 유사한 주장이 나온다. "그는 선한 모든 것의 근원이요, 시작과 끝이요, 중재자(the middle)이시다."(Comenius, 1938: 25)

6 『인간개선에 관한 일반담론(*De Rerum Humanarum Emendatione Consultatio Catholica*)』의 세 번째 책인 『판탁시아』는 『판소피아(*Pansophia*)』라는 이름으로도 불린다. 이 책에서는 편의상 '판소피아'라는 주제어와의 구분을 위해 『판탁시아』로 표기할 것이다.

시아』를 통해서 존재론, 원인론, 목적론에 대한 세 가지 질문을 제기하고 있다고 말한다. 즉, 존재하는 모든 사물에 대한 지식, 그 사물의 존재 방식과 형태에 대한 지식, 그리고 그 사물의 목적과 사용에 대한 지식에 관하여 질문하고 있다는 것이다.[7] 그렇다면 『판탁시아』 역시 그 기본적인 구조가 로마서 11:36과 연결되어 있다고 보는 것은 정당하다. 더욱이 이런 주장을 지지하는 내용을 『판탁시아』에서 발견할 수 있다(Comenius, 1966: Tomus 1, 624, Sp. 1056). 코메니우스는 특별히 하나님과 인간의 관계를 조명함에 있어서 삼위일체 하나님과 인간의 언약 관계를 주목한다. 그에 의하면 종교적 타락이란 삼위일체 하나님과 인간의 언약 파기로 기인한 것이라고 말한다. 그 결과 인간의 하나님께 대한 불순종, 불신앙, 적대감, 체념 등이 발생한다. 달리 말해서, 하나님과 인간은 특별한 근원, 존재 방식, 의미와 연결되어 있다는 것이다. 그 이유는 피조물인 인간을 포함한 모든 사물이 '그에게서(Ex ipso: 나오고)' '그로 말미암아(per ipsum: 존재하며)' 그리고 '그 안에(in ipso: 있는 것)' 존재하기 때문이다. 코메니우스는 이런 점에 대하여 세 가지로 설명한다.

'그에게서'란 마치 보이는 잎이 보이지 않는 뿌리로부터 나오는 것과 같다. 즉, 그림자가 마치 실재하는 본체로부터 나오는 것과 같으며, 흐르는 강이 샘의 근원에서 나오는 것과 같으며, 거울 안에 있는 상(像)이 실재하는 본체로부터 나오는 것과 같다. '그로 말미암아'란 그의 능력을 말한다. 즉, 그는 스스로의 뜻과 권위로 말미암아 모든 사물을 존재하게 하신다. '그 안에'라는 말은 모든 사물의 종착점을 의미한다. 그것은 창조주와 피조물의 관계를 통해서 알 수 있다. 이것은 건축자과 건축물의 관계, 도기장이와 도기의 관계와 다르지 않다. 나무의 줄기는 근원이 되는 뿌리가 없이는 존재할 수 없으며, 그림자는 본체가 없이는 존재할 수 없고, 거울 안의 상은 실재의 상이 없이는 존재할

---

7  물론 『판탁시아』는 8개의 세계를 기본 골격으로 하고 있다. 그러나 이후에 살펴보겠지만, 8개의 세계 역시 크게는 세 가지 부류로 재분류할 수 있다.

수 없듯이 하나님이 없으면 어떤 피조물도 존재할 수 없다(Comenius, 1966: Tomus 1, 624, Sp. 1056-1057, 강조는 필자).

여기에서 '그에게서'에 대한 내용은 존재하는 사물의 '근원'에 대한 설명으로 보이는 사물은 보이지 않는 근원지를 가지고 있고, 그 근원지로부터 나온 것임을 말하고 있으며, '그로 말미암아'에 대한 내용은 존재하는 사물을 존재하게 하는 능력에 대한 설명으로 사물의 존재 방식과 연결된다면 '그 안에'는 존재의 의미와 목적에 대한 설명이라고 할 수 있다. '그에게서'와 '그 안에'에 대한 설명이 같은 것처럼 보일 수 있지만, '그 안에'에 관한 내용은 창조주와 피조물과의 관계에 있어서 피조물의 존재 의미는 창조주에게 있음을 강조하는 것이다. 이런 의미에서 '그 안에' 거하는 것 혹은 향하는 것이 피조물의 존재 의미요, 진정한 목적이 되는 것이다.

## 2. 대상-내용-방법

### 1) 전체성

코메니우스는 『빛의 길(Via Lucis)』에서 골로새서 1:28을 2회에 걸쳐 언급하고 있다. 첫 번째 언급은 4장에 나온다.[8] 4장의 주제는 인간의 무질서에 대한 치

---

8  두 번째 언급은 『빛의 길』 18장에 나온다. 18장은 범대학의 계획에 대한 코메니우스의 생각이 제시되고 있는 장이다. 그는 범학문을 개선하기 위해서는 범교재를 정교하게 방법으로 취급할 수 있는 실천가이자 동시에 전문가(대학에 종사하는 사람들)인 사람들이 필요하다는 점을 강조하고 있다(Comenius, 1938: 167). 그런 다음 코메니우스는 지역 및 나라마다 존재하는 그들이 서로 만나 교제할 수 있어야 하며, 그들은 대학의 질서와 조직을 향상시켜야 하고, 신령한 법과 연결되어야 한다고 말한다. 또한 그들은 모든 사람을 모든 지혜로 가르치고 완전하게 하기 위해 최선을 다해야 한다고 말한다(Comenius, 1938: 173-174). 이것은 곧 대학에 종사하는 사람들의 사명의식을 말하는 것이다. 코메니우스는 골로새서 1:28을 실천가 및 전문가들의 사명과 연결하여 인용하고 있다.

유책이 있는 것인지에 대한 내용이다(Comenius, 1938: 20). 새로운 치유책의 필요를 말하면서 그가 강조하고 있는 것이 '보편적 치유책'[9]이다(Comenius, 1938: 22). 치유가 필요한 모든 사람의 완전한 회복을 위해 필요한 모든 수단과 방법을 동원하는 것이다(Comenius, 1938: 23). 이것의 핵심은 분리와 분파에 있는 것이 아니라 사물을 모으고 통합하는 데 있다(Comenius, 1938: 25). 즉, 『빛의 길』이 제시하는 궁극적 목적이란 예수 그리스도 안에서 모든 사물을 조화롭게 하는 것이다. 이것은 모든 사람을 모든 지혜로 양육하고 가르치며 완전하게 되도록 열정을 다하는 것이다(골 1:28). 결국 모든 사물이 하늘과 땅에서 하나가 되는 것을 의미한다. 이에 대한 코메니우스의 주장을 직접 들어 보면 다음과 같다(Comenius, 1938: 26).

> 그래서 하나님은 하늘과 땅 위에 있는 모든 사물이 하나가 되는 것을 갈망하시며, 그 목적을 위해 그의 아들을 보내셨고, 그 아들을 통해 그리고 그 아들 안에서 모든 사물을 한데 모으기를 원하셨다(골 1:20). 또한 아들의 피로 말미암아 화목을 이루신 하나님은 이 은혜를 모든 민족에게 주셨으며 모든 피조물에게 그것을 선포하도록 하셨다(마 28장). 그리고 이런 주님의 목적을 효과적으로 이루기 위해 사도들이 모든 땅으로 나아갔으며(롬 10장), 모든 사람을 훈계하고 그들을 모든 지혜로 가르치며 모든 사람이 예수 그리스도 안에서 온전하게 나타나도록 최선의 열정으로 노력했다(골 1:27-29).

이 인용문의 내용은 이후에 살펴볼 『팜패디아』 서문에 제시된 인용글귀와 매우 유사하다. 『빛의 길』 4장 전체의 흐름에서 간파할 수 있는 사실은 '전체' '보편' '하나'에 대한 강조다. 이러한 『빛의 길』 4장의 핵심 특성이 앞 인용문에서 함축적으로 잘 드러나고 있으며, 동시에 방법적 특징도 잘 드러나고 있다.

---

9  코메니우스에게 보편적 치유책은 하나님에게서 나온다(Comenius, 1938: 23). 그래서 치유책의 핵심 개념인 모든 사물의 통합은 하나님의 속성이다(Comenius, 1938: 25).

코메니우스는 전체성(보편성)으로 구체적 특성들(주체, 객체, 방법)을 묶고 있는 것이다. 여기에서 우리가 주목할 사실은 골로새서 1:28과 관련된 보편적 개념이다. 구절 자체 안에 '모든'이라는 수식어가 반복되고 있는 것을 통해 어렵지 않게 알 수 있는 것처럼 골로새서 1:28에 담긴 핵심 개념은 '보편성'과 결합되어 있다. 즉, 골로새서 1:28의 넓은 해석적 바탕은 전체성이라고 할 수 있다.

## 2) 주체, 객체, 방법

코메니우스의 작품 중에서 골로새서 1:28의 비중을 본격적으로 보여 주는 책은 바로 『팜패디아(*Pampaedia*)』다. 그는 이 책의 맨 앞부분에서 키케로(Cicero)의 말과 함께 성경의 여러 구절을 인용하는 중에 골로새서 1:28을 마치 결론과 같이 제시하고 있다. 코메니우스의 인용문은 다음과 같다.

> 키케로: 지혜의 과제와 의무는 인간 돌봄을 증진시키는 것이다(*De Finibus* IV, 36).
>
> 모세: 여호와께서 그의 영을 그의 모든 백성에게 주사 다 선지자가 되게 하시기를 원하노라(민 11:29b)
>
> 하나님: 그 후에 내가 내 영을 모든 인류에게 부어 주리니(욜 2:28a)
>
> 그리스도: 그러므로 너희는 온 천하에 다니며 모든 민족에게 내가 너희에게 명령한 모든 것을 가르쳐 지키게 하라(막 16:15, 마 28:19)
>
> 바울: 우리는 영광의 희망이신 그리스도를 전파하여, 모든 사람을 모든 지혜로 가르침으로 각 사람을 예수 그리스도 안에서 완전한 자로 나타내도록 하자(골 1:27-28); "형제들아 너희는 함께 나를 본받으라."(빌 3:17a) (Comenius, 1986: 14)

인용구 중에서 키케로의 언급에서부터 그리스도의 명령에 이르기까지 그 내용의 핵심이 끝부분에 제시된 사도 바울의 골로새서 1:28에 담겨 있으며, 동시에 실제화되고 있음을 볼 수 있다. 즉, 인용문 전체를 한 문장으로 정리한다면, '팜패디아'란 모든 사람을 모든 지혜로 가르쳐서 완전한 자로 세우는 것과 관련이 있다는 것이다. 코메니우스는 이런 개념을『팜패디아』1장 1절에서 "팜패디아란 전 인간 세대의 각 개인과 관련된 돌봄(교육)을 의미한다. 그것은 방법적으로 전체(universalis)를 지향하며, 인간을 그의 본성의 완전함을 지향하여 다듬는(cultura) 일이다. 그러므로 모든 인류(Omnes)에게 전체의 모든 것(Omnia)이 포괄적(Omnino)으로 가르쳐져야 한다는 것이 여기에서 중요한 내용이다." (Comenius, 2008b: 15)라고 명료하게 제시하고 있다. 이것이 바로『팜패디아』의 대원칙이다. '모든 사람(Omnes)'이란 교육의 주체 혹은 대상을 지칭한다. 교육 주체로서의 예외 없는 전체를 의미한다. '모든 것(Omnia)'이란 교육의 객체 혹은 범위를 지칭하는 말이다.[10] 가르치고 배워야 할 교육의 객체 역시 전체여야 한다. '포괄적으로(Omnino)'란 방법의 포괄성을 뜻한다(정일웅, 2003c: 69). 그러나 단순한 방법적 전체를 의미하는 것은 아니다. 그래서 '철저하게' 혹은 '완전하게'를 의미하는 것으로 '모든 방법'을 지칭하는 것이다.

---

10  여기서 '모든 사람'을 교육의 주체로 보고, '모든 것'을 교육의 객체로 본다는 것은 데카르트가 인간을 주체로 간주하고, 자연을 객체로 간주한 것과는 다르다. 왜냐하면 코메니우스에게 '모든 것'은 하나님에 의해 창조된 모든 것을 의미하기 때문이다. 거기에는 사람과 모든 사물이 함께 들어 있다. 데카르트는 모든 관계를 비인격적인 것(나-그것)으로 보는 반면에, 코메니우스는 항상 인격적 관계(나-그들)로 본다. 이런 코메니우스와 데카르트 두 사람 사이의 견해차는 분명하다. 데카르트는 인간 존재를 포함한 동물을 생물학적인 기계로 보았다. 그는 주체와 객체 사이의 기계적인 이원론을 강조한다. 코메니우스는 모든 창조물을 인간과 함께 창조된 것으로 보고, 운명과 희망을 같이하는 공동체로 본다. 코메니우스는 자연과 인간의 유기적 관계를 강조한다. 데카르트는 세계를 기계로 묘사하는 반면에 코메니우스는 세계를 유기체로 본다(Chung, 2009: 158-159).

## 3. 판소피아 특성의 부분적 조명

판소피아 특성에 대한 학자들의 다양한 주장이 있다. 판소피아의 일반적인 특성을 오춘희(1998b: 38-39)는 두 가지로 정리하여 제시하고 있는데, 그것은 바로 '질서'와 '조화'다. 여기에서 질서란 하나님에 의해 창조된 질서를 뜻한다. 즉, 존재하는 자연의 질서와 인간사의 질서는 하나님의 보편적 질서의 나타남이다. 조화란 하나님의 회복시키심을 통한 자연, 인간, 하나님 간의 통전적(wholeness)이며 유기적인 관계를 뜻한다.

오춘희의 견해는 단순 명료하다는 장점이 있다. 하지만 판소피아 특성을 질서와 조화로만 설명하기에는 아쉬운 점들이 있다.[11] 예를 들어, 코메니우스는 그의 판소피아 사상을 제시함에 있어서 세 가지 진술 방식을 사용하고 있다. 이런 특성은 무엇에서 기인한 것인가? 또한 '조화'라는 개념은 '전체'라는 개념보다 큰 것인가? 그렇지 않다면 그 둘 사이의 관계성은 무엇인가? 판소피아 특성은 이런 질문들에 답을 제시하는 정의여야 할 것이다. 따라서 판소피아 특성을 단순히 '질서'와 '조화'만으로 정의하는 것은 판소피아의 크고 포괄적이며 복잡해 보이는 것 같은 특성을 온전히 드러내기에 한계가 있다.

---

11 물론 판소피아 특성에는 질서와 조화의 개념이 포함되어 있다. 하지만 질서와 조화로만 판소피아 특성을 정리하는 것은 판소피아 특성에 대한 부분적 진술로 보인다. 판소피아 특성에 대한 또 다른 부분적 진술을 우리는 이숙종에게서 볼 수 있다. 이숙종(2006: 119-129)은 판소피아의 사상적 특징을 '삼분법의 원리'와 '병행의 원리' 두 가지로 정리하여 제시한다. 그에 의하면 삼분법의 원리란 학문 상호 간의 모순과 갈등을 극복하기 위해 코메니우스가 제시한 독특한 사상적 체계와 방법론이다. 이 방법론은 서구 신학사상의 중심구조인 삼위일체론과 그 영향에 의하여 체계화된 것이다. 그는 인간의 존재와 사고를 위하여 배양해야 할 기능과 속성을 기독교적 신학의 핵심이었던 삼위일체 하나님의 우주론적 구조에 근거하여 체계적으로 설명하고 있다는 것이다. 두 번째로 병행의 원리란 비교연결하는 방법론이다. 보편적 원리인 병행의 원리는 각 분야(자연의 영역, 인간의 영역)에서 비교연결이 가능하다는 것이다. 예를 들어, 자연의 원리를 인간의 성장과 발달단계를 설명하는 주요 개념으로 사용할 수 있는 것은 인간과 자연 사이에 유사한 성장과정과 병행의 관계성이 있기 때문이라는 것이다. 이런 견해 역시 판소피아 특성에 대한 부분적 설명이다.

김기숙(2012: 38–49)은 판소피아 특성을 세 가지로 정리하여 제시하는데, 바로 '목적성' '전체성' '상호관련성'이다.[12] 첫째, '목적성'이란 방향성을 의미한다. 코메니우스는 모든 사물이 목적 지향적인 특성을 가지고 있는데, 그 이유는 하나님에게서 나와서 하나님을 향해 되돌아가기 때문이라는 것이다. 이것은 인간을 포함한 모든 사물에게 존재 목적이 있음을 보여 준다고 말한다. 둘째, '전체성'이란 말에서 '전체'란 아무것도 제외되지 아니한 모든 것이다. 전체성이란 하나님의 보편성과도 같은 것으로 인식할 수 있다고 말한다. 김기숙은 전체성을 단순히 백과사전식의 총합이 아닌 사물의 영혼과 질서, 그들의 묶음 진리가 사물의 총체적인 조화 가운데 인식되는 것이며, 사물의 근원과 목표를 아는 지식을 가리키는 개념이라고 말한다. 셋째, '상호연관성'이란 모든 사물들 간의 관련성을 의미한다. 세계는 하나의 통일체이자 서로 연관된 전체이기 때문이다. 상호연관성의 근거는 하나님이다. 이것을 다르게 표현한다면 모든 사물들 간의 조화라고 할 수 있다.

김기숙이 판소피아 특성에 대하여 새롭게 정리를 시도한 것은 매우 의미 있는 것이라고 평가할 수 있다. 하지만 특성에 대한 설명은 명료하지 않아 보인다. 첫 번째 특성으로 제시한 '목적성'에 대한 근거를 로마서 11:36로 잡은 것은 타당하다고 본다(김기숙, 2012: 39). 그러나 로마서 11:36을 통해 단순히 '목적성'만을 언급한 것은 부분적인 관점으로 보인다. 앞서 살펴본 바와 같이 로마서 11:36에서 강조되고 있는 것은 사실상 '삼위일체' 하나님이기 때문이다. 두 번째 특성으로 제시한 '전체성'의 근거로 '판(Pan)'을 제시하고 있는 것도 적절하다고 본다(김기숙, 2012: 42). 문제는 '전체성'과 '완전성'에 대한 구분이 명확하지 않

---

12 김기숙은 판소피아의 세 가지 특성에 대하여 제시하면서, 각주를 통해 샬러(Schaller)가 주장한 '판(Pan)'의 특징을 다섯 가지로 제시하고 있다. 아마도 두 입장의 관련성을 말하고 싶었던 것으로 보인다. 하지만 아쉽게도 두 입장 간의 연관성에 대한 언급이 없다. 또한 김기숙은 샬러의 판의 특징을 '종결성(Abschliessbarkeit)' '완전성(Vollendbardeit)' '통전성(Ganzheitlichkeit)' '목적성(Zweckhaftigkeit)' '방법론적 개념(Methodenbegriff)'과 같이 다섯 가지로 제시하고 있는 반면에(김기숙, 2012: 38), 오인탁은 '종결성(종결가능성)'과 '완전성(완성가능성)'을 같은 맥락으로 보고 있으며, 최진경의 경우도 그렇다(오인탁, 1980: 336; 최진경, 2012: 141 참조).

다는 점이다(김기숙, 2012: 43, 45). 물론 '전체성'은 '완전성'과 무관하지 않은 것이 분명하지만, 샬러가 언급한 것과 같이 '전체성'과 '완전성'은 불명료하게 함께 언급할 것은 아니다. 김기숙의 주장대로라면, 세 번째 특성으로 제시한 '상호연관성'의 근거는 '전체성'에 있다. 왜냐하면 '상호연관성'을 설명하면서 '관계'와 '조화'를 자주 언급하고 있기 때문이다. 그러나 이런 개념은 '전체성'을 논할 때도 언급되었다(김기숙, 2012: 43). 즉, '전체성' 안에 '상호연관성'의 특성이 이미 드러나고 있다는 것이다. 김기숙이 제시한 세 가지 특성 중에서 '전체성'은 나머지 두 가지 특성과 범주가 달라 보인다.

여기서 우리는 샬러가 제시한 '판(Pan)'의 특성을 살펴볼 필요가 있다. 그는 '판'의 특성을 '완전성' '전체성' '목적성' '방법론'으로 제시한다(최진경, 2012: 141-142에서 재인용). 첫째, '완전성'이란 사물에 대한 완전한 지식과 관련된 것으로 사물 존재의 본질과 원인과 목적을 아는 것과 연관되어 있다. 둘째, '전체성'이란 세상에 존재하는 모든 것이 하나님의 질서 가운데서 조화롭게 연결되어 하나의 통일된 전체를 이루고 있는 것을 표현하는 것이다. 셋째, '목적성'이란 모든 지식은 목적과 목표가 있는데, 이는 모든 사물이 그 근원이신 하나님의 뜻을 성취하는 것과 관련되어 있음을 의미한다. 즉, 하나님을 향하는 것이 모든 사물 존재의 궁극적인 목적임을 표현하는 것이다. 넷째, '방법론'이라는 것은 참된 지식을 습득하는 데 필요한 모든 것을 하나님이 인간에게 주셨다는 것이다. 즉, 참된 지식을 획득하는 모든 방법을 포괄하는 개념이다.

샬러가 제시한 것은 비록 '판소피아'의 특성은 아니지만, '판'의 특성을 통해서도 '판소피아'의 특성을 가늠하기에 충분하리라고 본다. 그런 의미에서 볼 때, 샬러의 주장은 매우 명료하며 적절하다. 다만, 제시한 네 가지 특성(즉, '완전성' '전체성' '목적성' '방법론')을 같은 범주로 다루고 있는 점이 아쉽다. 필자가 보기에 '완전성'과 '전체성'의 범주는 '목적성'과 '방법론'의 범주와는 차원이 다르다. 전자의 특성에서 후자의 특성들이 나온 것으로 보이기 때문이다.

판 데어 린데(Van der Linde, 1999: 100-108)는 판소피아 특성에 대하여 세 가지로 제시하고 있다.[13] 코메니우스는 '지혜'의 주된 개념을 성경에서 찾고 있는데, 지혜란 여호와를 경외하는 것에서 시작하는 것으로 '여호와의 신'이 곧 지혜이며, 예수 그리스도가 지혜다. '전체'는 판소피아에서 '이루어지는 것'을 의미한다. 그에 의하면 전체적인 창조와 전체적인 재창조는 하나님께 속한 사역이다. 또한 '전체성'과 관련하여 판 데어 린데는 모든 사물의 근거로서 하나님을 언급하고 있다. 삼위일체 하나님 이외의 어떤 다른 힘이 존재할 수 없다는 것이다. 그러면서 모든 사물이 하나님에게서 나왔으며, 그에게로 다시 돌아간다는 코메니우스의 주장을 언급하고 있다. 판 데어 린데에게 '완전성'이란 조금도 부족함이 없는 전체를 의미한다. 또한 우주 자체가 완전하다는 의미도 있다. 하나님은 자체로 전체성이며, 완전성(Pan)이다.

　판 데어 린데가 제시한 판소피아 특성 중에서 '지혜'의 개념 안에는 '전체성'과 '완전성'의 개념이 포함되어 있다. 우리가 앞서 살펴본 바와 같이, 그리고 판 데어 린데 역시 언급하고 있는 바와 같이, 지혜는 그 자체로 하나님이며 동시에 포괄적 개념을 가지고 있다. 다시 말해서 '지혜'의 개념은 '판'의 개념과 범주를 같이한다. 그렇다면 우리가 주목할 판소피아의 특성은 나머지 두 가지 '전체성'과 '완전성'이다. 필자는 판 데어 린데가 판소피아에 있어서 핵심 개념으로 '전체성'과 '완전성'을 제시한 것은 매우 의미심장한 것이라고 생각한다. 특히 그가 '전체'의 개념을 '이루어지는 것' 혹은 '사역'으로 한정할 필요가 있음을 언급한 것은 매우 적절하다. 하지만 판 데어 린데 역시 '전체성'과 '완전성'에 대한 개념을 설명함에 있어서 두 개념을 중복하여 사용하고 있기 때문에 두 개념에 대한 설명이 모호함과 동시에 혼란스럽다는 비판을 피하기 어렵다.

---

13　물론 그는 판소피아 특성이라고 명시하지는 않지만, 코메니우스의 『인간개선에 관한 일반담론』에서 가장 중요한 역할을 하는 세 가지 개념으로 '지혜' '전체' '완전함'을 들고 있다. 이런 개념은 골로새서 1:28에서 나온 것들이다(Van der Linde, 1999: 100).

## 4. 판소피아의 특성

필자는 앞서 판소피아의 개념과 판소피아적 특성 배경을 고찰하고, 학자들이 연구한 판소피아의 특성들을 살펴본 결과 다음과 같은 결론에 이르렀다. 판소피아의 특성을 정리 및 제시함에 있어서 유념해야 할 점이 있는데, 그것은 이제까지 제기된 판소피아의 여러 특성은 각자 기둥과 같은 범주 안에 포함되어 있다는 사실이다. 판소피아 특성의 기둥과 같은 범주는 두 가지로 함축된다. 바로 '완전성'과 '전체성'이다.[14]

이런 판소피아의 두 가지 특성은 대표적인 두 개의 성경 구절을 배경으로 하고 있다. 하나가 본질적인 것(롬 11:36)과 관련된 것이라면, 다른 하나는 대상적인 것(골 1:28)과 관련되어 있다. 전자가 존재하는 모든 사물의 존재 근거, 존재 방편, 존재 의미의 근원에 관한 것이라면, 후자는 존재하는 사물들 자체의 특별한 범위, 내용, 방법에 대한 것이다.[15] 결국 전자가 모든 사물의 근원이신 '삼위일체 하나님'과 관련되어 있다면, 후자는 삼위일체 하나님이 지으신 세상의 모든 사물과 관련되어 있다. 따라서 전자가 판소피아의 '완전성'의 특성과 연계할 수 있다면, 후자는 판소피아의 '전체성'의 특성과 연계할 수 있다.[16] 그렇다면 판

---

14  최진경(2013a: 109)에 의하면, 『판소피아의 선구자』에서 코메니우스는 판소피아를 완전하며 포괄적인 지식으로 제시하고 있다. 또한 작은 판소피아라고 불리는 『세계도회』의 첫 번째 그림을 통해서 하나님의 존재와 본질을 소개할 때에도 완전성과 본질적 유일성을 제시하고 있다(Comenius, 1887: 5).

15  여기서 '특별함'이란 '교육적' 의미를 가지고 있다는 차원에서의 특별함이다.

16  물론 로마서 11:36에도 전체성의 개념이 나타나며, 골로새서 1:28에도 완전성의 개념이 나타난다. 예를 들어, 로마서 11:36에는 '만물'(모든 사물)이 언급되고 있다. 그럼에도 강조점은 모든 것이 '그'에게서 나와서 '그'로 말미암고 '그'에게로 돌아간다는 것이다. 그 만물의 근원과 존재 방식과 존재 의미는 바로 '그'와 연결되어 있다. '그'가 강조되고 있는 것이다. 그렇다면 로마서 11:36을 완전하신 삼위일체 하나님이 강조되는 구절이라고 보는 것이 적절하다. 또한 골로새서 1:28에도 '완전함'이 언급되고 있다. 그러나 여기에서의 완전함은 '하나님의 완전함'이 아니라 '신적인 완전함'을 의미한다. 다시 말해서, 완전함의 대상이 모든 사람에게 있다는 것이다. 모든 사람을 모든 지혜로 완전한 사람으로 세우는 것을 말하고 있는 것이다. 그렇다면 여기에서의 '모든'이란 하나님과는 구분되는 만들어진 것의 전체와 관련된 것임을 알 수 있다. 따라서 골로새서 1:28은 '전체성'이 강조되고 있는 구절이라고 할 수 있다.

소피아의 특성을 대표하는 두 범주는 어떤 세부적 특성들로 채워져 있는가? 이제부터 판소피아의 대표적인 두 가지 특성인 '완전성'과 '전체성'에 대하여 알아보고, 그 범주 안에 들어 있는 세부적인 특성들을 살펴볼 것이다.

## 1) 판소피아 특성으로서의 '완전성'

코메니우스(1938: 152)는 판소피아를 가리켜서 '참되고 완전한' 것이라고 말한다. 판소피아는 그 자체 안에 완전성이라는 특성을 내포하고 있기 때문이다. 판소피아는 모든 것이 완전하신 (한 분) 그에게로 나아가는 모든(pan) 지혜(sophia)를 의미한다. 다른 말로 하면, 판소피아는 모든 것의 근원이고, 모든 것의 목적이며, 모든 것의 존재 방식인 완전하신 삼위일체 하나님과 관련되어 있다는 것이다. 즉, 판소피아의 특성인 '완전성'은 완전하신 삼위일체 하나님에게서 나온 개념이다. 그래서 코메니우스는 유일하게 붙잡아야 할 대상, 항상 바라보며 본받아야 할 본으로서 그리스도를 제시하고 있다. 코메니우스가 제시하는 이유는 세 가지다.

> 첫째, 그리스도는 모든 완전함 중에 가장 완전한 개념이며, 둘째, 그리스도는 현재 우리와 함께하시는 분이며 동시에 우리와 우리의 모든 사물을 돌보시는 분이고, 셋째, 그리스도는 최종적으로 우리의 심판자로 오실 분이기 때문이다 (Comenius, 2008a: 44, 강조는 필자).

이 인용문을 통해 우리는 두 가지를 생각할 수 있다. 첫째, 그리스도의 완전성은 곧 삼위일체 하나님의 완전성이라는 것이다. 실제로 코메니우스(2008a: 51; 1938: 27, 40, 221)는 다른 여러 곳에서 성부 하나님의 완전성과 관련하여 언급하고 있다. 특별히 코메니우스(Comenius, 1957: Tomus 1, Pars Prima, 47)는 그리스도의 완전성을 "모든 완전의 개념 중에 가장 절대적인" 것이라고 말하며, 그리스도를 "하늘과 땅 위에서 가장 완전하신 분"으로 묘사하면서 그리스도의 사역과 함께 성부 하나님과 성령 하나님의 사역을 언급하고 있다(Comenius, 1957: Tomus 1, Pars Prima, 147). 둘째, 인용문에서 우리는 로마서 11:36의 개념을 발견할 수 있다. 즉, 존재의 근원으로서 그리스도는 모든 완전함 중의 가장 완전한 분이시고, 존재의 방편으로서 그리스도는 함께하시며 돌보시는 분이시며, 존재의 의미로서 그리스도는 바라보고 나아가야 할 분이시라는 것이다.

아우구스티누스(2007: 204-205)에 따르면, 삼위일체 하나님의 본질적 속성은 '성부 안에 영원성' '형상 안에 형태' '은사 안에 효용(效用)'으로 정리할 수 있다. '영원성'은 성부 하나님의 영원하심을 의미하는 것이며, '형상'이란 본체를 드러내는 형태를 의미하는데, 이는 곧 아름다움과 연결된다. '효용'이란 성부와 그의 형상인 성자의 향기다. 다시 말해서 성령으로 말미암는 사랑, 기쁨, 행복 등을 의미한다. 이것은 완전하신 삼위일체 하나님의 본질적 속성을 핵심적으로 보여주는 것이다. 코메니우스에게 완전함이란 바로 삼위일체 하나님을 의미한다. 그에게 하나님은 완전 그 자체다.

그렇다면 우리는 '완전성' 안에 내포된 또 다른 특성들을 다음과 같이 정리할 수 있다. 즉, '완전성'에는 본질적 특성으로서의 '영원성', 형태적 특성으로서의 '삼원성', 의미론적 특성으로서 '목적성'이 내포되어 있다. 이런 특성을 로마서 11:36의 맥락과 연결시켜 본다면, 영원성은 '에크(ἐξ)'와 연결되면서 존재의 근원을, '삼원성'은 '디아(διὰ)'와 연결되면서 존재의 방편을, '목적성'은 '에이스(εἰς)'와 연결되면서 존재의 목적(의미)을 함축한다. 이는 곧 완전하신 삼위일체 하나님의 속성과 관련된 것이다.

(1) 영원성

판소피아의 '영원성'은 영원하신 하나님의 본성에 그 근원—주로부터(ἐξ)—을 두고 있다. 이런 특성은 그의 『판탁시아』와 『세계도회』에 잘 나타난다. 처음에는 좁은 의미의 '판소피아'로도 불렸던 '판탁시아'는 세계를 8단계로 묘사하는 구조로 이루어져 있다(Comenius, 1966: Tomus 1, 19). 8개의 세계란 가능의 세계(1단계), 원형의 세계(2단계), 천사의 세계(3단계), 자연의 세계(4단계), 인공의 세계(5단계), 도덕의 세계(6단계), 영적인 세계(7단계), 영원한 세계(8단계)다. 코메니우스가 묘사하는 8개의 세계 중에서 '가능의 세계'는 하나님이 만물을 창조하기 전에 세우신 계획과 예정의 세계라면, 맨 마지막의 8단계인 '영원의 세계'는 모든 만물이 그리스도와 하나됨으로 완전을 이루는 영원한 세계라고 볼 수 있다. 따라서 코메니우스가 묘사하는 세계의 구조는 영원하신 하나님으로 시작하여 영원하신 하나님 안에서 완성되는 영원성의 특성을 잘 드러내 준다.

『세계도회』의 구조 역시 마찬가지다. 코메니우스의 판소피아 사상의 요약판이라고 할 수 있는 『세계도회』는 영원부터 영원까지 스스로 계시는 하나님에게서 시작하여 그리스도 예수의 마지막 심판으로 끝나는데, 이때 심판을 통해 선택을 받은 경건한 자들은 영원한 생명으로 들어가게 되고, 악하고 버림받은 자들은 악마와 함께 지옥에 들어가 거기서 영원토록 고통을 받게 된다(Comenius, 1887: 5, 192). 이런 구조 역시 영원으로 시작하여 영원으로 완성이 되는 판소피아의 영원성을 보여 준다. 이와 같이 판소피아의 '영원성'은 성부 하나님의 영원하신 속성과 관련되어 있다. 스스로 존재하시는 하나님은 그 안에 영원성, 전능성, 전지성과 같은 본질적 속성을 가지고 계신다.

코메니우스(1938: 3-4)에 의하면, 하나님 안에는 스스로 기뻐하시는 영원하면서 완전한 행복이 존재하는데, 그는 또한 이런 본질을 드러내시는 것을 기뻐하셨다. 그 기쁨을 드러낸(계시) 결과가 바로 하나님의 형상을 따라 지음 받은 사람이다. 그래서 사람은 영원하신 하나님의 형상을 따라 지음 받아, 시간과 공간의 물질세계에 존재하게 되었다. 그렇다면 인간은 '영원성'과 '현재성'의 중간 매개체가 될 수 있다. 또한 하나님이 인간의 마음속에 영원히 선한 것을 동경하는 영원성을 심어 두셨다(Comenius, 1938: 40). 그래서 인간은 영원한 것에 대하여 이해할 수 있으며, 가르침을 받아야만 한다(Comenius, 1938: 115, 128). 코메니우스에 의하면 세상은 영원함에 이르는 관문이며, 세상에서의 삶은 영원한 생명을 준비하는 기간이다(Comenius, 1938: 5, 11). 모든 선한 것의 근원이며, 시작과 끝이며, 또한 중간인, 영원한 하나님이 유한한 모든 사물을 하나로 모으시고, 결국에는 영원으로 통합하신다(Comenius, 1938: 25). 이를 통해 우리는 판소피아가 영원성을 전제하고 있음을 알 수 있다. 즉, 먼저 존재의 근원이신 하나님이 영원하시다. 또한 판소피아는 영원한 것을 포함할 뿐만 아니라 영원성 자체가 궁극적인 것이다.

### (2) 삼원성

코메니우스의 판소피아 사상이 삼원성(Ternary)의 특성을 가지고 있다는 사실은 전혀 새로운 것이 아니다. 그럼에도 삼원성의 근원을 구체적으로 살펴보는 것은 매우 의미 있는 일이다. 코메니우스에게 있어서 삼위일체는 판소피아 사상의 형이상학적 기초 원리라고 할 수 있다. 삼원성은 당연히 삼위일체 하나님의 속성과 관련된 것이다. 즉, 삼위일체 하나님의 형상성과 관련되어 있다는 것이다.[17] 샤델에 의하면 '삼원성', 즉 '삼원적 유비'(三元的 類比, Trinitätsanalogie)는 코메니우스가 삼위일체에서 끌어낸 것이다(오춘희, 1998a: 197에서 재인용). 삼위일체 하나님은 본질적으로 유일성(唯一性, unity) 안에 삼일성(三一性, trinality)이 담겨 있는 하나님이다. 즉, 삼일성은 하나님의 유일성 안에 필연적이며 본질적으로 속한 것이다. 그렇기 때문에 삼위일체 하나님의 형상적 특성 자체가 '삼일적'이다. '삼일적'이란 말은 '셋이 하나'를 의미하는 삼위일체 하나님의 특성을 반영하는 용어다. 그래서 '삼일적'이라고 하면 부분이 아닌 전체를 의미하며, 또한 단순한 본질의 세 가지 모양을 의미한다. 이런 '삼일적' 특성에서 나온 형태적 특성이 바로 '삼원성'이다. '삼원성'은 셋이 셋으로 존재하며 구분된다. 각 부분이 존재하며 복잡하다. 과정이 있으며, 단계가 있다(Augustinus, 2007: 200). 코메니우스에 의하면 '삼원성'에서 '삼중성(threefold)'과 '삼분법(trichotomy)'이란 용어가 나왔다. 코메니우스는 다음과 같이 주장한다.

---

17  이런 형상성을 로마서 11:36과 연계하여 생각해 본다면, 존재의 양식(διὰ)과 연결할 수 있을 것이다.

우리의 방법에는 놀랍고 특별한 것이 있는데, 그것은 모든 사물에 대한 최
상의 분류는 삼분법에 의해 이루어진다는 것이다. 그 삼분법이란 내가 인위
적으로 발견한 미신적인 것이 아니라 그 자체가 사물의 위대한 현재와 심지
어 내가 사물의 새로움에 경탄한 채 한동안 머물러 있었던 사물(유일함, 진
리, 선함)의 첫 번째 속성으로부터 자유롭게 내게 제공하는 것이다. 단지 내
가 첫 번째로 조명하였던 그런 실례에 의해 기대함이 발생할 때, 나는 다른 곳
에도 그것을 시도하기 시작했고, 그것이 모든 곳에서 통한다는 것을 발견했
다. 그것은 그 자체로서 삼중성의 신비(threefold mystery)를 드러내는데, 사물
의 진리에 반대하는 것이 아니라, 오히려 신성한 삼원성(ternary)의 위대한 조
화를 진정으로 포함하는 것으로서, 나는 그것을 다른 사물 안에서도 수행해
보았는데, 그것들에게 어떤 강제력을 가한 것이 아니라 (마치 내가 완전히 설
득된 것처럼) 오히려 사물이 자체적으로 스스로에게 적합하게 분할한 것이다
(Comenius, 1969: 51).

이 인용문을 통해서 우리는 '삼원성'과 '삼중성' 그리고 '삼분법'의 의미를 정
리할 수 있다. '삼원성'은 '삼중성'보다는 '삼일성'에 더 가깝다. 그래서 '삼원성'은
'삼일성'에서 나온 형태적 표현이라고 할 수 있다. '삼중성'은 신성한 '삼원성'을
이 세계 속에서 신비하게 드러내는 방식이다. 따라서 '삼원성'이 '삼일성'의 형태
적 표현이라면, '삼중성'은 '삼원성'의 형태적 양상이라고 할 수 있다. 마지막으
로 '삼분법'이란 코메니우스의 언급과 같이 모든 사물에 대한 최상의 분류체계
다. 또한 코메니우스(2008b: 296)는 삼분법이 배운 내용을 기억하기 좋은 분류방
식이라고 말한다. 그래서 그는 삼분법을 반복하여 사용했다. 코메니우스(1969:
51-52)에 의하면, 판소피아는 신성한 삼원성의 위대한 조화를 포함하고 있으며,
모든 사물이 존재하는 체계로서의 삼분법을 통해 삼중성의 신비를 드러낸다.
결국 판소피아를 통해 삼원성의 신비가 드러나며, 궁극적으로 판소피아는 완전
하신 삼위일체 하나님을 향하여 나아가게 하는 방법체계라고 할 수 있다.

## (3) 목적성

목적이란 모든 것의 방향성을 뜻한다. 모든 것이 무엇을 향하고 있는가? 이에 대한 답을 코메니우스는 로마서 11:36에서 찾고 있다. 이 구절에서 '에이스(εἰς)'는 존재하는 사물의 방향, 즉 목적을 의미한다. 다시 말해서 모든 사물은 완전하신 하나님에게서 나와서 하나님을 향하도록 지음을 받았다는 것이다. 그래서 하나님은 모든 사물의 시작이요, 마침이다. 이런 개념에서 판소피아의 의미론적 특성인 목적성이 나온 것이다.[18] 즉, 모든 사물은 완전하신 하나님을 향하여 나아가도록 지음 받았다. 그래서 하나님을 향할 때, 그 자체의 의미를 발견할 수 있으며, 하나님에게 나아가 하나가 될 때 완전함을 이루는 것이다(Comenius, 1938: 25-26). 이것이 모든 사물을 향한 하나님의 목적이다. 하나님은 모든 사물이 하늘과 땅에서 하나가 되게 하실 목적을 갖고 계시며 이런 목적으로 하나님이 그리스도를 이 땅에 보내신 것이다.

판소피아의 목적이 바로 여기에 있다(Comenius, 2008a: 33). 판소피아란 모든 사람으로 하여금 모든 사물의 각각에 맞는 궁극적인 목적과 그에 따른 올바른 사용을 알게 하는 것이다. 각각의 사물은 나름의 존재 목적이 있다. 그 목적에 맞게 사용하는 것이 그 사물의 가치를 제대로 드러내는 것이며, 그 사물의 존재 의미를 드러내는 것이다. 그래서 코메니우스(1938: Dedication 6)는 『빛의 길』의 저술 동기 중의 하나가 바로 우주적인 목적에 도달하기 위한 새로운 방법을 제시하기 위함이라고 말한다. 이것을 통해 지향해야 할 목적을 더 분명히 할 수 있다는 것이다. 또한 인간과 학교의 목적은 하나님의 형상을 회복

---

18 아리스토텔레스(Aristoteles, 2008: 27)는 '목적(텔로스)'과 '완전함'의 관계에 대하여 말한다. 그에 의하면 목적이란 사람들이 모두 이것을 위해 나머지 일들을 행하는 것이다. 따라서 만일에 행위에 의해 성취할 수 있는 모든 것의 목적이 하나 있다면, 그것은 바로 '좋음'이며, 최상의 좋음은 분명히 완전한 어떤 것이다. 그러므로 그 완전한 것이 유일한 목적이 되는 셈이다. 신약 성경 고린도전서 2:6에 보면, '온전한 자(텔레이오스)'란 표현이 나온다. 그리스어 '텔레이오스(τέλειος)'란 '끝이 난' '완전한' '완벽한'이란 의미를 포함하고 있다. 흥미로운 것은 이 단어는 그리스어 '텔로스(τέλος)'에서 파생된 단어라는 것이다. '완전'과 '목적'의 의미 관계를 명료하게 보여 주는 예라고 할 수 있다. 이런 사실을 통해서 볼 때, 목적성은 완전성에서 파생하여 나온 특성이라고 볼 수 있다.

하는 것이고(Comenius, 1938: Dedication 19), 하나님 안에서 행복을 찾는 것이며 (Comenius, 1938.: 9), 목적 중의 목적이신 하나님을 유일한 것으로 소유하는 것이다(Comenius, 2008a: 43). 따라서 모든 사물의 목적은 완전함이라고 할 수 있다. 완전함이 존재의 목적이며 존재가 나아가야 할 방향인 것이다. 이런 맥락에서 볼 때, 목적성은 판소피아 특성 중 하나라고 할 수 있다.

## 2) 판소피아 특성으로서의 '전체성'

판소피아의 특성 중에서 '전체성'은 존재하는 '모든 것'과 관련되어 있다. 코메니우스는 이런 전체성의 개념을 골로새서 1:28에서 가져왔다.[19] 이것은 하나님의 본질과 관련된 것이라기보다는 하나님이 지으신 세상의 모든 사물과 관련된 것이다. 판 데어 린데(1999: 103)는 이 점을 코메니우스의 판소피아에서 '전체'란 '이루어지는 것'을 의미하는 것이라며 "전체적인 창조와 전체적인 재창조는 하나님께 속한 사역이다. 그러므로 삼위일체 하나님 이외의 어떤 다른 힘이 존재할 수 없다."(Van der Linde, 1999: 104-105)라고 정확하게 지적한다.[20] 하나님께 속한 창조 및 재창조는 전체와 관련되어 있으며, 그 자체가 하나님께 속한 사역임을 분명히 하고 있는 것이다.

판소피아의 전체적 특성을 가장 구체적으로 정리하여 제시하고 있는 것은 다름 아닌 『팜패디아』다. 코메니우스는 이 책을 통해 판소피아의 전체성을 교육적 맥락에서 실제적으로 보여 주고 있다. 코메니우스는 전체성과 교육과의

---

19  코메니우스(2008a: 81)는 『필요한 한 가지(Unum Necessarium)』에서 세상에 대한 전체적인 치유, 전체적인 교육을 강조하는 맥락에서 골로새서 1:28을 언급하고 있다. 즉, '모든 사람을 모든 지혜로 가르쳐 모든 사람을 그리스도 안에서 완전한 자로 나타내는 것'과 관련되어 있다는 것이다.

20  여기서 우리는 판 데어 린데(1999: 106)의 주장에 오해가 없어야 한다. 판 데어 린데는 전체성을 하나님의 본질과 직접적으로 연결하는 것처럼 보인다. 바로 이런 면에서 그의 주장은 비판의 여지가 있다. 그러나 판 데어 린데 자신이 "하나님에 대한 개념은 보편성(Universalität)으로 인식된다는 사실은 간과할 수 없다."(Van der Linde, 1999: 104)라고 언급한 바와 같이 그가 말하는 '전체성' 혹은 '보편성'이란 하나님에 대한 개념을 인식하는 하나의 유비라는 점을 우리는 기억할 필요가 있다.

관계를 언급하기를 "'모든 것'이란 전체적인 교육(universal education)을 의미하는 것인데, 그것을 통해 우리는 인간으로 하여금 하늘 아래에서 가장 영예로운 하나님 형상을 획득하기 위한 모든 가능한 수단을 찾게 될 것이다."(Comenius, 1986: 19)라고 하였는데, 즉 전체성이 교육과 연결되어 있음을 밝히고 있다. 이 것은 곧 전체성이 하나님의 형상대로 지음 받은 인간과 연결되어 있음을 의미하는 것이다. 그래서 코메니우스는 자신의 목적을 "모든 사람이 모든 주제를 모든 철저함(방법)으로 가르침 받아야 함을 확실하게 하는 것"이라고 말한다. 그러면서 그 목적을 다음과 같이 구체적으로 제시한다.

> 첫째, 모든 사람(everyone)은 지금 전체적인 교육(universal education)의 유익을 받아야만 한다. 둘째, 그들은 모든 내용(every respect)으로 교육을 받아야한다. 셋째, 그 결과로 그들은 전적으로 문화인(wholly civilised)이 되어야 한다(Comenius, 1986: 20).

여기에서 '모든 사람'이란 하나도 예외 없는 모든 민족, 모든 사회계층, 모든 가족 구성원, 모든 개인을 의미한다. 이것은 교육에서의 주체를 지칭한다. 즉, 교육주체의 전체성을 말하는 것이다. '모든 내용'이란 인간을 지혜롭고 행복하게 할 수 있는 모든 것을 의미한다. 이것은 교육객체에 대한 전체성을 말한다. '전적으로 문화인'이란 모든 사람이 포괄적이면서 철저하게 훈련을 받아야 한다는 것을 뜻하는 것으로, 교육방법적인 전체성을 지칭한다.

아우구스티누스(2007: 205)에 따르면, 하나님의 능력으로 창조된 모든 피조세계는 그 자체들 사이에 어떤 통일과 형태와 질서를 나타낸다. 즉, 피조물은 각각이 하나의 통일체를 이루는 동시에 어떤 형태를 가지고 있으며, 일정한 질서를 추구하며 유지하고 있다는 것이다. 결국 이것은 모든 만물의 근원이신 삼위일체의 특성인 삼일성이 모든 피조물 속에 삼원성으로 알맞게 나타나 있다는 것을 의미한다.[21] 코메니우스(1957: Tomus 1, pars prima 150; Comenius, 1651a: Preface) 역시 여러 곳에서 하나님의 본성적 특성이 피조물인 모든 만물에 나타나 있음을 언급하고 있다. 이런 사실을 통해 우리는 삼위일체 하나님의 본질적 특성과 그의 창조물인 모든 만물 사이의 특별한 관련성을 연상할 수 있다. 즉, 본질적 특성인 영원성, 삼원성, 목적성과 대상적 특징인 통일, 형태(조화), 질서의 연계성을 유추할 수 있으며, 아울러 판소피아의 '전체성'에 속한 세부 특성들을 유추할 수 있다. 그것은 바로 '통일' '조화' '질서'다.[22]

### (1) 통 일

판소피아는 존재하는 모든 것의 통일(Unity)을 추구한다. 우리는 여기서 '판'의 어원적인 의미를 다시금 상기할 필요가 있다. '판'이란 전체성을 의미하는데, 이것은 모든 만물이 '유일한 것(unus)'으로 '향하는 것(versus)'이란 의미를 담고 있다. 샬러는 코메니우스가 강조하는 '모든 것(Omnia)'이란 다양성이라기보다는 통일성으로 이해해야 한다고 말한다(Comenius, 2008b: 96). 즉, 통일성이란 궁극적으로 영원한 삼위일체 안에서의 하나됨을 의미하는 것이다. 캠패그넥(Campagnac)은 코메니우스가 통일성의 원리를 추구했음을 언급했다. 그에 의하면 코메니우스는 "진리에 의해 새로운 것을 실험하고 증명하길 원했으며, 새로운 발견을 사용하여 오랜 신념들을 확장하고 재해석하길 원했다." 또한 코메니우스는 "성장과 함께 조절하고 지도할 수 있는 통일성의 원리(principle of unity)를 원했다."라고 강조한다(Comenius, 1938: Introduction iii). 코메니우스가 통일성을 추구한 이유는 혼란을 피하기 위함이었다. 그래서 그는 통일성을 이루는 조

---

21 아우구스티누스(2007: 204-205)는 이런 통일, 형태, 질서가 삼위일체 하나님의 본성적 특성인 영원성, 형상성, 효용성에서 나온 것들이라고 말한다.

22 '통일' '조화' '질서'는 전체에 대한 또 다른 조명 혹은 표현이라고 할 수 있다. 이 세 가지 특성은 따로 떨어져서 존재하는 것이 아니다. '통일'이 '조화'와 '질서'를 통해 이루어지는 것이라면, '질서'와 '조화' 역시 전체의 '통일'에서 나오는 것이다. '질서'가 '통일'을 위해 필요한 조건이라면, '조화'는 '통일'과 '질서'의 매개체라고 할 수 있다. 여기에서 세 가지의 특성을 구분하는 것은 단지 이해를 돕기 위한 것이다 (Comenius, 1938: Dedication 8, 23, 112, 128, 171, 218-219 참조).

건을 '질서' 혹은 '규칙'이라고 말한다(Comenius, 1938: 171). 코메니우스에 의하면 진정한 통일은 판소피아를 통해 가능하다. 즉, 판소피아를 통해 모든 사람에게 모든 사물의 원리가 명백하게 드러날 참된 빛이 비출 것이라는 말이다. 이런 판소피아의 빛은 하나님의 방법이라는 의미에서 종합적 방법을 제시한다. 종합적 방법이란 특별하고 개별적인 사물들을 총합 혹은 결말로 모으고, 보다 적은 결말을 위대한 결말로, 최종적으로 모든 결말을 결말의 결말로 모으는 것을 의미한다(Comenius, 1938: 37). 이를 위해서는 범대학의 통일, 범언어의 통일이 필요하며, 팜패디아를 통해 모든 사람은 신앙과 지식의 진정한 통일을 이룰 수 있게 될 것이라고 말한다(Comenius, 1938: 171, 190, 197).

더 나아가서 통일성은 하나의 체계를 지향하고 있다. 코메니우스(1938: Dedication 7)에 의하면 판소피아는 "유일하고 포괄적인 체계"다. 통일성이란 한마디로 사물의 체계적 특성을 의미한다는 것이다(Comenius, 2008b: 200). 이 점에 대하여 캠패그넥 역시 같은 주장을 한다. 그는 코메니우스가『빛의 길』에서 주장하는 것이 전체에 대한 체계이며, 그것은 다른 말로 해서 '사물들의 종합(the sum of things)' 혹은 '우주적 통일성(the unity of universe)'이라고 할 수 있으며, 이에 더하여 '전체성' '단일성'이라고 말한다(Comenius, 1938: Introduction ⅹ). 따라서 통일성은 또 다른 특성들과 함께 판소피아의 전체적인 체계를 구축하는 하나의 특성이라고 할 수 있다.

### (2) 조 화[23]

판소피아 특성으로서의 조화(harmony)란 부분과 부분, 부분과 전체의 형태와 관련된 것이다. 판소피아는 개념과 이데아에 머물러 있는 것이 아니라 형상을 가지고 있다. 형상의 근원은 보이지 않는 존재의 보이는 형상이신 그리스도에

---

[23] 코메니우스(Comenius, 1966: Tomus 2, 545-546, Sp. 1003-1004)가 말하는 사전적 의미의 조화란 세 가지 의미가 있다. 첫째, 그리스어 '쉼포네시스(συμφώνησις)'가 담고 있는 것으로 사물의 일치를 의미하고, 둘째, 음악에서 악기 및 목소리의 감미로운 화합의 형태를 의미하며, 셋째, 철학자들에 있어서 하나님 안에 있는 영원한 덕을 향하는 것과 관련되어 있다.

게 있다. 그를 통해 존재하며 보이는 모든 형태를 제시해 준다. 그래서 판소피아는 형태를 드러내고 제시하는 특성을 가지고 있다. 이런 형상은 통일과 질서의 매개체이기도 하다.

코메니우스에 의하면 조화는 삼위일체의 조화에 근거를 두고 있다. 아우구스티누스(2007: 204)는 삼위일체 하나님의 형상의 형태적 아름다움에는 '위대한 적합성' '근본적 동등성' '근본적 유사성'이 있음을 말한다. 다시 말하면 성부(聖父) 하나님과 성자(聖子) 하나님은 전혀 다르지 않고, 동등하지 않은 점이 전혀 없으며, 유사하지 않은 부분이 전혀 없고, 형상의 본체인 분과 정확하게 대응한다는 의미다. 이것은 곧 성부와 성자 간의 위대한 조화를 다르게 표현한 것이다. 즉, 완전한 조화는 완전한 미(美)에서 나오며, 완전한 미는 모든 형태의 근원인 삼위일체 하나님에게서 나오는 것이다. 코메니우스(1938: 93, 109)는 이런 조화를 '우주적 조화(the universal harmony)'[24] 혹은 '범조화(Panharmony)'[25]라고 말한다.

코메니우스가 가리키는 세계는 우주적 세계를 의미한다. 그 세계는 부분 간에 서로의 조화를 필요로 하는 전체라고 할 수 있으며, 부분은 부분과의 조화뿐만 아니라 전체와의 조화를 이루어야 한다. 즉, 자연, 인간, 그리고 하나님과의 조화를 의미한다. 코메니우스는 이런 조화를 하나님의 세 가지 책(자연의 책, 이

---

24 우주적 조화란 인류가 함께 사용할 수 있도록 지금까지 드러난 모든 빛을 하나로 모은 위대한 빛과 관련된 것이다. 하나님은 각 시대마다 각각의 사람들로 하여금 진실하고 선한 것을 깨닫고, 추구하며, 발견하도록 하셨다. 우주적 조화란 그 모든 것에 대한 조화를 의미한다. 그래서 그로 인하여 모든 사람은 이제 더욱 쉽고, 자연스러우며, 즐겁게 알 수 있게 되었다(Comenius, 1938: 109).

25 코메니우스(1938: 112)가 말하는 범조화란 모든 사람에게 주어진 하나님의 은사를 모든 사람이 함께 사용할 수 있도록 명료화하는 작업이다. 또한 범조화는 태양처럼 영구적인 불 혹은 꺼지지 않는 불꽃같은 확실한 형태를 우리에게 약속한다(Comenius, 1938: 13,14). 그래서 범조화의 방법이란 그 자체로는 직접적으로 알 수 없는 사물을 그와 유사하게 병행을 이루는 사물에 의해서 알아내는 방법을 뜻한다(Comenius, 1938: 93). 강선보(2004: 15-16)에 따르면, 코메니우스가 범조화를 강조하는 이유는 인간 본성의 복잡성 때문인데, 이런 본성적 복잡함 때문에 인간은 반드시 유한한 방법에 의해 무한에 도달해야 한다. 이것을 이름하여 유한-무한의 범조화(finite-infinite panharmony)라고 한다. 이는 곧 이성과 신앙, 물질적인 것과 영적인 것, 세속적인 것과 종교적인 것의 조화를 뜻한다.

성의 책, 하나님의 책)의 조화를 통해서 설명하고 있다. 하나님이 창조하신 세계인 자연의 책은 하나님의 책인 성경의 신비를 이해하는 데 도움이 되며, 하나님의 형상인 인간이 하나님의 책의 해설자가 될 수 있는 것은 하나님이 인간을 창조하셨으며, 자연의 책과 하나님의 책인 성경의 저자이기 때문이다. 즉, 세 가지의 책들은 서로 조화를 이루지 않을 수 없다(1938: 118). 이와 같이 자연의 책과 하나님의 책 사이에 조화가 있는 것같이 과학과 신학 사이에도 조화가 있다. 사물에 새겨진 진리는 하나님의 말씀을 통해서 표현된 진리를 조화롭게 하고, 이런 방식으로 이성은 신앙을 가진 기독교인에게 분리되지 않고 오히려 상호 보완적으로 연결되어 있다. 그래서 코메니우스는 이런 과학과 신학의 접촉점이 바로 판소피아라고 말한다(김기숙, 2012: 47).

또한 코메니우스(1938: Dedication 8)는 판소피아가 모든 사람에게 참된 빛을 소유하게 함으로 공통의 조화를 유지할 수 있는 모든 방법을 제공한다고 말한다. 그에 의하면 참된 빛에는 '영원한(Eternal) 빛' '외적인(External) 빛' '내적인(Internal) 빛'[26]이 있다. '내적인 빛'은 다시 인간의 내적인 세 부분(지성, 의지, 감성)에서 빛을 발한다. '지성'에 발하는 빛은 사물에 대한 이성적 지식과 관련되어 있고, '의지'에 발하는 빛은 사물의 선(善)을 추구하는 것과 관련되어 있으며, '감성'에 발하는 빛은 마음의 평화 및 행복과 관련되어 있다. 인간의 탐구는 지성적 빛의 길을 발견하고 의지와 감성으로 하여금 그 빛에 반응하는 것이다. 즉, 인간의 탐구는 감각에 길을 만드는 '외적인 빛'과 그 자체 안에 조화와 관계를 유지하는 '내적인 빛'에 의하여 안내를 받아 지성적 빛의 길을 추적한다(Comenius, 1938: 55).

또한 코메니우스는 언어의 통일을 언급하면서 사물과 언어의 조화를 강조한다. 낱말들이 사물의 속성과 관계없이 사물에 연관되어 있거나, 사물의 기본적

---

26 '영원한 빛'이란 인간의 감각으로는 접근할 수 없는 영광을 의미하고, '외적인 빛'이란 우리의 육체가 감지할 수 있는 빛을 의미하며, '내적인 빛'이란 인간의 이성으로 지각할 수 있는 빛(깨달음)을 의미한다(Comenius, 1938: 52-54).

특성이 언어의 습관이나 사물의 명칭과 조화를 이루지 못할 때 혼란이 발생한 다(Comenius, 1938: 185). 그렇기 때문에 새로운 언어가 필요하며, 그 새로운 언어는 소리와 사물 사이에 조화와 균형의 발견을 통해 언어의 통일성과 조화를 회복해야만 한다(Comenius, 1938: 188).

따라서 판소피아는 완전한 조화의 근원인 삼위일체의 조화에 따라 우주적 세계 안에서 전체와 부분, 부분과 부분 간의 조화를 이루어 하나가 되게 하며, 더 구체적으로는 인간의 내적인 영역에서(특별히 언어와 사물의 관계에서) 조화를 이루는 특성을 가지고 있다.

### (3) 질 서

코메니우스(1966: Tomus 2, 601, Sp. 1114-1115)에게 질서(order)란 다양한 일이나 혼란스러운 상태의 사건 혹은 신중한 판단을 요하는 일을 처리하는 적절한 방식이다. 이런 질서의 근원은 역시 하나님의 창조 질서에서 찾을 수 있다(Comenius, 1938: 36). 하나님은 빛을 창조하심에도 질서를 부여하셨다. 즉, 첫째 날 동일한 양의 빛을 창조하셨고, 넷째 날에 태양, 달, 별들로 구분하여 그 자리를 정하여 주셨으며, 여섯째 날에 '여호와의 등불'이라고 불리는 지성의 빛, 즉 인간의 영혼을 창조하셨다. 그 밖의 모든 사물의 창조는 질서에 따라 배열되었다. 창조의 진행은 보다 덜한 것에서부터 위대한 것, 가장 위대한 것 순으로, 낮은 것에서부터 높은 것, 가장 높은 것 순으로 이루어졌다. 그렇기 때문에 코메니우스(1938: 99)는 하나의 태양도 달, 별과 같은 천체의 도움으로 일자(日字)와 연한(年限)을 통해 질서에 따라 빛을 비추는 것이라고 말하며, 인간 본성에도 질서가 있다고 말한다(Comenius, 1974: 286). 그 질서란 '아는 것-앎(scire)'하고자 하는 것-의지(velle)' '행하는 것-행함(posse)'으로 이런 본성의 질서는 모든 나라와 시대 및 환경을 초월하여 동일하다.

따라서 코메니우스가 주목한 것은 하나님이 창조하신 계획과 뜻에 합당한 인간의 조화적 삶과 질서였다. 이런 질서는 자연, 이성, 성경에 나타나 있으며, 인간사회와 자연에서 나타나는 질서는 완전하신 '하나님의 질서'의 현현이라고 할 수 있다(오춘희, 1998a: 97). 그러나 하나님이 이루어 놓은 세상의 질서는 인간의 범죄로 인하여 무질서하게 되었다. 이런 무질서는 결국 하나님과 인간 사이의 질서가 회복됨으로 해결될 수 있다. 그래서 코메니우스(1938: 22)는 질서의 회복을 '보편적인 치유'라고 말한다. 하나님은 무질서의 치유책으로 하나님의 아들이신 그리스도를 보내셨으며, 그 아들을 통해, 아들 안에서 하나님과 인간의 관계를 회복하셨고, 인간과 모든 사물을 조화롭게 하신 것이다(Comenius, 1938: 26). 그 결과로 인간에게는 하나님이 주신 질서를 이 땅에 실현하는 사명이 주어졌다. 교육은 결국 이 땅에 하나님의 질서를 실현하는 것을 목적으로 한다. 그래서 코메니우스는 교수법적 원리 역시 단순한 인식론적 방법에 달린 것이 아니라 진리이신 하나님께로 나아가는 길, 즉 방법론으로서 찾았던 것이다. 그것은 바로 '하나님의 질서'였다. 하나님의 질서란 세계구조의 세부적인 것까지 지탱하고 있는 원리이며, 정신의 산물이다. 그래서 세계의 질서는 각 피조물이 자연의 질서를 따르며, 각 사물의 적합한 한계를 넘어서지 않도록 제어함으로써 조화롭게 유지되는 것이다(오춘희, 1998a: 117-118). 이런 자연의 질서는 인간의 역사, 제도, 정치, 학문에도 마찬가지로 적용 가능한 원리가 될 수 있다.

결국 인간사 전체를 포괄하는 판소피아는 하나님의 질서를 구현하는 방법을 뜻한다. 모든 것의 순서를 드러내며, 사물의 본래 자리를 되찾아 주는 것이다. 그러므로 판소피아는 자연의 질서, 인간사 및 사회의 질서, 하나님과의 질서를 드러내고 알려 주는 특성을 가지고 있다.

# 제4장

# 판소피아의 구조

1. 구조의 의미

2. 코메니우스와 구조

3. 판소피아 특성과 구조의 관련성

4. 판소피아 구조의 기원

5. 판소피아의 구조

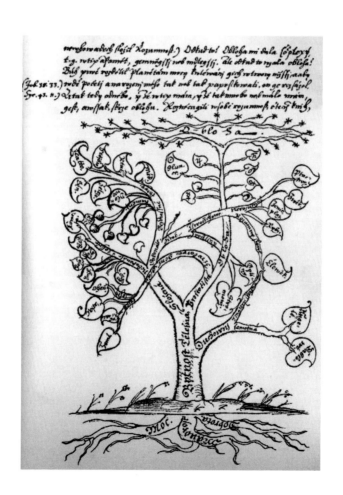

　제4장의 표지 그림은 코메니우스(Comenius)의 초기 작품인 『안전의 중심(Centurm Securitatis)』에 나오는 '세계 나무' 그림이다(Comenius, 1633). 그에 의하면 세계는 죽어 있는 물체가 아니라 하나의 유기적 조직체인데, 이는 마치 뿌리와 가지로 이루어져 있는 나무와 같다. 나무의 뿌리는 하나님을 상징하며(능력, 지혜, 선함) 가지는 뿌리에서 자양분을 받아 잎과 열매로 전달한다. 세계의 모든 것은 하나님이 주시는 힘에 의존하고 있음을 뜻한다(Van Vliet, 1994). 이런 설명은 '구조'에 대한 코메니우스의 개념에서도 잘 나타나고 있다.

　일반적인 의미에서 구조는 존재의 질서(Entis Ordo)다. 식물의 경우 각 부분들은 맨 아래의 부분으로 뿌리가 있고, 윗부분으로는 가지의 끝이 있으며(앞과 뒤, 오른쪽과 왼쪽 등), 외부적으로는 나무껍질이 있고, 내부적으로는 정수(精髓)가 있다(Comenius, 1966).

고윈(Gowin, 2005: 115)은 '지식의 구조'를 정의하면서 '구조'의 일반적 개념을 "부분과 부분들의 관계를 나타내는 말"로 설명하고 있다. 예를 들어, 꽃의 구조를 말할 때 각 부분의 명칭과 그것들이 어떻게 관련되어 있는지를 나타내는 것을 의미하며, 집의 구조에 대하여 말할 때 기초, 벽, 지붕 그리고 각각의 부분들이 어떻게 서로 연결되어 있는지를 뜻하는 것이다. 그렇다면 그에게 '지식의 구조'란 여러 지식의 각 부분이 서로 어떤 방식으로 연계되어 있는지를 알아보는 것과 관련된 것이다.[1]

그러나 구조라는 말이 인문사회과학 분야에서 언어 연구에 도입된 이후 그 개념은 매우 광범위한 영역에서 다양한 의미로 사용되고 있다. 그렇기 때문에 그 개념을 한마디로 정의하는 것은 쉽지 않다.[2] 따라서 판소피아 구조를 살피기 전에 먼저 이 책에서 의미하는 구조의 의미를 한정하는 것이 필요하다. 필자는 구조의 의미를 교육과 관련하여 구조를 주창한 대표적인 학자를 중심으로 살핀 다음, 코메니우스가 언급한 구조의 의미와 함께 판소피아 구조를 제시할 것이다. 이 과정에서 판소피아의 구조는 앞서 살펴보았던 판소피아의 특성과 매우 밀접한 관련이 있음이 드러날 것이다.


## 1. 구조의 의미

판소피아 구조를 제시하기 전에 필자는 먼저 구조와 관련된 두 명의 학자를 살펴보려고 한다. 바로 브루너(Bruner)와 피아제(Jean Piaget)다. 브루너의 경우

---

1 고윈이 말하는 지식의 구조가 가지고 있는 5요소란 '핵심 질문(Telling Question)' '핵심 개념(The key concepts)' '방법(Methods)' '지식주장(Knowledge claims)' '가치주장(Value claims)' 등 다섯 가지다. 그에 의하면 아무리 단순한 지식의 구조일지라도 통합된 관계로 드러난다(Gowin, 2005: 116-118).

2 승계호는 구조에 대하여 "모든 구조는 원인 그 자체다. 모든 구조는 설명되는 것(explandum)이 아니라 설명하는 것(explanans)을 의미한다."(Seung, 2009: 86)라고 말한다.

'구조'를 교육적 관점에서 제시했다는 점 때문이라면, 교육심리학자라고 할 수 있는 피아제의 경우는 특별히 구조 혹은 구조주의 대가 중 한 사람인 동시에 코메니우스와 접촉점이 있기 때문이다. 필자는 '구조'의 의미에 한정하여 두 학자를 중심으로 정리를 시도한 후 코메니우스가 말하는 구조의 의미를 살펴보고자 한다.

## 1) 브루너와 구조의 의미

브루너의 대표적인 저서 중의 하나인 『교육의 과정(*The Process of Education*)』은 한마디로 구조에 대한 내용을 담고 있다.[3] 그에게 구조란 '교과의 구조(structure of a subject)'를 뜻한다. 교과의 구조를 파악한다는 것은 곧 한 가지 현상을 여러 현상과의 관련 속에서 이해할 수 있게 됨을 뜻한다. 그래서 구조를 학습하는 것은 사물이 어떻게 관련되어 있는지를 배우는 것이다. 즉, 사물들의 관련성을 학습하는 것이다(Bruner, 1960: 7). 특별히 브루너는 물리, 수학의 교육과정을 구성할 때 교과의 구조를 가르치는 것이 중요하다고 말한다. 교육과정의 성공 여부는 바로 교과의 구조를 강조하는 것에 달려 있다는 것이다(Bruner, 1960: 8). 또한 교과의 구조를 충분히 고려하여 수업을 진행하면, 능력 있는 학생들보다 능력이 부족한 학생들이 더 효율적으로 학습할 수 있다고 말한다. 그만큼 교과의 구조는 의미 있는 수업에 필수적이라는 뜻이다.

브루너가 말하는 '구조'라는 말은 다양한 용어로 대치되어 사용되고 있다. 그는 구조를 학습내용의 "전체적인 그림(general picture)"이라고 말한다. 학습자에게 있어서, 먼저 배운 내용이 이후에 배울 내용을 더 쉽게 학습할 수 있도록 돕는 것이 바로 학습내용의 '전체적인 그림'이라는 것이다(Bruner, 1960: 12).

---

3 이홍우(2010: 274)는 브루너의 『교육의 과정』을 일괄하는 가장 중요한 개념이 바로 '구조(Structure)'라고 말한다. 그는 "『교육의 과정』의 구조는 '구조'라고 할 수 있다."라는 언어유희를 통해 그 점을 잘 드러내 주고 있다.

구조를 '기본적인 아이디어(basic ideas)' 혹은 '일반적인 아이디어(general ideas)'라고도 말한다. '기본적인 아이디어'란 모든 학과목(특별히 과학과 수학)의 핵심을 이루는 것이며, 인간의 삶과 문학에 형식을 가져다주는 기본적인 주제이기도 하다. 그렇기 때문에 '기본적인 아이디어'에 통달하여 그것을 효과적으로 사용할 수 있게 되면 더 복잡한 형식으로 나아갈 수 있으며 그것에 대한 더 깊이 있는 연구가 가능하다는 것이다(Bruner, 1960: 13). 이런 '기본적인 아이디어'는 곧 '개념' 혹은 '원리'라는 용어로 대치가 가능하다. '개념' 혹은 '원리'는 실제로 거의 모든 분야의 과학에서 공통적으로, 그리고 거듭해서 나타난다(Bruner, 1960: 26).

브루너는 구조의 중요성을 강조한다. 왜냐하면 교과의 기본적인 구조를 안다는 것은 이후에 그 지식을 적용하는 데[4] 최소한의 필수조건을 갖추는 것이 되기 때문이다(Bruner, 1960: 11). 이것은 바로 '전이(轉移, transfer)'[5]의 문제와 연결된다. 교육에서의 일반적 전이란 기본적이고 일반적인 개념을 통해 지식의 폭을 넓히고 깊이를 더하는 것을 뜻한다. 그렇기 때문에 일반적 전이란 학습의 전과 후를 이어 주는 '연결고리'[6] 역할을 한다. 즉, 일반적 원리인 구조를 파악하게 되면 학습의 연속성이 보장될 수 있는데, 바로 일반적 전이가 이루어지기 때문이다(Bruner, 1960: 18). 그래서 구조가 기본적이고 일반적인 것일수록 그것의 적용범위는 넓어진다. 이와 같이 구조에 대한 이해와 깨달음이 생기고 그것을 적용하여 새로운 문제를 해결하게 되면 학습자는 자신의 능력에 대한 자신

---

4　적용은 두 가지로 나타날 수 있는데, 하나는 또 다른 학습의 사태에서 나타날 수 있고, 다른 하나는 학습사태 이외의 상황에서 나타날 수 있다.

5　브루너(Bruner, 1960: 17)는 학습과 관련된 전이를 두 가지로 설명한다. 먼저 훈련과 관련된 '특수적 전이(specific transfer)'다. 이것은 우리가 앞서 배운 일과 아주 비슷한 일에 학습의 결과를 그대로 적용하는 것을 의미하는 것으로, 자동차 운전과 같은 기술을 배우는 것과 연관된다. 다른 하나는 원리와 관련된 '일반적 전이(nonspecific transfer)'다. 이것은 일반적인 개념이나 원리의 학습과 연관된 것으로, 하나의 원리를 학습하고 나면 그 이후에 다가오는 문제들을 이미 학습한 원리에 비추어 해결하는 것을 의미한다.

6　오영환에 의하면, 교육의 비극적인 단편화 현상은 공통된 초점 내지 연결고리로만 극복될 수 있다. 그러므로 진정한 교육은 가르치고자 하는 것이 어떻게 서로 유기적으로 연결되었는지를 보여 주는 것이다(오영환, 2003: 23).

감이 생기는데, 브루너는 이것을 "발견에 대한 흥분감"이라고 표현한다(Bruner, 1960: 20).

결국 브루너는 구조를 통한 학습이 주는 이점을 네 가지로 정리한다(Bruner, 1960: 23-26). 첫째, 기본적인 것들을 이해하면 교과를 훨씬 쉽게 파악할 수 있다. 이것은 물리, 수학과 같은 학과목에서뿐만 아니라 사회생활과 문학에도 적용될 수 있다. 둘째, 인간의 기억과 관련하여, 세부적인 것이 전체적으로 구조화된 형식 안에 놓여 있지 않으면 쉽게 잊어버린다. 즉, 세부적인 자료는 표현의 단순화 방식인 구조를 사용할 때 더 잘 기억할 수 있다는 것이다.[7] 셋째, 기본적인 원리나 개념에 대한 이해는 적절한 '훈련의 전이'를 위한 주된 방식이다. 어떤 것의 기본적인 원리나 구조를 이해한다는 것은 하나의 특별한 사물뿐만 아니라 앞으로 만나게 될 그것과 비슷한 사물을 이해할 수 있는 모형을 배웠다는 것을 의미한다. 넷째, 구조와 원리에 대한 강조는 초등학교와 중등학교에서 가르치는 기본적인 성격의 자료를 지속적으로 재검토하게 하며, 그로 인하여 기초지식과 고등지식 사이의 간극을 좁힐 수 있다.

지금까지의 주장을 브루너는 "우리는 어떤 내용이든지 지적으로 올바른 형식으로 표현하면 어떤 발달단계에 있는 어떤 아동에게도 효과적으로 가르칠 수 있다는 가설과 함께 시작한다."(Bruner, 1960: 33)와 같이 한 문장으로 압축하고 있다. 이를 통해 브루너는 '어떤 발달단계에 있는 어떤 아동들'보다도 '지적으로 올바른 형식'을 강조하고 있다. 다르게 말하면, 브루너는 지적 발달단계에 있어서, 피아제가 강조하고 있는 단계의 필연성에 의문을 제기하고 있는 것이다. 여기에서 '지적으로 올바른 형식'이란 그가 강조하는 구조임은 말할 필요도 없다. 물론 그 구조는 아동이 이해할 수 있는 수준에 맞는 용어 등으로 표현되어야 하는 것은 당연하다. 이에 대하여 함린(Hamlyn, 2010: 219)은 "중요한 것은 아이가

---

7  "우리가 기억하는 것은 하나의 공식(公式), 사건의 의미를 나타내는 생생한 항목, 일련의 사상(事象)을 대표하는 평균, 사물의 본질을 보여 주는 캐리커처나 그림 등이며, 이들은 모두 복잡한 사물을 압축해서 표현하는 기술이다."(Bruner, 1960: 25)

현재 가지고 있는 것을 알아내서 그것을 기초로 하여 지식이 성장하도록 도와 주는 것"이라고 말한다. 즉, 문제의 핵심은 아동이 현재 가지고 있는 능력을 기초로 하여 그 능력을 어떤 방식으로 확장할 수 있도록 이끄느냐에 달려 있다는 것이다.

브루너의『교육의 과정』에 대한 많은 격찬과 함께 비판이 있었다. 예를 들어, 피아제(1990: 78)의 경우 발달단계보다 올바른 형식, 즉 기본적인 원리를 강조하는 브루너의 주장에 대하여 "브루너는 '구조'나 '조작'의 존재 자체를 믿지 않는다."라고 비판한다. 피아제에 의하면 브루너의 '구조'나 '조작'이란 것이 사실적인 것이 아니라 단지 '논리주의(logicism)'적 구성물에 불과한 것이며, 그가 믿는 것은 단지 '주체'와 '인지적 행동' 및 '전략'이라는 것이다.[8] 이는 곧 브루너의 합리주의적 경향성을 비판하고 있는 것이다. 그러나 가장 주목해야 할 비판은 브루너 자신에 의한 것이다. 그는『교육의 과정』이 출간된 후 10년 만에 자신의 주장을 돌아보면서「교육의 과정의 재음미(The Process of Education Reconsidered)」라는 소논문에서 "가장 나쁘게 말하여, 이 초기의 생각은 지나친 합리주의의 오류를 범하고 있었다."(이홍우, 2010: 376)라고 말한다. 그에 의하면, 문제는 지식의 구조를 이해하면 그것으로 인해 혼자서 학습해 나갈 수 있다고 맹신한 것에 있었다는 것이다. 브루너 자신이 인정한 문제의 핵심은 지나치게 교과 중심의 구조에 국한되어 있었다는 점이며, 또한 공동체를 도외시한 채 지나치게 개인적인 학습 차원에 머물러 있었다는 점이다. 이는 곧 구조의 전체성을 제대로 보여 주지 못했다는 것이다. 아울러 지나친 합리주의적 구조에 대한 강조는 이론적인 측면에 치우쳐 있다는 비판을 면하기 어렵다. 실천과 적용에 대한 내용 역시 이론적인 설명에 그치고 있다는 사실이 그 점을 잘 드러내 준다. 그래서 그는 "교육과정의 개혁으로는 불충분하다."(이홍우, 2010: 391)라고 선

---

8 또한 각 단계에 대한 브루너의 비판에 대하여 피아제는 "인간의 마음이 이해의 형식을 획득하게 되는 데는 일종의 '자연의 법칙'이 있으며, 특별한 교수방법을 써서 그 과정을 부분적으로 촉진할 수는 있을지 모르나, 전반적인 발달과정은 그 자체의 필연적인 리듬을 따르지 않으면 안 된다."(Piaget, 1971: 20: Hamlyn, 2010: 100에서 재인용)라고 비판했다.

언하면서 학교제도의 개혁 및 사회 문제에 대한 관심을 촉구하고 있다.

## 2) 피아제와 구조의 의미

피아제의 구조에 대한 견해는 그가 지은 두 권의 책을 통해 정리할 수 있다. 하나는 『현대학문체계와 그 엇물림(Main Trends in Interdisciplinary Research)』이며, 다른 하나는 『구조주의((Le)Structuralisme)』[9]다. 이 책들을 통해 볼 때, 피아제는 '구조'와 '구조주의'[10]를 특별하게 구분하지 않는다. 따라서 필자는 두 용어의 차이에 주목하기보다는 '구조'의 의미를 조명하는 데 초점을 맞출 것이다. 피아제는 자신의 책에서 구조를 세 가지 의미로 설명한다.

> 첫째, 구조란 하나의 체계로서 그 자체의 법칙을 가진 변환(transformation)의 체계다.[11] 둘째, 이런 변환은 그 과정에서 생길 수 있는 새로운 요소가 체계의 경계를 파괴할 수 없다는 점에서 자기조정(self-regulation) 장치를 갖고 있으며 체계의 변환은 체계 밖의 요소를 포함하지 않는다. 셋째, 전체 체계(total system)로부터의 분화에 의해서 체계는 하부체계를 가질 수 있으며 하나의 하부체계에서 다른 하부체계로의 변환도 있을 수 있다(Piaget, 1980: 28).

---

9  피아제의 『구조주의』는 1968년에 불어로 프랑스에서 출판되었다가 마쉴러(Chaninah Maschler)에 의해서 1970년에 영역되었다. 마쉴러는 "구조주의에 대한 정리의 시도는 피아제가 아니었다면 그 누구도 할 수 없는 일"이었다고 말한다.

10  피아제에게 구조주의란 하나의 연구방법론이다. 즉, 구조란 체계적 특성을 가지고 있는 것인데, 그 구조를 연구대상으로 하여 다양한 방법을 동원하여 구조를 연구하는 넓은 의미의 방법론이라고 할 수 있다. 따라서 피아제의 경우 구조와 구조주의의 용어에 대하여 특별한 구분은 의미가 없다.

11  피아제에게 체계(system)란 구조의 세 가지 개념을 만족시키는 한에서, 모든 체계는 하나의 '구조'라고 할 수 있다(Piaget, 1990: 42). 샤프(Schaff)는 구조와 체계의 관계를 좀 더 명료하게 진술한다. 즉, "구조란 요소 간 관계의 전체인 체계의 내부에서 그런 요소들이 서로 연관되는 방법이고, 체계란 한 요소의 변화가 다른 나머지 요소의 변화를 초래할 정도의 관계를 갖는 밀접한 요소들의 총체(whole)다."(Piaget, 1990: 188에서 재인용) 이는 곧 두 개념이 서로 분리될 수 없음을 보여 준다.

이런 설명을 한마디로 정리한다면 '자율통제적인 변형의 전체적 체계'라고 할 수 있는데, 이 짧은 정의 속에 구조의 세 가지 속성이 담겨 있다(Piaget, 1990: 22-30). 첫째, '전체성(wholeness)'은 구조의 핵심 속성이다. 구조는 전체에 대한 것이다. 전체는 부분을 포괄하며 하나의 통일성을 유지하는 속성을 지닌다. 따라서 각 부분은 전체를 통해서만 의미를 가진다. 둘째, '변형'이란 구조가 고정적인 것이 아니라 동적인 것임을 보여 주는 속성이다. 구조는 머물러 있지 않고 계속하여 상황에 적응하며 변하는 속성이 있다. 이때 구조가 변화에 적응하여 안정적인 상태에 이르는 것을 '평형상태'라고 한다. 구조는 어떤 변화가 발생할 때 평형상태를 지향하는 특성이 있다. 셋째, '자율통제'란 구조가 자체 안에서 스스로를 규제할 수 있는 체계적 속성을 의미한다. 구조는 변형의 과정에서 생길 수 있는 새로운 요소가 체계의 경계를 무너뜨릴 수 없다는 점에서 자율통제적인 장치를 가지고 있다.

피아제는 '구조'를 다룸에 있어서 '발생'[12]에 주목한다. 왜냐하면 피아제가 볼 때, 모든 종류의 발생은 구조에서 시작된다고 할 수 있기 때문이다(Piaget, 1990: 68). 그는 구조의 발생에 대한 다양한 입장을 세 개의 주요 군으로 묶어 제시하고 있는데, 첫째, 사전 형성(preformation)적 설명, 둘째, 상황적응적 '출현'(contingent 'emergence')의 설명, 셋째, 구성주의적 설명이다. 이 중에서 상황적응적 출현의 사고는 푸코의 입장을 대변하는 것으로 볼 수 있는데, 이는 구조적 사고 및 논리 수학적 구조와 양립할 수 없기 때문에 논의의 대상에서 제외되고, 결국 남는 것은 사전 형성과 구성주의적 설명이다. 피아제에 의하면 일명 '예정론'으로 불리는 사전 형성의 관점은 완성된 구조에 대한 것으로 플라톤적 경향이 강하며 정태적(情態的)이라는 특징이 있다. 이에 대한 피아제의 견해는 부정적이다. 비록 이런 구조가 얼핏 보아서는 구조의 발생에 대한 유일하고 탁월한 설

---

12　피아제(1990: 68)는 '구조' 및 '발생(genesis)'과 관련된 주장을 간략하게 정리하고 있다. 즉, 신플라톤주의적인 경향으로 구조를 영속적인 것으로 보는 경우, 푸코(Foucault)와 같이 구조의 발생(혹은 그 기원)에 대하여 설명이 불가능한 것으로 보는 경우, 게슈탈트(Gestalt)식 방법으로 물리적 세계로부터 도출되는 것으로 보는 경우, 주체에 의존적인 어떤 것으로 보는 경우다.

명처럼 보이지만, 이미 완결된 구조를 말하는 것이기에 폐쇄적(closed)인 구조라는 것이다(Piaget, 1980: 28). '구성론'이라고 할 수 있는 구성주의적 설명은 구조의 재구성과 관련된 것이다. 이런 구조는 생명과정 또는 자발적이고 자연적인 인류의 발생을 중심으로 형성된다. 여기에는 형성(formative) 단계에 있는 정신구조 및 사회구조 등이 포함된다(Piaget, 1980: 29). 또한 형성과정에 있는 구조는 발달단계에 적용되는 구조라고 할 수 있다(Piaget, 1980: 30). 피아제는 이런 구조와 발생의 관계 유형을 다음과 같이 정리하여 제시한다.

> 원자론적 방법에 의하여 전체를 설명하면 구조를 다루지 못하는 발생주의(geneticism)가 되고, 나타나는 전체(emergent whole)의 이론은 발생을 다루지 못하는 구조주의가 되는 반면에 생물학이나 인간과학에서의 구조주의의 중심문제는 구조와 발생을 조화시키는 것이다. 왜냐하면 모든 구조는 발생이 있으며, 모든 발생은 최초 구조로부터 최종 구조로의 변이(엄밀히 형식적인)로 생각해야만 하기 때문이다(Piaget, 1980: 51-52).

이 인용문에 의하면 모든 구조는 발생을 가지고 있으며, 모든 발생에서는 최초의 구조로부터 최종 구조를 향한 변이가 이루어진다. 그래서 피아제는 구조와 발생의 유형을 '구조 없는 발생' '발생 없는 구조' '구조 있는 발생'으로 정리하면서, 핵심적인 문제는 결국 구조와 발생의 조화에 있다고 말한다. 함린(2010: 42)에 따르면, 결국 피아제가 말하는 '구조 없는 발생'은 경험론의 일반적 경향과 맥을 같이한다. 즉, 개인에게 있어서 지식과 이해의 성장은 일반적 원리에 따른 성장과는 관계없이 일어난다고 보는 경향을 나타낸다. 다시 말해서 지식의 성장은 경험이 우연히 일어남에 따라서 아무 데서나 되는 대로 일어난다는 의미다. 반면에 '발생 없는 구조'는 생득설에 크게 강조를 두고 있는 게슈탈트 이론과 맥을 같이한다(Hamlyn, 2010: 71). 이는 곧 개인이 지적 발달의 원리를 내부에 이미 갖추고 태어난다는 것을 의미한다. 따라서 이 견해에 의하면 새로운 발

달이라고 할 만한 것은 아무것도 없다. 왜냐하면 개인이 태어날 때 갖추고 있
는 구조 속에 예정되어 있는 것이기 때문이다.[13] 피아제의 입장이라고 할 수 있
는 '구조 있는 발생'의 핵심은 최초단계의 구조를 인정하지만 그 초기단계의 구
조와 이후의 구조와는 동일한 것이 아닌 유사성 혹은 친화관계에 있다는 사실
이다(Hamlyn, 2010: 98). 즉, 나중의 구조는 그것과는 관련되어 있지만 완전히 동
일하지 않은 이전의 구조에서 나온다는 것이다.[14] 그래서 인간의 마음이 이해의
형식을 획득하는 데 있어서 일종의 '자연의 법칙'이 있다. 이것은 사회적 법칙과
대비를 이루는 것으로, 인지발달 과정에서 인간의 지능은 사물을 점점 더 복잡
한 구조로 관련짓게 되며, 결국에 가서는 처음에 관련을 짓고 있던 사물과는 무
관하게 그런 구조 자체를 구조화할 수 있게 된다는 것을 뜻한다. 결국 이와 같
이 구조화라는 개념으로 이해의 발달 순서를 설명하기 위해서는 '순서'에 어느

---

13  함린(2010: 38-43)은 이런 '발생 없는 구조'의 대표적인 예가 플라톤의 대화편인 『메논(Menon)』에 나오
는 메논의 질문 및 소크라테스의 해결과 관련되어 있다고 말한다. 메논의 질문은 다음과 같다. "제게 말
씀하실 수 있습니까? 소크라테스? 탁월함은 가르쳐질 수 있는 것입니까? 아니면 가르쳐질 수는 없고 수
련될 수 있는 것입니까? 아니면 수련에 의해서나 배움에 의해서 생기는 것이 아니라, 본성적으로 사람들
에게 생기거나 아니면 다른 어떤 방식으로 생기는 것입니까?"(Platon, 2010: 45) 이런 질문에 대한 소크라
테스의 해결은 영혼불멸과 영혼윤회 사상에 입각하여 배움을 전생에 배운 것의 상기(想起)라고 말한다
(Platon, 2010: 22). 즉, '새로운 지식'이란 출발 당시에 이미 가지고 있던 지식의 논리적 함의를 의미한다.
학습자의 경우 최초의 지식을 가지고 있는 이상 다른 경험은 필요가 없고 이미 가지고 있는 지식에서 새
로운 결론을 이끌어 내기만 하면 된다. 이때 경험은 타고난 구조의 논리적 함의를 드러내는 수단으로서
만 의미를 가질 뿐이다. 결국 플라톤의 견해는 '발생 없는 구조'의 전형이라고 할 수 있고, 이는 이후의 합
리론자들과 맥을 같이하고 있다.

14  함린(2010: 99)에 의하면 피아제는 최초의 구조를 다음과 같이 생득적 지식과 연결하고 있다. 즉, "생득적
지식이란 것이 없는 것이 아니라 있되, 다만 일종의 **본능**과 같은 형태로 있다는 것이다. 그리하여 처음부
터 유기체와 환경 사이에는 끊임없는 상호작용이 있어서 점진적인 평형상태에 기초를 둔 자기조정 작용
이 일어나고 있지만, 이 작용이 일어나기 위해서는 유기체에 '본능'이라고도 할 수 있는 생득적 성향이 있
다고 보지 않으면 안 된다는 것이다."(강조는 필자) 지식뿐만 아니라 구조도 마찬가지다. 즉, '구조의 구
조'에 대한 피아제의 견해는 부정적인 것이 사실이지만, 피아제 자신이 그에 대한 필연성을 배제하지 않
고 있다는 점은 필자가 보기에 매우 중요하다. 피아제는 실제로 다음과 같이 언급한다. "모든 '주체'가 하
는 모든 것은 영원 전부터 존속해 온 '실질적(virtual)' 구조를 도출하기 위한 것이라고 주장하는 어떤 사람
들이 항상 존재하는 것도 사실이고, 수학과 논리학은 가능성의 과학인 까닭에 논리학자나 수학자가 이런
종류의 플라톤주의에 안주하는 것도 전혀 비일관적인 것이 아니다."(Hamlyn, 2010: 74) 이 부분에 대해
서는 이후에 '판소피아 구조'와 관련하여 더 구체적으로 다룰 것이다.

정도의 필연성을 부여하지 않으면 안 되는데, 피아제는 그것을 인정하고 기꺼이 받아들인다.

문제는 피아제가 지적 발달을 철두철미하게 생물학적 원리에 비추어 설명하고 있다는 점이다. 이에 대하여 함린(2010: 105)은 만약 그것이 사실이라면, 문화적 요인이나 그 밖의 사회적 · 경제적 요인이 지적 발달에 미치는 영향은 부분적인 것이 된다는 점을 지적한다. 그는 피아제의 구조와 발생의 관계성에 대하여 다음과 같이 비평한다.

> '발생'에 '구조'를 가미하면, 지식과 이해의 성장이 경험의 우연적인 결과에 의존하는 상태(경험론)에서 벗어날 수 있게 된다. '구조'에 '발생'을 가미하면, 지식과 이해가 어떤 방향으로든지 발달하는 것으로 된다. 그러나 '구조'와 '발생'을 동시에 고려하는 '구조 있는 발생'은 경험의 우연적인 결과에 의존함이 없이 발달하는 그것이 과연 지식인가 하는 것을 설명하지 못한다(Hamlyn, 2010: 112).

간단히 말해서, 함린은 지식이란 단지 구조와 발생의 문제에 국한되어 있지 않다는 점을 지적한 것이다. 함린에 의하면 이 문제에 대한 해결의 실마리는 결국 고찰의 범위를 구조냐 발생이냐 하는 문제 이상으로 넓히는 것과 관련되어 있다. 그러면서 그가 강조하는 것은 인간이 어떤 존재이며, 인간이 공유하고 있는 삶의 형식은 어떤 것인가에 대한 이해다. 즉, 지식과 이해의 성장을 위한 필요조건을 바르게 설명하는 이론은 인간과 인간의 삶에 대한 완전한 이해를 바탕으로 삼아야 한다는 것이다. 예를 들어, 학습자가 자신의 환경을 구조화한다는 것은 단순히 사물의 유사점과 차이점을 지각하게 되는 것이 아니라 그런 유사점과 차이점이 다른 사람들(특히 유아인 경우 그 아이의 어머니 또는 해당 문화권 내에서 그의 양육을 담당하고 있는 사람들)과의 관계 속에 등장하게 된다는 것이다(Hamlyn, 2010: 170). 함린은 인격체로서의 '사람 사이의 관계'의 중요성이 얼마나 큰 것인지를 강조하고 있는 것이다. 함린에 따르면 이해의 성장을 피아제가 제시하는 발생과 구조 사이의 단순한 관계만으로 설명하기 어렵다고 보는 가장 현실적인 이유 중의 하나는 바로 이해의 성장과정에서 교수가 큰 영향을 미친다는 사실이다(Hamlyn, 2010: 225). 그에 의하면 교수란 아이에게 작용하는 굉장한 사회적 영향의 하나이지만, 최초의 유아기를 지나면 그 영향력은 다른 것과는 비교가 안 될 정도로 엄청난 것이 된다는 것이다.[15]

## 2. 코메니우스와 구조

코메니우스(1966: Tomus 2, 655, Sp. 1222-1223)가 말하는 구조의 의미는 그의 『판소피아 실제 사전(*Lexicon Reale Pansophicum*)』에서 찾을 수 있다. 코메니우스는 구조의 의미를 크게 두 가지 개념으로 제시한다. 하나는 구조를 '존재의 질서'로 설명하는 것이며, 다른 하나는 구조를 '사역의 질서'로 설명하는 것이다. 이 두 가지 개념을 차례로 살펴보도록 하겠다.

### 1) 존재의 질서

코메니우스(1966: Tomus 2, 655, Sp. 1222)는 구조(structura)에 대한 우선적인 의미를 '존재의 질서'와 연결하여 설명한다. 이에 대한 구체적인 예로 '식물'과 '동물', 그리고 인간이 만든 '대상(objects)'을 제시한다. 그의 주장을 직접 인용하면 다음과 같다.

일반적인 의미에서 구조는 존재의 질서(Entis Ordo)다. 식물의 경우 각 부

---

15 이제까지 살펴본 브루너와 피아제의 구조에 대한 주장을 아우르는 필자의 입장은 이후 판소피아 구조를 다룰 때 구체적으로 제시할 것이다.

분들은 맨 아랫부분으로는 뿌리가 있고, 윗부분으로는 가지의 끝이 있으며
(앞과 뒤, 오른쪽과 왼쪽 등), 외부적으로는 나무껍질이 있고, 내부적으로는 정
수(精髓)가 있다. 이런 예는 동물의 경우가 더 명확하다. 아랫부분으로는 다
리가 있고, 윗부분으로는 머리가 있으며, 앞부분에는 가슴, 뒷부분에는 등이
있다. 배의 경우를 놓고 보면, 앞부분은 이물, 뒷부분은 고물, 윗부분은 돛, 아
랫부분은 배 밑창 등으로 이루어져 있다(Comenius, 1966).

코메니우스가 말하는 구조가 '존재의 질서'라고 할 때, 그 존재의 대상에는
'식물'이나 '동물'과 같은 유기체뿐만 아니라 인간이 만든 '대상'도 있다. 즉, '존재
의 질서'란 살아 있는 유기체뿐만 아니라 사람이 만든 조형물에도 구조가 있다
고 말하는 것이다. 그의 구조에 대한 설명에서 주목할 부분은 위와 아래, 앞과
뒤, 오른쪽 왼쪽, 아랫부분, 윗부분, 앞부분, 뒷부분 등과 같은 방향 설정이 분
명하다는 점이다. 이런 구조의 개념을 코메니우스는 [그림 4-1]을 통해 정리해

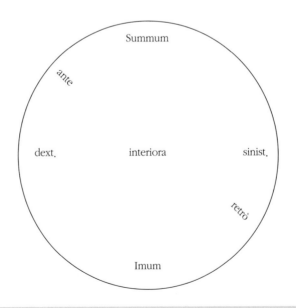

[그림 4-1] 코메니우스의 구조 그림

주고 있다(Comenius, 1966).

　비록 [그림 4-1]은 평면 형태로 제시되고 있지만, 자세하게 살펴보면 코메니우스가 말하는 구조는 평면적인 것이 아님을 알 수 있다. 즉, 상하좌우(上下左右)로 끝난다면 2차원적 평면이라고 할 것이다. 그러나 [그림 4-1]에서와 같이 코메니우스가 생각하는 구조는 전후좌우(前後左右)에 상하(上下)가 존재하며, 그 모든 것의 핵심이 존재하는 완전한 구(球) 형태를 이루고 있다. 한마디로 말해서, 코메니우스가 말하는 구조의 일반적인 의미에는 '입체적 특성'이 담겨 있다. '입체적 특성'이란 '전체성' 혹은 '통전성'의 형태적 개념 내지는 그림언어라고 할 수 있다. 필자는 이런 특성을 살려서 코메니우스가 제시한 구조 그림을 [그림 4-2]와 같이 입체적으로 제시해 보았다.

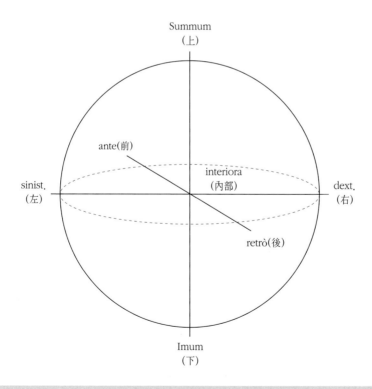

**[그림 4-2] 코메니우스 구조의 입체성(1)**

코메니우스(1938: Dedication 25)는 노년에 『빛의 길』의 헌사(獻詞)를 쓰면서 판소피아 구조가 단면이 아니라 '입체적인 전체'임을 강조한다. 즉, 세계의 모든 대륙과 섬들에까지 빛과 평화와 진리를 실어 나르는 배가 판소피아라면, 코메니우스가 원하는 것은 배의 한 단편(fragment)이나 일부분이 아니라 배 전체(whole ship)를 원하고 있다는 것이다. 여기서의 전체는 '입체적인 전체'임은 두말할 나위가 없다.

## 2) 사역의 질서

코메니우스(1966: Tomus 2, 655, Sp. 1223)는 또 다른 의미에서 구조를 '일(혹은 움직임, 활동)의 질서'와 관련하여 정의하고 있다. 그의 말을 직접 인용하면 다음과 같다.

> 또 다른 의미에서 구조란 일의 질서(ordiante opus quoddam)를 정하는 것을 의미한다. 꿀벌들이 꿀을 모으기 위해 벌집을 먼저 준비하고, 새들은 둥지를 먼저 지으며, 거미는 거미줄을 준비하듯이, 인간은 생각하고, 말하고, 세운다(Comenius, 1966).

이런 구조의 의미 안에는 시간이라는 개념이 포함되어 있다. 코메니우스가 말한, '생각하고' '말하고' '세운다는 것'은 '계획의 단계' '선언의 단계' '실행의 단계'와 같이 시간적으로 구분이 가능한 구조다. 이것을 달리 표현한다면 기초단계, 중간단계, 정점단계로 구분할 수 있을 것이다. 코메니우스에 의하면 판소피아는 알려질 수 있고 알려져야 하는 모든 것의 참되고 영원한 질서(true and permanent order)를 찾아 세우는 것이다. 그래서 판소피아는 시작(α)과 끝(ω)이다. 목표를 세우고, 한계를 정하며, 범위와 기준을 제공하고, 선한 뜻을 보장한다(Comenius, 1938: 218). 그 결과로 "기초부터 우리의 구조의 정점(the coping stone of our structure)에 이르기까지, 사물에 대한 초기의 일반적이며 불명료한 지식에서부터, 세부적이며 소중한 경험을 통한 추상적인 이해에 이르기까지, 즉 교훈에서 시작하여 경험을 통해 지혜에 이르기까지 점차적으로 발전이 이루어질 수 있다."(Comenius, 1938: 219)

코메니우스가 말하는 '일의 구조'는 '입체적 전체'가 시간의 개념을 포함하고 있음을 보여 준다. 즉, 전체 구조를 말할 때, 그 구조는 시작부터 중간의 과정은 물론 궁극적인 끝을 포함하는 개념이다. 특별히 일의 구조라는 의미는 구조의 역동성과 관련된 것이다. 그 구조는 기초적인 것에서부터 중간단계의 것을 거쳐 구조의 정점을 지향하여 발전하는 개념이다. 이런 관점에서 볼 때, 구조의 개념을 일의 질서로 바라본 것은 매우 탁월한 통찰이다.

# 3. 판소피아 특성과 구조의 관련성

앞에서 살펴보았던 판소피아의 특성에 대한 연구는 판소피아 구조의 기원 혹은 발생을 추적하는 데 효과적인 밑거름이 된다. 필자는 판소피아의 특성을 크게 두 가지로 제시했었다. 하나는 '완전성'이요, 다른 하나는 '전체성'이다. 이미 언급한 바와 같이 이 두 가지는 결코 별개의 것이 아니라 서로 긴밀하게 연결되어 있는 것이다. 다만, 논리적 진술을 위해 구분한 것에 불과하다. 따라서 필자는 판소피아 특성 간의 관련성과 판소피아의 특성과 구조와의 관련성을 살펴보고자 한다.

## 1) 판소피아 특성 간의 관련성

두 가지 특성의 기원적 순서는 역시 '완전성'이 '전체성'보다 더 우선이다. 즉, 두 가지 특성마다 세 가지의 세부적인 특성이 포함되어 있는데, 완전성에 속한 세 가지 특성에서 사실상 전체성에 속한 세 가지 특성이 나온 것이다. 완전성에 속한 세 가지 특성과 전체성에 속한 세 가지 특성은 각각 대비되어 연결할 수 있다. 이것을 표로 제시해 보면 〈표 4-1〉과 같다.

**〈표 4-1〉 판소피아 특성 간 관련성**

|  | 완전성 | 전체성 |
|---|---|---|
| 근원/사물 | 존재하는 사물들의<br>근거, 방편, 의미 | 존재하는 사물들 자체의<br>범위, 내용, 방법 |
| 본질/대상 | 본질적인 것(롬 11:36) | 대상적인 것(골 1:28) |
| 하나님/피조물 | 삼위일체 하나님의<br>본성과 관련됨 | 삼위일체 하나님이 지으신<br>모든 피조물과 관련됨 |
| 세부 특성 | 영원성<br>삼원성<br>목적성 | 통일<br>형태(조화)<br>질서 |

〈표 4-1〉에서 보는 바와 같이 판소피아의 세부 특성에서 영원성은 통일(일체)과 연결된다. 영원성은 한 분이신 하나님의 영원한 속성을 의미한다. 삼원성은 하나님의 형상적 존재 방식을 표현하는 특성이다. 즉, 한 분이신 하나님의 삼위적 존재를 표현하는 판소피아의 특성인 것이다. 삼원성은 사실 코메니우스의 판소피아 구조의 기원이라고 할 수 있다. 이런 삼원성은 전체성의 형태나 조화와 연결된다. 모든 것의 방향성을 의미하는 목적성은 판소피아 구조에서 동적(動的) 특성이다. 즉, 목적성은 '완전'을 향하여 나아가는(움직이는) 역동성과 연결된다는 것이다. 이것은 역시 전체성의 질서와 연결된다. 판소피아 특성에서 움직임(나아감)은 향방이 없는 것이 아니라 '질서'에 따라 이루어지기 때문이다.

## 2) 판소피아 특성과 구조의 관련성

여기서 우리는 판소피아 특성과 구조의 관련성에 주목할 필요가 있다. 특히 판소피아 특성은 피아제가 제시하는 구조의 요소와 연관이 있어 보이기 때문이다.[16] 필자가 볼 때 판소피아의 영원성(통일)은 피아제가 말하는 구조의 첫 번째 요소인 '전체성'과 연관성이 있으며, 판소피아의 삼원성(조화)은 피아제가 말하는 구조의 세 번째 요소인 '자율통제'와 연결할 수 있다면, 목적성(질서)은 구조의 두 번째 요소인 '변형'과 관련성이 있어 보인다. 이것을 도표로 제시하면 〈표 4-2〉와 같다.

**〈표 4-2〉 판소피아 특성과 피아제의 구조와의 연관성**

| 완전성의<br>세부 특성 | 전체성의<br>세부 특성 | 피아제의<br>구조의 3요소 |
|---|---|---|
| 영원성 | 통일 | 전체성[17] |
| 삼원성 | 형태(조화) | 자율통제 |
| 목적성 | 질서 | 변형 |

피아제의 주장과 같이 '전체'란 부분을 포괄하며 하나의 통일성을 유지하는 속성을 가지고 있다면, 이는 판소피아의 통일성과 맥을 같이한다. 또한 '자율통제'가 구조 자체 안에 있는 스스로를 규제할 수 있는 체계적 속성이라면, 모든 사물이 존재하는 체계를 포함하고 있는 삼원성 및 각 부분과 부분과의 조화, 부

---

16  피아제(1999: 1)는 특히 체코의 위대한 신학자며 실천가인 코메니우스의 사상에 대하여 그 전체를 구성하고 있는 것이 무엇인지를 찾아내고, 그 전체를 오늘날 우리가 알고 있는 것과 우리가 원하는 것에 견주어 고찰하는 것이 필요하다고 주장한다.

17  피아제(1990: 22)가 주장하는 구조주의 특성으로서의 '전체성(wholeness)'이란 원자론적 현상이나 떠오르는 전체를 넘어서 작용하는 구조를 뜻한다. 그렇기 때문에 구조에 있어서 전체성이 결정적인 요소가 된다. 그에게 구조란 전체 또는 체계다. 반면에 코메니우스가 말하는 판소피아 특성으로서의 전체성은 하나님이 지으신 모든 것을 의미한다. 즉, 모든 사람, 모든 것, 모든 방법을 포괄하는 개념이다. 그렇다면 두 용어는 개념적으로 구분될 수 있을 것이다.

분과 전체와의 조화를 추구하는 판소피아의 특성과 연결된다. '변형'이 구조의 동적인 속성, 즉 머물러 있지 않고 계속하여 상황에 적응하며 변하는 속성이라면, 이는 '완전'을 향하여 나아가는 판소피아의 목적성과 연결된다. 그렇다면 판소피아 특성 안에 판소피아의 구조적 기원이 담겨 있다고 할 수 있을 것이다.

그러나 문제는 여전히 남아 있다. 바로 '구조'와 '발생'에 관한 문제다. 주지하다시피 피아제(1990: 68-69)는 '예정론적 구조' 혹은 '발생 없는 구조'를 플라톤적 경향이 있는 정태적 구조주의로 분류하고 있다. 그렇다면 "17세기의 철학적 기류가 플라톤주의 혹은 신플라톤주의적인 것이었으며, 코메니우스 역시 그런 철학적 전통에 서 있었다면(Dieterich, 2008: 37, 170), 그의 판소피아 구조 역시 '발생 없는 구조'에 불과하다는 비판을 피할 수 있을 것인가?"라는 질문이 제기될 수 있을 것이다. 이에 대하여 두 가지로 답변할 수 있다. 먼저 코메니우스의 판소피아 사상이 신플라톤주의를 따르고 있다는 주장에 대한 반론이다. 판 데어 린데는 이 문제에 대하여 "내용상으로는 당시의 신플라톤주의적인 개념들을 사용하고 있지만 코메니우스가 사물의 개선에 관하여 주장할 때는 성경적인 창조와 심판 개념들이 축소됨 없이 나타난다."(Van der Linde, 1999: 105)라고 말한다. 즉, 비록 코메니우스가 신플라톤주의적인 용어들을 사용하고 있지만, 창조와 같은 핵심 견해는 성경에서 주장하는 것과 일치하고 있다는 것이다. 예를 들어, 신플라톤주의의 대표자라고 할 수 있는 플로티누스(Plotinus)에 의하면, 일자(一者)와 동일시된 신(神)은 결코 변화를 겪을 수 없기 때문에 창조되지도 않고 창조하지도 않는다. 왜냐하면 창조란 창조를 위한 활동을 필요로 하는데, 활동이란 바로 변화를 의미하기 때문이다(이상성, 2003: 116). 이런 주장은 성경과 전혀 다르다. 창조하지 않는 신(神)이라는 것은 곧 코메니우스가 주장하는 삼위일체 하나님과 전혀 별개의 신(神)이라고 할 수 있다.[18]

---

18 코메니우스의 판소피아 사상에서 삼위일체의 인격적 하나님은 매우 특별하고 중요한 것이었다. 그래서 그는 삼위일체를 부정하는 소시니파(Sozinianismus)를 가장 지독한 이단자로 보았다. 그들은 예수 그리스도의 신성을 인정하지 않으며, 그 결과로 삼위일체 하나님에 대하여 철저하게 부정한다(오춘희, 1998a: 195-200). 코메니우스(아우구스티누스 역시)가 말하는 하나님이 삼위일체적 유일신(唯一神)이

둘째, '구조의 구조'에 대하여 피아제는 부정적인 입장을 표하면서도 또 다른 여지를 남기고 있는데, 이 점을 주목할 필요가 있다. 실제로 피아제(1990: 70)는 "물론 인간적 구조가 무에서 생겨나는 것은 아니다. 모든 생성은 항상 단순한 구조에서 복잡한 구조로 옮겨간다는 사실도 옳고, 이런 과정은 현재의 지식 상태에 의하면 끝없는 것이 된다."라고 언급한다. 그렇기 때문에 논리적 구조의 구성이 시작되는 곳에 '어떤 특정의 주어진 것'이 있다고 말한다. 물론 피아제는 그것이 본원적인 것이 아니라 단순히 분석의 시발점일 뿐이라고 말한다. 하지만 코메니우스에 의하면, '어떤 특정의 주어진 것'이란 바로 '삼원성'에서 비롯된 무엇이다. 다시 말해서 그것은 영원 전부터 존속해 온 것이며, 실제적인 모든 구조의 기원, 즉 '구조의 구조'라는 것이다. 피아제가 코메니우스의 판소피아 특성 및 구조에 대하여 분명하게 인식하고 있었는지는 모르지만, 그는 코메니우스에 대하여 다음과 같이 말했다.

> 우리는 코메니우스를 발달심리학에서 발생 개념에 대한 선구자 중 한 사람으로 간주할 수 있을 것이다. 그리고 학생이 도달하는 발달단계를 조정하는 혁신적인 교수체계의 창시자로 간주할 수 있을 것이다. 이런 두 가지 요점 중에서 첫 번째와 관련하여, 우리는 코메니우스를 선천적 재능 이론(the theory of innate faculties)—선형적 구조의 절대적 성장에 기여한 정신 발달—의 제안자나 혹은 정신을 감각에서 이끌어 낸 지식을 서서히 채워 가는 저장소로 간주하는 경험주의자로 해석해 왔다. 이런 이중 해석은 그 자체로 저자의 진정한 위치를 자리매김해 준다(Piaget, 1999: 4).

---

라면, 플로티누스가 말하는 일자는 이신론(理神論, deism)적 일신(一神) 개념이다. 특별히 윌리엄 쉐드(William G. T. Shedd)는 아우구스티누스의 『삼위일체』에 대한 해설에서 삼위일체적 유일성과 이신론적 유일성의 차이점에 대하여 "이신론과 기독교의 한 하나님이라는 개념은 서로 전혀 다르다. 이신론의 개념은 자연종교, 즉 사람의 마음이 자기 힘만으로 최고 존재를 생각해서 얻은 것이다. 기독교의 유일신 개념은 계시종교, 즉 사람의 마음이 영감으로 받은 것이다. 이신론적 유일성(唯一性, unity)은 단일성(單一性, singleness)에 불과하다. 기독교의 유일성은 삼위일체적이다. 전자는 단순히 하나이지만, 후자는 통일된 하나다. 전자는 내용이 빈약하지만, 후자는 풍부하다."(Augustinus, 2007: 20)라고 말한다.

피아제는 코메니우스가 발생 개념에 대한 선구자라고 분명하게 말하고 있다. 그렇다면 피아제는 코메니우스를 '구조 있는 발생'을 주장하는 학자로 분류하고 있음을 의미하는 것이다. 즉, 피아제는 코메니우스가 선형적 구조(발생 없는 구조)의 제안자로 해석되고 동시에 경험론(구조 없는 발생)자로 해석되는 이런 이중적인 해석이 코메니우스 본래의 사상적 입장을 진정으로 드러내 주는 것이라고 말하는 것이다.[19]

간단히 정리해 본다면, 피아제의 경우 구조의 문제를 생물학적 · 자연적 입장에 국한하여 설명하고 있다는 한계가 있다면, 비고츠키(Lev Semenovich Vygotsky)와 함께 함린은 그 영역을 인격과 인격의 공간인 공동체로 확대해야 함을 주장하고 있다. 즉, 구조의 측면에서 본다면 자연적 · 생물학적 측면에 더하여 사회적 · 공동체적 접근이 있어야 한다는 것이다. 그러나 코메니우스의 경우는 더 확대해 나아간다. 그것은 바로 영적 · 신앙적 영역이다.


## 4. 판소피아 구조의 기원

우리는 앞선 논의를 통해 코메니우스의 판소피아가 삼원성의 특성과 함께 삼원적 구조를 가지고 있다는 점을 확인했다. 언급했던 바와 같이 코메니우스의 판소피아 사상이 삼원성의 특성과 구조를 가지고 있다는 점은 전혀 새로울 것이 없다. 그럼에도 판소피아 구조의 기원을 거슬러 올라가는 것은 판소피아 사상을 이해하기 위해 아주 의미 있는 작업이라고 할 수 있다. 이를 위해 코메니

---

19  물론 코메니우스의 판소피아 구조가 '구조 있는 발생'의 입장에 있다는 사실이 논증된 것으로 모든 문제가 해결된 것은 아니다. 왜냐하면 피아제가 주장하는 '구조 있는 발생'에 대하여 함린이 정당하게 비평을 하고 있기 때문이다. 즉, 구조를 말할 때, 브루너의 경우는 교과의 구조에 국한되어 있다는 점이 문제였다면, 피아제의 경우 지나치게 생물학적 원리에만 비추어 설명하고 있다는 한계가 있었다. 그러나 두 사람의 입장 차이에도 불구하고 공통점이 있는데, 그것은 바로 두 사람 모두 사회적이며 공동체적 관련성이 지나치게 간과되고 있다는 점이다. 함린은 이 점을 잘 지적하고 있다.

우스의 사상 및 판소피아 구조와 사상적 맥을 같이하는 세 명의 학자를 삼원구
조와 관련하여 간략하게 고찰하고자 한다.


## 1) 아우구스티누스

아우구스티누스에게 존재하는 모든 만물의 시초(始初, Principium)[20]는 삼위일
체 하나님이다. '시초'라는 말은 삼위일체와 피조물과의 관계에서 무(無)로부터
새로운 존재를 만들어 내는 창조적 힘을 의미한다. '성부(聖父)'가 모든 것을 창
조했기 때문에, '성부'는 피조세계의 시초다. '성자(聖子)' 또한 시초라고 부르는
데, 이는 '성자' 역시 창조자이기 때문이다.[21] 그렇다고 해서 피조세계의 두 시초
를 말하는 것이 아니다. '성부'와 '성자'는 함께 피조세계의 한 시초다. 왜냐하면
한 창조주이며 한 하나님이기 때문이다. 따라서 '성령'을 시초라고 부르는 것도
정당하다(Augustinus, 2007: 184). 성령도 창조주이기 때문이다. 그렇다면 "성부,
성자, 성령은 모든 피조세계에 대해 한 창조주와 한 하나님인 것과 같이 한 시초
다."(Augustinus, 2007: 185) 간단히 말해서 삼위일체 하나님은 모든 만물의 시초
라고 할 수 있다는 것이다.

또한 앞서 살펴본 바와 같이 삼위일체 하나님 안에는 본질적으로 유일성(唯
一性, unity) 안에 삼일성(三一性, trinality)이 담겨 있다. 그래서 삼일성은 삼위일

---

20  아우구스티누스(2010b: 382-388)는 'principium'을 두 가지 의미로 해석한다. 첫째는 하나님의 영원한 이
성인 말씀이며(요 8:25), 둘째는 시간의 '시초(처음)'라는 뜻이다(창 1:1).

21  삼위일체의 각 위격 간에는 상대적인 호칭이 있다. 예를 들어, '성부'라는 호칭은 '성자'와의 관계에서 상
대적으로 쓰이는 호칭이다. 이와 마찬가지로 '성부'는 상대적으로 '시초'라고도 부른다. 왜냐하면 '성부'가
'성자'를 낳았기 때문이다. 성부는 아무에게서도 유래하지 않으며 나거나(발생, generation) 나오지(내쉼,
spiration) 않았다. 성자는 성부에게서 났고, 성령은 성부와 성자에게서 나왔다. 그래서 성부와 성자는 성
령의 시초다. 성부를 성자의 '시초'라고 하거나, 성부와 성자를 성령의 시초라고 할 때, 성부가 무(無)에서
성자의 본질을 창조했다는 것이 아니며, 성부와 성자가 성령의 본질을 무(無)에서 창조했다는 뜻이 아니
다. 여기서 시초라는 말은 본질에 대한 것이 아니라, 위격(位格)적 특수성에 관한 것이다. '아들' 됨은 '아
버지' 됨에서 시작하지만, 성자의 신성은 시작되는 것이 아니다. 성령도 마찬가지다. 성령의 '나옴'은 성
부와 성자의 '내쉼'에서 시작하지만, 성령의 신성은 그렇지 않다(Augustinus, 2007: 186 각주 참조).

체 하나님의 형상적 특성이라고 할 수 있다.[22] 아우구스티누스에 따르면 하나님이 창조한 피조물 가운데서 이런 삼일적 특성을 발견할 수 있다.[23] 즉, 하나님이 지으신 모든 것은 그 자체들 사이에 어떤 통일과 형태와 질서를 나타낸다. 모든 물체가 본성적으로 통일체를 이루고 있으며, 여러 모양과 속성을 가지고 있고, 무게나 배치와 같이 질서를 가지고 있듯이, 모든 피조물은 각각 하나의 통일체를 이루며, 어떤 형체를 가지고 있고, 일정한 질서를 추구하며 유지한다 (Augustinus, 2007: 205). 이것이 바로 아우구스티누스가 말하는 모든 피조물에 따라 알맞게 나타나는 삼일적 특성이다.

특별히 피조물 중에서 하나님의 형상을 닮은 인간에게는 일종의 삼위일체적 혹은 삼일적 특징이 있다. 그중의 하나를 예로 든다면, 아우구스티누스는 '기억'과 '이해력'과 '의지'를 가진 인간의 마음이 삼위일체의 한 형상이라고 말한다.[24]

나는 무엇을 이해하든 간에 그것을 이해한다는 것을 알며, 무엇을 원하든

---

22  아우구스티누스는 하나님의 창조 사역 역시 3이라는 숫자와 연관이 깊다고 말한다. "하나와 둘의 비율은 셋이라는 수에서 자연히 나온 것이다. 하나와 둘을 합하면 셋이 되기 때문이다. 그리고 내가 말한 이 수들을 합하면, 즉 하나와 둘과 셋을 합하면 여섯이 된다. 여섯은 그 분수들로 된 것이므로 완전하다고 한다. 즉, 1/6, 1/3, 1/2이라는 세 분수이며, 이 밖에 다른 분수는 없다. 그런데 6의 1/6은 하나이며, 1/3은 둘이며, 1/2은 셋이다. 그리고 하나와 둘과 셋을 합하면 여섯이 된다. 성경에서는 이 수를 자주 말하며, 특히 하나님이 우주를 엿새 동안에 완성하셨고, 자기의 형상대로 사람을 만드신 것도 여섯째 날이었다(창 1:27). 하나님의 아들도 우리를 하나님의 형상으로 다시 창조하시기 위해 인류 역사의 여섯째 시대에 인자(人子)가 되어 오셨다."(Augustinus, 2007: 142)

23  실제로 아우구스티누스는 그의 『삼위일체론(*De Trinitate*)』 제7권부터 제15권까지 자연과 인간의 정신에 나타난 삼일적 특성을 해설하는 데 주력하고 있다.

24  아우구스티누스는 '사랑'과 '마음'을 예로 들고 있다. 먼저 사랑과 관련해서, 내가 무엇을 사랑할 때에는 이것과 관련된 것이 셋이 있는데, '나 자신'과 '내가 사랑하는 것'과 '사랑 자체'다. 이 세 가지는 삼위일체의 형적과 같은 것이다(Augustinus, 2007: 251). 또한 사람의 마음속에는 삼위일체적 형상이 있다. 그것은 '마음'과 마음이 자체를 아는 '지식'과 마음이 그 자체와 자체에 대한 지식을 사랑하는 그 '사랑'이다 (Augustinus, 2007: 257-261). 그러나 이런 유사(類似) 현상에 대한 설명에는 불완전한 면이 있다. 그래서 그는 『고백록(*Confessions*)』에서 "내가 바라기는, 사람들이 자기 자신 안에 있는 이 세 가지를 생각해 보았으면 합니다. 물론 이 세 가지는 삼위일체와는 전혀 다른 것입니다만 사람들로 하여금 자신이 삼위일체 하나님과 얼마나 다른가를 생각해 보고, 이해하고, 느끼도록 하기 위하여 내가 말하는 것뿐입니다." (Augustinus, 2010b: 473)라고 언급한다.

간에 그것을 내가 원한다는 것을 알며, 또 무엇을 알든 간에 그것을 기억한
다. 그러므로 나는 나의 이해력의 전체와 나의 의지의 전체를 기억한다. 마찬
가지로 내가 이 세 가지를 이해할 때에, 나는 그것들을 한 전체로서 이해한다
(Augustinus, 2007: 291).[25]

그가 말하는 '기억'과 '이해력'과 '의지'에는 동등한 실체적(substantiality) 특성
이 있다. '기억'은 기억하는 마음 전체이며, '이해력'은 인식하는 마음 전체이고,
'의지'는 결정하는 마음 전체다. 마음의 한 본질이 세 형태(modes)의 각각에 있
으며, 이 형태들은 서로 다르다. 그러나 세 본질이나 세 마음이 아니라 한 본질
이요, 한 마음이다. 그에 의하면, 삼위일체 하나님에게서 존재하는 모든 것의
구조적 특징이라고 할 수 있는 삼원적 특성이 나오게 된 것이다. 비록 삼위일체
하나님과는 전혀 다른 것이지만 그래서 모든 사물이 삼일적 특성을 가지고 있
으며, 모든 사람이 삼일적 특성을 가지고 있는 것이다.

## 2) 보나벤투라

아우구스티누스 사상의 삼원적 특성은 보나벤투라(St. Bonaventure, 1221~1274)
에게서도 잘 나타난다. 그는 영적으로 프란체스코의 아들이었고, 지적으로는
아우구스티누스의 제자였다. 그렇기 때문에 그는 창조된 질서의 기본 구조를
설명하는 데 있어서 삼위일체에 대한 아우구스티누스의 교리를 이어받고 있
다(Walker, 1996: 384-385). 보나벤투라의 작품들은 대부분 삼중구조에 따라 기

---

25  이와 같은 설명을 『고백록』에서는 "이 세 가지란 인간의 존재(esse)와 지식(nosse)과 의지(velle)입니다.
나는 무엇을 알고(지식) 뜻(의지)을 펴며 존재하고 있습니다. 나는 내가 존재하며, 뜻을 펴고 있음을 알
고 있습니다. 또한 나는 내가 존재하고, 알기를 뜻(의지)하고 있습니다. 이 세 가지의 기능, 즉 존재하고,
인식하고, 뜻하는 것 속에서 나눌 수 없는 하나의 생명(하나의 생명, 하나의 정신, 하나의 본질)이 살아
움직임을 사람들로 하여금 알게 하소서. 그러므로 이 세 가지는 서로 구별이 되지만 분리하여 있는 것이
아님을 사람들은 알아야 합니다."(Augustinus, 2010b: 473)라고 진술한다.

하학적으로 구성되어 있는데, 이런 구조적 특징을 담고 있는 가장 대표적인 작품이 바로 『삼중의 길 혹은 사랑의 불(*De Triplici Via alias Incendium Amoris*)』이다(Bonaventure, 1960: 61). 이 책의 구조 역시 삼중으로 구성되어 있는데, 먼저 '정화(Purgative)' '조명(Illuminative)' '완전(Perfective)'이라는 세 갈래의 길을 제시하고 있으며, 세 갈래의 길은 각각 '묵상(Meditation)' '기도(Prayer)' '관상(Contemplation)'의 세 가지 실천 항목에 연속적으로 적용되고, 세 가지의 실천적 목적은 '평화의 안식(The repose of peace)' '진리의 빛(The splendor of truth)' '사랑의 감미로움(The sweetness of love)'에 있다. 보나벤투라는 이 책의 서두에서 다음과 같이 말한다.

> 모든 지식(science), 특별히 성경에 담겨 있는 지식은 다른 무엇보다도 삼위일체와 관련되어 있기 때문에 모든 지식은 필연적으로 이와 같은 삼위일체의 흔적을 제시해야만 한다. 그러므로 이 거룩한 교리에 따라서 현자(the Wise Man)는 세 가지 방식의 길(ways)이라고 할 수 있는 삼중의 영성적 해석, 즉 도덕적 · 비유적 · 신비적 해석을 묘사했다고 말한다. 이제 이런 삼중 해석은 세 가지 단계의 행동인 '정화' '조명' '완전한 일치'에 상응한다(Bonaventure, 1960: 63).

다르게 말하면, 삼위일체 하나님에 대한 지식이 모든 피조물 안에 이미 새겨져 있기 때문에 모든 피조물은 삼위일체 하나님을 드러내고 있다는 것이다(Bonaventure, 1960: 16). 특히 그는 인간 안에 있는 하나님의 형상을 '창조된 형상(imago creationis)'과 '재창조된 형상(imago recreationis)'으로 분류하고 있다(유해룡, 1996: 529). 전자의 범주 안에 있는 인간의 영혼은 '기억'과 '지성'과 '의지'라는 삼중적인 능력을 소유하고 있으며, 이는 앞서 언급한 아우구스티누스의 입장과 같은 것이다. 또한 후자의 범주 안에 있는 영혼은 그리스도로 말미암아 믿음, 소망, 사랑의 능력을 소유하게 된다.

비록 코메니우스가 보나벤투라의 사상으로부터 직접적인 영향을 받은 것으로 보이는 자료를 찾기는 어렵지만, 두 사람의 사상적 구조가 유사함을 보여 주는 실례가 있는데, 바로 세 가지 책에 대한 입장이다. 보나벤투라는 그의 책『신학서설(*Breviloquium*)』에서 두 종류의 책에 대하여 말한다(유해룡, 1996: 527에서 재인용). 하나는 하나님 자신 안에 기록된 것으로 하나님의 영원한 지혜를 의미하고, 다른 하나는 하나님 밖에 기록된 것으로 감각적으로 지각할 수 있는 물질세계를 의미한다. 그는 전자를 '생명의 책'이라고 하고, 후자를 '피조물의 책'이라고 부른다. 보나벤투라는 이 '피조물의 책'을 다시 세 종류의 책으로 구분하는데, 이는 '물질적인 피조물' '영적인 피조물' 그리고 '성경'이다. 물론 보나벤투라의 경우 책의 종류를 크게 두 가지로 분류하고 있다는 점은 코메니우스와 다르지만, 그중의 하나인 '피조물의 책'을 세 종류로 구분하는 것은 코메니우스가 말하는 '자연의 책' '이성의 책' '성경'과 유사한 구분이라고 할 수 있다.

## 3) 쿠자누스

아우구스티누스의 삼원적 특성은 보나벤투라에 이어 쿠자누스(Nicolaus Cusanus, 1401~1464)에게서도 분명하게 나타난다. 카시러(Ernst Cassirer)에 의하면 쿠자누스의 철학은 당시의 사상가들과는 달리 문제 전체를 단일한 방법적 원리에 입각하여 해결하려고 시도한 철학이라고 말한다. 즉, 그는 중세적인 총체성의 이념에 걸맞게 하나님을 중심으로 하여 정신과 세계의 전 우주를 포괄하는 것으로 모든 분야를 망라하는 것이었다(Cassirer, 1996: 9). 그가 말하는 하나님은 바로 삼위일체 하나님이다. 쿠자누스는 '성부' '성자' '성령'의 삼위일체성을 설명하는 개념-쌍으로서 '하나'와 '동등성'과 '서로 관계함(연관성)'을 제시하고 있는데(Kues, 2007: 53), 이런 개념-쌍들은 아우구스티누스의 삼위일체성 개념과 맥을 같이하는 것으로서 쿠자누스의 모든 작품 안에서 풍부하게 나타나고 있다.[26] 그는 『다른 것이 아닌 것(De non-aliud)』이란 책에서 '다른 것이 아닌 것'의 개념을 삼위일체적으로 설명한다. 즉, "다른 것이 아닌 것'은 '다른 것이 아닌 것'과는 다른 것이 아닌 것이다."라는 정의를 통해서 그는 동일한 것을 세 번 반복하여 그 설명이 삼위일체적임을 언급하고 있다(Kues, 2007: 52). 그에 의하면 자기 자신을 정의하려고 하면 그것은 자신을 세 번 드러내야 하는데, 이는 '셋이 바로 완전성에서 비롯하기 때문'이다. 즉, 셋이란 숫자는 하나와 다르지 않으며, 또한 저 하나는 셋과 다르지 않기 때문이요, 이는 셋이든 하나이든 모두 '다른 것이 아닌 것'을 따라서 표현되는 순수원리와 다르지 않기 때문이라는 것이다(Kues, 2007: 52). 이것은 '삼일성'이란 단지 생명이 없는 수식으로서만 '셋이면서 동시에 하나'라는 의미가 아니라, 그 안에 참된 생명의 근원이 되는 인격적인 삼위일체 하나님이 고려되어야 함을 의미한다.

쿠자누스 역시 삼위일체 하나님의 삼일성이 그의 피조물 안에서 발견될 수 있음을 말한다. 그에 의하면 '다른 것이 아닌 것'을 통해 표현되는 '왕 중의 왕', 곧 하나님을 하나님의 형상을 지닌 인간이 알아볼 수 있다고 말한다. 왜냐하면 하나님이 자신의 영광을 드러내기 위해 우주와 그 안에 존재하는 만물을 창조하셨는데, 그 방식이 삼위일체적이라는 것이다(Kues, 2007: 82). 그에 대한 예로서 쿠자누스는 인간의 영혼을 들고 있다. 즉, 우리의 영혼은 '존재적으로' '정신적으로' '의욕적으로'[27] 하나님에게서 존재하며, 하나님으로 인하여 인식하며, 하나님을 추구하여 마침내 그를 소망하기 때문이라는 것이다.

카시러의 표현대로라면, 쿠자누스가 추구하는 신학은 인간의 정신과 자연세

---

26  조규홍은 이에 대한 예로, 'aeternitas-veritas-caritas' 'ess-nosee-velle' 'origo-pluchritudo-delectatio' 'causa subsistendi-ratio intelligendi-ordo vivendi' 등을 들고 있다. 이런 개념-쌍들은 보나벤투라에게서도 나타난다. 보나벤투라가 제시하는 개념-쌍에는 'potentia-sapientia-bene volentia' 'origo-exemplar-finis' 'unitas-veritas-bonitas' 'memora-intelligentia-amor' 등이 있다. 이것들은 흔히 아우구스티누스의 관점을 전수하고 있는 것이다(Kues의 2007년 책 54쪽의 각주 참조).

27  쿠자누스의 이런 표현은 아우구스티누스로부터 온 것이다. 즉, 아우구스티누스가 말한 마음의 '기억'과 '이해력'과 '의지'는 삼위일체 하나님의 모상(模像)이며, 하나님의 형상대로 지음 받았다는 확실한 흔적이다.

계,[28] 지성과 감각 사이의 화해 속에 놓여 있다(Cassirer, 1996: 67). 즉, 인간은 소우주로서 만물의 속성을 내포하기 때문에 인간의 구원이나 신적인 고양은 마땅히 만물의 고양도 내포한다. 그러므로 종교적 구원 과정에는 분리, 개별, 추방됨 등은 존재하지 않는다. 왜냐하면 그리스도에 의해 하나님께로 나아가는 것은 인간에게만 국한된 것이 아니며, 그 속에서 그에 힘입어 모든 것이 상승하기 때문이다(Cassirer, 1996: 58). 바로 이런 사상은 이후에 코메니우스에게 깊은 영향을 주게 된다.[29] 즉, 이 땅에서 인간의 모든 삶은 결국 장래의 하나님과 하나됨을 준비하는 과정이라는 것이다(Patočka, 1997: 79: Mrštíková, 2010: 28에서 재인용). 코메니우스는 이런 개념을 통해 세상이 하나님의 지혜 학교임을 생각할 수 있게 되었던 것이다.


# 5. 판소피아의 구조

이제까지의 고찰을 토대로 하여 판소피아의 구조를 정리할 때가 되었다. '보편적 지혜' 혹은 '전체적 지혜'를 의미하는 판소피아는 하나의 체계를 가지고 있다는 것을 이미 살펴보았다. 즉, 판소피아란 모든 사물을 진술할 수 있는 하나의 거대한 체계를 뜻한다. 피아제의 주장대로 구조가 하나의 체계라면, 판소피아는 그 자체가 하나의 구조라고 할 수 있을 것이다. 그러나 여기서 '판소피아구조'라고 할 때, 그것은 거대한 체계를 핵심적으로 정리한 것을 의미한다. 피

---

28 쿠자누스에게 자연이란 단지 신적 존재와 신적 능력의 반영일 뿐 아니라 신이 직접 쓴 책을 의미한다. 카시러(Cassirer, 1996: 80)에 의하면, 이런 관점은 곧 객관적 학문의 자유로운 장을 여는 계기를 제공한다. 왜냐하면 자연이라는 책의 의미는 단지 주관적 정서나 신비적 예감으로는 알아낼 수 없으며, 단지 연구되고 파헤쳐야만 해독이 가능하기 때문이다. 즉, 세계는 설명과 체계적 해석을 요구하고 있기 때문이라는 것이다. 이런 설명의 방향성에 따라서 새로운 형이상학이 성립하기도 하고 자연과학이 성립하기도 한다.

29 코메니우스가 스스로 영향을 많이 받았다고 언급한 사람들 중에 한 사람이 바로 쿠자누스다(오춘희, 1998a: 231).

아제의 말을 빌린다면, '구조의 구조'라고 할 수 있다. 실제로 피아제(1999: 4)는 "우리 시대를 위해 중요한 것은 코메니우스가 말하는 '체계의 축(the axes of his system)'을 찾아내는 것"이라고 말했다. 피아제가 말하는 '체계의 축'을 다르게 표현해 본다면, 우선적이며 본질적인 것으로, 거대한 체계의 토대라고 할 수 있다. 이와 관련하여 코메니우스는 『필요한 한 가지(Unum Necessarium)』에서 다음과 같이 언급하고 있다.

> 전체 구조가 세워지는 것은 기반을 세우는 것과 같으며, 그것이 옮겨진다면 그것은 전체 건물의 붕괴의 원인이 될 것이다. 간단히 말해서, 그것이 없이는 사물은 존재할 수 없다. 달리 말해서, 그것은 제1의, 최고의, 우선적인, 탁월한, 근본적인, 기초적인, 자원의, 본질적인 혹은 사물 본질의 정수, 두뇌, 뿌리, 토대, 근거, 신경, 골수 혹은 필수적인 일이라고 불릴 수 있다(Comenius, 2008a: 31).

코메니우스는 '구조의 구조'에 해당하는 것을 제1의, 우선적이고 근본적이며 본질적인 것으로 기초가 되고 토대가 되며, 모든 구조의 뿌리요 근거가 되는 최고로 탁월한 것이라고 말하고 있다. 그에 의하면, 그것은 다름 아닌 삼위일체로 존재하는 하나님과 관련된 것이다.[30] 따라서 판소피아 구조의 핵심은 하나님의 삼일적 특성과 관련되어 있고, 그것을 근원으로 하며, 그것을 토대로 하여 드러난다. 즉, 판소피아는 인식론적 접근일 뿐만 아니라 구조적 정당화를 위한 방법론적 접근이라고 할 수 있는데(오춘희, 1998a: 113), 코메니우스는 이런 구조적 정

---

30　코메니우스(1651a: 239)는 이에 대하여 로마서 11:36과 이사야 43:10을 자유롭게 인용하면서 "모든 사물은 하나에 의해서 존재하며(by one), 모든 사물은 하나를 향하고 있고(to one), 가장 높은 것과 가장 낮은 것, 처음과 나중, 가장 밀접하게 서로 달라붙어 있는 것, 중개 매개물에 의해 연결되어 있는 존재, 그리고 영구적인 끈, 그리고 상호작용과 필연적 열정 등 결과적으로 세상은 셀 수 없을 만큼 많은 부분들과 부분의 입자들로 이루어져 있지만, 그럼에도 불구하고 하나이며, 그 자체 안에서는 나뉠 수 없다. 그러므로 창조자 하나님은 영원부터 영원까지 하나다. 이전에도 없었으며, 이제도 없고, 이후에도 하나님 외에 다른 신(神)은 없을 것이다(사 43:10)."라고 진술하고 있다.

당화를 위해 성경을 중심으로 아우구스티누스의 삼위일체 사상에 그 근원을 두고 있다.[31]

코메니우스에 의하면, 이런 삼원성은 모든 삼라만상에 삼중적으로 드러나고 있다. 그 이유는 삼위일체 하나님의 삼일성이 모든 만물에 투영되어 있기 때문이다. 그래서 그는 모든 것을 삼분법으로 분류한다. 코메니우스에게 있어서 피조세계에 나타나는 가장 대표적인 삼원적 특성은 자연계의 빛(light)과 사람의 정신(mind)이다. 예를 들어, 판소피아를 상징하는 빛은 세 가지 형태를 가지고 있는데, '영원한 빛(eternal light)' '외부의 빛(external light)' '내적인 빛(internal light)'이 그것이다(Comenius, 1987: 3). '영원한 빛'은 영원하신 삼위일체 하나님과 관련된 빛을 의미하는 것이며(딤전 4:6), '외부의 빛'은 태양에 의해 발생하는 것으로, 이 빛과 관련하여 코메니우스는 세 가지로 구분하여 제시하는데, 그것은 빛을 밝히는 주체로서의 태양, 빛이 관통하는 중간매체인 공기, 빛을 발산하는 객체로서의 거울이다(Comenius, 1938: 64-68). '내부의 빛'은 인간의 정신에 비추는 것으로, 지성(intellect), 의지(will), 감정(emotion)으로 이루어져 있다. 빛의 종류가 세 가지일 뿐만 아니라 각각의 빛 역시 삼일적·삼원적·삼중적 특성을 가지고 있다.

필자는 이런 판소피아 구조를 그림을 통해 정리하려고 한다. 왜냐하면 그림 혹은 보이는 형식을 통해 전달하고자 하는 것을 제시하는 것이 코메니우스의 전형적인 방법이기 때문이다(Comenius, 1910: 150). 코메니우스(1995a: 109)는 지침 후에 실례를 제시하는 종전의 방식을 달리하여, 먼저 실례를 제시하고 그 후에 지침을 제시하여 쉽게 모방하는 방법을 새롭게 고안했는데, 이런 방식의 대표적인 유형이 바로 그림을 제시하는 것이다.[32] 실제로 코메니우스는 중요하고

---

31  판 데어 린데(Van der Linde, 1999: 56)는 코메니우스가 자신의 학문체계의 기초와 근본이 되는 토대를 성경 전체에서 그 개요와 핵심어들을 끌어내었으며, 자신의 학문체계, 즉 판소피아의 구조를 위해 코메니우스는 이전 시대와 자기 시대의 여러 철학자들과 학자들로부터 옳은 것들을 차용하고 있다고 말한다.

32  브루너(1960: 25) 역시 그림의 중요성에 대하여 언급한다. 그는 그림 혹은 캐리커처(caricature)에 대하여 복잡한 사물을 압축해서 표현하는 기술이라고 말한다. 그래서 그림은 자세한 부분적 사항들을 전체적으

핵심적인 사안을 설명할 때면 그림 언어를 사용했다. 그야말로 그림은 연역적이지도 않고, 귀납적이지도 않으면서 전체를 한눈에 보여 주는 방식이다.[33] 비록 그림으로 표현하는 것이 진정한 판소피아의 의미를 축소시키거나 왜곡시킬 가능성이 전혀 없는 것은 아니지만, 코메니우스가 '교육'을 위해 모든 것에 도전하였던 사실과 필요로 하는 자들을 위해 '그림'으로 표현하는 것을 두려워하지 않고 실행했던 점을 상기한다면, 이런 시도가 무의미한 것은 아닐 것이다. 따라서 필자는 판소피아 구조를 코메니우스가 제시한 세 가지 그림을 통해 정리할 것이다. 다음에 제시하는 세 가지 그림들은 판소피아 구조를 이해하는 데 핵심적으로 중요할 뿐만 아니라 매우 유용한 자료라고 생각한다.

## 1) 하나님(Deus)을 상징하는 그림

첫 번째로 제시할 그림은 『세계도회』의 '하나님(Deus)'이다(Comenius, 1658: 6). 앞서 필자는 판소피아 특성을 크게 '완전성'과 '전체성'으로 정리했다. 이런 두 가지 큰 특성을 우리는 [그림 4-3]에서 발견할 수 있다.

[그림 4-3]에서 점선으로 된 가운데 작은 원과 삼각형은 판소피아의 특성 중에서 완전성과 관련되어 있다. 점선으로 된 원 안의 작은 네 개의 글자들은 신성4문자(Tetragrammaton)인 히브리어 '야웨(יהוה)'를 지칭한다. 비록 [그림 4-3]에서는 원 안의 네 글자가 히브리어 '야웨'와 정확하게 일치하지 않아 보이지만, 다른 판본들의 경우 [그림 4-4]에서와 같이 그림 중앙에 '야웨'라는 신성4문자(יהוה)를 정확하게 표기하고 있다(Comenius, 1887: 5).

'야웨'는 성경에서 말하는 하나님의 이름인 '여호와'를 의미한다. 이런 해석의 근거는 코메니우스(1969: 52)의 『학교의 개혁(*A Reformation of Schools*)』에서

---

로 구조화함으로써 더 잘 기억할 수 있도록 돕는 역할을 한다. 한마디로 말해서 그림은 복잡하고 세부적인 자료를 단순화된 형태로 표현하는 하나의 방식이라고 할 수 있다.

33  시각교육은 단지 연역도, 귀납도 아닌 전체를 보이고, 전체와의 연관성 속에서 사물을 이해하게 하는 교육이다(안영혁, 2009a: 241).

DEUS.          GOTT.

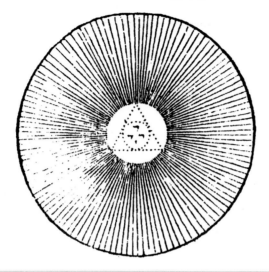

[그림 4-3] 『세계도회』의 하나님(1)

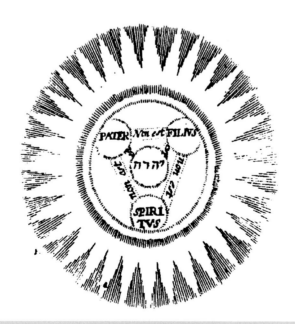

[그림 4-4] 『세계도회』의 하나님(2)

도 찾을 수 있다. 특별히 그는 『판소피아의 선구자(*Prodromus Pansophiae*)』에서 '기독교 판소피아'를 설명하는 가운데, 판소피아가 영원한 삼위일체에 대한 삼 원성의 신비를 담지하고 있다고 말하면서, 삼위일체의 하나님이 바로 '여호와 (Iehova)'[34]임을 밝히고 있다.

[그림 4-3]에서 점선의 작은 원은 하나님의 완전성을 상징하며, 점선의 삼각 형은 삼위일체 하나님의 형상적 특성을 상징한다. [그림 4-4]는 삼위일체 하나 님의 형상적 특성을 매우 직설적으로 보여 주고 있는데, 가운데 '야웨' 하나님이 삼위로 존재하시는 것을 성부(Pater), 성자(Filius), 성령(Spiritus)으로 표기하고 있 다. 특별히 [그림 4-3]과 [그림 4-4]에서 공히 하나님을 점선으로 표현한 것은 하나님의 영원성을 이미지화하기 위한 것으로 보인다. [그림 4-3]에서 가운데 원과 바깥의 큰 원은 하나님이 창조한 모든 것에 대한 '전체성'을 상징한다. 즉, 우주적 포괄성을 의미하는 것이다. [그림 4-3]에서 가운데 원에서부터 시작된 사선들은 빛을 형상화한 것인 동시에 모든 만물이 하나님에게서 나온 것임을 보여 주며, 또한 역으로 영원하신 하나님이 모든 사물의 지향점이 되고 있음을 상징적으로 보여 주고 있다.

따라서 판소피아의 완전성과 전체성은 바로 [그림 4-3]을 통해서 핵심적으로 정리할 수 있으며, 그렇기 때문에 판소피아 구조 역시 [그림 4-3]과 밀접하게 연 관되어 있다고 할 수 있다.

## 2) 인간(Homo)을 상징하는 그림

두 번째 그림인 [그림 4-5]는 하나님의 특별한 창조물인 인간과 관련된 그림이 다. [그림 4-5]는 코메니우스의 『트리에르티움 카톨리쿰(*Triertium Catholicum*)』[35]

---

34 영어로 번역된 『학교의 개혁』에는 'JEHOVAH'로 표기되어 있으며, 1685년판 라틴어 원본에는 'Iehova'로 표기되어 있다(Comenius, 1685: 93). 전자는 '야웨'라는 신성4문자(הוהי)의 영어식 표기이며, 후자는 라 틴식 표기다.

35 『트리에르티움 카톨리쿰』은 코메니우스가 죽기 6주 전인 1670년 8월에 마무리한 작품이다. 클라이머

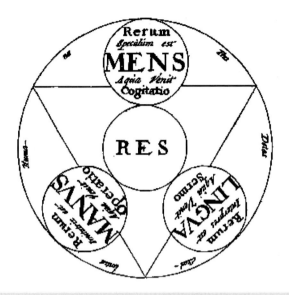

[그림 4-5] 코메니우스의 지혜의 삼각형

의 첫 페이지에 나오는 그림이다(Comenius, 1922: 2). 코메니우스는 [그림 4-5]를 '지혜의 삼각형(Sapientia Trigonus)'이라고 명명하며, '창조물의 실재를 나타내는 원(e Rerum Circulo Factus)'이라는 부제를 달았다. 비록 중앙에 위치한 것이 '사물 (res)'이지만 이 그림에서 핵심은 사물이 아니다. 큰 원을 따라 기술되어 있는 단어들(Humana-excellentia-tres Dotus)은 [그림 4-5]의 핵심이 무엇인지를 알려 준다. 그것은 바로 '탁월한 능력(excellentia)'을 의미하며, 하나님이 주신 '세 가지

---

(Klima)와 레란도(Lerando)에 따르면, 이 작품은 비록 코메니우스가 마무리한 것이라는 직접적인 증거가 없으며, 또한 코메니우스 사후에 그의 작품을 정리하는 일에 참여한 니그린(Nigrin)의 편집 정도가 어느 정도였는지 정확히 알 수 없는 상황이지만, 코메니우스가 몬타누스(Montanus)에게 보낸 편지와 이 작품의 헌사의 내용 및 전체적인 윤곽, 그리고 어법 등을 고려해 볼 때 『트리에르티움 카톨리쿰』은 코메니우스가 죽기 전에 직접 마무리한 작품임을 알 수 있다고 말한다(Comenius, 1922: Intro 1, 3). 『트리에르티움 카톨리쿰』은 특별히 『사물의 문(Janua Rerum)』과 연결되어 있다. 즉, 『사물의 문』이 '완전한 지혜 (sapientia prima)'에 대하여 다루고 있다면, 『트리에르티움 카톨리쿰』은 '완전한 지혜의 사용(sapientia prima usus)'에 대하여 다루고 있다. 전자가 인간의 사고, 언어, 행동의 근원이라고 할 수 있으며 동시에 그것들을 측정하는 방법을 제시한다면, 후자는 잠겨 있는 것을 해제하는 수단으로서 열쇠이며, 그것으로 인하여 사람들이 생각, 말, 행동을 적절한 방식으로 사용할 수 있도록 안내하고 있다(Comenius, 1922: 4).

선물(tres Dotus)'을 상징하는 '인간의(Humana)' 특성인 '정신(Mens)' '혀(Lingua)' '손(Manus)'이다. 즉, 한마디로 말해서 인간이 [그림 4-5]의 핵심이라는 말이다. 인간의 특성인 '정신' '혀' '손'은 그림에서 전체적으로 균형 있게 위치하고 있으며, 그것들은 삼위일체 하나님의 형상으로서의 삼원성을 나타내고 있다.[36] 이것과 관련하여 큰 원이 하나님을 상징하고 있다면, 역삼각형은 하나님의 삼일성에 대한 형상으로서의 삼원성을 상징하는 이미지라고 할 수 있다. 즉, 하나님의 삼일성에 대한 이미지가 [그림 4-3]에서 점선으로 된 삼각형이었다면, [그림 4-5]에서 실선의 역삼각형은 그 삼일성에 대한 형상적 이미지라는 것이다.

그렇다면 인간의 삼원성과 중앙의 사물과의 관계는 무엇을 의미하는가? 먼저 인간의 삼원성에 대하여 살펴보면, 첫째, '정신'은 모든 사물에 대하여 하나님의 형상을 비추는 거울과 같은 역할을 하는 것으로, 인간의 지적 능력 혹은 사고 (thought)가 이것에서 말미암는다. 둘째, '혀'는 모든 사물에 대한 해석의 도구로서 '언어'나 '말'이 이것에서 나온다. 셋째, '손'은 사물에 대하여 무엇인가를 행하는 것으로서 '일' 혹은 '노동'이 이것을 도구로 하여 이루어진다. 이런 인간의 특별한 기능은 삼위일체 하나님에게서 나온 것인데, 하나님이 인간을 창조하는 과정은 이런 사실을 명확하게 보여 준다. 즉, 하나님은 인간을 하나님의 형상에 따라 창조할 것을 먼저 계획하셨고(창 1:26b), 그것을 말씀하셨으며(창 1:26a), 그후에 흙으로 사람을 지으셨다(창 2:7). 이것은 곧바로 하나님의 형상대로 창조된 인간의 특징으로 나타났다. 최초의 인간 아담은 하나님이 땅 위의 모든 동물을 그 앞으로 이끌어 오는 것을 보았고(창 2:19a), 그것들의 이름을 지었으며(창

---

36 푸코 역시 인간 존재에 대하여 삼원적 영역으로 설명하고 있다. 그에 의하면(Foucault, 2012: 485-488), 인간에 관해 인식될 수 있는 모든 영역이란 생물학, 문헌학, 경제학과 관련되어 있는데, 생물학이 심리학 영역이라면, 문헌학은 언어 영역과 연계되고, 경제학은 사회학 영역과 연결된다. 이들과 짝을 이루는 요소들이 있는데, 생물학 영역에서는 '기능'과 '규범'이 짝을 이루고, 문헌학 영역에서는 '의미'와 '체계'가 짝을 이루며, 사회학 영역에서는 '갈등'과 '규칙'이 짝을 이루어 인간 존재의 전 영역을 포괄한다. 물론 각각의 영역과 요소가 그 안에서만 적용되는 것이 아닌 것은 당연하다. 이런 푸코의 구분은 다음과 같이 코메니우스의 구분과 연결할 수 있다. "생물학-심리학 영역(기능, 규범): 정신, 문헌학-언어학 영역(의미, 체계): 혀, 경제학-사회학 영역(갈등, 규칙): 손."

2:19b), 에덴동산에 머물면서 경작하며 다스리게 되었다(창 2:15). 코메니우스 (2008b: 55-56)는 이런 과정을 인간의 삼원적 특성인 '관찰(정신)' '이름 지음(혀)' '행동(손)'과 연결하고 있다. 또한 인간의 이런 세 가지 자질은 하나님이 창조한 사물을 '연구하며(지식)' '가르치며(언어)' '경작하라(행동)'는 하나님의 문화명령 (창 1:28)과 연결된다. 따라서 [그림 4-5]에서의 핵심은 사물(res)이 아니라 모든 사물을 연구하고, 전달하며, 경작하는 인간, 즉 인간의 삼원적 특성(정신, 혀, 손) 에 있다는 것을 알 수 있다.

### 3) 세계(Mundus)를 상징하는 그림

세 번째 제시할 그림은 『세계도회』에 나오는 그림 중에서 세 번째에 해당하 는 '세계(Mundus)'다(Comenius, 1658: 8). 코메니우스는 '하나님(Deus)'을 소개한 직후에 하나님이 창조한 세계를 [그림 4-6]과 같이 제시하여 설명하고 있다. 세 계는 '정신' '혀' '손'을 가지고 있는 인간이 탐구하고, 전수하며, 경작해야 할 대 상이다.

[그림 4-6]은 코메니우스가 세계를 어떻게 이해하고 있는지를 잘 보여 준 다. 코메니우스는 비록 세계를 네 가지 요소로 구분하여 제시하고 있지만, 그림 으로 제시하는 세계의 구도는 크게 세 부분이다. 첫째는 구름 위의 '하늘'과 구 름 아래의 '대기' 그리고 '땅과 바다'다. 이러한 삼중 구분은 그의 책 『언어의 문 (*Janua linguarum*)』을 통해 보다 분명하게 확인할 수 있다.

16. 우리 위로 둥글게 펼쳐 있는 저 넓은 아치(arck)는 하늘이라고 불린다. 17. 그러나 우리의 발아래 놓여 있는 이 바닥, 그리고 이쪽저쪽 물로 둘러싸여 있는 것은 땅이다. 18. 마지막으로, 우리를 사방으로 에워싸고 있는 저 맑은 공간, 그리고 둥근 아치와 바닥 사이에 균등하게 놓여 있는 것을 '대기(Air)'라 고 말한다(Comenius, 1665: 3-4).

# Mundus.

# Die Welt.

[그림 4-6] 『세계도회』의 세계

인용문에서 보는 바와 같이 코메니우스는 『언어의 문』에서 역시 세계를 이루고 있는 요소를 하늘, 대기, 땅, 바다 등 네 가지로 세분하고 있지만, 세계의 영역은 삼중으로 분할하고 있다. 이러한 삼중 구분은 이 책 제3장의 표지 그림[37]을 통해 볼 때 더욱 명료해진다. 코메니우스는 세계를 크게 하늘(Caelum), 대기(Aer), 땅과 바다(Globus terra et aqua)로 삼등분하고 있다(Comenius, 1665: 3-4). 세계에 대한 이런 삼중 구분은 판소피아의 삼원적 특성과도 조화를 이룬다.

---

[37] 이 책 101쪽과 103쪽에 수록된 『언어의 문』의 '세계의 형태' 그림을 참고하기 바란다.

## 4) 그림으로 본 판소피아 구조

이제까지 제시한 세 가지 그림은 코메니우스의 판소피아 구조를 정리하는 데 매우 핵심적인 역할을 하는 동시에 특별한 의미를 지닌다. [그림 4-3]이 판소피아 구조의 시작과 끝을 보여 주고 있다면, [그림 4-5]는 판소피아 구조에서 중간에 위치하면서 중요한 매개 역할을 담당하고 있음을 보여 주며, [그림 4-6]은 판소피아 구조에서 바깥 부분과 관련이 있음을 보여 준다.[38] 이런 그림을 응용하여 필자는 코메니우스의 판소피아 구조를 [그림 4-7]과 같이 정리하여 보았다.

[그림 4-7]을 설명함에 있어서 기억할 것은 판소피아 사상의 시작과 끝이 하나님으로 말미암는다는 사실이다. 그러므로 [그림 4-7]에 대한 설명도 중심의 하나님(Deus)에게서 시작하는 것이 바람직하다. 첫째, 판소피아 구조의 핵심은 [그림 4-7]의 중심에 위치하고 있는 '하나님'이다. 하나님은 영원하고(점선 원 2), 삼위일체로 존재하며(점선 삼각형), 모든 사물의 궁극적 지향점(점선 원 1)이다. [그림 4-7]의 중간 부분에 '점선 원 3'은 인간의 모습을 취한 예수 그리스도를 상징한다. 즉, 예수 그리스도는 하나님이며(점선 원 3), 동시에 완전한 사람(실선 원 4)임을 나타낸다. 예수 그리스도는 보이지 않는 하나님의 보이는 형상이다. 모든 것이 하나님에게서 나왔으며, 그 모든 것이 하나님으로 말미암아 존재한다고 할 때, 그 존재하게 하는 하나님은 바로 성자(聖子) 예수 그리스도를 지칭한다. 예수 그리스도는 실제로 하나님과 모든 피조물 사이의 완전한 중보자(仲保者, μεσίτης)[39]다. 코메니우스에 의하면 이 세상은 인간의 범죄로 인하여 무질서한 어둠의 세계가 되었는데(Comenius, 1938: 8, 11), 완전한 하나님의 아들인 그

---

38 이에 대하여 강선보와 김희선은 "판소피아란 하나의 전체로서 범조화적으로 인식된 세계를 자연, 인간, 하나님이라는 세 가지 층으로 조직화하여, 소우주인 인간과 대우주인 거대한 세계 간의 상호관계를 탐구하고자 한 것이다."라고 말한다(강선보, 김희선, 2005: 2).

39 메시테스(μεσίτης)란 인격 당사자 사이에 평화와 우정을 회복시키거나 협약을 이루는 사람 혹은 언약을 승인하도록 중재하는 사람을 가리키는 것으로, '중개인' '대리사절' '화해자' '중재자'라는 의미가 있다. 신약 성경에서는 예수 그리스도가 바로 중재자요 중보자다(갈 3:19, 딤전 2:5, 히 8:6).

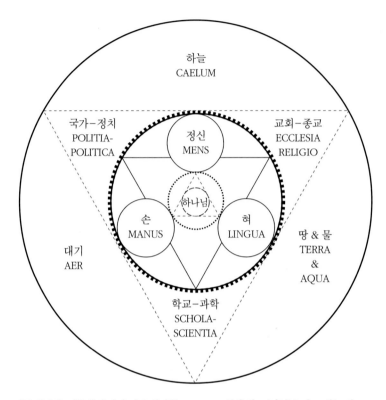

- 점선 삼각형: 정중앙의 가장 작은 삼각형
- 역삼각형 1: 중간 부분의 실선 역삼각형
- 역삼각형 2: 바깥 부분의 점선 역삼각형
- 점선 원 1: 점선 삼각형 안의 점선 원
- 점선 원 2: 점선 삼각형을 감싸고 있는 점선 원
- 점선 원 3: 중간 부분의 가장 큰 점선 원
- 실선 원 1: '정신'을 담고 있는 원
- 실선 원 2: '혀'를 담고 있는 원
- 실선 원 3: '손'을 담고 있는 원
- 실선 원 4: 실선 원 1, 2, 3을 담고 있는 원
- 실선 원 5: 가장 큰 원

**[그림 4-7] 판소피아 구조와 삼원성**

리스도는 무질서한 세상과 어둠 가운데 있는 인간을 온전하게 회복시키기 위해
완전한 사람으로 이 땅에 보냄을 받았다.

둘째, [그림 4-7]에서 주목할 부분은 중간 부분에 위치한 '역삼각형 1'과 그와
연결되어 있는 '실선 원 1, 2, 3'이다. 이 부분은 인간을 상징한다. 인간은 하나님
의 형상대로 창조되었기 때문에 하나님의 삼일성이 특별한 삼원성으로 나타나

는데, 바로 '정신(Mens)' '혀(Lingua)' '손(Manus)'이다.[40] 이것에서 인간의 본성과 관련된 여러 삼중적 표현이 파생되어 나타난다. 또한 인간은 그림의 안쪽을 향해서는 삼위일체 하나님과의 관계 속에 놓여 있다면, 그림의 바깥쪽을 향해서는 세계(자연)와의 관계에 놓여 있다. '실선 원 4'는 '모든 사람'을 상징하기도 한다.

셋째, [그림 4-7]의 가장 큰 원인 '실선 원 5'는 하나님이 창조한 우주 전체를 상징한다. '역삼각형 2'는 우주 전체에도 역시 하나님의 삼일성이 피조세계의 삼원성으로 나타나고 있음을 보여 준다. 코메니우스는 그의 작품 여러 곳에서 이런 사실을 로마서 1:20을 인용하면서 하나님의 능력과 신성이 모든 만물에 나타나 있음을 강조하고 있다(Comenius, 1651a: Preface 16). 여기서 주목할 두 가지가 있다. 하나는 [그림 4-7]에서 볼 때 인간에게 나타난 삼원성(역삼각형 1: 실선 표현)이 피조세계에 나타난 삼원성(역삼각형 2: 점선 표현)보다 더 분명하다는 점이다. 이것은 곧 인간이 하나님의 형상대로 창조되었다는 사실을 잘 드러내 준다. 다른 하나는 하나님이 창조하신 피조세계 안에 인간의 창조활동 영역(학교-국가-교회) 및 창조 산물들(과학-정치-종교)이 자리하고 있다는 점이다. 하나님의 형상대로 창조된 인간은 하나님을 모방하여 하나님의 창조세계 내에 인공적인 산물들(예술, 문화, 기술, 과학, 정치, 종교 등)을 만들어 내는 것이다.

### 5) 판소피아 구조의 특징

이런 진술을 토대로 하여 판소피아 구조의 특징을 정리해 보면 다음과 같다. 첫째, 판소피아 구조에서 하나님은 구조의 근원이며, 구조의 중계자인 동시에

---

40 [그림 4-7]에 나타나는 인간의 특성을 보면, 얼핏 전체적인 인격성과 연결이 쉽지 않아 보인다. 즉, 보기에 따라서 지나치게 이성 중심으로 느껴질 수도 있으며, 반대로 혀, 손과 같은 기능적 측면만 연상될 수도 있다. 그러나 제시된 세 가지 특성은 코메니우스가 말하는 인간의 세 가지 본성(지성, 덕성, 신앙)과 잘 연결된다. '정신'은 '지성'과 연결되고, '혀'는 '이해(통찰)'와 관련된 '덕성'과 연결되며, '손'은 올바른 사용과 관련된 '영성' 혹은 '신앙'과 연결되기 때문이다. 이에 대한 구체적인 사항은 이 책의 제9장을 통해 확인할 수 있다.

구조의 목적이다. 다시 말해서, 판소피아 구조에서 하나님은 영원하기에 근원이요 시작이며(영원성), 삼일성을 가지고 있기에 방편이요 중계자인 동시에(삼원성), 완전하시기에 목적이요 지향점(목적성)이다. 따라서 판소피아는 본질적으로 볼 때 하나님의(ἐξ), 하나님에 의한(διὰ), 하나님을 위한(εἰς) 것이라고 할 수 있다. 이것은 판소피아의 전체적 특성 중에서 '통일'과 관련된 특징이라고 할 수 있다.

둘째, 판소피아 구조는 영역과 관련된 하나의 큰 틀을 가지고 있다. [그림 4-7]의 중심에 있는 '하나님'으로부터 시작하여 '인간' '세계'라는 영역적 틀이다. 이런 틀은 판소피아 구조의 세부사항들과 연결되어 확장되고 있다.

셋째, 모든 것이 하나님에게서 나오고, 하나님으로 말미암고, 하나님에게로 향하여 나아가기 때문에 하나님에게서 나온 모든 것과 그것들의 모든 존재 방식과 그 모든 것의 존재 목적이 삼위일체 하나님의 삼일적 특성인 삼원성을 가지고 있다는 것이다. 비록 [그림 4-7]에서는 존재 방식과 목적의 삼원적 특성은 나타나지 않고 있지만,[41] 판소피아 구조에서 삼원적 특성은 가장 눈에 띄는 항목이라고 할 수 있다. 앞의 둘째와 셋째의 경우는 판소피아의 전체적 특성 중에서 '질서'와 관련된 특징이라고 할 수 있다.

넷째, 세 번째 특징과 밀접하게 연결된 것으로 '병행주의(Parallelismus)'적 특징을 언급할 수 있다. 피아제에 따르면 판소피아 구조는 내적인 일관성을 나타내는데(Piaget, 1999: 4), 이는 하나님, 인간, 자연으로 이어지는 참된 질서와 관련된 병행주의 개념이다. 즉, 하나님의 삼일성이 인간과 모든 사물에 삼원적으로 투영되어 있기 때문에 모든 것을 삼중적 혹은 삼분법적으로 분류하여 인식하는 개념을 의미한다. 병행주의는 모든 분야의 유기적 관계와 서로 간의 조화를 가정한다. 즉, 각 분야가 아무리 달라 보여도 하나님과 인간과 자연의 관계 아래

---

41  존재 방식과 목적의 삼원성은 이 책의 제2부와 특별히 제3부의 교육적 함의와 관련해서 더 분명하게 제시할 것이다. 후자와 관련하여 간략하게 정리해 본다면, 판소피아의 방법적 삼원성은 '분석' '종합' '비교 연결'을 들 수 있고, 목적과 관련된 삼원성은 '지성의 함양' '덕성의 함양' '영성의 함양'을 들 수 있다.

있다는 것이다(오춘희, 1998a: 119). 이런 '병행주의'는 푸코의 표현대로라면, '닮음'이라고도 할 수 있는데, 그에 의하면(Foucault, 2012: 48), "닮음과 공간의 연쇄에 의해 유사한 사물들을 한데 모으고 인접한 사물들을 유사하게 만드는 이 부합에 의해 세계는 내부적으로 사슬을 형성한다."는 것이다. 이것은 판소피아의 전체적 특성 중에서 '조화'와 관련된 특징이라고 할 수 있다.

다섯째, 판소피아 구조는 하나님의 형상으로서의 인간을 매우 중요시한다. [그림 4-7]을 통해 볼 때, 점선으로 표시된 그림들은 실재하지만 보이지 않는 것을 상징한다. 그렇다면 실제로 눈에 보이는 것을 기준으로 했을 때, 중요한 것은 전체 세계와 인간이다. 그중에서도 인간은 그림의 중앙에 위치하면서 세계를 향하고 있다. 이것이 바로 코메니우스의 판소피아 사상에서 놓쳐서는 안 되는 중요한 요소다. 앞서 살펴본 대로 코메니우스는 누구보다도 판소피아의 토대가 보이지 않는 하나님에 근거하고 있음을 확신하고 있을 뿐만 아니라 강조하고 있다. 그렇다고 해서 그는 인간과 인간의 역할을 결코 축소하지 않는다. 왜냐하면 인간은 하나님의 형상에 따라 창조된 존재이기 때문이며, 예수 그리스도를 통하여 하나님의 완전성을 회복할 수 있기 때문이다.[42]

여섯째, 판소피아 구조는 인간의 교육적 역할을 강조한다. 이와 관련하여 특히 주목할 것은 [그림 4-7]에서의 인간의 자질과 관련된 것이다. '정신'과 '혀'와 '손'은 이웃하는 인간과 '세계'를 완전하신 하나님께로 인도하는 데 매우 중요한 요소다. 그래서 그는 인간의 존재와 역할을 강조하고 또 강조한다. 그에게 있어서 '모든 사람'은 그가 어린아이든지, 여자이든지, 가난하든지, 심지어

---

42  판 데어 린데(Van der Linde, 1999: 135)는 이 사실을 다음과 같이 강조한다. "코메니우스에게서 끊임없이 반복되는 근본 사상은 하나님이 인간 안에 자신을 가장 확실히 알리셨다는 사실이다. 하나님은 자신의 형상을 인간의 영혼 안에 놓아두셨다." 새들러(Sadler)와 챕코바(Čapková) 역시 이 점을 잘 간파하였다. 새들러(2007: 54)는 "비록 코메니우스가 자신의 주제를 우주의 중심으로서의 하나님으로 정해 놓고 있었을지라도, 때로 그는 인간이 마치 자신의 연구 주제이며, 우주의 중심인 것처럼 글을 썼다."라고 했으며, 챕코바(1994: 19)는 "코메니우스는 교육적 입장에서뿐만 아니라 신학자의 입장에서도 인간에게 수동적인 역할을 부여하는 것을 거부하였다."라고 말한다. 그는 코메니우스의 사상에서 인간이 적극적인 역할을 부여받고 있음을 정확하게 지적하고 있는 것이다.

장애를 가지고 있든지 간에 모두 존귀한 존재이며, 그의 역할 역시 중요하다고 본 것이다. 이와 같이 코메니우스가 인간의 자질과 역할을 강조했다는 것은 그의 판소피아가 교육적 체계를 가지고 있다는 사실과 맥을 같이한다(Dieterich, 2008: 77). 판소피아의 교육적 체계란 곧 교육적 특성을 의미하며, 교육적 특성이란 판소피아 사상을 실현하기 위한 방법론적 특성이라고 할 수 있다. 그러므로 판소피아가 교육적 체계를 가지고 있다는 것은 결국 판소피아 사상을 실현하기 위한 방법론적 체계를 가지고 있다는 것과 맥을 같이한다. 이런 맥락에서 볼 때, 판소피아 구조는 교육의($\epsilon\xi$), 교육에 의한($\delta\iota\grave{\alpha}$), 교육을 위한($\epsilon\iota\varsigma$) 구조라고 할 수 있다.

일곱째, 판소피아 구조는 예수 그리스도의 근원적인 '연결고리' 역할을 잘 나타내 주고 있다. 판소피아가 본질적으로 하나님 중심 구조를 가지고 있으면서(첫 번째 특징) 동시에 사역적으로는 교육적 역할을 강조하는 구조(여섯 번째 특징)라고 볼 때, 이 두 가지를 가능케 하는 근본적인 가교(架橋) 역할을 예수 그리스도가 하고 있다. 왜냐하면 예수 그리스도는 하나님이시면서(점선 원 3) 동시에 완전한 사람(실선 원 3)으로 이 땅에 오셨기 때문이다.

마지막으로 판소피아 구조는 단순한 평면 구조가 아니라 입체적이다. 하나님, 인간, 세계라는 영역적 틀과 '모든 것' '모든 사람' '완전하게'라는 교육적 틀이 인간의 본성적 가능성과 함께 엮이면서 3차원적 혹은 입체적 양상을 띠고 있는 체계라고 할 수 있다. 이는 곧 판소피아 사상의 '통전성'과 맥을 같이하는 특성이다. 판소피아 구조의 입체적 특성을 그림으로 표현해 본다면 [그림 4-8]과 같다.

[그림 4-8]은 [그림 4-2]와 비교할 때, 입체적 특성이 더 구체적으로 표현된 것이다. 이미 언급한 것처럼 판소피아는 하나의 체계다. 존재의 근원과 존재의 방식과 나아갈 방향까지 포함하고 있는 전체성의 체계다. 안영혁(2009a: 169)의 표현에 따르면 단지 공간적인 체계만도 아니고 시간적인 체계만도 아니라 시공을 아우르는 입체적 체계다. 우리는 이러한 사실을 다음 장에서 코메니우스의

작품들을 구조분석하는 가운데 더 구체적으로 확인할 수 있을 것이다.

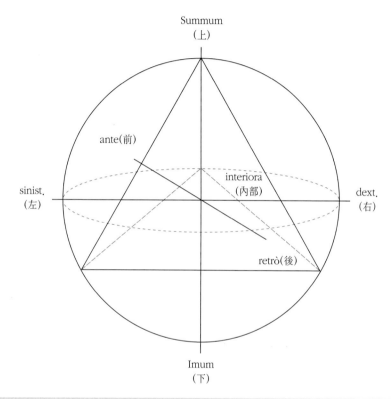

[그림 4-8] 판소피아 구조의 입체성(2)

# 제2부

# 텍스트 구조분석과 판소피아

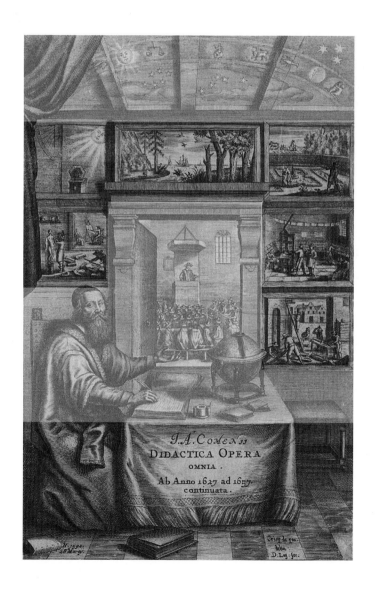

표지에서 제2부와 연결할 수 있는 부분은 그림의 중앙과 맨 아랫부분이다. 그림 중앙의 조각 그림들은 자연과 함께 예술, 과학, 농경, 인쇄, 건축 등의 인간사(人間事)를 묘사한 것이다. 맨 아랫부분의 글씨는 이 그림이 『교수학전집(*Opera Didactica Omnia*)』의 표지임을 알려 준다.

코메니우스는 1652년과 1657년 두 번에 걸쳐 그동안 출판한 교수학 관련 책을 전집으로 묶어 출판했다. 중앙의 조각 그림들은 『교수학전집』의 내용 및 방법 원리와 관련된 것이다.

제2부에서는 교육과 관련된 코메니우스의 대표적인 저서 『대교수학(*Didactica Magna*)』 『빛의 길(*Via Lucis*)』 『세계도회(*Orbis Pictus*)』 『팜패디아(*Pampaedia*)』의 구조를 분석할 것이다.

# 제5장
# 텍스트 구조분석을 위한 준거

1. 구조분석의 의미

2. 구조분석의 필요성

3. 텍스트 선정 배경

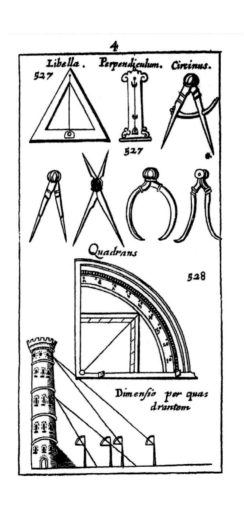

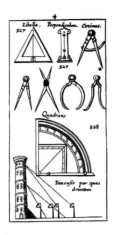

제5장의 표지 그림은 『언어의 문(*Janua Linguarum*)』 제53장에 나오는 '기하학'과 관련된 것이다(Comenius, 1665). 그림에 나오는 것들은 수평계, 다림추 및 각종 컴퍼스들이다(1665: 527). 각도기(1/4)는 측정 가능한 두 지점과 측정을 원하는 사물 간의 거리를 주어진 각도를 통해서 측정하는 데 사용하는 도구다(1665: 528).

제5장은 코메니우스(Comenius)의 저작들을 구조분석하기 위한 준비단계를 설명한다. 마치 작업에 들어가기 전에 먼저 도구에 해당하는 것을 제시하는 것과 같은 맥락이다. 코메니우스는 소크라테스(Socrates)의 말을 인용하며 다음과 같이 '분석'의 중요성을 잘 보여 준다.

만약 내가 사물을 어떻게 분석해야 하는지를 아는 지도자를 발견한다면, 나는 그의 발자국을 하나님의 것으로 생각하고 따라갈 것이다(Comenius, 1986).

이제까지 고찰하고 정리한 판소피아 구조는 과연 타당한 것인가? 이에 대하여 우리는 코메니우스의 작품 구조를 통해 검증할 수 있을 것이다. 코메니우스에게 있어서 판소피아는 그의 평생의 연구 과제였다. 그렇기 때문에 그의 삶의 여정에서 출판한 책들은 판소피아 실현을 위한 도전이자 실천이었을 것이다. 그렇다면 그가 저술한 책 속에는 판소피아 사상이 나름대로 녹아들어 있을 것이며, 책의 구조를 밝히는 것은 곧 판소피아 구조의 한 면을 조명하는 작업일 수 있다. 따라서 필자는 코메니우스의 주요 작품에 대한 구조분석을 시도할 것이다. 이를 위해 먼저 작품에 대한 구조분석의 의미와 필요성 및 작품 선정 배경에 대하여 간략하게 제시하고자 한다.

## 1. 구조분석의 의미

구조분석은 무엇을 의미하는가? 구조분석을 논함에 있어서 구조주의에서 통용되는 의미와 이 책에서 사용하는 구조분석의 의미가 무엇인지 정리할 필요가 있다. 구조주의를 대표하는 학자 중의 한 사람인 레비스트로스(Levi Strauss)는 구조를 '모든 정신에 공통되는 근본적이며 구속적인 속성'으로 본다. 그에게 구조분석이란 '정신생활의 기본현상'을 밝히는 것을 목적으로 하는 것이다(김종우, 2012: 32에서 재인용). 즉, 특정 사회집단을 구성하는 인간정신의 구조를 밝히는 것을 최종 목적으로 삼고 있다는 말이다. 이는 곧 구조분석 대상이 인간의 문화현상 전체로 확대된 개념임을 의미한다. 그에게 있어서 신화(神話) 연구를 하는 궁극적인 목적은 인간 집단의 공통적인 무의식 구조를 밝히는 것이며, 그것이 곧 구조분석을 뜻한다. 그에게 있어서 구조분석의 핵심은 신화의 '구성요소'들과 그들 사이의 관계이지 그 '의미내용'이 아니다(김종우, 2012: 39). 바로 여기에 리쾨르(Paul Ricoeur)가 말하는 해석의 갈등이 존재한다. 구조주의가 대상 분석을 지향하고 있다면, 해석학은 의미이해를 지향한다. 기호학을 선택하는 구조주의는 기호에 대한 과학적 분석을 시도하고, 의미론을 취하는 해석학에서는 외부 세계와의 연결고리가 주는 의미이해를 시도한다(김종우, 2012: 75). 이에 대하여 리쾨르는 두 입장이 상호보완적 관계임을 강조한다. 즉, 과학에 속한 구조주의가 해석을 위한 자료를 제공하는 준비작업과 관계되어 있다면, 하나의 철학적 원리라고 할 수 있는 해석학은 타인과 세상에 대한 '주체'의 이해와 관련된 것이다. 이해를 위해서는 분석이 선행되어야 하며, 해석행위 또한 분석행위를 통해서 가능한 것처럼 구조주의는 해석학적 이해에 필수적 준비단계라고 할 수 있다(김종우, 2012: 80-83). 리쾨르에 따르면 "구조분석은 상징체계가 가진 '경탄할 만한 것'을 흐트러뜨리는 것"이다. 전체를 '의미작용의 단위들'로 나누는 것이며, '구성하고 있는 것'을 흐트러뜨리는 것이다. 만약에 분석하는 그 자체가 목적이라면 분석된 자료는 의미가 없다. 그 자체로는 단지 '의미작용 단위들'일 뿐이기 때문이다.

그렇다면 이 책에서 의미하는 구조분석은 무엇인가? 이를 이해하기 위해서는 먼저 코메니우스가 주장하는 연구방법을 고찰하는 것이 필요하다. 코메니우스에 의하면 어떤 사물에 대한 앎이란 '분석' 후 '종합'을 이루고 '비교연결'을 통하여 습득한다(Comenius, 2008b: 179-181). 우리가 지식을 획득하는 것은 어떤 것에 대한 '분석'을 통해서이며, '종합'을 활용함으로써 부분에 대하여 더 완전하게 알게 되고, '비교연결'을 활용함으로써 부분들에 대하여 가장 완전하게 알게 된다(Comenius, 1953: 134). 부분들을 분리함으로써 알고, 부분들을 전체로 종합하면서 더 알며, 부분들을 다른 부분들과 비교함으로써 가장 완전하게 알게 된다는 것이다. 즉, 분석하는 것이 이해의 시작이라면, 그것을 다시 종합하는 것은 이해를 증진하는 것이며, 그것을 같은 종류의 다른 것과 비교하는 것은 이해의 완성을 의미한다(Comenius, 1953: 135). 따라서 '분석'은 그 자체로 멈추지 않는다. '분석'은 '종합'과 '비교연결'을 위한 첫 단계인 것이다. 그래서 분석은 각종 요소로 구성된 전체와 함께 시작하여 가장 작고 단순한 부분들로 마무리된다. 부연하면 '분석'

은 앎을 위해 전체를 부분이나 조각으로 나누는 것이지 '해체'가 아니다. 해체는 분해 자체가 목적이다. 따라서 분석이란 단순한 해체가 아니라 새로운 종합을 위한 구분이다. 이때 단위와 질서의 구분을 의미한다.

따라서 이 책에서 말하는 구조분석이란 텍스트 구조에 대한 코메니우스 연구방법의 적용을 의미한다. 즉, 코메니우스의 작품의 구조를 '분석'하고 '종합'한 후 '비교연결'을 적용함으로써 판소피아 구조의 타당성을 조명한다는 뜻이다. 그러므로 구조분석은 분석 자체만을 의미하지 않고, '종합'과 나아가서 '비교연결'까지를 내다보는 용어인 셈이다. 작품별 구조분석은 먼저 '전체 구조'를 조명하는 것에서 시작된다. 이것은 구조에 대한 분석의 첫걸음이다. 다음으로 '세부구조'를 구체적으로 조명하는데, 이것이 바로 본격적인 '분석'에 해당하는 것이다. 작품별 '세부 구조' 분석이 끝나면, 분석한 자료를 근거로 하여 '종합'적인 앎을 정리하는데, 이 책에서는 '작품별 특성'으로 표기하고 있다. 마지막으로 분석하고자 하는 네 권의 작품을 모두 '분석' 및 '종합'한 후에 상호 간의 분석 자료에 대한 '비교연결'을 시도함으로써 마무리한다.

## 2. 구조분석의 필요성

그렇다면 구조분석이 과연 필요한 것인지를 물을 수 있을 것이다. 예를 들어, 문예작품을 놓고 볼 때, 우리가 분석하고자 하는 텍스트는 하나의 언어 구조물이다. 그래서 모든 텍스트는 나름의 구조를 지니고 있다. 구조란 한마디로 전체와 부분과의 관계다. 구조란 안정된 의미의 총체 속에서 서로 다른 말이나 이미지 상호 간의 평형, 상호작용 또는 아이러니적이고 패러독스적인 긴장관계라고 할 수 있다(김지찬, 1995: 180-182). 그래서 많은 학자들은 다층구조(stratified structure)를 문예작품의 가장 기본적인 구조라고 보고 있다.[1] 따라서 본문을 평

---

1  웰렉(Wellek)과 워런(Warren)은 "내러티브란 단순한 대상이 아니라 다양한 의미와 관계뿐 아니라 다층구

면적(1차원적)으로 보아서는 그 복잡성과 상호 유기성을 온전히 이해하기 어렵다. 본문을 올바르게 이해하기 위해서는 입체적(3차원적)으로 관찰해야 한다. 바로 구조적으로 이해해야 한다는 말이다. 여기에 구조분석의 필요성이 대두된다(김지찬, 1995: 184).

브루너(Bruner)에 따르면 협의적 의미로서 구조란 '교과의 구조(the structure of a subject)'를 뜻한다. 비록 그가 말한 '교과의 구조'가 지나친 합리주의적 성향을 띠고 있는 것이 사실이지만, 하나의 '주제' 혹은 '교과목'에 대한 '전체적인 그림'으로서의 구조는 그 '주제' 혹은 '교과목'을 이해하는 데 매우 유용하다는 것은 부인할 수 없는 사실이다. 필자가 시도하고 있는 코메니우스의 작품별 구조분석은 브루너의 '교과의 구조' 분석과 유사하거나 혹은 그보다는 좀 더 협의적인 차원의 작업이라고 할 수 있을 것이다. 왜냐하면 하나의 작품(책)에 나타난 구조를 분석하는 것을 의미하기 때문이다. 그러나 분명한 사실은 '전체적인 그림', 즉 구조를 파악하는 것은 전체 내용을 이해하는 데 매우 실제적인 도움이 된다는 것이다.

흥미로운 점은 코메니우스의 초기 작품에는 구조의 시작이라고 할 수 있는 '개요'가 보이지 않는다는 것이다. 대표적인 작품이 바로『대교수학』이다. 이 책의 경우 목차는 제시되어 있지만 개요는 없다. 그러나 코메니우스의 후기 작품에는 대부분 책 앞쪽에 '개요'가 제시되어 있는 것을 볼 수 있다.『인간개선에 관한 일반담론(*De Rerum Humanarum Emendatione Consultatio Catholica*)』의 일곱 권의 책이 대표적인 예다. 여기서 말하는 '개요'는 단순한 목차를 의미하는 것이 아니다. 코메니우스가 제시하는 책의 개요는 대부분이 '삼분법'의 형식으로 진술되고 있는 특징이 있기 때문이다. 한마디로 말해서 '개요'는 목차보다는 무엇인가를 더 추가한 책의 골격이라고 할 수 있다. 이것은 무엇을 의미하는가? 코메니우스는 독자들이 책의 전체 내용을 쉽게 이해하는 데 '개요'가 유용하다는

---

조를 지닌 매우 복잡한 유기체다."라고 말한다. 내러티브는 특정한 심미적 목적을 드러내기 위한 언어 기호들의 체계, 기호들의 구조로 이해해야 한다는 것이다(김지찬, 1995: 180-182).

것을 후기에 들어서 경험적으로 알게 되었을 것이다. 그래서 그는 초기와는 다르게 '삼분법'의 형식으로 책의 개요를 제시하고 있는 것이다.

'개요'의 확장은 그 책의 구조라고 할 수 있다. 구조분석을 통해 책의 구조를 파악하는 것은 그 책을 이해하는 데 매우 유용하다. 그럼에도 이제까지 코메니우스에 대한 연구에서 그의 작품에 대한 구조분석적 접근이 없었다. 작품에 대한 구조분석이란 단순히 목차에 대한 분석이나 개요에 대한 분석을 의미하지 않는다. 앞에서 언급한 바와 같이 작품에 대한 구조분석이란 코메니우스가 사용하는 '삼분법'적인 형식에 따라 작품을 '분석'하고 '종합'한 후 '비교연결'하는 과정을 통해 그 작품에 대하여 보다 분명하고 온전하게 이해하는 것을 의미한다. 그러므로 작품에 대한 구조분석은 '개요'보다 더 세밀하고 구체적인 작업이다. 한마디로 말해서 책의 전체 구조 및 세부 구조와 그 의미를 파악하는 것이라고 할 수 있다.

판소피아 구조가 판소피아 사상의 전체를 핵심적인 그림으로 나타내는 방식이라면, 책의 구조는 그 책 전체를 핵심적인 도표나 그림으로 나타내는 방식이다. 코메니우스의 판소피아 사상은 그의 책을 통해 빛을 보게 되었다. 따라서 그의 주요 작품, 즉 중요한 책의 구조는 판소피아 사상의 핵심을 조명하는 하나의 불빛과도 같다. 책의 구조는 판소피아 구조와 서로 관련이 있을 것이라는 말이다. 그렇기 때문에 필자는 코메니우스의 작품들에 대한 구조분석을 통해 판소피아 구조의 타당성을 드러내고자 한다.

## 3. 텍스트 선정 배경

이에 따라 필자는 코메니우스의 저작 중에서 네 권을 선택하여 구조분석을 시도하고자 한다. 네 권의 책은 『대교수학』 『빛의 길』 『세계도회』 『팜패디아』 다. 그렇다면 왜 하필이면 네 권의 책인가? 이 네 권의 책은 현실적으로 코메니우스의 판소피아 사상을 이해하는 데 매우 중요하고 의미 있는 것들인데, 구체적인 선정 이유는 다음과 같다.

## 1) 판소피아적 삶의 궤적을 보여 줌

첫 번째로 생각할 것은 네 권의 책이 코메니우스의 판소피아적 삶의 궤적을 보여 준다는 점이다.[2] 초기 작품에 해당하는 『대교수학』은 코메니우스가 30대 후반에 저술한 책이다.[3] 그에게 있어서 『대교수학』은 판소피아 사상의 기초단계 작품이었다. 비록 '교수학'이라는 제목을 달고 있지만, 코메니우스는 자신의 판소피아 사상의 토대를 구축하는 심정으로 작업했던 것이다. 그래서 『대교수학』은 코메니우스의 판소피아 사상의 근저이면서 동시에 실제적인 시작을 알리는 작품이라고 할 수 있다.

『빛의 길』은 코메니우스가 영국에 있는 동안(1641~1642년)에 친구들의 요청으로 집필한 책이다. 코메니우스의 친구들은 그에게서 판소피아적 저술을 원했다. 그때 그의 나이는 대략 50세 정도였다. 『빛의 길』은 학자들에 의해 '작은 일반담론'이라고 불리는데, 그 이유는 인간사(人間事) 전반의 개혁에 대한 개략적인 계획이 소개되고 있기 때문이다. 즉, 『빛의 길』은 판소피아의 목적과 구체적인 목표가 제시되어 있는 동시에 그 목적에 이르는 수단에 대하여 개략적으로 제시해 주고 있다. 그러므로 이 책을 통해서 이후 코메니우스의 판소피아적 작품의 '씨앗 형태(초기 형태)'를 가늠할 수 있다. 한마디로 이 책은 판소피아의 개요서라고 할 수 있다.

『세계도회』는 코메니우스가 60대 초반이던 때인, 샤로슈퍼터크(Sarospatak)의 교육현장에 있을 때(1653~1654년) 저술한 작품이다. 어린이를 위한 책인 『세

---

2　코메니우스의 판소피아적 삶의 궤적에 대한 더 자세한 내용은 이 책의 제2장을 참고하기 바란다.

3　『대교수학』은 비록 1657년에 라틴어로 출판되었지만, 이 책의 전신이라고 할 수 있는 『교수학(Didactica)』은 코메니우스가 40세 되는 해인 1632년에 체코어로 출판되었다. 체코어로 저술된 『교수학』을 약간 수정하여 라틴어로 번역 출판한 것이 바로 『대교수학』이다.

계도회』는 코메니우스가 실제로 판소피아 사상을 실험하고 적용하기 위해 만든 교과서다. 코메니우스는 이 책을 통해 판소피아 사상의 교육적 적용을 시도하고 있는데, 그는 자신이 주장한 교육이론을 자신이 몸담고 있는 교육현장에서 적용하기 위해 그림이라는 매개체를 사용했던 것이다. 간단히 말해서, 이 책은 판소피아의 실현을 위한 '판소피아 적용의 책'이라고 할 수 있다.

끝으로『팜패디아』는 코메니우스의 후기 작품에 속한다. 비록 그가『인간개선에 관한 일반담론』을 구체적으로 작업하기 시작한 때가 1645년(53세)이지만, 일곱 권의 책 중에서 부분적인 출판이 이루어진 것은 그가 암스테르담에 정착한 후인 1656년 이후인 점으로 볼 때,『팜패디아』는 대략 60대 후반에 나온 작품이다.『팜패디아』는 판소피아를 효과적으로 전달하기 위한 방법론을 다루고 있는 책이다. 코메니우스는『팜패디아』를『인간개선에 관한 일반담론』의 일곱 권 중에서 핵심적인 자리인 네 번째에 위치시켜 그 중요성을 구조적으로 보여 주고 있다.

## 2) 교육적 특성

두 번째로 주목할 것은 네 권의 책 모두가 교육적인 관심과 특성을 최적으로 보여 주고 있다는 점이다. 이 점은 텍스트 선정에서 매우 중요한 요인이다. 기억할 것은 판소피아가 코메니우스의 교육적 관심에서 시작되고 이어졌으며 마무리되었다는 점이다(오춘희, 1998a: 124).『대교수학』은 판소피아의 토대일 뿐만 아니라 애초에 교수법을 위해 기획된 책이었다.『대교수학』을 제외하고서 코메니우스의 교육을 논할 수는 없을 것이다.『빛의 길』은 판소피아의 교육철학적 입지와 인식론적 접근을 보여 주고 있다. 그는『빛의 길』에서 네 가지의 핵심 요소를 제시하고 있는데, '모든 영역의 책들' '포괄적인 교육을 하는 학교들' '모든 영역의 학자들의 모임' '세계 공통 언어'가 그것이다. 이런 네 가지 핵심 요소는 모두 교육적인 것이다.『세계도회』는 판소피아의 교육적 적용을 위한 현장 교과서다. 코메니우스는 이 책을 통해 자신이 『대교수학』에서 주창한 수업의 명료성과 어린이들의 자발적 참여를 이끌어 내고자 했다(Dieterich, 2008: 130).『팜패디아』는 판소피아의 교육방법론적 연구서라고 할 수 있다. 코메니우스는『팜패디아』에서 교육철학적인 목적을 제시한 후 '모든 사람' '모든 것' '철저히'라는 판소피아적 모토를 시작으로 '범학교' '범교재' '범교사'를 제시하고, 8단계의 학교제도를 다루고 있다. 그야말로 교육방법론의 집약서라고 할 수 있다.

### 3) '토대' '진리' '순서' '길' 과의 관련성

세 번째로 주목할 사항은 선택한 네 권의 책이 코메니우스의 초기 저작 중에 가장 포괄적이며 영향력이 큰 책인『대교수학』이 제시하는 원리에 각각 부합한다는 사실이다. 코메니우스가『대교수학』의 '표제'에 제시한 글을 보면 전체 구조와 연관된 핵심 단어들이 나오는데, 그것은 바로 '토대 혹은 기초(Fundamentum)' '진리 혹은 원리(Veritas)' '순서 혹은 질서(Series)' '길 혹은 방법(Via)'이다(Comenius, 2002: 12).『대교수학』에는 판소피아 사상의 씨앗(모든 사람, 모든 것, 철저하게)이 심겨져 있으며, 인간의 교육적 본성을 중심으로 전체가 진행되고 있다. 이를 통해『대교수학』은 이후 코메니우스의 판소피아 사상의 '토대'와 같다고 할 수 있고, '작은 일반담론'으로 불리는『빛의 길』은 판소피아의 핵심 원리들을 포괄적으로 다루고 있다는 점에서 판소피아 사상의 '원리적 청사진'이라고 할 수 있음을 생각할 수 있다. 또한 교수·학습 및 교육 주제가 탁월한 순서에 의해 실험적으로 제시되어 있는『세계도회』는 판소피아 사상의 핵심 '순서'와 관련되어 있으며, '철저하게'의 원리에 따라 판소피아의 실현을 위한 방법론적 안내를 의도하고 있는『팜패디아』는 판소피아의 실현을 위한 '방법'과 직접적으로 연결된다는 것도 생각할 수 있다. 결국 네 권의 책은 코메니우스가『대교수학』의 뼈대로 제시한 '토대' '원리' '순서' '방법'이라는 구조적 요소에 각각 적절하게 연결된다고 볼 수 있다.

# 제6장

# '토대'로서의『대교수학』

1. 『대교수학』의 전체 구조와 의미

2. 『대교수학』의 세부 구조와 의미

3. 구조분석을 통해 본『대교수학』의 특성

　제6장의 표지 그림은 코메니우스의 『교수학전집(*Opera Didactica Omnia*)』에 나오는 속표지 그림이다(Comenius, 1957). 그림은 하나님이 창조하신 자연을 함축적으로 보여 준다. 그림을 둘러싸고 있는 라틴어를 주목할 필요가 있는데, "모든 것이 자연스럽게 흐르게 하라. 사물에 폭력을 가하지 말라(Omnia Sponte Fluant Absii violentia Rebus)."는 뜻이다. 이는 코메니우스의 사상을 단적으로 보여 주는 모토 중 하나다.

　제6장에서 다룰 『대교수학(*Didactica Magna*)』은 이런 모토를 잘 드러내 주는 작품이다. 『대교수학』은 자연으로부터 교수 · 학습의 원리와 사물에 합당한 '순서'로서의 설계 규칙을 끌어내고 있음을 보여 주고 있기 때문이다.

　　자연은 기초 또는 뿌리가 없이 행동하는 일은 없다.

　　자연은 뿌리를 깊이 내린다.

　　자연은 모든 것을 뿌리로부터 발달시키며, 어떤 다른 곳으로부터 하지 않는다(Comenius, 2011).

코메니우스의 교육학 저서 중에서도 가장 중요한 작품 중 하나로 알려져 있는『대교수학』은 그의 교육학적 원리와 방법론이 체계적으로 제시되어 있는 책이다.[1] 하누스(Hanus, 1911: 196)에 의하면, 코메니우스가 저술한 이후의 책들은 『대교수학』에서 제시한 내용을 심화하여 보충한 것이거나 혹은『대교수학』의 내용을 교과서의 양식으로 적용한 것이다. 또한 코메니우스(Comenius, 2011: 14)는 친히『대교수학』의 '독자에게 드리는 인사말' 중에서『대교수학』이 범세계적인 학교를 세우는 데 필요한 보편타당한 기법의 토대임을 강조하고 있다. 따라서 이 장에서는 코메니우스의 후기 저서들의 토대라고 할 수 있는『대교수학』의 전체 구조 및 세부 구조를 분석하고 그 의미를 고찰하고자 한다.[2]

## 1.『대교수학』의 전체 구조와 의미

그동안『대교수학』에 대한 연구에서는 '전체 구조'에 대한 특별한 관심이 없었다.『대교수학』을 소개하는 글에서 간략하게 제시하는 정도였을 뿐이다. 박신경(1993)은『대교수학』의 전체 구조를 개략적으로 소개하고 있다. 그러면서 그는 비록 전체적인 흐름과 사고의 발전이 각 장들 사이에 연결되고 있음에도 『대교수학』의 전체 구조가 체계적인 것은 아니라고 말한다. 그의 구분은 다음과 같다.

---

1 코메니우스는 체코어로 썼던『교수학(*Didactica*)』을 1638년에 라틴어로 번역 개작하면서, 마음속으로는 『대교수학』을 판소피아적 작업으로 간주하였던 것으로 보인다. 그래서 그는 판소피아적 저술을 기다리고 있던 영국의 친구들에게『대교수학』의 사본을 돌려 읽혔지만, 비판적 반응을 받게 되었다. 이런 배경에는 코메니우스와 그의 친구들 사이에 판소피아에 대한 이해의 차이가 있었기 때문이다(오춘희, 1998a: 124).

2 『대교수학』의 구조분석은 나현규와 이병승의 「'대교수학(*Didactica Magna*)'의 구조를 통해 본 코메니우스의 교수·학습 원리 탐구」(2011)에 제시된 내용 중에서 미비한 부분을 보완하고 많은 문장을 수정하여 전체적으로 인용하고 있음을 밝힌다.

1장부터 6장까지는 교육의 목적과 내용을 논했고, 7장부터 10장은 학교교육의 필요성과 보편교육에 대한 설명을, 11장부터 12장은 전통적인 학교에 대한 비판과 개혁의 필요성과 가능성에 대한 주장, 13장부터 19장까지는 교수법 확립의 필요성과 일반원리를, 20장부터 26장까지는 각 교과 영역별 교수법에 대한 논술, 27장부터 31장까지는 학교제도와 관리 및 학교 조직론을 상술하고 있다(박신경, 1993: 143).

이와 같은 그의 구조분석에는 몇 가지 아쉬운 점이 나타난다. 예를 들어, 1~6장의 내용은 '교육의 목적'이라기보다는 '인생의 목적과 인간의 교육적 본질'로 보는 것이 더 적절해 보인다.[3] 또한 전체적으로 구조분석의 세밀함이 떨어져 보인다. 그에 대한 예로, 장들의 묶음과 묶음을 이어 주는 역할을 하고 있는 장에 대한 언급이 없다는 점을 들 수 있다. 필자가 보기에『대교수학』의 구조는 생각보다 더 체계적이며 치밀하다. 즉, 장들을 묶어 주는 묶음과 묶음 사이를 연결해 주는 연결고리 역할을 하고 있는 장이 있다.

최진경(Choi, 2005: 176)은 자신의 박사학위 논문에서『대교수학』의 구조를 더욱 세분하여 제시한다.

제목 페이지, 독자에게 드리는 인사, 수신인(Titelblatt, Gruβan den Leser, Adressat), 인간학(Anthropologie) (1~7장)

학교 개혁(Schulreform) (8~12장)

---

3  사재명과 전영국(2003: 130-131) 역시 이와 비슷한 구조를 제시한다. "먼저 교육의 목적과 내용의 일반적인 것을 논함(1~6장), 지금까지의 학교교육의 결함을 지적하여 서론에서는 학교 개혁의 필요성과 가능성을 설명(11~12장), 새로운 학교교육의 방법론과 기술의 확립을 위하여 필요한 일반원리(13~19장), 각 교과 영역별로 필요한 교육기술의 각론(20~26장), 학교제도에 따른 각 단계의 학교관리 및 학교조직론이 설명(27~31장)되고 있다." 이 글에 의하면 7~10장이 빠져 있다. 아마도 제시하는 두 번째 단위는 '11~12장'이 아니라 '7~12장'이거나, 아니면 7~10장의 내용을 빠뜨린 것일 수 있다. 필자의 생각으로는 후자일 가능성이 커 보인다. 왜냐하면 빠진 부분(7~10장)을 제외하고, 앞서 제시한 박신경(1993)의 구조와 거의 유사하기 때문이다.

교육 기반(Didaktische Grundlage) (13~19장)

학습의 영역 및 방법(Lernbereiche und ihre Methode) (20~24장)

(이교도) 책[(Heidnische) Bücher] (25장)

훈육(Zucht) (26장)

교육(Schulwesen) (27~31장)

결론(Schluss) (32~33장)

최진경(Choi, 2005)의 경우 1~7장을 하나로 묶다 보니 제목의 세밀함이 떨어진다. 즉, 인간의 존재 목적 및 교육적 본성, 그리고 교육의 필요성에 대한 언급을 '인간학'으로 잡은 것은 지나치게 광의적이다. 8~12장의 경우도 학교의 필요성에 대한 언급이 빠져 있다. 13~19장의 제목인 '교육 기반' 역시 교수·학습의 이론적 원리의 개념을 전달하기에는 적절해 보이지 않는다. 가장 큰 아쉬움은 25장과 26장을 따로 구분하고 있다는 점이다. 그러나 25장과 26장을 독립적으로 다루기에는 전체적인 흐름과 어울려 보이지 않는다. 또한 앞서 제시한 관련 장들의 묶음과 묶음을 연결해 주는 연결고리에 대한 언급이 없다.

흥미로운 것은 『대교수학』의 전체 구조는 매우 체계적으로 짜여 있다는 것이다. 필자가 분석한 『대교수학』의 전체 구조는 다음과 같다.[4]

A. 서론: 독자에게 드리는 인사말, 헌사, 교수 기술의 용도

　1~5장 인간의 존재 목적과 인간의 교육적 본성

　　연결고리: 6~7장 교육의 필요성과 시기

　8~12장 학교의 필요성과 학교의 개혁

　　연결고리: 13~14장 질서의 필요성과 자연의 질서

---

4　필자는 편의상 장별 묶음을 다음과 같이 표기하기로 한다.
　단위: 1~5장, 8~12장, 15~19장, 22~25장, 28~31장/ 연결고리: 6~7장, 13~14장, 20~21장, 26~27장/ 단원: 1~12장, 8~19장, 15~25장, 22~31장.
　즉, 5개의 단위(서론과 결론을 포함하면 7개), 4개의 연결고리, 4개의 단원으로 표기한다.

15~19장 교수·학습의 이론적 원리

연결고리: 20~21장 학문의 방법과 기술 교수법의 원리

22~25장 인간의 교육적 본성을 위한 구체적인 교수법

연결고리: 26~27장 학교의 훈육과 학교의 체제

28~31장 학교의 체제와 핵심적인 교육내용

A' 결론: 전체 요약 및 제언적 소망

이런 전체 구조는 얼핏 보아도 매우 흥미로운 형식을 가지고 있음을 알 수 있다. 그 특징을 몇 가지로 정리해 보면 다음과 같다. 첫째, 전체적으로 단위 묶음은 서론, 결론, 네 개의 연결고리를 제외하고 다섯 개로 정리할 수 있다. 즉, 인간에게는 존재 목적과 교육적 본성이 있다는 것(1~5장), 그래서 학교가 필요하며 동시에 학교의 문제들이 개혁되어야 한다는 것(8~12장), 또한 학교는 질서가 필요한데 자연의 질서를 통해 교수·학습의 이론적 원리를 찾을 수 있다는 것(15~19장), 교수·학습의 이론적 원리가 인간의 교육적 본성에 따라 구체적인 방법으로 제시될 필요가 있다는 것(22~25장), 마지막으로 그런 학교의 체제와 핵심 교육과정을 제시하는 것(28~31장)으로 이루어져 있다. 둘째, 주제가 매우 논리적으로 연결되고 있다는 점이다. 핵심 주제의 전체적인 흐름은 다음과 같이 진행된다. 즉, '인생 → 교육 → 학교 → 개혁 → 질서 → 원리 → 방법 → 체제(제도) → 적용'이 그것이다. 이상의 주제어들은 논리적으로 제시된 글 혹은 문단의 핵심 단어를 제시하고 있는 듯하다. 셋째, 주제와 주제 혹은 관련 장들의 묶음과 묶음을 연결하는 '연결고리'[5]가 눈에 들어온다. 이것은 연

---

5 '연결고리'란 코메니우스가 저술한 책의 내용 중에서 크게는 장(章)과 장(章), 작게는 절(節)과 절(節)을 이어 주는 역할을 하는 장(章)이나 절(節)을 의미한다. 비록 코메니우스가 '연결고리'란 용어를 사용하고 있는 것은 아니지만, 관련된 책들이 서로 '연결고리'와 같은 것으로 이어져야 함을 강조한다. 예를 들어, 코메니우스(1986: 70)는 『팜패디아』에서 범교재를 소개하면서 하나님의 책(자연, 이성, 성경)을 설명하는 소책자들의 필요성을 언급한 후에, 그 소책자들이 등급별로 구분되어야 할 뿐 아니라 책의 내부적인 것과 책과 책 사이가 서로 '고리'를 통해 연결되어야 함을 강조하고 있다. 이것은 정확하게 '연결고리'와 같은 역할을 지칭하는 것이다. 푸코(Foucault, 2012: 64)에 따르면 '연결고리'는 16세기 지식의 특징이다. 그에 의하

결과 결합을 강조하는 코메니우스의 교수·학습 원리를 분명하게 보여 주는 역할을 한다. 넷째, 주제들이 본질에서 이론으로, 이론과 원리에서 실천을 위한 방법으로 전개되고 있다. 즉, 『대교수학』의 전체 구성은 그가 말하는 교육 이론에 따라 집필되었음을 보여 주는 것이다. 이상의 내용을 그림으로 나타내면 [그림 6-1]과 같다.

[그림 6-1]에서 구성하고 있는 원들이 점진적이며 나선형적으로 나타나는 것이 눈에 띄는데, 이는 인간의 교육적 본성을 토대로 하여 원리, 질서, 실천으로 점점 확장해 가고 있음을 의미한다. 즉, 인간의 교육적 본성은 교육 및 학교를 필요로 한다는 사실을 토대로 하여(1~12장), 교육의 원리를 자연에서 끌어오고(8~19장),[6] 자연의 질서를 통해 교수·학습의 규칙들을 도출해 내며(15~25장),[7] 그 원리에 따르는 구체적인 교수방법(22~31장)을 제시하면서 확장된다는 것이다. 이런 점은 인간의 교육적 본성(지성, 덕성, 영성)이 교수·학습 원리, 교수법, 학교제도에 나타나 더욱 구체화되고 세분화되어 확장된다.

---

면 16세기의 지식은 '닮음'을 기호와 기호에 의해 지시되는 것 사이의 연결고리로 설정한다. '닮음은 결코 그 자체로 안정적이지 않고, 스스로 또 다른 유사성을 불러들이고 뒤이어 이 유사성이 새로운 유사성을 요구하는 경우에 고정'된다. 그가 말하는 닮음이라는 의미 조직 중에는 '콘베니엔티아(Convenientia)'가 있는데, 이는 '점진적 근접'의 모습으로 인해 공간과 깊은 관계가 있다. 그래서 그것은 결합과 적응의 범주에 속한다(Foucault, 2012: 47). 이런 개념은 [그림 6-1]에 제시된 '연결고리'와 매우 밀접하다.

6  '질서의 필요성' 및 '자연의 질서'라는 용어는 '원리' 혹은 '진리'라는 주제와 연결이 부자연스럽게 느껴질 수 있다. 그러나 코메니우스(2011: 119)가 말하는 '질서'란 "모든 것을 모든 사람에게 가르치는 기술의 지배적 원리"다. 즉, 질서란 교육의 원리를 찾아내기 위해 자연을 안내자로 삼아 도출해 낸 원리들의 진술이다. 따라서 8~19장에서 다루는 내용을 '원리' 혹은 '진리'라는 주제로 아우를 수 있다.

7  '원리'와 '순서'는 그 개념상 매우 유사한 영역을 함께하고 있다는 것을 [그림 6-1]을 통해서 확인할 수 있다. 코메니우스(2011: 208)에 따르면, '진리'가 일반원리와 관련된 것이라면, '순서'는 세부적인 규칙과 관련된 것이다. 15~25장의 핵심 주제가 '순서'라는 것을 "사물의 모든 부분은 가장 작은 것일지라도 예외 없이 그것의 순서와 위치와 상호 간의 연계 속에서 학습하지 않으면 안 된다."(Comenius, 2011: 209)라는 그의 주장을 통해 확인할 수 있다. 이런 순서의 의미는 언어교육의 절차를 보면 확실하게 알 수 있다(Comenius, 2011: 226).

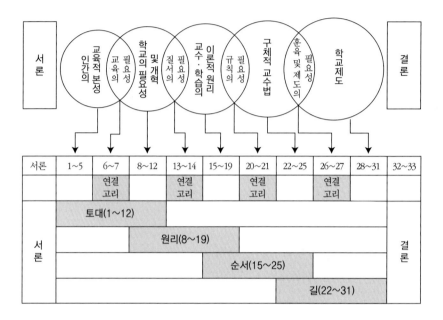

| 서론 | 1~5 | 6~7 | 8~12 | 13~14 | 15~19 | 20~21 | 22~25 | 26~27 | 28~31 | 32~33 |
|---|---|---|---|---|---|---|---|---|---|---|
| | | 연결 고리 | | 연결 고리 | | 연결 고리 | | 연결 고리 | | |

| 서론 | 토대(1~12) | | | | | | | | | 결론 |
|---|---|---|---|---|---|---|---|---|---|---|
| | | 원리(8~19) | | | | | | | | |
| | | | 순서(15~25) | | | | | | | |
| | | | | 길(22~31) | | | | | | |

[그림 6-1] 『대교수학』의 전체 구조

# 2. 『대교수학』의 세부 구조와 의미

## 1) 서론의 구조와 의미

『대교수학』의 내용을 더 구체적으로 살펴보기 위해서는 먼저 주목할 부분이 있는데, 바로 서론이다.[8] 서론은 '표제' '독자에게 드리는 인사말' '헌사' '교수 기술의 용도'로 이루어져 있다. 서론에 해당하는 목록이 많다는 점이 눈에 들어온다. 이것은 저자가 얼마나 전체를 강조하고 있는지를 보여 준다. 코메니우스

---

8  코메니우스가 교육에서 강조하는 것은 바로 전체를 가르쳐야 한다는 것이다. 책의 전체 내용을 조망할 수 있도록 안내하는 것이 바로 서론이다. 서론을 통해 우리는 『대교수학』에 나타난 코메니우스의 의중을 파악할 수 있다. 또한 결론은 앞서 제시한 본론의 내용을 요약하는 역할을 한다. 또 다른 방식으로 전체를 조망하며 마무리하는 방식인 것이다.

가 제시하는 『대교수학』의 '표제'는 서론의 서론이라고 할 수 있으며, 『대교수학』 전체를 핵심 문장과 단어로 정리한 것이다. 표제의 전반부를 살펴보면 다음과 같다.

> 모든 사람에게 모든 것을 가르치는 완전한 기술……. 모든 공동체와 도시와 마을에 학교를 세우고, 그곳에서 어떤 사람도 예외 없이, 아이들이 빠르고, 즐겁고, 철저하게, 모든 지식으로 가르침 받으며, 선한 덕성으로 이끌어지고, 신앙으로 채워지며, 이런 방식으로 젊은 시절에 현세와 내세의 삶에 필요한 모든 것이 가르쳐지도록 하기 위한 확실하고 탁월한 방법이다. 그것은 우리가 사물의 본성 가운데 스스로 드러난 **토대**와 기계적인 기술에서 모범들을 비교하여 명백하게 설명된 진리, 해와 달과 날과 시간에 따라 확정된 순서와 결과적으로 모든 것을 쉽고 확실하게 목표에 도달하게 하는 길이 어디에 있으며, 그 목적이 무엇인지를 조언하려는 것이다(Comenius, 2002: 12).

이 인용문에서 보면 『대교수학』의 모토인 '모든 사람에게 모든 것을 가르치는 완전한 기술'이 가장 먼저 제시되고 있다. 즉, 이후에 집필된 『팜패디아(Pampaedia)』의 기본 골격이라고 할 수 있는 '옴네스(Omnes: 모든 사람), 옴니아(Omnia: 모든 것), 옴니노(Omnino: 철저하게)'가 나타나고 있다는 것이다. 또한 인간의 교육적 본성인 '지식' '덕성' '신앙'이 제시되고 있으며, 교수·학습의 이론과 실천에 관한 큰 틀이라고 할 수 있는 '토대' '진리' '순서' '길'이 나타난다. 그가 『대교수학』을 통해 빠르고 정확하며 즐겁고 철저하게 가르칠 주제는 "참된 지식과 겸손한 도덕과 가장 심오한 신앙"(Comenius, 2011: 13)임을 분명하게 밝히고 있다. 헌사에서는 인간 존재의 근원과 상태에 대하여 다루면서 교육의 필요성을 제시한다. 한마디로 말해서 헌사는 저술 동기와 목적에 대한 진술이라고 할 수 있다. 교수 기술의 용도는 『대교수학』을 통해 혜택을 받을 대상들(부모님, 교사, 학생들, 학교, 국가, 교회, 하나님 나라)에 대한 진술이다.

## 2) '토대'(1~12장)의 구조 및 의미

토대(1~12장)에 해당되는 주제는 '인간'(1~5장), '교육'(6~7장), '학교'(8~12장)로 세 가지다. 1~5장은 인간의 교육적 본성과 관련된 내용이고, 8~12장은 학교의 필요성 및 학교개혁의 필요성을 다루고 있으며, 6~7장은 교육의 필요성을 통해 1~5장과 8~12장을 연결하는 역할을 한다. 구체적으로 정리하면 다음과 같다.

### (1) 1~5장의 구조 및 의미

1~5장의 구조를 볼 때 주제 전개 방식이 매우 논리적이다.[9] 그는 먼저 교육의 필요성을 언급하기 전에 인식의 문제를 인간의 존재 근원과 연관 지어 선언하고 있다. 그에게 하나님은 지혜와 앎의 근원이요, 인간은 하나님의 형상이라는 것이다. 1장은 전체(1~33장) 중에서 가장 짧은 장이지만 전체(1~33장)의 기초가 되는 내용을 담고 있다. 다음은 이에 대한 그의 주장이다.

> 나는 네가 영원에 참여하도록 선택했고, 하늘과 땅과 거기에 속한 모든 것을 네가 사용하도록 준비했기 때문이다. 다른 피조물에게 각기 부분적으로 주었던 그 모든 것을 나는 너에게만 주었다. 즉, 그것들은 본체, 생명, 감각, 이성이다. 나는 너를 내가 만든 피조물에 대한 통치자로 삼았고……. 그리고 결국 나는 너에게 아무것도 부족하지 않도록 나 자신을 주었고 나의 본성을 너의 본성과 본질적인 관계로 영원히 하나가 되게 했다(Comenius, 2002: 48; 강조는 필자).

---

9 코메니우스는 인간 존재의 탁월성을 언급한다. 존재의 탁월성은 하나님의 형상을 닮았기 때문이다(1장). 그러므로 인간의 궁극적 목적은 이 땅의 삶을 초월하여 있다(2장). 이 땅에서 인간의 삶의 의미는 영원한 것을 준비하는 데 있다(3장). 그래서 이 땅에서 인간이 준비해야 할 것이란 자신과 세상을 아는 것(지식)과 자신을 다스리는 것(덕성)과 창조주를 향하여 자라나는 것(신앙)이다(4장). 이런 지식, 덕성, 신앙은 인간의 삼중적 교육 본성이라고 할 것이다(5장).

이 인용문에는 『대교수학』에 나타난 핵심 원리의 토대가 되는 용어와 설명
이 제시되고 있다. 먼저 핵심 용어란 '생명' '감각' '이성'이다. 이 중에서 '감각'
은 이후에 '지식(혹은 지성)'으로 나타나며, '이성'은 '덕성'으로 발전하고, '생명'은
'신앙'으로 나타난다. 즉, '지식'과 '덕성'과 '신앙'의 토대가 제시되고 있다는 말이
다.[10]

2장에서 주목할 것은 인간 생명의 삼중성이다. 코메니우스에 의하면 인간의
성품 자체가 이 땅에서의 삶만으로는 충분하지 않다는 것을 보여 준다. 즉, 인
간에게는 삼중의 생명이 있다.[11] 또한 인간의 삶의 거주지가 삼중적이다. 어머
니의 태, 태어나서 머무는 이 땅, 죽음 이후에 거할 신국(kingdom of God)이다.
이런 점을 종합해 볼 때, 인생의 목적은 이생을 초월한 것에 있음을 알 수 있다.

4장은 1~3장에서 원론적으로 제시하던 인간의 교육적 본성을 구체적으로
제시한다. 즉, 인간의 특성은 "합리적인 피조물이며, 모든 피조물을 다스리는
피조물이며, 그의 창조주의 형상과 기쁨이 되는 피조물"이라는 것이다. 이런 사
실에서 나오는 논리적 귀결에 대하여 코메니우스는 다음과 같이 말한다.

> 인간은 태어나면서부터 ① 모든 것을 알도록, ② 모든 것과 자기 자신을 제
> 어하는 권세를 갖도록, ③ 그 자신과 모든 것을 모든 것의 근원이신 하나님께
> 의뢰하도록 요구되어 있다는 것이다. 그런데 만일 우리가 이 세 가지를 세 개
> 의 잘 알려진 용어로 표현한다면, 첫째는 지식에 해당하고, 둘째는 덕성, 셋째
> 는 종교 또는 신앙에 해당한다(Comenius, 2011: 47; 강조는 필자).

---

10  좀 더 설명한다면, "하늘과 땅과 거기에 속한 모든 것"은 '지식'의 대상물이다. 또한 "나는 너를 내가 만든
피조물에 대한 통치자로 삼았고"에서의 통치자는 '덕성'과 관련되어 있다. 그리고 "하나님과 인간의 하나
됨"은 '신앙'을 통해서 가능한 것이다.

11  첫째는 신체 속에 한정되어 있는 식물적 생명이다. 둘째는 감각과 운동의 조작에 의하여 외계의 대상을
향해 자신을 확장시킬 수 있는 동물적 생명이다. 마지막으로 앞의 두 생명과 떨어져 존재할 수도 있는 영
적 생명이다(Comenius, 2011: 36).

이 인용문을 통해 코메니우스가 1장에서부터 줄기차게 강조하고 있는 핵심적인 삼중 주제가 '지식' '덕성' '신앙'임을 확인할 수 있다. 그에 의하면 "인간의 모든 탁월성은 이 세 가지 속에 있다." 왜냐하면 그것만이 현재와 미래에 있어서 생명의 기초가 되기 때문이다.

5장은 인간이 사실을 이해하는 목적, 도덕법에 조화된 삶을 사는 목적, 하나님을 사랑하는 목적을 성취하는 힘을 생득적으로 부여받고 있음을 논증하는 내용이다. 1~3절은 논증의 필요성을 제시하며, 4~12절은 인간이 지식을 획득할 수 있음을 논증하며, 13~17절은 인간이 덕성을 획득할 수 있음을 논증하고, 18~25절은 신앙 획득의 가능성에 대하여 논증하고 있다.

### (2) 8~12장의 구조 및 의미

8~12장은 학교의 필요성과 학교의 개혁에 대한 내용이다.[12] 이 단위(8~12장)에서 우리가 주목할 장이 있다면 바로 10장이다. 10장은 학교교육의 보편성에 대한 내용이다. 교육의 보편성이란 모든 사람에게 '모든 기술과 학문 분야의 정확하고 깊은 지식'을 요구하는 것이 아니라 보편적 지식, 즉 지성, 덕성, 신앙교육에 관하여 교육하는 것을 뜻한다. 이런 원리에 대하여 코메니우스는 사물 자체와 인간 스스로를 고찰함으로써 영혼의 본질에 대한 논증을 통해 증명하고 있다. 코메니우스는 인간의 삼중 목적을 두 가지 관점에서 다음과 같이 제시하고 있다.

우리가 이 세상에 존재하게 된 이유를 생각해 볼 때, 두 개의 관점에서 삼중의 목적이 나타나고 있음이 분명하다. 즉, 우리는 하나님과 그의 피조물과

---

12 아이들은 공동체적 교육이 필요하기에 학교가 필요하며(8장), 이런 학교교육에는 남녀의 차별이 있을 수 없고(9장), 학교에서 행할 교육은 지성, 덕성, 신앙교육을 포함하는 보편적 교육이어야 하는데(10장), 이처럼 차별이 없으며, 보편적 교육을 시행하는 학교가 없었다는 점을 인식해야 한다(11장). 그럴 때 학교의 기능, 즉 지성, 덕성, 신앙교육을 포함하는 보편적 교육이 가능하다. 이것을 이루는 것이 바로 학교의 개혁이다(12장).

우리 자신을 섬겨야 하며, 또한 우리는 하나님과 그의 피조물과 우리 자신으로부터 기인하는 기쁨을 즐거워해야 한다는 것이다(Comenius, 1910: 72).

코메니우스는 만일 우리가 하나님과 이웃과 우리 자신을 섬기기 원한다면, 하나님께 대해서는 신앙을 가지고, 이웃에 대해서는 덕을 행하며, 우리 자신에 대해서는 지식을 소유할 필요가 있다고 말한다. 또한 기쁨과 행복에 대하여 삼중적으로 언급한다. 첫째, 사물 자체로부터 생겨나는 명상으로 얻는 기쁨이다. 둘째, 사람이 덕에 헌신할 때 마음속에서 일어나는 감미로운 즐거움이다. 셋째, 기쁨의 최고 단계로서 하나님을 기뻐하는 것이다. 코메니우스는 이런 세 가지 원리, 즉 지식, 도덕, 신앙은 세 개의 샘이며, 거기에서 가장 완전한 기쁨의 시냇물이 흘러나온다고 말한다.

### (3) 6~7장(연결고리)의 구조 및 의미

6~7장은 교육의 필요성과 교육의 적절한 시기에 대한 내용이다. 6장은 앞 장(1~5장)의 핵심(지식, 덕성, 신앙)을 받는 동시에(1절) 학습과 훈련의 필요성, 낙원학교 등에 대하여 언급하면서 1~5장과 8~12장의 연결고리 역할을 하고 있다. 7장에서는 교육을 행하기에 가장 적절한 때가 어린 시절임을 강조하면서 정부와 교회 지도자들에게 공적인 교육에 관심을 기울일 것을 요청한다(9절).

## 2) '원리'(8~19장)의 구조 및 의미

8~19장에서는 『대교수학』의 원리가 제시되고 있다. '진리'에 해당하는 핵심 주제는 '학교'(8~12장), '질서'(13~14장), '원리'(15~19장)다. 8~12장은 앞에서 이미 살펴보았다. 15~19장과 연결고리에 해당하는 13~14장의 구조를 살펴보면 다음과 같다.

## (1) 15~19장의 구조 및 의미

15장은 나머지 장들과 구성에 있어서 차이가 있다. 16~19장은 제시된 문제에 대하여 '원리' '모방' '탈선' '개선책'이란 틀로 정리하고 있다.[13] 15~19장은 교수 · 학습의 이론적 원리에 대하여 다루고 있다.[14] 이런 원리들은 자연의 질서에서 끌어온 것이다. 먼저 생명 연장의 원리에 대하여 다룬다(15장). 또한 정확한 교수 · 학습방법으로 목적을 확실하게 달성하는 방법에 대하여 다룬다(16장). 그리고 나서 쉬운 교수 · 학습의 원리를 제시한다(17장). 그다음 학습한 것을 잊지 않도록 돕는 철저성의 원리에 대하여 다룬다(18장). 마지막으로 빠른 지식 습득을 위해 교과를 간략하게 하는 원리를 다루고 있다(19장).

이 가운데 주목할 장은 18장이다. 18장은 교수와 학습에서 철저성의 원리를 다루고 있다. 학습한 것을 잊지 않도록 하는 방법이다. 이를 위해서는 유용한 교과만을 가르쳐야 하고, 중단 없이 교육해야 하며, 기초교육이 이뤄져야 하고, 이후의 교육은 그 기초 위에서 이뤄져야 하며, 교과는 잘 나누어져야 하고, 새로운 내용은 앞선 내용을 기초로 해야 하며, 연관성과 유사점이 강조되고 계속 연결되어야 한다.[15] 또한 이런 내용은 학생의 이해, 기억 재생 능력과 조화를 이루도록 배열하고 지속적으로 연습하도록 이끌어야 한다.

---

13 네 가지 틀을 좀 더 언급한다면 다음과 같다. 첫째, '원리'를 제시한다. 둘째, '모방(화가, 건축가, 조각가, 정원사 등)'을 제시한다. 모방이란 일상생활에서 각각의 원리와 일맥상통하는 경우를 예로 들어 제시한다. 셋째, '탈선'이란 이름으로 현재(당시) 교육의 문제를 지적한다. 넷째, '개선책'이란 타이틀로 제시된 교육 문제에 대한 대안을 제시하고 있다.

14 혹자는 여기서 15장을 16~19장과 함께 묶는 것에 대해 이의를 제기할 수 있다. 예를 들어서, 블라디미르 젤리네크(Vladimir Jelinek)는 교수법의 원리를 다루는 『분석교수학(*Linguarum methodus novissima caput 10, Analytical Didactic*)』을 번역하면서 『대교수학』에 수록된 교수법의 원리를 병행하여 제시하고 있다. 여기서 그는 『대교수학』의 교수법 원리를 나타내는 장을 16~21장으로 한정한다(Comenius, 1995a: 249-258). 그러나 필자가 보기에 젤리네크는 코메니우스가 14장에서 제시하고 있는 교육원리 구조를 간과한 것으로 보인다. 14장에서 코메니우스는 자연의 질서에 따른 교육원리를 다섯 가지로 제시하고 있으며, 그 다섯 가지 원리는 이후 15~19장의 제목이 된다. 이것은 15장을 이후의 장과 함께 묶을 수 있는 단서가 된다.

15 『대교수학』 자체가 바로 이 원리에 입각하여 저술되었음을 곳곳에서 발견할 수 있으며, 특히 전체 구조를 조망할 때 확인할 수 있다.

(2) 13~14장(연결고리)의 구조 및 의미

13장은 8~12장을 이어받는 동시에 14장과 연결하는 연결고리 역할을 하고 있다. 먼저 '학교 개혁을 위한 기초로서의 정확한 질서'라는 13장의 제목부터 그것을 보여 준다. 개미들의 정밀한 작업, 천체의 움직임, 인체의 신비 등 모든 것을 가능하게 하는 힘은 바로 질서의 힘이다. 그러므로 학교에 질서가 작용하도록 해야 한다(16절).

14장은 가깝게는 13장을 이어받고, 멀게는 8~12장을 이어받아 15~19장으로 연결하는 연결고리 역할을 하고 있다. 전자의 경우 13장에서 역설한 질서의 중요성을 자연에서 찾아야 한다고 말한다. 후자의 경우 코메니우스는 14장 말미인 15절에서 자연을 안내자로 삼아 다룰 가르치는 원리 다섯 가지를 설명한다. 앞서 잠시 언급한 바와 같이 다섯 가지 원리란 ① 생명 연장의 원리, ② 교과서를 간략화하는 원리, ③ 기회를 붙잡는 원리, ④ 지능을 계발하는 원리, ⑤ 판단력을 예리하게 하는 원리다. 이것은 이후의 15~19장과 연결된다. 즉, ①은 15장으로, ②는 19장으로, ③은 16장으로, ④는 17장으로, ⑤는 18장으로 확대되어 연결되고 있다.


### 3) '순서'(15~25장)의 구조 및 의미

'순서'(15~25장)에는 『대교수학』의 방법론적 규칙들이 제시되어 있다. 핵심 내용은 '원리'(15~19장), '규칙의 필요성'(20~21장), '교수법적 규칙들'(22~25장)이다. 이 중에서 22~25장은 구체적인 교수법적 규칙들을 다루고 있다. 22~25장 역시 15~25장의 흐름 속에서 볼 때 더 잘 이해할 수 있다. 15~19장의 구조와 내용은 앞에서 다루었기에 22~25장과 연결고리에 해당하는 20~21장의 구조를 살펴보면 다음과 같다.

### (1) 22~25장의 구조 및 의미

22~25장은 교육을 위한 실천적 내용을 담고 있는데, 크게 언어 교수법, 도덕 교수법, 신앙 교수법 등 세 가지로 나눌 수 있다. 이것은 제5장에 나오는 인간의 내면에 심겨진 지식, 덕성, 신앙의 요소와 〈표 6-1〉에서와 같이 연결된다.

**〈표 6-1〉 『대교수학』 22~25장의 구조**

| 인간의 교육적 본성 | 지식 | 덕성 | 신앙 |
|---|---|---|---|
| 실천방법 | 언어 교수법<br>(8개의 규칙) | 도덕 교수법<br>(16개의 규칙) | 신앙 교수법<br>(21개의 규칙) |
| 해당 장 | 22장 | 23장 | 24~25장 |

〈표 6-1〉을 통해 볼 때 눈에 띄는 것은 25장이다.[16] 여기에서 25장을 독립된 장으로 보는 것이 타당한가 아니면 24장과의 연계 차원에서 보는 것이 적절한가의 질문이 대두된다. 하지만 이런 의문은 사실 25장 1절을 읽을 때 간단하게 해결된다. 1절은 "우리가 앞 장에서 간단히 언급했던 것을 더 철저하게 추구할 필연성이 불가피하게 요구된다."는 말로 시작한다(Comenius, 2002: 321). 즉, 25장은 24장의 한 부분(정확하게 말하면 24장 5절의 내용)을 확대하여 설명하는 진술임을 알 수 있다. 코메니우스 연구가인 로우리(Laurie, 1893: 127-130) 역시 24장과 25장의 내용을 신앙(piety)이라는 주제로 묶어서 설명하고 있다.

---

16  25장은 이교도의 책 사용법에 대한 내용이다. 코메니우스는 참된 학교개혁을 원한다면 이교도가 저술한 책들을 교회에서 추방하든가 적어도 지금까지보다는 더 조심해서 사용하지 않으면 안 된다고 말한다. 이에 대하여 키틴지(Keatinge)는 고전을 폐기하라는 주장으로 해석한다. 그래서 키틴지는 여기서 말하는 '고전을 폐기하라.'는 주장과 다른 곳에서 언급하는 '고전을 도입하라.'는 주장이 서로 화합할 수 없는 것이라고 말한다(Comenius, 2011: 251). 그러나 그의 주장은 코메니우스의 강조 표현을 지나치게 확대 해석한 것으로 보인다. 왜냐하면 코메니우스는 25장에서 이교도 교재를 피해야 할 대상이 '어린이'임을 뚜렷하게 제시하고 있기 때문이다. 또한 코메니우스는 무조건적인 반대가 아니라는 점을 분명히 밝힌다(Comenius, 2011: 266). 즉, 그는 세네카, 에픽테투스, 플라톤과 같이 청소년들에게는 묵인할 수 있는 이교도 저자들이 있음을 인정한다. 동시에 이교도의 책을 읽히기 위해서는 미신적이고 오류가 있는 내용을 제거하고 개정한 후 읽도록 할 것을 강조하고 있다. 그는 이교도 책들은 성인이 되고 난 이후에 읽는 것이 훨씬 효과적임을 주장한다.

22장은 언어 교수법에 대한 내용이다. 언어는 지식을 얻고 그것을 타인에게 전달하는 수단으로 학습하는 것이다. 코메니우스는 언어학습을 위한 여덟 가지 규칙을 제시한다. 17~23절에서는 언어교육과정을 〈표 6-2〉에서 보는 바와 같이 네 개의 연령단계로 구분하여 제시한다.

**〈표 6-2〉 『대교수학』의 연령별 4단계 언어 교육과정**

| 연령 단계 | 연령별 특징 | 언어학습의 특징 | 관련 교과서 |
|---|---|---|---|
| 제1단계 | 더듬거리는 유아기 | 불분명함 | 앞뜰(Vestibulum) |
| 제2단계 | 성장하는 아동기 | 정확함 | 정문(Janua) |
| 제3단계 | 보다 성숙한 청소년기 | 우아함 | 궁전(Palatium) |
| 제4단계 | 정력적인 성인기 | 힘이 있음 | 보고(Thesaurus) |

23장은 도덕 교수법에 대한 내용이다. 1절에서는 22장에서 살핀 지식, 기술, 언어의 교수·학습에 대한 의미를 간략하게 언급한다. 2~3절에서는 참 교육의 진수로서 덕성과 신앙교육의 중요성을 23~25장에 대한 서론 격으로 아주 짧게 언급하고 있다. 그리고 곧바로 덕성 교수법의 16개 규칙을 제시한다.

24장은 신앙 교수법에 대한 내용이다. 신앙학습이란 우리의 마음이 창조자를 찾는 것, 그를 찾은 후 그를 따라가는 것 그리고 그에게 이르렀을 때 그를 기뻐하는 것을 배우는 것이다. 이와 관련된 내용을 도표화하면 〈표 6-3〉과 같다.

**〈표 6-3〉 『대교수학』의 신앙 교수법**

| 신앙학습이란? | 창조자를 찾는 것 | 창조자를 따르는 것 | 창조자를 기뻐하는 것 |
|---|---|---|---|
| 무엇을 통해? | 우리의 이해력 | 우리의 의지 | 양심의 신앙 |
| 기쁨의 원천 | 자연 | 우리 자신 | 성경 |
| 삼중 방법 | 묵상 | 연단 | 기도 |

이를 위한 교수법을 21개의 규칙으로 정리하고 있다. 주목할 것은 코메니우스는 언어·도덕·신앙 교수법을 다룸에 있어서 신앙 교수법에 할애하는 분량이 다른 것보다 두드러지게 많다는 것이다(Comenius, 1957: Tomus 1, Sp. 127-147). '언어'와 관련해서는 6쪽 분량을 할애하고 있고, '도덕'을 다루는 분량은 5쪽인 데 비해, '신앙'을 다루는 분량은 11쪽이다. 이것은 코메니우스가 신앙교육을 중요하게 생각하고 있음을 보여 주는 하나의 예다.

### (2) 20~21장(연결고리)의 구조 및 의미

20장은 1절 서두에서 지식(기술), 덕성, 신앙의 올바른 교육에 대해 앞에서 산발적으로 살펴본 것(15~19장의 내용)들을 종합하는 내용이다. 즉, 사물의 지식을 추구하는 학문의 교수법적 이론을 종합하는 장이라고 할 수 있다. 학문을 얻기 위해 요청되는 것은 〈표 6-4〉와 같이 정리할 수 있다.

**〈표 6-4〉『대교수학』의 자연지식에 대한 내적 지각방식**

| 내적 지각을 위한 보조물 | 눈 | 대상 | 빛 |
|---|---|---|---|
| 보조물의 의미 | 정신 | 지력의 안팎에 놓인 사물 | 주의력 |
| 학생의 마음 자세 | 마음의 눈을 깨끗이 간직 | 대상을 마음의 눈에 가까이 가져왔는지 분명히 함 | 주의를 기울임 |
| 관련 장 및 절 | 20장 4~5절 | 8장 7원리, 20장 6~10절 | 17, 19장 1원리, 20장 12절 |

21장은 기술(실천)의 교수법적 규칙을 제시한다. 기술이 요청하는 세 가지는 '모형' '소재' '도구'인데, 이와 관련된 11개의 규칙이 있다. 이것을 도표로 정리하면 〈표 6-5〉와 같다.

〈표 6-5〉『대교수학』의 기술 교수법

| 기술 학습 전 필요한 세 가지 | 소재의 사용법 | 기술지도 | 연습 |
|---|---|---|---|
| 11개의 규칙 | • 활동을 통해 학습<br>• 뚜렷한 모형 제공<br>• 친숙한 소재 사용<br>• 모방으로 시작<br>• 모형은 완전한 것으로<br>• 모방할 때는 정확하게 | • 말로 아니라 실습을 통해 지도<br>• 잘못은 즉시 시정<br>• 결합과 분석을 기초함 | • 연습은 기초부터<br>• 작품 생산이 제2의 본성이 될 때까지 계속 |
| 순서 | 1, 2, 5, 6, 7, 8 | 3, 9, 10 | 4, 11 |
| 관련 절 | 5, 6, 9, 10, 11절 | 7, 13, 14절 | 8, 17절 |

21장의 이런 내용은 곧 이어질 22~25장을 연결하는 연결고리 역할을 한다. 이런 사실은 21장의 제 1, 2법칙이 22장 11~12절로 연결되는 것을 통해서 확인할 수 있으며, 21장 9절의 내용이 23장 16절로 이어지는 것을 통해서도 확인할 수 있다.

## 4) '길'(22~31장)의 구조 및 의미

'길'(22~31장)이 담고 있는 핵심 내용은 '교수법'(22~25장), '훈육'(26~27장), '학교제도'(28~31장)다. 가장 실제적인 학교의 체제와 대략적인 교육과정을 제시하고 있는 28~31장 역시 22~31장이라는 큰 그림 속에서 살펴보아야 한다. 22~25장의 구조와 내용은 앞에서 다루었다. 여기서는 28~31장과 26~27장의 구조와 의미를 살펴보도록 하겠다.

### (1) 28~31장의 구조 및 의미

코메니우스는 28~31장에서 지금까지 제시한 목적, 질서, 원리, 방법 등을 총망라하여 적용할 학교제도에 대하여 소개하고 있다. 즉, 0세부터 24세까지 6년

씩 나누어 네 개의 교육단계로 구분된 학교제도를 장마다 소개하고 있다. 28장은 어머니 무릎학교이며, 29장은 모국어 학교, 30장은 라틴어 학교, 31장은 대학교 순으로 제시한다. 〈표 6-6〉은 학교제도를 도표화한 것이다.[17]

〈표 6-6〉에서 주목할 몇 가지를 정리해 보면 다음과 같다. 첫째, 코메니우스의 초기 학제에 대한 생각은 후기와 다르다는 사실이다. 즉, 『대교수학』에서 주장하는 학제는 영유아기(0세)에서 청년기(24세)에 한하고 있다. 이것은 이후 인생 전체를 학교로 보는 그의 관점과는 다르다. 둘째, 코메니우스는 영유아기부터 청소년기까지는 의무교육과 같은 개념으로 모든 대상자에게 실시해야 한다고 말한다. 그러나 '대학' 교육의 경우 특별히 지능이 뛰어날 뿐만 아니라, 이에 더하여 "근면하고 도덕적인 성격의 사람만을 입학시켜야 한다."라고 말한다(31장 7절). 이런 점은 매우 현실적인 제안이다. 셋째, 모든 학령에 따른 교육과정이 매우 구체적이며 균형이 잡혀 있다는 점이다. 코메니우스가 주장하는 교육과정의 축은 '지식' '덕성' '신앙'인데, 이런 축이 '대학'을 제외한 모든 학령에서 비교적 구체적이면서 동시에 균형 있게 분포되어 있다. 예를 들어, 코메니우스는 영유아기에 해당하는 학습자들의 도덕교육 주제인 절제, 청결, 부모 공경, 순종, 정직, 정의, 사랑, 집중, 침묵, 마음 억제, 인내, 섬김, 예절 등을 비교적 세밀하게 제시한다. 넷째, 코메니우스는 자연학(물리학)을 하나의 학문적 관점에서뿐만 아니라 교육적 의미에서도 독립된 분야로 분류하고 있다는 점이다(정병훈, 1994: 386). 예컨대, 어머니 무릎학교에서 다룰 지식의 내용(물, 흙, 공기, 불 등)은 미래에 자연과학(광학, 천문학, 지리학, 연대학, 역사학, 산술, 기하학, 통계학, 기계학, 변증법, 문법, 수사학, 시학, 음악, 경제학, 정치학)의 기초가 된다. 또한 청소년기에 해당하는 학문의 영역은 총 열세 가지다. 즉, 3학(문법, 변증법, 수사학), 4과(산술, 기하, 음악, 천문학), 자연, 지리, 연대기, 역사, 윤리,

---

17 코메니우스는 이 시기의 어린이들은 신앙이 상당히 발달해 있어야 한다고 말한다. "하나님이 항상 계심을 깨닫고, 그들 주변에서 하나님을 보며, 악한 자를 공의로 다스리시는 하나님을 두려워하게 됨으로써 어린이들은 죄악 된 행동을 범하지 않도록 보호된다."(21절)

〈표 6-6〉 『대교수학』의 학교제도(표 중 *는 27장에서 정리한 것임)

| | | 어머니 무릎학교 | 모국어 학교 | 라틴어 학교 | 대학 |
|---|---|---|---|---|---|
| 관련 장 | | 28장(1~26절) | 29장(1~18절) | 30장(1~17절) | 31장(1~16절) |
| 연령 | | 0~6세(영유아기) | 7~12세(아동기) | 13~18세(청소년기) | 19~24세(청년기) |
| 대상 | | 모든 어린이 | 모든 아동 | 모든 청소년 | 뛰어난 지능인 |
| 목표 | | 평생 학습을 위한 지식의 씨 뿌림 | 평생에 필요한 사항을 가르치는 것 | 네 개 언어 습득, 많은 교양 습득 | 교회와 국가의 필요에 따라 연구함 |
| 교육 과정 | 지식 | 물, 흙, 공기, 불, 비, 새, 몸의 기능 등(3~19절) | 모국어 읽고 쓰기, 셈하기, 측정, 노래, 가정, 국가, 우주, 기계 | 7자유학과, 자연과학, 지리학, 연대학, 역사학 | |
| | 덕성 | 도덕의 기초를 닦아야 함(20절) | 규칙, 형식 만들어 실천하기 | 윤리학 | |
| | 신앙 | 교리문답 주된 내용, 기독교의 원리(21~22절) | 시편&찬송가 암송, 성경 스토리, 성경 역사 | 신학 | |
| 학제 | | 매년, 매월, 매일의 학습과정을 표기하기 어려움 | 6년제 | 문법학의 학년<br>자연학의 학년<br>수학의 학년<br>윤리학의 학년<br>변증법의 학년<br>수사학의 학년 | 6년제 |
| 특징 | | • 형이상학이 출발점<br>• 세부적인 교육과정<br>• 어머니학교의 지침서 참고<br>• 그림책 활용<br>• 각 가정마다 | • 계층 간 차별 없이 모두 모국어 학교로<br>• 모국어 우선<br>• 모든 교과서는 지식, 덕성, 신앙 내용 포함<br>• 각 마을마다 | • 국가 무상 제공<br>• 모국어, 라틴어, 헬라어, 히브리어<br>• 하루 4시간 수업<br>• 각 도시마다 | • 국가 무상 지원<br>• 각 분야 전공자가 필독서 요약하여 제공<br>• 집단 토론 방식<br>• 여행<br>• 각 나라와 지방마다 |
| *나무 비유 | | 어린 나무: 심기 > 뿌리 > 새싹 | 어린 나무: 가지와 새싹이 가득 | 향기로운 꽃이 만발한 나무: 열매를 약속함 | 열매로 가득한 나무 |
| *계절 비유 | | 봄 | 여름 | 가을 | 겨울 |
| *차이점 | | 일반적 · 대략적 교육 | | 전문화되고 정확한 교육 | |
| | | 외적 감각 훈련 | 내적 감각(상상력, 기억력) 훈련 | 이해하고 판단하는 훈련 | 의지와 특별한 관계 수립: 조화를 이루게 함 |
| | | 남녀 어린이 전부 | | 수공업 직종보다 더 높은 것을 지망하는 자 | 교사, 학자, 지도자 지망자 |

신학이다.[18] 코메니우스는 자연학을 지식인이 되기 위한 '보편적 필수 과목'으로 간주하고 있는 것이다.

### (2) 26~27장(연결고리)의 구조 및 의미

26장은 학교의 훈육에 대한 내용이다. 22~25장에서 다룬 학교에서의 지식, 덕성, 신앙의 교수법적 기술만으로는 학생들을 제대로 교육하기 어렵기 때문에 코메니우스는 이 시점에서 특별히 '학교의 훈육'을 다루고 있다. 훈육이 덕성 교육과 밀접하게 연결되어 있는 것은 사실이다. 그래서 코메니우스는 23장에서 도덕의 교수법을 다룰 때, 마지막 18절에서 차후(26장) 훈육에 대하여 다룰 것을 미리 언급하기도 했다. 또한 그는 4절에서 "훈육은 학습이나 학문과 관계시켜 적용하면 결코 안 되며, 오직 도덕의 문제가 위태로울 때만 필요한 것이다."라고 지적한다. '학교의 훈육'을 26장에 배치한 것은 의미가 있다. 코메니우스는 훈육이 필요한 학생의 '잘못'에 대하여 다음과 같이 말한다.

> 첫 번째 종류의 잘못은 하나님의 위엄에 대한 모독이다. 두 번째 종류는 모든 덕성의 기초, 즉 겸손과 순종을 파괴하는 일이다. 세 번째 종류는 학습의 원활한 발전을 방해하는 일이다. 하나님을 방해하는 행동은 죄악이며, 매우 엄한 벌로 속죄하여야 한다. 인간에 대한 잘못된 행위는 적의에서 오는 것이며 그런 경향성은 즉시 엄하게 시정되어야 한다. 그러나 프리스키안 문법책에 대한 잘못은 가벼운 책망으로 충분한 종류의 것이다. 다시 말하면, 훈육의 목적은 하나님을 경외하고(신앙), 이웃을 사랑하고(덕성), 인생의 수고와 의무(지식)를 민첩하게 수행하도록 열의를 고무해 주는 일이다(Comenius, 2011: 273; 강조는 필자).

---

18 뿐만 아니라 코메니우스는 청소년기의 학제를 구분함에서도 자연학을 윤리학이나 변증학보다 앞에 세운 것에 대하여 반론을 예상하고 "질료는 논리적으로 형상보다 앞에 오기 때문에 사실을 학습한 후에 사실들의 결합을 학습해야 하며 또 그렇게 하는 것이 빠른 진도를 위한 유일한 방법이다."(30장 5절)라고 말한다.

이와 같은 코메니우스의 주장을 통해 우리는 다음과 같은 결론을 얻을 수 있다.[19] 훈육이란 지식·덕성·신앙 교수법에 공통으로 적용되는 것이라고 보아야 한다. 따라서 26장은 22~25장의 내용을 이어받고 있을 뿐만 아니라 이후의 장과 이어 주는 연결고리 역할을 한다. 27장은 연령과 발달단계에 따른 학교의 4단계 구분을 보여 준다. 한마디로 말해서, 이후의 각 장(28~31장)에서 구체적으로 다룰 단계별 학교제도에 대하여 서론적으로 제시하고 있다.[20]

## 3. 구조분석을 통해 본 『대교수학』의 특성

이상에서 살펴본 바와 같이 코메니우스의 『대교수학』은 전체 구조가 매우 치밀하게 구성되어 있으며, 각 부분들이 논리적으로 연결되어 있다. 『대교수학』의 구조를 통해 그 특성을 몇 가지로 정리해 보면 다음과 같다.

첫째, 코메니우스의 『대교수학』은 네 개의 핵심 기둥 위에 세워져 있다. 바로 토대, 원리, 순서, 길이다. 코메니우스는 『대교수학』을 통해 가르치는 기술의 근거, 원리, 질서, 방법을 철저하게 제시하고 있다. 코메니우스는 이런 사실을 '독자에게 드리는 인사말' 중에서 "가르치는 기술의 근거, 원리, 방법 및 목적을 찾아보기 시작했습니다. 이것이 나의 논문(이 책)의 기원인데, 나는 이 논문이 지금까지 취급된 어떤 것보다 더 철저하게 이 주제를 전개시킨 것이라고 믿습니다."(Comenius, 2011: 18)와 같이 언급한다. 코메니우스는 '토대'를 기점으로 '원리'에서 '실천'으로, 나아가서는 '적용'의 촉구로 전개하고 있다. 즉, 1~12장에서 『대교수학』 전체 내용의 '토대'를 굳건히 세우고 있으며, 이어서 8~19장에서는 자연으로부터 『대교수학』의 '원리'를 끌어내고, 15~25장에서는 교수·학습

---

19  코메니우스에 의하면 최고의 훈육 방법은 다음과 같다. "좋은 모범과 유순한 말과 계속적으로 진실하고 거짓 없는 관심을 학생들에게 보여 주는 일이다."(Comenius, 2011: 275)

20  이에 대한 더 구체적인 정리는 〈표 6-6〉의 '나무 비유' '계절 비유' '차이점'을 참고하기 바란다.

의 '규칙(순서)'을 이끌어 내며, 그 원리에 따르는 실천적 '방법(길)'을 22~31장에서 제시하고 있다. 이것은 나아가 실제 교육현장에서의 적용에 대한 촉구로 마무리된다(32~33장). 이런 『대교수학』의 원리적 흐름을 나선형적 발전 모형[21]이라고도 하며(정영수, 1992: 177), 동심원적 교육과정이라고도 부른다(강선보, 2002: 9-11). 흥미로운 것은 이런 원리적 특성을 가지고 있는 『대교수학』이 이후에 저술되는 코메니우스의 핵심 작품들의 토대가 된다는 점이다.

둘째, 『대교수학』에는 인간의 삼원적 특성으로서의 교육적 본성이 처음부터 끝까지 일관되게 나타나고 있다. 코메니우스는 첫 단락(1~5장)에서 인간의 교육적 가능성을 인간이 천성적으로 가지게 된 세 가지 본성과 관련하여 시작한다. 즉, 1장에서 제시한 '감각' '이성' '생명'이 그 자체로 '지식' '덕성' '신앙'적 의미를 배태하고 있다가 2~4장을 지나 결국 5장에서 인간의 교육적 본성으로 드러난다. 또한 코메니우스는 학교에서 가르쳐야 할 보편적 교육의 특성이 바로 인간의 삼중적 교육 본성을 개발하는 것이라고 말한다. 즉, 인간의 삼중적 교육 본성은 학교의 보편적 교육원리다. 이러한 사실은 두 번째 단락(8~12장) 중 10장에서 발견할 수 있다. 학교는 사물 자체를 통해 지식을, 우리 자신을 통해 덕성을, 하나님과의 관계를 통해 신앙을 다루어야 한다. 이런 삼중 원리를 균형 있게 가르치는 것이 보편적 교육이다. 코메니우스는 교수·학습의 이론적 원리를 적용함에 있어서도 지식, 덕성, 신앙의 요소를 빠뜨리지 않는다. 이런 사실은 대표적으로 '교수와 학습의 철저성의 원리'를 다루고 있는 18장에서 발견할 수 있다. 즉, "자연은 필요한 것을 하나도 빼놓지 않기 때문이다."(18장 10절 2원리) 실천적 교수법에서도 지식, 덕성, 신앙의 요소가 구체적으로 적용되어야 한다. 이러한 사실은 22~25장에서 확인할 수 있다. 즉, 지식과 관련된 언어의 교수법(22장), 덕성과 관련된 도덕의 교수법(23장), 신앙과 관련된 신앙의 교수법(24~25장)이 적용되어야 한다는 것이다. 뿐만 아니라 지식, 덕성, 신앙의 요소가

---

21 코메니우스는 인간의 삼중적 교육 본성을 시작으로 그 본성을 적절하게 교육할 수 있는 교수·학습 원리, 교수법, 학교제도(교육과정)를 살피는 방식으로 점증하는 나선형적 발전 모형을 보여 주고 있다.

실제 학교제도 안에서 적용되어야 한다. 28~31장을 통해 코메니우스는 4단계 학교제도를 제시하는데, 그중에서 지식·도덕·신앙 교육을 위한 교육과정 내용을 1, 2단계에 집중적으로 제시하고 있다.

셋째, 코메니우스의 『대교수학』은 교수·학습의 원리를 정립할 수 있는 지혜를 자연에서 찾고 있다. 왜냐하면 자연은 하나님의 삼원적 특성이 투영되어 있는 창조물이기 때문이다. 코메니우스는 자연의 질서를 적용한 교수·학습 원리를 다섯 가지로 제시한다. ① 생명연장의 원리다. 이것은 배운 것을 활용하는 인생의 기간이 길어질수록 교육 효과를 극대화할 수 있는 원리다.[22] ② 자연의 질서를 통해 목적을 성취하는 정확한 방법을 배울 수 있다. 교육을 위한 적절한 때, 교육준비, 교육재료 선택, 교육목표 제시, 교수방법, 교육주제의 개요, 교과별 단계 조절, 교육목표 성취, 학습 방해물 제거(16장 7~63절: 1~9원리) 등에서 도움을 받을 수 있다. ③ 자연의 질서를 통해 쉬운 교수·학습의 원리를 배울 수 있다. 빠른 시기에 시작함, 학습자의 자발적 참여, 간단명료한 설명과 실례, 쉬운 것에서 어려운 것으로 나아감, 학습자의 이해력과 집중 시간 고려, 이해 후 자발적 참여 유도, 학습자의 분명한 이해, 실제적 효과 제시, 일관된 교육방법 적용 등에서 도움받을 수 있다. ④ 자연의 질서를 통해 학습한 것을 잊지 않는 원리를 배울 수 있다. 필요한 것을 가르침, '지식' '덕성' '신앙'의 균형을 유지함, 학습동기, 학습의욕 고취, 사물을 통한 직접 학습, 적절한 순서 매김, 앞서 학습한 것이 이후에 학습하는 것에 의해 분명해짐, 사물의 본질과 함께 그 이유를 제시함, 적용을 지향하는 교육, 교과에 대한 적절한 연습 등과 같은 원리를 배울 수 있다. ⑤ 자연의 질서를 통해 교과를 간략하게 하는 원리를 배울 수 있다. 교사의 효율적인 역할, 같은 교과서 사용, 같은 교육과정을 통한 학습, 같은 교수법, 간략한 설명법, 일석이조의 교수 효과, 교과의 단계적 학습, 장애물 극

---

22 나무가 수분을 계속적으로 공급받고, 적당하게 수분을 발산하며, 계절에 따른 자연스러운 휴지기를 가질 때 건강하게 자라는 것처럼(15장 9절), 먹는 데 절제하고, 적절하게 에너지를 발산하며, 적절한 휴식을 누리는 사람은 생명을 오래 보존할 수 있다.

복 방안 등을 배울 수 있다.

넷째, 『대교수학』은 자연의 질서로부터 일반원리를 취할 뿐만 아니라 세부 규칙을 도출한다. 사물의 모든 부분은 그것이 아무리 작은 것일지라도 예외 없이 순서와 위치, 상호 간 연계성 속에서 학습해야만 한다. 이런 이유로 코메니우스(2011: 201-250)는 사물의 합당한 순서로서 설계 규칙을 강조한다. 그래서 그는 '기술의 교수법'으로 11개의 규칙(21장), 외국어 학습에 대한 8개의 규칙 (22장), 덕성을 육성하는 기술로 16개의 규칙(23장), 신앙 교수를 위한 21개의 규칙(24장)을 소개하고 있다. 이 중에서 특별히 언어교육과정은 '더듬거리는 유아기' '성장하는 아동기' '성숙한 청소년기' '왕성한 성인기'와 같이 네 개의 연령단계로 나누어 소개하고 있으며, 각 단계에서 사용할 교과서 역시 연령단계에 맞게 '앞뜰' '정문' '궁전' '보고'와 같이 네 종류가 있다. 이런 예에서 알 수 있는 것은 세부적인 규칙의 핵심에는 학습자의 연령, 사물의 위치 등과 같은 '순서' 혹은 '질서'가 있다는 것이다.

다섯째, 코메니우스는 『대교수학』에서 이후의 학교제도에 토대가 될 청사진을 제시하고 있다. 『대교수학』에 제시된 학교제도는 다음과 같은 몇 가지 특징이 있다. ① 코메니우스의 초기 학교제도에 대한 생각은 후기의 것과 다르다. ② 코메니우스는 영유아기부터 청소년기까지는 의무교육을 주장하지만, '대학' 교육의 경우 특별히 지능이 뛰어난 자에 한하고 있다. ③ 모든 학령에 따른 교육과정이 매우 구체적이며 균형이 잡혀 있다. ④ 코메니우스는 자연학(물리학)을 하나의 학문적 관점에서뿐만 아니라 교육적 의미에서도 독립된 분야로 분류하고 있다.

마지막으로, 코메니우스의 『대교수학』에는 연결과 결합의 원리가 나타난다. 즉, 큰 단원과 단원을 연결해 주는 연결고리가 배치되어 있다는 것이다. 1~5장과 8~12장을 연결해 주는 연결고리는 6~7장이며, 8~12장과 15~19장을 연결해 주는 연결고리는 13~14장이고, 15~19장과 22~25장을 연결해 주는 연결고리는 20~21장이라면, 22~25장과 28~31장을 연결해 주는 연결고리는 26~27장이다. 이것은 『대교수학』 자체에 흐르는 특성들[23]인 일관성, 연관성, 연계성, 계속성, 전체성, 균형성의 끈이라고 볼 수 있을 것이다. 이 점은 코메니우스의 사상적 특성인 인간의 교육적 특성 및 역할 강조와 잘 어울리는 특징이다. 코메니우스에 따르면 인간은 하나님과 세계 사이에서 중계자 역할을 부여받았다. 그래서 인간은 3차원적 관계(하나님과 인간, 인간과 인간, 인간과 자연)의 연결고리와 같은 존재라고 할 수 있다. 판소피아를 실현하기 위해서는 인간의 연결고리와 같은 역할이 매우 중요하다. 그래서 코메니우스는 교육을 강조하고 있는 것이다.

---

23  『대교수학』에 나타나는 특성들의 예를 제시해 본다면 다음과 같다. 17장 46절의 일관성, 18장 4절 8항의 연관성 및 계속성, 18장 13~16절에서 강조하는 '전체성'의 필요성, 18장 38절의 균형성 등이다. 이는 곧 코메니우스의 이론이 단순한 이론으로 끝나지 않음을 보여 주는 하나의 예라고 할 수 있다.

# 제7장

# '원리'로서의 『빛의 길』

1. 『빛의 길』의 전체 구조와 의미

2. 『빛의 길』의 세부 구조와 의미

3. 구조분석을 통해 본 『빛의 길』의 특성

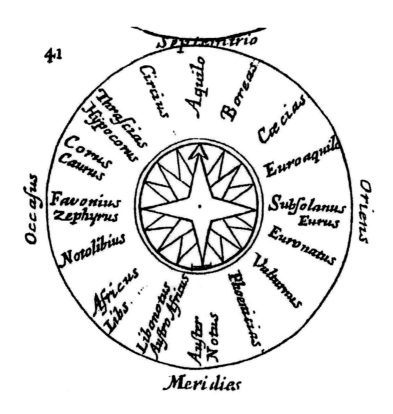

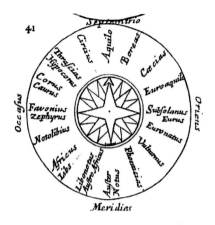

제7장의 표지 그림은 『언어의 문(*Janua Linguarum*)』에 나오는 '풍향계'다 (Comenius, 1665). 그림은 동서남북으로 부는 주된 바람과 그 사이사이 바람의 명칭을 보여 준다. 그림은 마치 나침반을 연상하게 한다.

코메니우스는 『빛의 길(*Via Lucis*)』 10장을 '빛이 퍼지는 길을 알고 있는가?'라는 질문으로 시작한다. 그러면서 그는 하나님이 욥에게 우주적 창조의 근원을 묻는 욥기 38장의 장면을 언급한다. 흥미로운 것은 욥기 38:24이다. "광명이 어느 길로 뻗치며 동풍이 어느 길로 땅에 흩어지느냐"라는 이 구절은 성경의 시가서(詩歌書)에서 자주 사용되는 평행법을 통해 '광명의 길'과 '동풍의 길'을 대조하며 동일 맥락임을 보여 준다. 『빛의 길』은 코메니우스의 사상적 풍향계요 나침반이라고 할 수 있다.

빛의 전체적 속성은 감각기관과 빛에 의해 분리된 사물을 통일시키려는 목적으로 작용하려고 하기 때문에, 사물들을 발견하거나 도외시하는 것과 관련하여 판단할 수 있다(Comenius, 1938).

『빛의 길』은 학자들 중에서 '작은 일반담론'으로 불린다. 이는 『일반담론 (Consultatio)』 안에 담겨 있는 기본적인 내용이 『빛의 길』에 포함되어 있기 때문이다. 특히 헌사의 4절을 보면 코메니우스의 계획이 이후 일곱 가지 과제를 수행하는 과정에서 이루어질 것을 언급하고 있는데, 이는 곧 『빛의 길』이 『일반담론』의 서론과 같은 역할을 하고 있다는 증거다(Comenius, 1938: Dedication 5-6). 즉, 『일반담론』에서 다루고 있는 현실에 대한 개선의 열망, 보편적인 빛, 모든 사물에 대한 백과사전적 원리, 판소피아에 대한 교육방법, 범언어에 대한 포괄적인 육성 방안, 범개혁에 대한 내용, 판소피아의 실행을 위한 요청 등이 『빛의 길』에 간략하게 청사진처럼 담겨 있다는 것이다.[1]

## 1. 『빛의 길』의 전체 구조와 의미

코메니우스는 『빛의 길』을 1641년 11월에 집필하기 시작하여 1642년 4월에 완성했다. 이 시기는 코메니우스의 저술 시기 중 초기에 해당한다. 그렇기 때문에 『빛의 길』에는 후기 작품에 나타나는 코메니우스적 구조[2]가 제시되어 있지 않다. 따라서 『빛의 길』의 구조를 분석하는 것은 매우 의미 있는 작업이다. 『빛의 길』의 구조에 관심을 보인 학자들이 많지 않은 가운데, 안영혁은 다음과 같이 『빛의 길』의 전체 구조를 구분하여 제시하고 있다.

---

1  코메니우스의 판소피아 기본 구조는 그가 『빛의 길』을 저술하던 시절인 영국 체류 기간에 실체를 드러낸다. 샬러(Schaller)에 의하면 인간사(人間事) 전반에 대한 개혁의 구체적인 아이디어가 처음으로 소개된 것은 바로 『빛의 길』이다(오춘희, 1998a: 132에서 재인용). 구체적인 내용을 확정하기까지는 더 많은 시간이 걸렸지만, 『일반담론』에 나타나는 기본적인 구조인 일곱 권의 구분은 대체로 이 기간에 정해진 것으로 보인다(오춘희, 1998a: 133).

2  '코메니우스적 구조'란 코메니우스의 후기 저작에 나타나는 주제에 대한 삼중 분류방식을 뜻한다.

Ⅰ. 세계 개혁의 요청(1~4장) / Ⅱ. 치유의 빛(5~8장) / Ⅲ. 빛과 어두움의 대립(9~12장) / Ⅳ. 빛의 확산으로서의 범조화(13~14장) / Ⅴ. 빛의 확산을 위한 방법적 요소들(15~19장) / Ⅵ. 빛으로 변화된 세계(20~21장) / Ⅶ. 결어로서의 기도(22장) (안영혁, 2009a: 169)

그는 『빛의 길』의 구조를 크게 일곱 개의 단락으로 구분한다. 먼저 안영혁은 코메니우스가 『빛의 길』을 통해 판소피아적 체계(세계관적 조망)를 보여 주고 있음을 일곱 가지의 단계를 통해 언급하고 있다. 그러면서 『빛의 길』에는 '현실 인식과 현실적 악의 양상, 그 개혁의 방향 및 개혁된 세계에 대한 소망'이 모두 제시되고 있음을 말한다(안영혁, 2009a: 170). 그가 나눈 일곱 개의 단락은 나름대로 설득력이 있어 보인다. 한 가지 아쉬운 것은 전체적으로 세밀한 요소를 지나치고 있다는 점이다. 즉, 장과 장을 이어 주는 연결고리 및 단락과 단락을 이어 주는 연결고리에 대한 언급이 없다. 또한 14장의 핵심인 '우주적 빛의 목적'을 제대로 드러내 주지 못하고 있는 점도 아쉽다. 20~21장의 주제는 '빛으로 변화된 세계'로 보는 것보다는 '우주적 빛의 목적을 위한 조건들'로 보는 것이 더 타당해 보인다. 이러한 점을 살려서 필자는 〈표 7-1〉과 같이 『빛의 길』의 구조를 제시해 보았다.

〈표 7-1〉을 통해 볼 때 22장으로 이루어져 있는 『빛의 길』은 '헌사'와 마지막 22장을 제외하고 여섯 개의 소단원과 두 개의 연결고리로 구분할 수 있다. 이는 다시 세 개의 대단원으로 주제를 분류할 수 있는데, 이런 분류는 코메니우스의 후기 작품에 나타나는 형태와 매우 유사하다. 즉, 대단원에서부터 장별 분류 방향으로 전개한다고 가정할 때 코메니우스는 『빛의 길』이란 주제를 세 개의 큰 주제로 분류한 후에 그 세 가지 주제마다 두 가지 주제로 확장하여 제시하고, 거기에서 더 세분화하여 나아가는 형식을 보여 주고 있다. 코메니우스의 후기 작품인 『인간개선에 관한 일반담론(De Rerum Humanarum Emendatione Consultatio Catholica)』의 두 번째 책인 『판아우기아(Panaugia)』는 『빛의 길』로부터 기인한

〈표 7-1〉 『빛의 길』의 구조분석표

| 장 | 장별 주제 | 소단원별 주제 | 대단원별 주제 |
|---|---|---|---|
| 헌사 | | | |
| 1장 | 하나님의 지혜 학교 | 하나님의 지혜 학교와 무질서의 원인 | 하나님의 지혜 학교와 우주적 빛 |
| 2장 | 무질서한 지혜 학교 | | |
| 3장 | 인간문제 치유 노력 | | |
| 4장 | 무질서의 치유책? | 무질서의 치유책인 우주적 빛 | |
| 5장 | 무질서의 치유를 위한 빛 | | |
| 6장 | 우주적 빛에 대한 소망 | | |
| 7장 | 빛의 길에 대한 검토 필요성 | 연결고리 | |
| 8장 | 빛과 어둠의 형태 | 우주적 빛의 형태와 확산 단계 | 우주적 빛의 길의 목적 |
| 9장 | 빛과 어둠의 투쟁 | | |
| 10장 | 빛의 길들의 확산 | | |
| 11장 | 어둠의 길의 유형 | | |
| 12장 | 빛의 길들의 적용 방식 | | |
| 13장 | 지성의 빛 확산 7단계 | | |
| 14장 | 우주적 빛의 목적 | 빛의 3목적 | |
| 15장 | 우주적 빛의 요소 | 연결고리 | |
| 16장 | 범교재의 구상과 계획 | 우주적 빛의 목적을 위한 수단 | 우주적 빛의 길의 수단과 조건 |
| 17장 | 범학교의 방법 | | |
| 18장 | 범대학의 계획 | | |
| 19장 | 범언어의 계획 | | |
| 20장 | 세상의 조건 | 우주적 빛의 목적을 위한 조건 | |
| 21장 | 범개혁을 위한 일곱 가지 조건 | | |
| 22장 | 빛을 위한 기도 | | |

것으로 볼 수 있는데(Pánek, 1991: 62), 코메니우스는 이 책의 앞부분에 책의 전체
적인 구조를 제시하고 있다(Comenius, 1987: xiv).[3] 『빛의 길』의 전체 구조를 볼
때, 세 개의 큰 주제인 '하나님의 지혜 학교와 우주적 빛'은 '필요성'과 연결되
며, '우주적 빛의 길의 목적'은 '가능성'과 관련된다면, '우주적 빛의 길의 수단
과 조건'은 '용이성'과 맥을 같이한다. 즉, 1~6장을 통해 『빛의 길』의 필요성
을 논증한 코메니우스는 8~14장을 통해 『빛의 길』의 가능성을 제시하고 있
으며, 16~21장에서는 『빛의 길』과 관련된 방법의 용이성에 대하여 언급하고
있다. 여기서도 눈에 띄는 부분은 역시 '연결고리'다. 첫 번째 연결고리인 7장
은 '빛의 길에 대한 검토의 필요성'을 논하는 내용이다. 즉, 하나님의 지혜 학
교인 세상이 어둠으로 인하여 무질서하게 되었으며, 이에 대한 치유책으로 우
주적 빛이 필요하게 됨을 논증하는 것이 1~6장의 내용이다. 한마디로 말해서,
우주적 빛이 필요하다는 것이다. 8~14장은 우주적 빛의 형태와 그 빛의 적용
및 확산 단계와 우주적 빛의 목적을 진술하고 있는데, 7장은 결국 그런 빛의 길
에 대한 연구의 필요성을 검토함으로써 1~6장과 8~14장을 이어 주는 연결고
리 역할을 한다. 두 번째 연결고리인 15장은 '우주적 빛의 요소'를 다루고 있다.
8~14장의 내용은 결국 판소피아의 목적과 관련된 것이다. 즉, 8~13장에 제시
된 우주적 빛의 형태와 확산 단계에 대한 내용은 사실상 14장에 제시된 우주적
빛의 목적을 위한 진술들이다. 이런 빛의 목적을 이루기 위한 수단들을 제시하
고 있는 것이 바로 16~21장이다. 그렇기 때문에 15장은 8~14장과 16~21장
을 이어 주는 연결고리 역할을 하고 있는 셈이다. 결국 15장은 우주적 빛의 목
적을 이루는 수단으로서의 '범교재' '범학교' '범대학' '범언어'에 대한 서론적
소개다.

---

3 『판아우기아』의 전체 구조를 간략하게 정리한다면 다음과 같다.
　　『판아우기아』: 우주적 빛의 고찰을 위한 제안 → ① 필요성: 1~3장, ② 가능성: 4~9장, ③ 쉬운 방법:
　　11~16장(Comenius, 1987: xiv).

## 2. 『빛의 길』의 세부 구조와 의미

### 1) 헌사의 구조와 의미

『빛의 길』에서 '헌사'의 중요성은 아무리 강조해도 지나치지 않다.[4] 총 33절로 구성되어 있는 헌사는 크게 다섯 개의 단락으로 구분할 수 있다. 첫째, 헌사 및 저술 배경(1~3절), 둘째, 『빛의 길』의 새로운 시도 세 가지(4~12절), 셋째, 하나님의 지혜 학교에 대한 새로운 첨부(13~20절), 넷째, 『빛의 길』의 헌사를 쓴 두 가지 목적(21~29절), 다섯째, 영국 국왕을 향한 요청 및 기원(30~33절)이다. 이 가운데 넷째와 다섯째 단락은 왕립학회와 관련된 내용이 주를 이루고 있다. 따라서 필자는 첫째부터 셋째 단락에 해당하는 1~20절의 내용을 중심으로 〈표 7-2〉와 같이 구조를 분석하여 제시해 보았다.

〈표 7-2〉에서 주목할 사항은 네 가지다. 첫째, 7절에 제시되어 있는 판소피아에 대한 간략한 정의다. 코메니우스는 『빛의 길』 안에서는 판소피아에 대한 정의를 시도하지 않았다. 그러다가 헌사를 쓰면서 그때까지 정리된 판소피아의 정의를 간략하게 시도하고 있는 것이다. 헌사 7절에 제시된 판소피아의 정의를 간략하게 정리한다면, 판소피아란 인간의 내재적인 세 가지 원리에 의하여 모든 사물을 탐구하며, 누구든지 그것을 이해할 수 있도록 진정한 일치를 부여할 수 있는 유일하고 포괄적인 체계다.[5]

둘째, 하나님의 지혜 학교에 대한 새로운 첨언이다. 코메니우스는 헌사의 15절에서 하나님의 지혜 학교에 대하여 세 가지 유형의 분류를 첨가해야 할

---

4 『빛의 길』의 내용과 '헌사'의 내용은 저술된 시기가 다르다. 『빛의 길』은 코메니우스가 영국을 방문했던 1641~1642년에 집필되었고, 헌사는 그로부터 26년이 흐른 뒤인 1668년 4월에 집필되었다. 그렇기 때문에 '헌사'에 기록된 내용은 『빛의 길』을 이해하는 데 있어서뿐만 아니라 코메니우스의 사상을 이해하는 데 있어서도 매우 중요하다.

5 이에 대한 더 자세한 내용은 이 책의 제2장을 참고하기 바란다.

**〈표 7-2〉 『빛의 길』 헌사의 구조(1~20절)**

| 절 | 주제 | 물질<br>physica<br>(자연의 학교) | 형이상학<br>metaphysica<br>(인간의 학교) | 초자연<br>hyperphysica<br>(하나님의 학교) |
|---|---|---|---|---|
| 1 | 인사 | 빛의 사자들에게 빛의 길을 증정함 | | |
| 2 | 저자의 현실 인식 | 학교의 폐허 | 조국의 폐허 | 교회의 폐허 |
| 3 | 『빛의 길』 저술과정 | 판소피아 서설(Praeludia Conatuum Pansophicorum) > Via Lucis | | |
| 4 | 저자의 꿈 | 교회를 위한 세상의 회복 ⇒ 왕립학교+새로운 한 가지 | | |
| 5 | 첫 번째 새로운 시도 | 인간개선에 대한 모든 것(OMNIUM) | 모든 사람에 있어서 (OMNIBUS) | 철저하게(OMNINO) |
| 6 | 두 번째 새로운 시도 | 범위(목적)에 도달하기 위한 길(방법) | | |
| | 인간의 내재적 3원리 | 앎(scire)<br>공통 개념-지식규범 | 의지(velle)<br>공통 본능-욕망 | 능력(posse)<br>공통 기능-수행기관 |
| 7 | 인간의 내재적 3원리 특징 | 모든 사물의 다양성을 분석함 | 모든 것의 규범이 됨 | 수정 가능함(하나님의 계시된 말씀에 의해) |
| | 인간의 모든 지식 | 배우고 | 말하고 | 행동하도록 부여된 것 |
| | 판소피아 | 모든 사물의 탐구 | 누구든지 이해할 수 있음 | 진정한 일치성을 부여함 |
| 8 | 인간 본성의 질서 | 아는 것(scire) | 하고자 하는 것(velle) | 행하는 것(posse) |
| 9 | 세 번째 새로운 시도 | 빛의 확산을 위해 범언어를 정립하기 위한 시도 | | |
| 10 | 세계를 향해 선언할 것 | 학문(eruditio) | 정부(politia) | 종교(religio) |
| | 범지혜로 도래할 것들 | 빛(lux) | 평화(pax) | 구원(salus) |
| 11 | 과제의 결론적 제시 | 과제 수행을 위한 추진력 | 지지 세력 | 과제 수행을 위한 기도 |
| | 과제의 종합적 개요 | 지고의 선 | 선에 이르는 분명한 길 | 열렬한 수용 |
| 12 | 모든 사람이 하나님의 형상을 획득하면 | ③ 모든 사물을 | ② 참된 인간성에 의하여 | ① 하나님 형상과 같은 모습을 얻게 된다면 |
| | | 알고(sciunt) | 바라며(volunt) | 행할 수 있음(possunt) |
| | | 감각(scire) | 소원(velle) | 힘(posseque) |
| 13 | 연결고리 | 왕립학회 설립 축하 및 연구물에 대한 격려 | | |
| 14 | 왕립학회 & 『빛의 길』의 공통점 및 차이점 | 왕립학회의 업적이 『빛의 길』 16장 12절 이후의 내용과 연결됨. 그러나 궁극적 행복의 성취에 필수적인 것은 아님 | | |
| 15 | 1장에 대한 소개 | 세상은 하나님의 지혜 학교 | | |
| | | 교재 | 교사 | 목적과 조직 |

| 16 | 자연의 학교<br>세 가지 측면 | 만물이 책<br>만물이 교사<br>오감을 통해 배움 | | |
| --- | --- | --- | --- | --- |
| 17 | 인간의 학교<br>세 가지 측면 | | 목적, 교재, 교사가 인간 안에 있는 하나님의 형상임 | |
| 18 | 하나님의 학교<br>세 가지 측면 | | | 교사: 삼위일체 하나님<br>교재: 하나님의 말씀<br>목적: 겸손한 신앙 |
| 19 | 지상학교의 유사점 | ④ 현재의 삶을 위해 필요함 | ② 인간의 점진적 완성을 위해 인간에게 제공됨<br>⑤ 모든 사람이 입학해야 함 | ① 하나님에 의해 시작됨<br>③ 유일한 목적은 하나님의 영광 |
| 20 | 세 종류의 지상학교(지상학교의 차이점) | ① 기원-세상 창조: 성부 | 정신의 조명: 성자 | 마음의 영감: 성령 |
| | | ② 순서-첫 번째 학교 | 두 번째 학교 | 세 번째 학교 |
| | | ③ 범위-넓고 얕음 | 좁고 깊음 | 아주 좁고 깊음 |
| | | ④ 교재 & 교사-모든 사물 | 인간 | 하나님 |
| | | ⑤ 목표-생동감 있는 감각 | 명령하고 지도하는 피조물 | 자유, 영적 회복, 참된 평화 |

필요성을 제시한다. 그런 다음 16~20절에 걸쳐 세 가지 유형의 학교에 대하여 비교적 구체적으로 첨가하고 있다.[6] '자연의 학교(Physical School or School of Nature)'는 오감을 통해서 배우는 것이 목적이며, 창조된 모든 사물이 교재라면 역시 모든 만물이 교사이기도 하다. '인간의 학교(the Metaphysical)'는 하나님의 형상인 인간이 하나님의 형상을 회복하는 것이 목적이며, 인간 안에 교재가 있으며, 인간이 교사가 된다. '하나님의 학교(the Hyperphysical)'는 겸손한 신앙을

---

6  레블레(Reble, 2002: 149)는 말하길 "이전에는 그 어떤 사상가도 코메니우스처럼 교육, 특히 학교교육의 중요성을 인식하지 못했었다."라고 했다. 코메니우스에게 인생은 출생하기 전부터 노년을 포함하여 죽음의 순간까지 인생의 궁극적인 목적을 이루는 학교로 본 것이다.

갖게 하는 것이 목적이며, 하나님의 말씀인 성경을 교재로 하여 삼위일체 하나님이 교사가 되는 학교다.

셋째, 헌사의 구조인 〈표 7-2〉를 통해 볼 때, 판소피아의 삼중적 특성이 한눈에 들어온다. 물론 『빛의 길』 안에서도 삼중적 특성이 나타나는 것이 사실이지만, 헌사에는 삼중적 특성이 더 분명하게 부각되고 있다. 코메니우스가 새롭게 첨가한 내용이 바로 하나님의 학교에 대한 것인데, 그는 하나님의 학교를 '물질(physica)'과 관련된 '자연의 학교', '형이상학(metaphysica)'과 관련된 '인간의 학교', '초자연(hyperphysica)'과 관련된 '하나님의 학교'와 같이 삼중적으로 제시하고 있다. 또한 코메니우스는 『빛의 길』의 새로운 특징으로서 삼중적 핵심 틀인 '모든 것' '모든 사람' '철저하게'를 가장 먼저 제시하고 있다.

마지막으로 주목할 것이 있다면, 코메니우스가 직접 언급한 『빛의 길』에서 본질적으로 새롭게 제시하고 있는 내용이 무엇인가 하는 점이다. 코메니우스는 5~9절을 통해 새로운 사실에 대하여 세 가지로 정리하여 제시한다. 첫 번째로 언급하는 새로움은 『빛의 길』이 '모든 것을 포함하고 있다.'는 사실이다(5절). 모든 것이란 '모든 사람에 있어서(omnibus)' '인간개선에 관한 모든 것(omnium)'을 '온전하게 혹은 철저하게(omnino)' 다루고 있다는 점이다(Comenius, 1974: 286). 두 번째로 언급하는 새로운 내용은 목적에 도달하기 위한 방법(길)을 제시하고 있다는 점인데, 코메니우스는 방법(길)을 알면 지향할 목적과 불명료한 것을 명료하게 알 수 있다고 말한다(6절). 또한 그가 강조하는 새로운 방식은 우화와 그림 등을 통한 제시다. 세 번째로 언급하는 새로움은 우주적 빛의 확산을 위해 범언어를 정립하려고 시도하고 있다는 점이다(9절). 이런 내용은 『빛의 길』의 핵심 사항이라고 해도 틀린 말이 아니다. 코메니우스는 이런 새로운 세 가지 핵심 내용을 『빛의 길』 14~19장에 걸쳐 진술하고 있다. 14장이 헌사의 5절과 연결된다면, 16~18장은 헌사의 6절에 연결되고, 19장은 헌사의 9절과 연결된다. 따라서 필자의 생각으로는 『빛의 길』의 14장, 16~18장, 그리고 19장의 구조를 분석할 필요가 있다. 편의상 14장은 그 중요도에 걸맞게 전체 구조분석을 시도할 것이고, 16~19장은 교재, 학교, 대학, 언어와 관련된 특별한 점을 중심으로 정리해 보려고 한다.

## 2) 14장의 구조와 의미

『빛의 길』 14장은 코메니우스가 직접적으로 새롭게 제시한 부분임을 강조한 장이다. 이 책에서 본질적으로 새로운 부분이 바로 보편적인 범위(universal range)에 해당하는 것인데, 그 내용은 '인간개선에 관한 모든 것' '모든 사람' '철저하게'와 관련된 것이다(Comenius, 1938: Dedication 6). 그리고 이런 내용이 진술되어 있는 장이 바로 14장이다. 따라서 14장의 전체 구조를 자세하게 검토하는 것은 매우 의미 있는 작업이다. 필자는 14장의 전체 구조를 〈표 7-3〉과 같이 분석하여 제시했다.

〈표 7-3〉에서 단연 눈에 들어오는 것은 제목과 관련된 내용이다. 코메니우스는 14장의 제목을 '우주적 빛의 길의 삼중목적(finis trinus)에 대한 충분한 설명'으로 정하고 있다(Comenius, 1974: 331). 그러면서 '모든 것(omnia)' '모든 사람(omnibus)' '철저하게(omnino)'라는 그의 사상적 삼중 모토를 제시하고 있으며, 이런 세 가지 주제는 14장의 전체 구조의 핵심 틀을 이루고 있다.

특별히 주목할 사항 중의 하나는 2절에 나오는 '배워야 할 모든 것'에 대한 목록이다. 코메니우스는 '배워야 할 모든 것'을 일곱 가지로 분류하여 제시하고 있다. 이런 분류는 전혀 낯선 것이 아니다. 그는 1639~1641년에 저술했던 『판소피아의 형태(Pansophiae Diatyposis)』에서 이미 판소피아의 일곱 권의 책 이름을 제시한 바가 있다. 그것은 바로 '준비(praeparatoria)' '이상(idealia)' '자연(naturalia)' '예술(artificialia)' '영혼(spiritualia)' '영원(aeterna)' '실천(praxin)'의 일곱 가지 주제에 따른 책들이다(Comenius, 1643: 120). 비록 『빛의 길』 14장 2절에서 제시하고 있는 배워야 할 모든 것에 대한 주제는 조금은 다른 용어로 제시되고 있지만, 코메니우스가 제시한 판소피아의 일곱 권의 책명과 연결된다. 즉, '준

〈표 7-3〉『빛의 길』 14장의 구조

| 절 | 주제 | | 물질<br>physica<br>(자연의 학교) | 형이상학<br>metaphysica<br>(인간의 학교) | 초자연<br>hyperphysica<br>(하나님의 학교) |
|---|---|---|---|---|---|
| 제목 | 『빛의 길』의 삼중 목적 | | 모든 것을(omnia) | 모든 사람에게<br>(omnibus) | 충분하게(omnino) |
| 1 | 결정해야 할 것 | | 모든 것을 통해 | 모든 사람에게 | 완전히 이해되도록 |
| 2 | 배워야 할 모든 것 | | ① 일시적인 것 | | 영원한 것 |
| | | | ② 육체적인 것 | | 영적인 것 |
| | | | ③ 지상의 것 | | 하늘의 것 |
| | | | ④ 자연적인 것 | 인공적인 것 | |
| | | | | ⑤ 철학적인 것 | 신학적인 것 |
| | | | | | ⑥ 선과 악에 대하여 |
| | | | ⑦ 일반적인 것 | 특수한 것 | |
| 3 | 첫째<br>목적:<br>모든<br>것 | ①을 배워야 함 | 영원에 이르는 길은 일시적인 것을 통하기에 | | 인간은 영원을 지향하는 존재이기에 |
| 4 | | ②를 배워야 함 | 육체 가운데서 살아가고 있기 때문에 | | 인간은 영적 존재이며 하나님의 피조물이기에 |
| 5 | | ③을 배워야 함 | 하늘의 것들을 지상의 형식으로 제시하고 있기에 | | 하늘이 인간의 본향이며 우리의 처소가 준비된 곳 |
| 6 | | ④를 배워야 함 | 자연적인 것은 비가시적인 하나님의 가시적 거울임 | | |
| 7 | | 창조물의 용도 1 | 자연을 통해 하나님의 지식을 도출할 수 있음 | | |
| 8 | | 창조물의 용도 2 | 자연에 대한 참된 지식은 성경의 신비를 여는 열쇠 | | |
| 9 | | 창조물의 용도 3 | 자연 안에 우리 행동의 의미와 형식이 담김 | | |
| 10 | | ④를 배워야 함 | | 기술은 자연을 표현함으로 우리에게 잘 알려 줌 | |

| | | | | | |
|---|---|---|---|---|---|
| 11 | | ⑤를 배워야 함 | 감각에 의해: 감각기관은 이성의 길을 안전하게 하고 보호함 | 이성에 의해: 짐승과 구별됨, 속지 않게 됨 | 신앙에 의해: 영생의 유일한 길과 관련됨 |
| 12 | | 철학과 신학의 관계 | | 철학: 사람들을 교육하는 보편적인 길임 | 신학: 철학의 도구적 영향력을 극대화함 |
| 13 | | 새로운 철학 정립의 필요 | | 새로운 빛 속에서 새로운 철학이 정립되어야 함 | |
| 14 | | ⑥을 배워야 함 | | | 모든 지식은 선함 |
| 15 | | ⑦을 배워야 함 | | 가능한 한 가장 특별한 본질과 관련된 것을 배워야 함 | |
| 16 | 둘째 목적: 모든 사람 | 모든 사람을 포함해야 함 | | 기술자, 시골 사람, 여성을 제외하면 안 됨 | |
| | | | ① 창조물 | ② 자기 자신 | ③ 하나님 |
| | | | 자신의 특별한 재능을 위해 훈련 받아야 함 | 통치법, 복종하는 것, 인간성에 속한 것을 배워야 함 | 하나님의 일, 영원을 배워야 함 |
| 17 | | 궁극적 목적 | 무지에서 벗어남 | 공동의 번영 | 모든 사람이 구원에 이르게 하는 지혜가 있게 하려는 것 |
| 18 | | 모든 사람을 위한 기도 | | 모든 사람의 복지 공동체의 평화를 위해 다음 세대의 전수 비천한 자들의 깨달음 | |
| 19 | 셋째 목적: 철저하게 | 철저하게 | | | 피상적으로가 아니라 철저하게 가르쳐야 함 |
| | | 가르쳐야 함 | 알기 위해 | 실천하기 위해 | 행복을 얻기 위해 |
| 20 | | 교육방법 기준 | ① 처음 것을 먼저 | ② 다른 것보다 좋은 것을 가르침 | ③ 직접적인 감각과 경험에 의하여 실천적인 모든 것을 가르침 |
| | | | 단계적으로 | 보다 좋은 것을 우선적으로 | 학습자의 직접적 감지 능력에 의해 배움 |

| 21 | 철저함의 조건을 이루려면 | | 하나님을 진리의 교사로 따를 때 | |
|---|---|---|---|---|
| | | ① 자연 | ② 양심의 목록 | ③ 성경 |
| | | ①②③을 근원으로 하여 지식과 신앙을 도출할 때 | | |
| | | ① 감각기관 | ② 이성 | ③ 신앙 |
| | | ①②③을 우리의 그릇에 담을 때 | | |
| 22 | 보편적 빛을 강화하려면 | 마치 빛이 발할수록 그림자가 사라지듯 | 인간 지혜의 모든 빛은 | 보편적 빛을 강화하게 됨 |
| | | 인간의 발명과 상상력의 결과를 담대하게 관찰하고 사려 깊게 생각하면 | 보편적 빛의 기원은 하나님의 빛(그의 사역, 말씀, 성령) | |
| 23 | 반복의 중요성 | | 계속적 반복으로 확실하게 | |

비'는 '일시적인 것' '지상의 것'과 연결되고, '이상'은 '하늘의 것' '선과 악에 대하여'와 연결되며, '자연'은 '육체적인 것' '자연적인 것'과 연결되고, '예술'은 '인공적인 것' '철학적인 것'과 연결되며, '영혼'은 '영적인 것' '신학적인 것'과 연결되고, '영원'은 '영원한 것'과 연결되며, '실천'은 '일반적인 것' '특수한 것'과 연결된다. 이런 주제는 이후 8단계 세계로 확장된다.

또한 코메니우스가 일곱 가지 주제에 대하여 구체적으로 언급하면서 교육적으로 강조하고 있는 점도 눈에 들어온다. 코메니우스에게 '모든 것'은 단지 존재하는 것이 아니라 배워야 할 대상이요, 학습의 객체였던 것이다. 이런 학습의 대상은 일곱 가지로 구분하여 제시하고 있지만, 크게는 '자연' '문화' '신적인 것' 등 세 가지로 묶을 수 있다. 〈표 7-3〉에서 둘째 목적으로서의 '모든 사람'은 코메니우스에게 교육의 주체다. 그렇기 때문에 한 사람도 예외 없이 포함되어야 한다. 직업의 귀천이나 빈부의 차이 혹은 성별에 따른 차별을 반대하고 있다. 이런 교육주체로서의 모든 인간은 교육을 받아야 하는 입장에서 평등하다.

마지막으로 언급할 사항은 14장에서 진술하는 방식이 이후 『팜패디아(Pampaedia)』에서 나타나는 형태와 매유 유사하다는 것이다. 『팜패디아』의 경우 1~4장은 교육목적론을 다루고 있는데, 코메니우스는 1장에서 '팜패디아'의 정의와 함께 '모든 사람' '모든 것' '철저하게'를 언급하고 있으며, 계속되는 2장에서는 '모든 사람'을, 3장에서는 '모든 것'을, 4장에서는 '철저하게'를 더 구체적으로 다루고 있다. 이러한 방식은 『빛의 길』 14장의 진술 방식과 유사하다. 즉, 1~2절에서 결정하고 배워야 할 '모든 것'에 대하여 소개한 뒤, 3~15절에서는 첫째 목적으로서의 '모든 것'과 관련된 내용을 진술하고 있으며, 16~18절에서는 둘째 목적으로서의 '모든 사람'에 대한 내용을 다루고 있고, 19~23절에서는 셋째 목적으로서의 '철저하게'와 관련된 방법론적 내용이 기술되고 있다. 결국 코메니우스의 근본적인 저술 지침은 비교적 초기 저술이라고 할 수 있는 『빛의 길』에서부터 이미 나타나고 있다.

### 3) 16~19장의 구조적 특징

코메니우스는 『빛의 길』의 헌사 14절에서 왕립학회의 업적이 『빛의 길』의 16장 12절과 연결된다는 점을 언급한다. 그렇지만 왕립학회의 업적은 그 자체만으로 궁극적 행복의 성취에 필수적인 것은 아니며, 궁극적 행복의 필수적인 내용을 14~21장에 다루고 있다고 말한다. 한마디로 말해서, 14~21장의 내용이 『빛의 길』에서 매우 중요하다는 것이다. 그중에서 16~19장에서는 특별히 우주적 빛의 목적을 위한 방법이 제시되고 있는데, 코메니우스는 이 장들에서 다루는 내용이 『빛의 길』의 전체 내용 중에서 새로운 부분이라고 말한다. 여기서는 16~19장의 전체 구조가 아니라 핵심적이고 특별한 내용을 선별하여 구조화했다. 그것을 도표화하면 〈표 7-4〉와 같다.

〈표 7-4〉를 통해 볼 때 『빛의 길』에서 사용하는 판소피아는 두 가지 개념이 있다는 점을 기억할 필요가 있다. 하나는 좁은 의미의 판소피아다. 이것은 필요한 모든 사물을 포함하며, 지혜를 원하는 모든 사람에게 모든 사물의 목적, 수단, 방법을 알아 오류 없이 진행하는 지혜를 의미하며, 범교재 중 하나다. 다른

**〈표 7-4〉『빛의 길』 16~19장의 구조적 특징**

| 장 | 절 | 주제 | 모든 것 | 모든 사람 | 철저하게 |
|---|---|---|---|---|---|
| 16장 | 1 | 범교재 | 질서(정리) | 진리(참되고) | 충분함(완벽함) |
| | 4 | 세 가지 책의 구분 | 판소피아 | 판히스토리아 | 판도그마티아 |
| | | | 영원한 진리의 진수, 즉 모든 사물의 전반적 기초 조건을 포함 | 사물의 기원부터 현재까지 모든 특수 행위, 우연한 사건 전개 | 사물 생성 장소 및 방법, 사물의 진위 여부에 대한 다양한 이론과 의견을 고찰 |
| | 5 | 판소피아 | 필요한 모든 사물을 포함하며 | 지혜롭게 되길 원하는 모든 사람에게 | 모든 사물의 목적, 수단, 활용법을 알아 오류 없이 진행하게 하는 지혜 |
| | 6 | 판히스토리아 (panhistoria) | | 사물의 특별한 진로에 대한 특별한 지식 | |
| | | | 자연의 지배하에 있든 | 예술, 윤리하에 있든 | 영적인 지배하에 있든 |
| | 7 | 판도그마티아 (pandogmatia) | | | 인생의 목적과 그 목적을 지향하는 수단을 잘 아는 것으로 충분 |
| | 9 | 판소피아 책이란 | 자연의 책: 자연 가장 엄격한 질서 책 | 이성의 책: 자아 가장 보편적인 책 | 성경: 하나님을 앎 가장 완전한 책 |
| | | | 감각기관을 통해 | 이성을 통해 | 하나님의 계시를 통해 |
| | 10 | 판소피아 책의 목적 | 사물의 목적과 | 자신의 목적과 | 수단 및 수단의 정당한 활용을 아는 것 |
| | 12 | 판히스토리아의 범위 | 자연 | 예술, 윤리 | 종교 |
| | | 판히스토리아의 제시 내용 | 자연의 질서, 변화 등 | 인간사의 기록 | 종교생활에 대한 기록 |
| | 19 | 판도그마티아의 저술 원칙 | 질서에 따라 | 모든 것을 | 올바르게 |
| | | 모든 것이란 | | 확립된 진리, 오류를 드러내는 것까지 포함 | |
| | 20 | 질서란 | 다양한 시대에 따라, 중요한 핵심에 따라 | | |
| | 21 | 올바른 방식이란 | | | 당파, 일시성, 부주의한 생략, 축소, 삭제 없이 |

| 장 | 번호 | 항목 | | | |
|---|---|---|---|---|---|
| 17장 | 1 | 범학교의 필요성 | 범교재가 올바르게 저술되어 여러 나라로 번역되더라도 교재 사용법과 활용법이 발견되지 않는다면 효과를 기대할 수 없음 | | |
| | 5 | 범학교의 목적 | 사람들에게 무지와 미개의 어둠에서 소생할 기회를 제공하는 것 | | |
| | | 목적 달성 조건 | 판소피아 저서가 구성되었음을 인지함으로 | 문자를 가르침으로 | 하나님(교사)을 경외하고 순종함으로 |
| 18장 | 1 | 범학문 개선을 위해 | 범교재와 | 정교한 방법과 | 수행할 실천가가 필요함 |
| | 6 | 판소피아 예언가가 필요함 | 대학의 질서와 조직을 향상시켜야 함 | 서로 접촉할 수 있어야 함 | 신령한 법과 연결되어야 함 |
| | 7 | 접촉의 필요성 | | 의사소통과 접촉 수단을 경시하면 모든 국가가 훌륭한 것들을 상실함 | |
| | 9 | 질서의 필요성 | 노력과 근면성의 효율은 확실한 질서에서 옴 | | |
| | 11 | 신령한 법과 연계 | | | 대학은 법과 규칙에 의해 결속해야 할 신성한 사회 |
| | 13 | 지혜의 기반 | 자연 | 인간의 공통 개념 | 성경 |
| | | 교사의 사명 | 범교재의 완전한 지식을 갖고 교재를 보충하고 교정해야 함 | 국가, 도시, 마을에 학교 설립을 위해 행정적 도움을 요청해야 함 | 신비한 부분을 인간의 유익을 위해 활용할 수 있어야 함 |
| 19장 | 1 | 언어의 장벽 | 지혜의 연구 증진에 장애가 됨 | 진리의 학문 확산에 장애가 됨 | 교회의 경계를 확대하는데 장애가 됨 |
| | 10 | 새 언어가 필요한 이유 | | 모든 사람을 위해 공명정대해야 함 | |
| | 11 | | 모든 주제를 정확하게 표현할 수 있어야 함 | | |
| | 12 | | | | 보편적 교정 수단이 될 수 있어야 함 |
| | 14 | 새 언어의 조건 | 물적 소비 없이 쉽고 | 학습하기에 즐겁고 | 사물 이해를 위해 완전한 |
| | 15 | 새 언어의 소망 | 합리적이어야 함 | 비교 유추적이어야 함 | 조화를 이루어야 함 |

하나는 보편적 지혜를 의미하는 동시에 인간의 전체적 지식에 대한 유일하고 포괄적인 체계를 의미한다. 전자는 『빛의 길』에 나타나는 정의라면, 후자는 코메니우스가 말년에 집필한 '헌사'에 나타나는 정의다. 〈표 7-4〉에 나타나는 판소피아는 좁은 의미의 판소피아라고 할 수 있다.

16장에서 주로 다뤄지고 있는 주제는 범교재로서의 '판소피아' '판히스토리아' '판도그마티아'다. 이 세 가지 책은 하나님의 세 가지 책인 '자연의 책' '이성의 책' '성경'과는 차원이 다르다. '판소피아'는 '공시적 지혜'를 다루는 책이라고 할 수 있는데, 구체적으로는 하나님의 세 가지 책과 연결된다. '판히스토리아'는 범위와 시간의 차이를 담지하고 있는 개념으로 '통시적 지식'과 관련된 것이라고 할 수 있다. '판도그마티아'는 '판소피아'와 '판히스토리아'를 통해서, 즉 이미 확립되어 있는 진리를 포함하여 다양한 시대의 지속적인 기록 중에서 가장 중요한 핵심과 정수를 도출한 것이라고 할 수 있다.

코메니우스는 헌사에서 『빛의 길』의 목적에 도달하기 위한 방법을 언급하면서 인간의 내재적 3원리인 '앎(scire)' '의지(velle)' '능력(posse)'을 반복해서 언급한다. 이것들을 범교재와 연결해 본다면, '판소피아'는 '앎', '판히스토리아'는 '의지', '판도그마티아'는 '능력'과 연결할 수 있을 것이다.

17장이 범학교에 대한 내용이라면, 18장은 범대학에 대한 내용이다. 제목으로만 보아서는 두 장의 내용이 겹치는 것 같다. 하지만 자세히 살펴보면, 17장이 대학 이전의 학교에 대한 언급이라면, 18장은 대학뿐만 아니라 교사 혹은 실천가에 대한 내용이라고 할 수 있다. 즉, 18장은 판소피아의 예언가, 교사와 관련된 내용을 주로 다루고 있다는 것이다.

19장은 코메니우스가 『빛의 길』에서 새롭게 제시한 내용의 마지막 부분에 해당한다. 즉, 범언어에 대한 내용이다. 코메니우스의 언어에 대한 관심은 특별했다. 특히 그는 언어가 판소피아를 연구하고 전달하고 활용하는 데 장벽이 되고 있음을 일찍이 간파한 언어학자였다. 그래서 그는 비록 실현하지는 못했지만 모든 사람이 공명정대하게 사용할 수 있으며, 모든 주제를 명확하게 표현할 수 있고, 보편적 교정 수단이 될 수 있는 새로운 언어의 필요성을 역설하였다. 이런 그의 생각은 일시적인 것이 아니었다. 『빛의 길』의 19장은 이후 『일반담론』의 다섯 번째 책인 『판글로티아(*Panglottia*)』로 확장되어 저술되었다.

## 3. 구조분석을 통해 본 『빛의 길』의 특성

이제까지 살펴본 『빛의 길』의 구조를 통해 본 특성은 다음과 같이 몇 가지로 정리할 수 있다. 첫째, 『빛의 길』의 삼중적 특성이다. 구조를 통해 볼 때, 판소피아의 삼중적 특성을 어렵지 않게 발견할 수 있다. 먼저 전체 구조는 크게 삼분할하여 제시할 수 있음을 살펴보았다. 이런 삼분적 구분은 이후 코메니우스의 작품과 맥을 같이하는 것이다. 또한 코메니우스는 『빛의 길』을 집필하면서 새로운 시도로서 판소피아의 삼중적 틀(모든 것, 모든 사람, 철저하게)을 제시하고 있다. 코메니우스가 이런 사실을 '헌사'에서 강조하며 언급하고 있다는 점은 시사하는 바가 크다. 특히 헌사를 통해 '하나님의 학교'를 삼중으로 제시하고 있는 점은 주목할 만하다. 코메니우스는 헌사를 통해 하나님의 학교를 삼중적으로 분명하게 제시하고 있다.

둘째, 『빛의 길』에서 주목할 사상은 바로 헌사다. 코메니우스는 생애의 말년에 『빛의 길』의 헌사를 저술했다. 그러므로 헌사는 그의 사상적 요약이라고 할 수 있다. 왜냐하면 그는 헌사를 통해 판소피아에 대한 정의를 시도하고 있으며, 헌사에 하나님의 학교를 상세하게 제시하고 있고, 또한 헌사를 통해 『빛의 길』의 역할과 핵심적인 시도가 무엇인지를 명확하게 밝히고 있기 때문이다.

셋째, 『빛의 길』의 전체 구조를 통해 단번에 알 수 있는 사실은 '연결고리'의 역할이다. 이런 연결고리는 전체 구조를 통해서만 확인할 수 있는 것이다. 코메니우스는 사상적 진술 역시 자연의 법칙대로 자연스럽게 흘러가는 것을 추구했던 것이다. 이를 위해 그는 단락과 단락 혹은 영역과 영역 사이에 필요한 곳마다 '연결고리'를 배치하고 있다.

넷째, 원론적인 부분에서 『대교수학』에서보다 더 구체화된 부분이 등장하고 있다. 예를 들어, 『대교수학』에서는 전혀 볼 수 없는 '판소피아'에 대한 정의를 『빛의 길』에서는 발견할 수 있다는 점과 판소피아의 삼중 모토라고 할 수 있는 '모든 것' '모든 사람' '철저하게'의 내용이 더 체계적으로 제시되고 있다.

끝으로, 『빛의 길』은 코메니우스의 주요 저작의 모태와 같은 역할을 하고 있다. 코메니우스가 직접 언급한 바대로 14장 이후의 내용이 이후 그의 주요 작품들의 씨앗과 같은 역할을 하고 있다. 즉, 『인간개선에 관한 일반담론』 일곱 권 중에서 『빛의 길』 자체는 『판아우기아』의 발생적 근원지라고 할 수 있으며, 14장의 내용은 『판탁시아(Pantaxia)』의 씨앗과 같다면, 16~18장은 『팜패디아』의 근원지가 되고, 19장은 『판글로티아』의 모판이며, 21장은 『판오르토시아(Panorthosia)』의 시작점이라고 할 수 있다. 한마디로 말해서, 코메니우스는 『빛의 길』을 판소피아의 '원리'로 삼고 이후에 저작들을 확장해 갔다.

# 제8장

# '순서'로서의『세계도회』

1.『세계도회』의 형식 및 구조분석의 필요성

2.『세계도회』의 구조

3. 구조분석을 통해 본『세계도회』의 특성

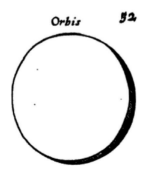

Orbis　52

　제8장의 표지 그림은 두 개다. 첫 번째 그림은 1658년 뉘른베르크판『세계도회(Orbis Pictus)』표지에 실린 그림이다. 이 그림은 제6장의 표지 그림과 대동소이하다. 그림을 둘러싸고 있는 라틴어도 동일하며, 그림의 내용도 비슷하다. 다만 그림의 위치가 좌우로 바뀌어 있다는 것과 그림 형태가 사각에 가까운 타원에서 완전한 원으로 바뀐 것 정도의 차이다.

　약간의 차이가 주는 독특한 의미는 두 번째 그림을 통해 발견할 수 있다. 두 번째 그림은『언어의 문(Janua Linguarum)』에 나오는 그림인데, 코메니우스는 그림의 이름을 '원(Orbis)'이라고 붙였다(Comenius, 1665). 흥미로운 점은 '원'에 해당하는 단어 'Orbis'에는 '세계'라는 뜻도 담겨 있다는 점이다. 코메니우스는 같은 그림을 '원' 형태로 제시하여 '세계'를 강조하고자 했던 것이다. 여기서의 '세계'는 세계를 둘러싸고 있는 '전체'를 의미한다.

　그림은 눈으로 보이는 세계의 모든 것을 그린 것이다(눈에 보이지 않는 것도 그때그때의 방식으로 도입되어 있다). 그리고 이 모든 것은『언어의 문』에 기술되어 있는 것과 순서가 같다(Comenius, 1999).

1650년 10월, 헝가리의 샤로슈퍼터크(Sarospatak)에 도착한 코메니우스의 목적 중 하나는 범지학교(Scola Pansophica)를 세워 자신의 판소피아를 실험하는 것이었다(오춘희, 1998a: 164; 이숙종, 2006: 57). 그는 샤로슈퍼터크에서 4년을 머물렀는데, 1653~1654년에 작성한 두 권의 학교 교재인『세계도회』[1]와『놀이학교(*Schola Ludus*)』는 지금까지도 중요한 작품으로 인정받고 있다. 그중에서도『세계도회』는 코메니우스에게 큰 명성을 안겨 주었다. 이 장에서는『세계도회』의 형식 및 구조분석의 필요성에 대하여 간략하게 언급한 후 구조분석을 시도하고 그 의미와 특성을 정리해 보고자 한다. 이러한 작업은『세계도회』의 순서로서의 특성을 잘 보여 줄 것이다.

## 1.『세계도회』의 형식 및 구조분석의 필요성

『세계도회』는 유럽 교육사에 새로운 전기를 가져온 작품이다. 이 책은 독일의 문호 괴테(Goethe)가 어린 시절(18세기 당시) 접할 수 있었던 유일한 아동도서였으며, 시각교재로서 조직적인 틀을 갖추고 있는 최초의 책으로 간주된다. 이 책은 19세기 중엽까지 단순하게 판을 거듭한 회수만 205회나 되며, 정확하게 조사된 판본의 종류만도 56종이 있다(Comenius, 1998: 233-236). 여기에서 책의 형식과 구조에 대해 간략하게나마 살펴보는 것이 책의 전체 구조분석에 도움이 될 것이다.

---

1 『세계도회』의 원제는 'Orbis Sensualium Pictus'로 '세계감각도회'로 번역할 수 있다. 이 책이 세상에 알려지게 되면서 'Orbis Pictus'라는 축약된 표제로 사용되기 시작했다.

### 1) 『세계도회』의 형식

코메니우스(1999: 12-13)는 『세계도회』 서문에서 저술 목적을 어린이의 마음을 사로잡아 주의력을 향상시키고, 세계의 주된 사물 이해 방식을 터득하게 하는 것이라고 말한다. 또한 『세계도회』는 더 쉽게 읽기를 배울 수 있으며, 모국어를 습득하는 데 도움이 되고, 라틴어를 겸하여 학습하는 효과를 얻도록 고안

[그림 8-1] 『세계도회』 내의 구름

되어 있다고 언급한다. 이를 위해 코메니우스는 『세계도회』를 독특한 형식으로 구성하고 있다.

[그림 8-1]에서 보는 바와 같이 『세계도회』는 150개가 되는 주제마다 순서, 제목, 그림, 설명으로 이루어져 있다(Comenius, 1658: 18). [그림 8-1]의 경우 순서는 7(VII)이며,[2] 제목은 '구름(Nubes)'이고, 그림에 대한 설명은 그림 안의 숫자(1~10) 및 그것과 연결된 설명문장을 통해 제시되고 있다. 설명문장들은 매우 간결한데, 이것은 원래 코메니우스가 의도한 것이다. 그는 "지금까지보다 훨씬 더 쉽게 읽기 학습을 할 수 있도록 세심하게 고안되어 있습니다."라고 말한다. 또한 "학생에게 주어지는 최초의 과제는 적은 양으로 간단해야 하므로 우선 이 입문서에는 기본적인 사실만을 적어 놓았습니다."(Comenius, 1658: 13-14)라고 말한다.

사용된 언어는 오른쪽에는 모국어(그림은 독일어), 왼쪽에는 라틴어다. 코메니우스에 의하면 언어 공부는 지겨운 맞춤법을 적용하면서 어렵게 접근할 것이 아니다. 오히려 제시된 책의 내용을 반복해서 읽는 동안 그림 밑에 있는 사물의 설명으로 읽는 법을 완전히 익힐 수 있다고 말한다.

『세계도회』는 '입문' 바로 다음에 [그림 8-2]와 같이 실제적인 발음 표기가 첨부되어 있는 알파벳이 나온다(Comenius, 1658: 4). 알파벳과 관련하여 코메니우스(1999)는 다음과 같이 설명한다.

특히 상징적인 알파벳이 처음에 나옵니다. 각각의 문자는 그 문자와 같은 울음소리를 가진 동물의 모습과 함께 씌어 있습니다. 동물을 잘 관찰함으로써 처음 알파벳을 배우는 사람은 모든 문자의 참뜻을 쉽게 기억할 수 있을 것입니다. 그 후에 주요한 음절 표를 달아 (이것을 이 책에 덧붙이는 것은 지금

---

2 [그림 8-1]에서 인용하고 있는 그림은 『세계도회』 초판인 뉘른베르크판(1658)이다. 다른 번역본의 경우 '구름'에 해당하는 번호가 8(VIII)로 표기되어 있다(Comenius, 1887: 12). 1887년 판본의 경우 '입문'과 '맺음'에도 번호를 매기고 있기 때문이다.

◆S:✿:( 4 ):✿:S◆

| | | | |
|---|---|---|---|
| *Cornix* cornicatur. die Kräße krächset. | á á | Aa |
| *Agnus* balat. das Schaf blöcket. | bé é é | Bb |
| *Cicáda* ſtridet. der Heuſchreck zitſchert. | ci ci | Cc |
| *Upupa*, dicit der Widhopf/ruft | dú du | Dd |
| *Infans* éjulat. das Kind weinert. | é é é | Ee |
| *Ventus* flat. der Wind wehet. | fi fi | Ff |
| *Anſer* gingrit. die Gans gackert. | ga ga | Gg |
| *Os* halat. der Mund hauchet. | háh háh | Hh |
| *Mus* mintrit. die Maus pfipfert. | í í í | Ii |
| *Anas* tetrinnit. die Ente ſchnackert. | kha kha | Kk |
| *Lupus* úlulat. der Wolff heulet. | lu ulu | Ll |
| *Urſus* múrmurat. der Beer brummet. | mum mum | Mm |

[그림 8-2] 『세계도회』 내의 발음

단계에선 아직 불필요하다고 생각했습니다) 그림을 의미한 후 그 위에 씌어 있는 이름을 봅니다. 그림을 한 번 더 보는 것은 사물의 이름을 기억해 내어 그림의 이름을 어떻게 읽는지를 가르쳐 줍니다(Comenius, 1999: 13).

각각의 문자는 그 문자와 같은 울음소리를 가진 동물의 모습과 함께 제시되고 있다. 일상생활에서 쉽게 접할 수 있는 동물들을 제시하여 처음 알파벳을 배우는 사람으로 하여금 쉽게 기억할 수 있도록 한 것이다.

## 2) 『세계도회』 구조분석의 필요성

학자들은 『세계도회』를 저술한 코메니우스의 드러내지 않은 의도에 대하여 언급한다. 그래서 『세계도회』에 대하여 로우리(Laurie, 1893: 56, 190)는 "코메니우스가 자신의 교육원리를 적용하고 있다."라고 말하며, 판 데어 린데(Van der Linde, 1999: 128)는 "판소피아를 위한 책"이라고 말하고, 우튼(Wooten, 2009: 2)은 "판소피아를 촉진하기 위한 코메니우스의 열정이 표현된 책"이라고 말하고, 최진경(2012: 13)은 "어린이용 범지혜서(판소피아)"[3]라고 말한다.

반면에 우정길(2009: 9, 13-20)은 『세계도회』를 비평적으로 고찰한다. 그는 책의 심층적 저술 목적에는 동의하지만, 코메니우스가 제시하려는 원리는 '이원적 대립 구도'를 이루고 있다고 주장한다. 그러나 필자가 보기에 이런 주장은 판소피아 특성과는 상충되어 보인다.

필자는 코메니우스가 강조하는 전체를 통찰하는 방식 중의 하나인 구조분석을 통해 『세계도회』를 고찰하고자 한다. 이를 통해 『세계도회』에 판소피아의 원리가 적용되고 있음을 논증하고, 또한 판소피아의 삼원적 특성을 드러낼 것이다.

---

3  제임스 보웬(James Bowen)은 "『세계도회』에 대한 완전한 평가는 지적·교육적 목적에 대한 이해로부터 가능할 것이다. 이 책은 저자의 말년에 이루어진 것으로, 그때까지의 교육사에 대한 최초의 것이자 단순한 것이었으나, 이 책의 구체적 실현은 기존 교육의 전 과정을 개혁하려는 오랜 그리고 강력한 시도 후에 비로소 이루어진 것이다."(Comenius, 1998: 203에서 재인용)라고 말한다. 한마디로 말해서 이 책은 코메니우스의 교육이론인 판소피아의 축소판이라고 할 수 있을 것이다.

## 2. 『세계도회』의 구조

『세계도회』의 구조분석은 통시적인 것과 공시적인 것 두 가지 방향으로 시도하고자 한다.[4] 첫째, '통시적 구조(diachronic structure)'란 시간의 흐름에 따라 제시된 순서상의 관계체계를 의미한다고 볼 때, 통시적 구조분석은 책의 순서에 따른 구조분석을 의미하는 것이다. 둘째, '공시적 구조(synchronic structure)'란 시간의 흐름과 관계없이 주어진 상황 내에서의 관계체계를 드러내는 것으로 전제할 때, 주제별로 제시되어 있는 그림의 구조를 분석하는 것을 지칭하는 것이다.[5] 이 장에서 다루는 공시적 구조분석은 『세계도회』의 그림 중에서 대표성을 띠는 그림을 중심으로 선별하여 진행할 것이다.

### 1) 통시적 구조

우튼(2009: 5)은 『세계도회』를 가리켜서 "고도로 구조화되어 있는 책"이라고 말한다. 정밀한 구조를 가지고 있는 책인 『세계도회』는 '입문(Invitatio)'과 '맺음말(Clausula)' 외에 하나님으로 시작하여 최후심판까지 150개의 주제로 이루어져 있다. 새들러(Sadler)는 『세계도회』의 구조를 다음과 같이 열 가지의 주제로 정리하여 제시한다.

---

4 챕코바(Čapková, 1992: 191-192)는 코메니우스의 전체성에 대한 관점을 논함에 있어서 시간성과 공간성으로 구분하여 제시하고 있다.

5 구조에 있어서 통시성과 공시성에 대한 언급은 언어학적 구조주의자인 소쉬르(Saussure)와 관련이 깊다. 피아제(Piaget, 1990: 80-81)는 소쉬르가 통시적(diachronic) 발전, 즉 역사적 측면은 언어 연구에서 주목할 유일의 과정이 아니라는 점에 착안하여, 언어는 체계적 측면을 가지고 있음을 언급하고 있다. 그에 의하면 언어는 구성요소에 작용하면서 역사의 어느 시점이건 간에 공시적(Synchronic) 체계를 생기게 하는 균형의 법칙을 구현한다. 즉, '통시적 언어학'이 연구하는 것이 한 언어 상태에 공존하는 용어 간의 관계가 아니라 시간에 따라 서로 대체되는 연속적 용어 간의 관계라면, '공시적 언어학'은 공존의 용어들을 하나로 묶는 논리적 · 심리적 관계에 관심을 가지며, 화자의 집단적 심정에 하나의 체계를 형성해 준다.

1~10번: 요소(The Elements: 혹은 원리) / 11~20번: 식물의 왕국 / 21~38번: 동물의 왕국 / 39~46번: 인간 / 47~103번: 예술과 기능 / 104~110번: 자연철학 / 111~119번: 도덕철학 / 120~138번: 사회적 삶 / 139~145번: 정치와 전쟁 / 146~151번: 종교 (Sadler, 1969: 77)

이런 그의 구분에는 몇 가지 어색한 부분이 있다. '요소'로 묶고 있는 1~10번의 내용에는 '하나님'과 '세계'가 포함되어 있어 그 이후에 나오는 요소들과 묶기에 부적합해 보인다. '식물'과 '동물'을 나누는 것도 적절하지 않다. 코메니우스는 식물을 11~17번까지 다루고 있으며, 동물은 18~34번에서 다루고 있기 때문이다. 새들러의 동물과 인간의 구분 역시 모호하다. 또한 '예술과 기능'에 포함시킨 내용에는 오히려 뒤에 나오는 학문의 영역과 연결되는 주제들이 있다. '사회적 삶'의 주제에는 가정, 문화에 해당하는 주제가 포함되어 있어 주제 분류의 세밀함이 떨어져 보인다.

김병희와 김유라(2013) 역시 『세계도회』를 크게 열 개의 항목으로 세분화하고 있다. 그들은 개략적으로 '하나님'으로 시작하여 세계를 이루는 원소, 식물과 맹금류, 동물, 인간과 인간 세상의 여러 사물, 사회, 종교에 대한 내용으로 구분하고 있는데, 구체적인 사항은 다음과 같다.

1. 신이 창조한 자연(1~17번) / 2. 생물—동물(18~34번) / 3. 인간—신체와 정신, 인간의 발달(35~43번) / 4. 인간의 작업 기술(44~90번) / 5. 학문과 관련된 것(91~102번) / 6. 천문학(103~108번) / 7. 인간사회의 규범—윤리와 도덕(109~117번) / 8. 인간관계 속에서 이루어지는 일들(118~143번) / 9. 종교(144~149번) / 10. 최후의 심판(150번) (김병희, 김유라, 2013: 98-99)

이들의 구분은 새들러에 비해 정확해 보이지만, 여전히 어울리지 않는 묶음을 발견할 수 있다. 예를 들어, '신이 창조한 자연'이라는 첫 번째 항목 안에는 신(神)

과 세계 및 자연을 한데 묶고 있는데, 이는 항목의 제목으로 부적절해 보인다. 신이 창조한 것은 첫 번째 항목뿐이 아니라 두 번째 항목인 생물(동물)도 포함되기 때문이다. 또한 다섯 번째 항목을 '학문과 관련된 것'으로 구분하는 것보다는 네 번째 항목인 기술과 관련된 것으로 연결하는 것이 더 자연스러워 보인다.

그로스만과 슈뢰어(Großmann & Schröer)는 더 세분화된 구분을 제시한다. 그들은 『세계도회』의 내용을 주제별로 20개의 항목으로 분류하여 전체 구조를 제시하고 있다.

> 하나님, 세계, 하늘, 요소, 지구(땅), 식물, 동물, 인간, 원초적인 직업, 집, 집의 내부, 교통, 지적인 교통, 가르침, 사회의 개혁, 도시, 놀이, 정치, 종교, 최후의 심판(Großmann & Schröer, 1997: 62)

이들의 구분은 새들러(1969)나 김병희와 김유라(2013)의 구분보다 훨씬 세밀하다. 아쉬운 것은 '원초적 직업, 집, 집의 내부, 교통'으로 구분된 내용을 '직업' 군으로 묶을 수 있다는 점이다. '지적인 교통, 가르침' 부분도 좀 더 큰 주제로 통합할 수 있어 보인다. 또한 '사회의 개혁, 도시, 놀이'의 구분도 소그룹 주제로 제시하기에는 균형이 맞지 않아 보인다. 영역과 영역을 이어 주는 연결고리에 대한 통찰도 찾아보기 어렵다. 필자는 앞에서 제시된 구조를 참조하여 〈표 8-1〉과 같이 구분해 보았다.[6]

〈표 8-1〉의 구조를 통해 볼 때, '입문'과 '맺음말'을 제외하면 대주제는 총 12개, 소주제는 총 21개로 정리할 수 있다. 입문 이후의 그림 2, 3번은 책 내용의 원인과 결과를 보여 준다. 즉, 3번의 세계는 2번의 하나님으로 말미암아 나오게 되었다는 점이다. 나머지인 4~151번은 2번으로 말미암은 3번의 세계 안에서 이루어지는 일들과 관련된 것이다.

---

6 필자가 제시한 〈표 8-1〉의 구조는 코메니우스의 『세계도회(The Orbis Pictus of John Amos Comenius)』 1887년 판을 기준으로 한 것이다. 원래의 그림 번호는 로마자로 되어 있다.

〈표 8-1〉『세계도회』의 전체 구조

| 대주제 | 소주제 | 그림 및 주제 순번 | 해석 |
|---|---|---|---|
| 입문(Invitatio) | | 1 | 열기 |
| 하나님(Deus) | | 2 | 창조주 |
| 세계(Mundus) | | 3 | 연결고리 |
| 요소(원리) | 하늘(Caelum) | 4 | 자연 |
| | 요소(Elementum) | 5~8 | |
| | 땅(Terra) | 9~12 | |
| 식물(Plantae) | | 13~18 | |
| 동물(Animalia) | | 19~35 | |
| 인간(Homo) | | 36~44 | 연결고리 |
| 기술 | 직업과 기술 | 45~64 | 인생활동 |
| | 주거와 기술 | 65~82 | |
| | 여행과 기술 | 83~91 | |
| | 학교와 기술 | 92~103 | |
| 학문 | 자연철학 | 104~109 | |
| | 도덕철학 | 110~118 | |
| 공동체 | 가정공동체 | 119~121 | |
| | 사회공동체 | 122~130 | |
| | 문화공동체 | 131~137 | |
| | 국가공동체 | 138~144 | |
| 종교(Religio) | | 145~149 | 연결고리 |
| 하나님의 섭리(Providentia Dei) | | 150 | 하나님의 통치 |
| 최후의 심판(Judicium extremum) | | 151 | 심판주 |
| 맺음말(Clausula) | | 152 | 닫기 |

판 데어 린데(1999: 128)는 『세계도회』를 두 개의 극(pole)과 하나의 중심 (mitte)으로 구성되어 있다고 말한다. 극의 앞은 하나님을 창조주로 제시하며, 극의 뒤는 최후 심판으로 역사의 종말을 언급하고 있고, 책의 중심부는 인간과 인간의 타락 및 추방에 대하여 제시하고 있다. 이런 구분의 약점은 책의 중심부에 대한 언급이 지나치게 단순하다는 것이다. 그가 말하는 중심부가 2~151번

의 항목들이라면, 이런 항목들을 인간과 인간의 타락 및 추방에 대한 교훈으로 만 언급하는 것은 문제가 있다.

〈표 8-1〉에서와 같이 『세계도회』는 하나님의 존재가 매우 중요한 역할을 하고 있다. 2~151번의 항목 중에서 2번과 151번은 하나님의 존재와 하나님의 역할을 핵심적으로 보여 준다. 즉, 3~150번을 감싸고 있는 형식을 취하고 있으면서 실제로 3~150번의 시작과 끝을 주관한다. 또한 〈표 8-1〉은 3개의 '연결고리'[7]를 보여 준다. 그것은 '세계'(3번), '인간'(36~44번), '종교'(145~149번)다.

첫 번째 연결고리인 '세계'(3번)는 '하나님 존재'(2번)와 '자연 및 인간 존재'(4~44번) 사이를 이어 주는 역할을 한다. 2번에서 나온 3번은 4~44번의 서론 역할을 하고 있다. 두 번째 연결고리인 '인간'(36~44번)은 '자연'(4~35번)과 '인생활동'(45~144번)을 이어 주는 역할을 한다. 36~44번은 4~44번의 일부이면서 동시에 45~144번의 주체이기도 하다. 세 번째 연결고리인 '종교'(145~149번)는 '인생 활동'(45~144번)과 '하나님의 섭리'(150번)를 이어 주는 역할을 한다. 구조적으로 볼 때 145~149번은 45~144번이 150번에 달려 있음을 알게 해 주는 내용을 담고 있다. 결국 『세계도회』는 세 개의 큰 주제를 담고 있는 셈이다. 그것은 '자연세계(자연)'와 '인간의 삶(인간)'과 '하나님에 대한 것(종교)'이다.

## 2) 공시적 구조

『세계도회』의 원제인 『오르비스 센수알리움 픽투스(Orbis Sensualium Pictus)』에서 '오르비스'란 단순한 세계를 의미하는 것이 아니라 세계를 둘러싸고 있는 전체를 의미한다. 즉, 학습자에게 소개해야 할 의미를 가진 관계로서의 세계를 뜻하는 것이다. 앞서 언급한 바와 같이 코메니우스의 후기 작품에 해당하는 『세계도회』는 그의 판소피아 사상이 함축되어 있는 결정판이라고 할 수 있다.

---

7  이런 '연결고리'는 코메니우스 작품의 특징이다. 필자의 견해로는 코메니우스의 모든 작품에는 이런 '연결고리'가 나타나는데, 이는 작품의 전체 구조에 따른 필연적인 요소로 보인다.

판소피아 사상의 핵심 특성이 통합적 특성이라면, 판소피아 사상의 핵심이 응축된 이 책은 통합적 성격을 잘 드러내고 있다. 이런 주장을 설득력 있게 뒷받침해 주는 것이 바로 『세계도회』의 '입문'과 '맺음말'에 해당하는 그림이다. 코메니우스는 독특하게도 『세계도회』의 시작과 끝에 동일한 그림을 배치하고 있는데, 그 그림이 바로 [그림 8-3]이다(Comenius, 1658: 2, 308). 이 그림은 책 전체를 열고 닫는 역할을 하면서 동시에 책 전체의 공시적 구조에 대한 정보를 준다.

우정길은 [그림 8-3]의 중요성을 잘 간파했다. 그는 150개의 그림 외에 '입문'과 '맺음말'에서 같은 그림이 2회 반복되고 있는 점을 들어 '서론'과 '결론' 이상의 의미를 가지고 있을 뿐 아니라 코메니우스 교육학의 기본 구도를 함축하고 있다고 말한다(우정길, 2009: 13-14). 그러나 문제는 그림에 대한 그의 해석이다. 그는 코메니우스의 '이원적 세계관'이 "이 그림에서 더욱 뚜렷하게 실체를 드러내고 있다."라고 말한다. 그러면서 그림 우측 상단의 태양과 좌측 상단의 구름을 이원적 세계관을 증명하는 첫 번째 예로 본다. 또한 그는 태양과 구름의 이원적 대립 구도를 증명하기 위해 구름의 파괴적 속성을 강조한다. 이를 위해 '세계의

[그림 8-3] 『세계도회』의 입문(혹은 맺음말) 그림

파괴를 초래하는 폭풍'의 구름 이미지를 제시하고 있는데, 이때 그는 『세계도
회』의 '그림 5번'(공기)을 사용한다(우정길, 2009: 14-15). 하지만 정확한 구름 이미
지는 『세계도회』의 '그림 5번'이 아니라 '그림 7번(구름)'이다. 그는 구름의 이미
지를 태양과 대립시키기 위해 다른 이미지(그림 5)를 사용하고 있다. 그러면서
그 내용을 소개함에 있어서도 "폭풍은 나무를 쓰러뜨리고"(Comenius, 1999: 26)
를 "세계의 파괴를 초래하는 폭풍"으로 달리 번역하여 제시하고 있다.[8]

   우정길의 주장과는 달리 그로스만과 슈뢰어(1997: 65-68)는 다른 관점으로 [그
림 8-3]을 주목한다. 그에 따르면 [그림 8-3]에서 주목할 것은 코메니우스의 교
육에 대한 세 가지 전망이다.[9] 그것은 첫째, 좌측에 서 있는 '어린아이', 둘째, 우
측에 서 있는 교사 및 건물들, 셋째, 태양과 교사의 머리를 통과하고 있는 빛이
다. 또한 코메니우스가 판소피아 교육을 위해 강조했던 세 가지 책인 '자연의
책' '이성의 책' '계시의 책'을 그림에서 발견할 수 있다. 우선 그림 좌측과 배경
에 나타나는 자연과 하늘은 '자연의 책'임을 알 수 있게 하고, 어린아이에게 무
엇인가를 가르치고 있는 노신사[10]는 '이성의 책'을 대변하고 있으며, 노신사의
머리를 관통하여 비치는 태양빛은 '계시의 책'을 이미지화하고 있다.

   그렇다면 우리는 〈표 8-1〉에서 발견한 구조를 [그림 8-3]에서도 찾아낼 수
있다. 태양과 빛은 하나님과 하나님의 계시를 상징하고, 교사와 우측 배경을
채우고 있는 문화는 인간과 이성의 산물을 상징하며, 어린아이와 좌측의 배경
을 이루고 있는 나무와 하늘은 세계와 자연계를 상징하는 것으로 볼 수 있다.

---

8  이 문장에 해당하는 라틴어 원문은 "Procella, sternit Arbores."이다.

9  [그림 8-3]에서 발견할 수 있는 것 중의 하나가 바로 코메니우스의 판소피아 특성인 전체성이다. 독자는
   그림에서 학교 건물을 찾아볼 수 없다. 열려 있는 길 위에 두 사람을 발견할 뿐이다. 열려 있는 길은 배
   움의 장인 인생을 의미하며, 학교는 전 삶의 경험적인 세계 안에 통합된 것이다(Großmann & Schröer,
   1997: 62).

10 어린아이에게 교사는 노신사다. 그는 아이에게 "이리로 오렴. 지혜로워지기 위해서는 공부를 해야 한단
   다."라고 말한다. "그 지혜를 누가 가르쳐 주나요?"라는 어린아이의 질문에 노신사는 "신의 도움을 받아
   내가 가르쳐 준단다."라고 대답한다. 교사로 등장하는 인물이 젊은이가 아님을 눈여겨 볼 필요가 있다.
   이는 계시의 빛과 세상에서 경험한 것들을 이해하여 아이에게 잘 가르칠 수 있는 연령이 어떠함을 보여
   준다. 노신사의 왼손 검지는 흥미롭게도 계시의 빛을 가리키고 있다.

즉, '자연' '인생' '하나님'의 이미지가 담긴 [그림 8-3]을 통해 『세계도회』의 '세계' '인간' '종교'라는 삼중의 구조를 발견할 수 있다.

# 3. 구조분석을 통해 본 『세계도회』의 특성

이제까지 살펴본 『세계도회』의 구조분석을 통해 코메니우스의 판소피아 특성을 삼원적(trinary) 특성과 통전적(wholeness) 특성으로 정리할 수 있다.

## 1) 삼원적 특성

앞에서 살펴본 바와 같이 『세계도회』 자체가 '세계' '인간' '종교'의 삼중구조로 이루어져 있다. 이것은 이 책의 순서적인 특징이다. 〈표 8-1〉을 통해 볼 때, 요소(원리)에서 시작하여 식물, 동물, 인간, 인간의 직업, 학문, 공동체, 종교로 진행되는 교육과정 자체가 연속적인 질서를 이루고 있다. 이런 질서는 하나님과 하나님의 심판으로 감싸져 있다. 즉, 하나님에게서 시작하여 하나님에게서 마침이 된다. 하나님 자체가 삼원성의 시작이다. 하나님 자체가 본질(essentia)은 하나이면서, 인격(hypostasis)은 셋이다(Comenius, 1887: 5). 이런 삼원성이 인간에게 부여되었다. 코메니우스는 인간의 이성(rationalis)이 세 가지―정신(mens), 의지(voluntas), 영혼(anima)―로 이루어졌다고 말한다(Comenius, 1887: 54). 그래서 코메니우스는 책의 서문에서 진정한 배움(eruditio)이란 마음이 지혜로워지고(인식: sapere), 말이 웅변적이며(말하기: loqui), 손이 부지런히 활동할 수 있게 되었을 때(행동하기: agere) 온전해진다고 말한다(Comenius, 1999: 10). 나아가서 자연세계 역시 삼중(하늘, 대기, 대지와 물)으로 제시되고 있으며 자연사물에 대한 바른 이해 역시 삼중적으로 제시되는데, 그것은 사물의 존재 근원을 알고, 사물의 존재 방식을 알며, 사물의 존재 목적과 사용법을 아는 것을 의미한다. 결국 『세계도회』는 삼원적 특성을 가지고 있다고 할 수 있다.

## 2) 통전적 특성

『세계도회』의 통전성[11]은 책의 제목에서부터 드러난다. '오르비스'란 말은
단순히 세계를 의미하는 것이 아니라 세계를 둘러싸고 있는 전체를 의미한다.
즉, 세계란 학생이 인도되어야 할 의미를 가진 관계로서의 전체다(Groβmann &
Schröer, 1997: 61). 우튼(2009: 7)은 책의 모든 단계마다 보편성이 강조되고 있다
고 말한다. 주목할 것은 [그림 8-3]을 설명하는 텍스트에서 '전체(모두)'를 뜻하
는 라틴어 'omnia'가 총 6회 나온다는 사실이다(Comenius, 1887: 1-2). 이는 곧 코
메니우스의 전체성을 함축적으로 보여 주는 것이다.[12] 또한 『세계도회』가 그림
을 통해 통합적인 지식을 전달하는 방법을 사용하고 있다는 면에서 통합적 성
격을 갖고 있다. 그림은 연역적이지도 않고, 귀납적이지도 않지만 그 자체로 전
체를 한눈에 보여 준다. 이것이 시각교재의 특징이다(안영혁, 2009a: 241). 그림
을 통해 전체를 파악한 후에 전체와의 연관성 속에서 사물을 이해하게 하는 방
법이 바로 『세계도회』가 사용하는 방법이다. 이것은 전체 및 통합을 담고 있는
그림의 특성과 함께 코메니우스 사상의 통합적 특성을 함축적으로 보여 주는
것이다.

코메니우스(Comenius, 1999: 11)는 책의 서문에서 "감각을 통하지 않고는 어떤
것도 이해하지 못한다."라는 아리스토텔레스의 말을 인용하며 감각의 중요성
을 강조한다. 그래서 감각을 잘 훈련하는 것은 모든 지혜와 탁월한 언어 능력과
모든 활동의 토대가 된다고 말한다. 우튼(Wooten, 2009: 15-20)은 『세계도회』에

---

11  필자는 '통전성(wholeness)'을 '보편성(universality)' '전체성(totality)'과 같은 범주로 본다.

12  코메니우스는 [그림 8-3]에서 기존의 학교 모습을 보여 주고 있지 않다. 그가 의도하는 학교는 세계 안에
    결합된 삶 전체다. 비록 [그림 8-3]에서 '사물'과 '인간'과 '계시'를 구분할 수는 있지만, 그것들을 따로 인
    식하지는 않는다. 그래서 '입문'에 나타난 '모든 것(omnia)'의 강조는 곧 『세계도회』가 포괄적인 의미에서
    해석되어야 함을 보여 주는 것이다.

나타나는 감각적 배움을 크게 세 가지로 해석하여 제시한다. 첫째, 청각을 통해 배움으로 이끈다. 코메니우스는 '입문' 직후 알파벳을 자연(동물 등)의 소리를 통해서 가르치고 있다. 둘째, 시각을 통해 배움으로 이끈다. 코메니우스는 그림을 '빛'으로 묘사하고 있다. 셋째, 촉각을 통해 배움으로 이끈다. 그래서 코메니우스는 서문에서 어린이가 그림을 그리고 싶어 할 경우 그림을 베끼도록 하라고 권한다. 또한 그림의 숫자와 텍스트의 단어를 연결할 때, 그리고 모국어와 라틴어를 서로 비교할 때, 어린이는 손가락을 사용할 수 있을 것이다. 한마디로 말해서 코메니우스에 의하면 감각을 통해서 통전적 배움의 기초가 생겨난다는 것이다. 그렇다면 감각을 통해서 어린이들은 통전적 배움을 시작하는 셈이다.

『세계도회』의 통전성은 연결고리를 통해서도 확인할 수 있다. 모든 단계의 그림은 모국어와 상응하며, 모국어는 또한 라틴어와 연결된다. 그리고 책의 내용은 세계에 대한 하나의 주제로부터 다음 주제로 흐르고 있다(Wooten, 2009: 8). 이런 흐름의 연계성을 탁월하게 드러내 주는 것이 〈표 8-1〉에서 제시한 '세계'(3번), '인간'(36~44번), '종교'(145~149번)다.

# 제9장
# '방법'으로서의 『팜패디아』

1. 『팜패디아』의 전체 구조와 의미
2. 『팜패디아』의 세부 구조와 의미
3. 구조분석을 통해 본 『팜패디아』의 특성

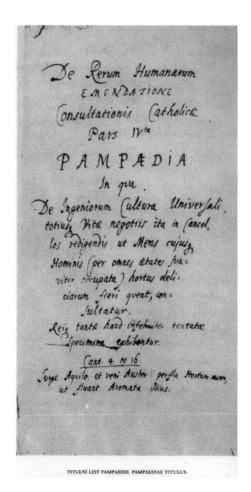

TITULNÍ LIST PAMPAEDIE. PAMPAEDIAE TITULUS.

De Ingeniorum Cultura Universali,
totiusq Vitæ negotiis ita in cancel,
los redigendis, ut Mens cujusq
Hominis (per omnes ætates sua=
viter occupata) hortus deli=
ciarum fieri qveat, con=
sultatur.
Reiq tantæ haud infeliciter tentatæ
Specimina exhibentur.

제9장의 표지 그림은 『인간개선에 관한 일반담론(*De Rerum Humanarum Emendatione Consultatio Catholica*)』 제4권에 해당하는 『팜패디아(*Pampaedia*)』의 표지다(Comenius, 1966). 그림의 글씨는 코메니우스의 친필이다. 주목할 것은 표제에 해당하는 제목 아래의 글이다. 코메니우스는 표제를 통해 『팜패디아』의 핵심을 잘 보여 준다.

이 장에서 우리는 전체와 관련하여 인간을 그 본성의 완전함으로 이끄는 교육(양육)에 대하여 검토하고자 한다. 인간의 전 생애를 통해 모든 연령에서 즐겁게 성취하고, 각 사람의 정신을 기쁨의 동산이 되게 하기 위한 과제들을 제시하고 있다. 이러한 중요한 분야에 있어서 성공적인 모범을 보여 주고 있다(Comenius, 1966).

『팜패디아』는 코메니우스의 『인간개선에 관한 일반담론』의 일곱 권 중에서 네 번째 책이다. 코메니우스는 초기 저서인 『대교수학(Didactica Magna)』과는 다르게[1] 『팜패디아』에서는 책의 전체 구조를 간략하게 밝히고 있다. 그는 일곱 권의 모든 책마다 간략한 전체 구조를 제시하고 있는데, 이것은 코메니우스의 후기 작품들의 특징이기도 하다.[2] 그럼에도 이제까지 이루어진 『팜패디아』에 대한 연구에서 전체 구조에 주목한 경우는 거의 없었다. 물론 『팜패디아』의 구조 자체에 대한 관심이 전혀 없었던 것은 아니지만, 대부분의 경우 구조에 대한 피상적 언급에 불과했다.[3]

따라서 필자는 『팜패디아』의 세밀한 구조분석을 통해서 코메니우스의 판소피아 사상의 특성을 고찰하고자 한다. 이를 위해 먼저 『팜패디아』의 전체 구조를 분석하고, 이후에 세부적인 구조를 분석한 후 각 구조분석의 의미를 제시하고자 한다.[4]

---

1 『대교수학』은 비록 정교하게 잘 짜인 구조로 이루어져 있지만, 코메니우스는 자신의 책에 전체 개요를 제시하고 있지 않다(나현규, 이병승, 2011).

2 이런 사실을 통해 코메니우스가 책의 전체 구조에 대하여 특별한 의미를 부여하고 있다는 것을 짐작할 수 있다. '전체'의 중요성을 강조하였던 코메니우스는 독자들로 하여금 책의 전체 개요를 통해 '전체성'에 대하여 인식할 수 있도록 도움을 주고자 했던 것이다.

3 그동안 국내에서 이루어진 『팜패디아』에 대한 연구는 크게 두 가지 형식으로 정리할 수 있다. 하나는 코메니우스의 대표 작품들에 나타난 핵심 용어들을 통해 『팜패디아』의 교육이론을 정리하고 제시한 형식이다. 대표적으로 이숙종(1995), 정일웅(2003a)의 연구가 그렇다. 다른 하나는 코메니우스의 교육이론에 대한 관심과 함께 『팜패디아』의 구조에 관심을 갖는 형식이 있다. 즉, 『팜패디아』의 이론을 연구하는 데 있어서 구조에 대하여 언급하는 경우다. 대표적으로 오인탁(1980), 안건상(1986)의 연구가 그렇다. 하지만 후자의 경우라도 책의 전체 구조에 대한 언급이 지극히 피상적이기 때문에 전체 구조를 통해서 얻을 수 있는 실제적인 유익을 발견하기는 어렵다.

4 『팜패디아』의 구조분석 내용은 「'팜패디아(Pampaedia)'의 구조를 통해 본 코메니우스의 교육목적론 탐구」(나현규, 이병승, 2012)의 2장 내용을 보완하고 수정하여, 전체적으로 인용하고 있음을 밝힌다.

## 1. 『팜패디아』의 전체 구조와 의미

오인탁은 『팜패디아』를 국내에 처음으로 소개한 인물이다. 그는 자신의 글에서 『팜패디아』의 구성을 소개하는데, 먼저 『팜패디아』의 목차를 제시한 후 그에 따라 작품 전체를 다음과 같이 크게 세 부분으로 나누어 제시한다.

> 제1장의 도입 부분 후에 2, 3, 4장이 첫 부분으로, 코메니우스 교육학의 기본원리인 '모든 사람이 전체를 통하여 철저히 완전함으로 인도되어야 함'을 다루고 있다. 5, 6, 7장은 둘째 부분으로서, 이런 기본원리의 수행에 요청되는 시설, 수단, 인간을 다루고 있다. 제8장에서 제15장까지는 끝 부분으로서, 앞에서 서술한 이론적인 전개의 결과를 8학교들로 나누어 적용하고 있다(오인탁, 1980: 339).

그는 『팜패디아』의 전체 구성을 통해서 교육이란 단편적인 수업과정의 분석만이 아니라 교육현상과 교육지평의 전체로부터 파악하여 정립한 완벽한 교육학 조직임을 역설한다. 『팜패디아』의 구성을 통해 교육지평 전체를 통해서 교육목적을 파악할 것을 강조하고 있는 것이다(오인탁, 1980: 340). 이런 그의 통찰은 매우 정당하며 적절해 보인다. 아쉬움은 『팜패디아』의 구조(혹은 구성)에 대한 세밀한 분석을 지나치고 있다는 점이다.[5]

『팜패디아』의 구조에 대한 좀 더 세밀한 분석이 정재현에 의해 시도되었다. 그는 『팜패디아』의 구성을 〈표 9-1〉과 같이 제시하고 있다(정재현, 1996: 60).

---

5  단적인 예를 들면, 그는 서론과 결론 부분에 대해서는 언급조차 하지 않는다. 물론 그의 논문의 성격상 『팜패디아』의 구조를 세밀하게 분석하는 것이 의도가 아니었기 때문일 것이다. 이런 진술은 안건상의 경우도 마찬가지다. 그 역시 일찍이 『팜패디아』에 대한 관심을 갖고 연구했지만 『팜패디아』의 전체 구조에 대한 세밀한 분석에는 관심이 미치지 못하고 있다(안건상, 1986: 41-42).

**〈표 9-1〉 정재현의 『팜패디아』 구조분석표**

| 내용 구분 | | | 본문 |
|---|---|---|---|
| 총론(Omnes – Omnia – Omnino) | | | 제1장 |
| 모두에게(Omnes) | | | 제2장 |
| 모든 것을(Omnia) | | | 제3장 |
| 철저하게<br>(모든 방법으로)<br>(Omnino) | 서론 | | 제4장 |
| | 범교재(Panbiblia) | | 제6장 |
| | 범교사(Pandidascalia) | | 제7장 |
| | 범학교<br>(Panscholia) | 개론 | 제5장 |
| | | 태아학교 | 제8장 |
| | | 유아학교 | 제9장 |
| | | 아동학교 | 제10장 |
| | | 청소년학교 | 제11장 |
| | | 청년학교 | 제12장 |
| | | 장년학교 | 제13장 |
| | | 노인학교 | 제14장 |
| | | 사망학교 | 제15장 |
| 맺음말: 영원한 지혜 학교 | | | 제16장 |

〈표 9-1〉을 통해 볼 때 먼저 『팜패디아』의 전체 구조를 나름대로 분석하여 제시하고 있다는 점과 한눈에 볼 수 있도록 도표화한 점은 매우 적절하다. 특히 그는 4장의 특성을 잘 간파한 것으로 보인다.[6] 하지만 몇 가지 중요한 문제점과 아쉬운 점이 있다. 첫째, 그의 구조는 『팜패디아』의 전체 흐름을 깨는 불합리 성을 가지고 있다. 코메니우스가 전체와 함께 자연스러운 흐름을 강조하고 있 다는 점을 생각할 때 간과할 수 없는 문제다(Dieterich, 2008: 81-82). 둘째, 그는 4장의 특성에 매료된 나머지 원저작자인 코메니우스의 분류조차도 무시하는 오류를 낳게 되었다. 즉, 그는 1~4장의 흐름을 끊고 4장을 따로 구분하고 있으

---

6 물론 필자는 정재현이 4장을 이후 5~15장에 이르는 내용의 서론으로 보고 있는 점에 대해서는 동의하지 않지만, 그가 4장의 특성(그가 말하는 서론적 성격)을 간파한 것은 적절해 보인다. 자세한 내용은 이후에 제시할 것이다.

며, 5~7장의 흐름을 끊고 5장을 따로 구분하고 있다. 셋째, 그러다 보니 코메니우스가 제시하는 1~4장의 특성과 5~7장의 특성이 모호해져 버리는 결과를 낳게 되었다. 이 문제 역시 지나칠 수 없다. 왜냐하면 『팜패디아』가 추구하는 전체성에 혼란을 야기하는 것이기 때문이다. 넷째, 전체 구조에서 서론 부분을 제외시키고 있다는 점과 다섯째, 자신이 제시한 구조에 대하여 표 외에는 상세하게 설명을 제시하지 않고 있다는 점은 아쉬움으로 남는다.

가장 최근에 이루어진 『팜패디아』의 구조에 대한 분석은 최진경의 경우다. 그녀는 『팜패디아』의 구조를 원래 코메니우스가 제시한 구조를 바탕으로 간략하게 제시하고 있다. 정리하면 다음과 같다.

> 교육원리(Bildungsprinzip: 1~4장)-Omnes: 인간학(Anthropologie),
> Omnia: 배움의 영역(Lernbereiche), Omnino: 교육방법(Lehrmethode) / 범학
> 교(Pansophische Schule: 5장) / 범교재(Pansophische Bücher: 6장) / 범교사
> (Pansophische Lehrer: 7장), 학제(Schulwesen: 8~15장) / 결론(Schluss: 16장)
> (Choi, 2005: 176).

이와 같이 최진경이 제시한 구조의 장점은 1~4장의 의미가 무엇인지 분명하게 알려 준다는 점이다. 즉, 그녀는 1~4장 전체가 『팜패디아』의 '교육원리'임을 간파하고 있다(Choi, 2005: 177). 또한 2~4장의 의미 역시 명료하게 제시하고 있다. 즉, '모든 사람'을 '인간학'으로, '모든 것'을 '배움의 영역'으로, '철저하게'를 '교육방법'으로 해석하고 있는데, 이것은 나름대로 의미 있는 해석으로 보인다. 그러나 그것이 전부다. 책의 전체 구조에 대한 세밀한 요소는 아쉽게도 발견할 수 없다.

그렇다면 『팜패디아』의 전체 구조를 또 다른 관점에서는 어떻게 제시할 수 있는가? 『팜패디아』에 제시된 개요보다 더 세밀하면서 논리적인 구조를 제시할 수 있는가? 필자의 생각에는 『팜패디아』의 전체 구조를 두 가지 측면에서 구

분하여 제시할 수 있다고 본다. 하나는 『팜패디아』의 전체 흐름과 관련된 구조
이며, 다른 하나는 장별 특징을 보여 주는 전체 구조가 그것이다.

## 1) 전체적인 흐름과 관련된 전체 구조

이것은 서론에서부터 결론에 이르는 핵심 개념의 흐름을 중심으로 전개되는
전체 구조를 의미한다. 이를 통해 『팜패디아』에 흐르는 맥을 조망할 수 있을 것
이다. 필자는 전체 흐름을 나타내는 전체 구조를 [그림 9-1]과 같이 제시했다.

[그림 9-1]의 『팜패디아』 전체 흐름도를 통해 우리는 『팜패디아』의 흐름을
한눈에 볼 수 있다. [그림 9-1]을 통해 최소한 세 가지 정도의 특징을 정리할 수
있을 것이다. 첫째, 표제를 시작으로 『팜패디아』의 전체 구조가 이루어져 가고
있다는 점이다. 이것은 표제의 역할 및 중요성을 보여 준다. 둘째, 일견에도 알

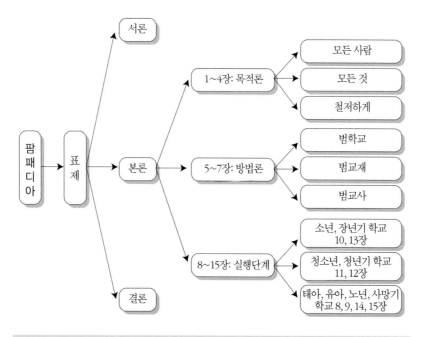

[그림 9-1] 『팜패디아』 전체 흐름도

수 있는 사실은 전체 구조가 균형을 이루고 있다는 점이다. 즉, 주제가 세 방향으로 균형감 있게 흐르고 있다. 셋째, 표제를 기점으로 무엇인가 일관되게 흐르는 주제가 있어 보인다. 즉, 『팜패디아』의 핵심은 표제를 거쳐서 본론으로, 그것이 다시 목적론과 방법론과 실행단계를 통해 흐르고 있다는 것을 짐작케 한다. 더 구체적인 내용은 순차적으로 살펴보기로 한다.

## 2) 장별 특징을 보여 주는 전체 구조

[그림 9-1]을 통해서는 겉으로 드러난 특징들 외에는 알 수가 없다. 전체 구조를 통해 더 구체적인 내용을 알고자 한다면 더욱 세부적인 전체 구조가 필요하다. 이를 위해서는 장별 관계 및 주제, 각 장별 내용 및 특징, 역할을 보여 주는 세밀한 전체 구조를 제시해야 한다. 필자가 제시하는 『팜패디아』의 장별 전체 구조는 〈표 9-2〉와 같다.[7]

**〈표 9-2〉 『팜패디아』의 전체 구조**

| 구분 | | 장 | 키워드 | | 절별 주제 |
|---|---|---|---|---|---|
| 표제 | | 표제 | 본성, 전체, 완전성, 돌봄, 연령별 성취해야 할 과제, 성공적인 모범 | | |
| 서론 | | 서론 | 팜패디아의 의미와 목적 | | |
| | | | 팜패디아 개요 | | |
| 본론 | 팜패디아의 목적론 | 1 | 모든 사람 모든 것 철저하게 | | 1~10절: 팜패디아의 정의 |
| | | | | | 11~15절: 모든 인간에게 팜패디아를 실행하는 구체적 이유 |
| | | 2 | 모든 사람 | 필요성 | 1~14절: 전 인류를 인간 본성에 맞게 가르쳐야 할 필요성 |
| | | | | | 15~21절: 전 인류를 인간 본성에 맞게 가르칠 수 있는 가능성 |
| | | | | | 22~30절: 전 인류를 인간 본성에 맞게 가르칠 수 있는 용이성 |

---

7 [그림 14-1]의 '한눈에 보는 『팜패디아』의 방법론'을 참고하기 바란다. [그림 14-1]은 『팜패디아』 전체를 한눈에 볼 수 있도록 그림으로 제시한 것이다.

| | 3 | 모든 것 | 가능성 | 1~12절: 인간이 완전함으로 인도되는 방법 |
| | | | | 13~15절: 연결고리 |
| | | | | 16~30절: 이런 방식의 필요성 |
| | | | | 31~32절: 그 가능성 |
| | | | | 33~49절: 그 관철의 용이성 |
| | 4 | 철저하게 | 용이성 | 1절: 완전해지도록 교육하는 것의 의미 |
| | | | | 2~6절: 그것의 유익에 대하여-필요성 |
| | | | | 7~11절: 철저한 회복의 가능성 |
| | | | | 12~18절: 그 진행방법의 용이성 |
| | | | | 19~24절: 연결고리 |
| 팜패디아의 방법론 | 5 | 범학교 | | 1~8절: 어떻게 설립되어야 하는가에 대하여 |
| | | | | 9~25절: 학교 설립의 필요성(9~20절)과 가능성(21~25절) |
| | | | | 26~30절: 학교 설립 계획의 착수와 성공 용이성 |
| | 6 | 범교재 | | 1~2절: 오감 앞에 제시된 사물(책)들에 관해서 |
| | | | | 3~17절: 사물(책)들의 모형에 관해서 |
| | | | | 18~31절: 사물(책)에 대한 언어적 표현에 대해서 |
| | 7 | 범교사 | | 1~10절: 범교사론 |
| | | | | 11~33절: 범교사의 방법과 수단 |
| | | | | 34절: 연결고리 |
| 팜패디아의 실행단계[8] | 8 | 태아기학교 | | |
| | 9 | 유아기학교 | | 연령별 학교에 대하여 다룰 때 코메니우스의 절별 구분이 1~7장에서 보여 준 것과 다르다. 9장과 14장을 제외하고는 절 구분이 불규칙적으로 기술되어 있다.[9] |
| | 10 | 아동기학교 | | |
| | 11 | 청소년기학교 | | |
| | 12 | 청년기학교 | | |
| | 13 | 장년기학교 | | |
| | 14 | 노년기학교 | | |
| | 15 | 사망기학교 | | |
| | | 특별정리 | | 8단계 세계와 8단계 학교의 관련성 |
| 결론 | 16 | 범지혜를 위한 기도 | | |

---

8  연령별 학교의 경우 코메니우스는 서로 연관성이 있는 것으로 제시하고 있다(Comenius, 1986: 191).

9  『팜패디아』 실행단계 부분의 절 구분이 불규칙하게 제시되어 있는 관계로 절별 구조를 분석하는 데 어려움이 있다. 따라서 8~15장의 구조를 간략하게 제시할 것이다.

〈표 9-2〉에서 주목할 점은 다음과 같다. 첫째, 표제[10]부터 『팜패디아』의 핵심 용어들이 제시되고 있다. 둘째, 1~4장은 내용으로 볼 때 하나로 묶을 수 있음과 동시에 구분할 수 있다. 실제로 코메니우스는 1장과 2~4장을 구분하고 있다(Comenius, 1966: Tomus 2, 13). 1장은 2~4장뿐만 아니라 이후의 모든 내용의 서론 역할을 하고 있다. 셋째, 본론은 『팜패디아』의 핵심이다. 이 부분에서 주목할 것은 1~4장과 5~7장 사이, 5~7장과 8~15장 사이에 '연결고리'가 나타나고 있다는 점이다. 이 연결고리는 1~4장, 5~7장, 8~15장의 명확한 역할과 동시에 논리적 연관성의 단초다. 전체 구조를 통해서도 확인할 수 있는 것은 『팜패디아』의 '목적론' → '방법론' → '실행단계'는 논리적 연관성을 보여 준다. 정재현의 경우 4장 19~24절에 집중적으로 나타나는 '학교' '책' '교사'에 대한 진술이 5~7장으로 연결시키는 연결고리임을 간과하여 4장 전체를 5~15장의 서론으로 간주하는 오류를 범하고 있는 것이다. 이런 연결고리는 코메니우스의 저술 방식에서 빠지지 않고 나타나는 특징 중 하나다.

## 3) 표제에 나타난 『팜패디아』의 핵심 원리

필자는 표제에 나타나는 핵심어를 중심으로 [그림 9-2]와 같이 『팜패디아』의 핵심 원리를 도표화했다.[11]

---

10 '표제'란 『팜패디아』의 첫 표지에 나오는 핵심 문장을 의미한다. 특별한 명칭이 없어 이 책에서는 '표제'라 명명하기로 한다(Comenius, 1966: Tomus 2, 9).

11 필자는 [그림 9-1]과 〈표 9-2〉에서 계속적으로 '표제'의 역할을 언급했다. 코메니우스의 언어에 대한 관심은 특별한 것이었다. 그런 그가 중요한 작품의 표제를 의미 있고 핵심적인 단어로 구성할 것이라고 보는 것은 정당하다. 그러나 이제까지 『팜패디아』 연구에서 표제 부분은 관심을 전혀 받지 못했다. 표제의 원문은 다음과 같다. "De Ingeniorum Cultura Universali, totiusque Vitae negotiis ita in Cancellos redigendis, ut Mens cujusque que Hominis(per omnes aetates svaviter occupata) hortus deliciarum fieri queat, consultatur. Reique tantae haud infeliciter tentatae Specimina exhibent."(Comenius, 1966: Tomus 2, 9) 이는 "이 장에서 우리는 전체와 관련하여 인간을 그 본성의 완전함으로 이끄는 교육(양육)에 대하여 검토하고자 한다. 인간의 전 생애를 통해 모든 연령에서 즐겁게 성취하고, 각 사람의 정신을 기쁨의 동산이 되게 하기 위한 과제들을 제시하고 있다. 이러한 중요한 분야에서 성공적인 모범을 보여 주고 있다."

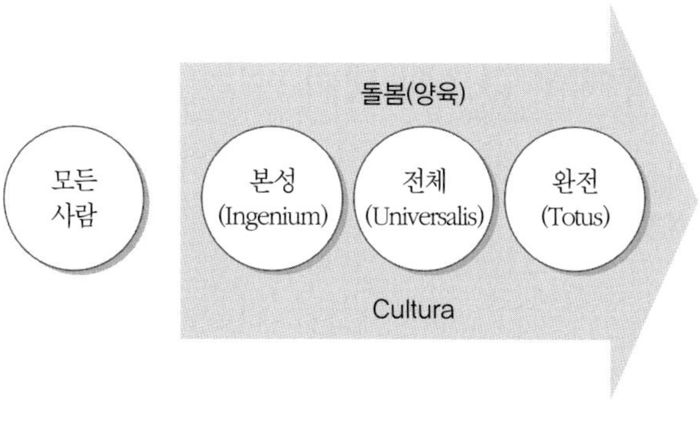

**[그림 9-2]** 『팜패디아』의 핵심 원리

[그림 9-2]는 『팜패디아』의 핵심 원리를 보여 준다. 모든 사람은 하나도 예외 없이 범지인(汎知人)이 되어야 한다. '범지인'이란 사물과 생각과 담화 (conversations)의 구성을 이해하는 것이고, 자신 및 타인과 유사한 모든 행동 의 양식과 목표와 수단을 이해하는 것이며, 해로움과 유익함을 구별하고 잘 못된 것을 바르게 되돌리는 능력을 갖추는 것을 의미한다(Comenius, 1986: 21). 모든 사람이 범지인이 되도록 교육(돌봄, 양육: Cultura)하는 것이 바로 범교육 이다. 즉, 범교육이란 ① 전체(universalis)와 관련하여 ② 완전한(totus) ③ 본성 (ingenium)을 ④ 육성(Cultura)하는 것에 대하여 다루고 ⑤ 모든 연령기에 적합 하게 성취해야 할 과제(negotium)에 대하여 다루며 ⑥ 이런 고귀한 일의 성공적 인 모범(specimen)이 제시되어 있다(Comenius, 1966: Tomus 2, 7). 이런 '본성' '전 체' '완전함'은 이후에 '모든 사람' '모든 것' '철저하게'로 연계된다. 즉, '본성'은 'Omnes(모든 사람)'로, '전체'는 'Omnia(모든 것)'로, '완전함'은 'Omnino(철저하게)' 로 구체화된 것이다.[12] 이런 전개 과정을 다음의 장별 구조분석에서 더 구체적 으로 살펴볼 것이다.

---

　　로 번역이 가능하다.

12　자세한 내용은 이 책의 제5장을 참고하기 바란다.

## 2. 『팜패디아』의 세부 구조와 의미

### 1) 1~4장의 구조와 의미

『팜패디아』의 본론(Discussion)은 크게 세 부분으로 나누어진다. 그중에서 1~4장은 『팜패디아』의 교육목적론에 해당한다. 1장은 『팜패디아』의 정의와 실행해야 할 이유에 대하여, 2~4장은 『팜패디아』의 교육목적과 목표를 제시하는 내용을 담고 있다. 한마디로 코메니우스가 말하는 교육철학의 핵심을 보여 준다(Comenius, 2008b: 6). 1장은 2~4장뿐만 아니라 이후의 모든 내용의 서론 역할을 하고 있다. 1~4장의 장별 특징을 구조화하여 정리하면 〈표 9-3〉과 같다.

1~4장의 구조분석을 통해 확인할 수 있는 특징을 정리하면 다음과 같다. 첫째, 3+3 형식의 구조를 보여 준다. 〈표 9-3〉에서 보는 바와 같이 1장은 구조의 횡적 내용(모든 사람, 모든 것, 철저하게)을 명료하게 제시함(『팜패디아』의 정의)과 동시에 구조의 종적 내용과 관련된 것(『팜패디아』의 목적 혹은 이유)을 소개하고 있다. 1장은 구조의 횡적 내용을 설명해 준다. 즉, 『팜패디아』란 모든 인간 세대와 관련하여 전체를 지향함으로써 인간 본성의 완전함을 이루는 것인데, 이런 『팜패디아』가 목적하는 것은 모든 인간의 참된 인간성이고, 모든 것을 가르침으로써 인간의 본성을 온전하게 하는 것을 목표로 하며, 인간이 진리에 적합하게 행하는 것을 목표로 한다(Comenius, 2008b: 17-18). 2~4장은 구조의 종적 내용을 구체적으로 설명한다. 즉, 교육의 대상인 동시에 주체에 대하여(모든 사람), 교육의 재료에 대하여(모든 것), 교육의 방법에 대하여(철저하게) 자세하게 언급하고 있다. 이런 기본 구조를 모르고 『팜패디아』를 접근하면 복잡하게 느껴질 수 있다.

**〈표 9-3〉『팜패디아』 1~4장의 구조**

| 장 | 장별 주제 | 장별 내용 | | | 장별 관련 절 |
|---|---|---|---|---|---|
| 1장 | 모든 것 철저하게 | 모든 사람 (Omnes) | 모든 것 (Omnia) | 철저하게 (Omnino) | |
| | | 범교육의 정의 | | | |
| | | 전 인간 세대의 (참된 국가법) | 모든 범주에서 (참된 지혜) | 본성의 완전성 (참된 종교) | 1~10 |
| | | 범교육의 목적 | | | |
| | | 자신(타인)의 유사행동양식, 목표, 수단 이해 | 사물, 생각, 담화의 구성 이해 | 선악의 구별과 과오를 되돌리는 능력 갖춤 | 11~15(*14)[13] |
| 2장 | 모든 사람 (Omnes) | 모든 인간에게 범교육의 필요성 | | | |
| | | 인간: 하나님과의 연합을 필요로 함 | 사물세계: 인간이 잘못 사용하면 허무함에 굴복함 | 하나님: 인간 안에 두신 목표 | 1~14(*3) |
| | | 모든 인간의 범교육 가능성 | | | |
| | | 이성의 책 | 자연의 책 | 성경책 | |
| | | 정신(mentem) | 오감(sensus) | 마음(cor) | 14~20(*17~18) |
| | | 이성 | 감각 | 신앙 | |
| | | 모든 인간의 범교육 용이성 | | | |
| | | 의지를 가지고 있다면 | 만약 지식을 가지고 있다면 | 하나님이 주신 수단을 사용할 | 21~30(*21, 24~26) |
| | | 이성의 사용 | 책을 통한 지혜 | 올바른 사용 | |
| 3장 | 모든 것 (Omnia) | 전체 통찰력 | | | |
| | | 통찰이 뛰어난 사람들은 | 가능한 한 많은 것을 알도록 힘써 | 전체에 대한 앎으로 하나님께로 | 1~12(*1~3, 11~12) |
| | | 모든 것의 지혜 | | | |
| | | 윤리적 관계 영역 | 자연의 온갖 사물을 섭렵 | 삶과 하나님의 섭리 | |
| | | 인간의 12욕구 | | | |
| | | 자유, 명예, 전달, 평화 욕구 | 건강, 지식, 통찰, 소유 욕구 | 존재, 실천, 사용, 신앙 욕구 | |
| | | 그것의 필요성 | | | |
| | | 4욕구 관련 교육이 필요 | 4욕구 관련 교육이 필요 | 4욕구 관련 교육이 필요 | 13~30 |
| | | 그것의 가능성 | | | |
| | | 4욕구 관련 교육이 가능 | 4욕구 관련 교육이 가능 | 4욕구 관련 교육이 가능 | 31~32 |

---

13 괄호 안의 *는 특히 그 장에서 *로 표시한 절과 내용이 관련되어 있음을 나타낸다.

| | | | | | | |
|---|---|---|---|---|---|---|
| | | 그것의 용이성 | 4욕구 관련 교육 이 용이 | 4욕구 관련 교육이 용이 | 4욕구 관련 교육 이 용이 | 33~49 |
| 4장 | 철저 하게 (Omnino) | 철저함의 의미 | 존경받고 | 알고 전달 가능 한 전문 기술자 | 하나님을 경배함 | 1 |
| | | 철저함의 목적 | 마키아벨리 식으 로는 얻지 못함 | 피상적 지식으 로는 얻지 못함 | 하나님 신앙 없 이 얻지 못함 | 2~6(*2) |
| | | 철저함의 가능성 | 부패한 도덕과 악한 언어 영향 | 정교하고 능력 있는 피조물 | 하나님의 은총과 영으로 가능 | 7~11 |
| | | 철저함의 용이성 | 이성에 합당한 복종을 교육함 | 본성의 타락성 을 인식시킴 | 잘못된 모방 거 리를 제거함 | 12~18(*14,17) |
| | | | 하나님의 불꽃-이성의 진술 가 운데서 밝혀짐 | 자연에 나타나 는 빛-오감으 로 살피는 빛 | 하나님의 계시의 빛-신앙으로 이 해하게 됨 | |
| | 연결 고리 | 세 가지 요구 | 모든 인류는 개 선되어야 함 > 범학교 | 오직 전체를 통 해서 가능함 > 범교재 | 철저하게 가르침 받아야 함 > 범 교사 | 19~24 |

둘째, 인간, 사물, 하나님은 서로 간에 조화와 관계를 중요시하는 구조를 보여 준다. 앞에서 설명한 3+3 구조의 핵심 내용은 바로 인간, 사물, 하나님이며 전체 구조는 이런 세 가지 핵심 주제의 종적이며 횡적인 관련성을 보여 주는 것이다. 예를 들면, 인간, 사물, 하나님은 횡적으로 서로 긴밀하게 연결되어 있으며(Comenius, 2008b: 17, 177), 동시에 사물에 해당하는 '모든 것(Omnia)'을 이해함에 있어 단순한 사물만을 의미하는 것이 아니라 인간의 선천적인 12욕구 전체를 의미하기도 한다(Comenius, 2008b: 57-58). 특히 흥미로운 점은 3장에서 인간의 12욕구가 ① 사람-덕성과 관련된 것(자유, 명예, 전달, 평화 욕구), ② 사물-지성과 관련된 것(건강, 지식, 통찰, 소유 욕구), ③ 완전성-영성과 관련된 것(존재, 실천, 사용, 신앙 욕구)으로 구분할 수 있다는 사실이다. 12욕구 중에서 '존재의 욕구'를 '완전성-영성'의 항목으로 분류할 수 있는 근거에 대하여 의문을 제기할 수 있다. 그러나 코메니우스는 계속되는 '전체를 대상으로 해야 함의 가능성과

용이성'에서 '존재의 욕구'를 '영원성' '영원 세계'와 연계하여 진술하고 있음을 주목할 필요가 있다(Comenius, 2008b: 60, 73). 결론적으로 이런 사실은 핵심 주제의 종적이며 횡적인 관련성을 단적으로 보여 주는 것이라고 하겠다.

셋째, 핵심 장인 2~4장이 '필요성' '가능성' '용이성'으로 이루어져 있다. 즉, 종적 내용(모든 사람, 모든 것, 철저하게)이 모두 필요성, 가능성, 용이성으로 이루어져 있음을 발견할 수 있다는 것이다. 여기에서 필요성은 '목적', 가능성은 '방법', 용이성은 '실행'과 연결할 수 있다. 모든 사람이 모든 것을 통해 완전함에 이르도록 하는 것이 『팜패디아』의 정의라면, 배움의 주체, 배움의 대상, 배움의 실행 역시 각각 목적과 방법과 실행의 요소로 구분할 수 있음을 1~4장의 전체 구조가 보여 주고 있다.

넷째, 1~4장과 5~7장을 연결하는 연결고리를 보여 준다. 4장 19~24절이 '연결고리' 역할을 하고 있다는 것은 저자인 코메니우스가 직접 언급한 것이다(Comenius, 1986: 49). 이 연결고리의 역할은 논리적 흐름을 위해 그 간격을 잇는 것이다. 즉, 1~4장의 내용은 『팜패디아』의 교육목적이라고 할 수 있는 내용을 담고 있다. 이런 교육목적이 마무리되고, 이제 5~7장에서는 교육목적의 적용 방법이라고 할 수 있는 '범학교' '범교재' '범교사'에 대하여 다룬다. 4장 19~24절의 핵심 내용은 〈표 9-3〉에서 보는 바와 같이 인류를 완성으로 이끌기 위해 요청되는 세 가지(범학교, 범교재, 범교사)다. 따라서 4장 19~24절은 1~4장과 5~7장을 논리적으로 연결해 주는 연결고리임을 알 수 있다.

## 2) 5~7장의 구조와 의미

『팜패디아』의 본론 중에서 5~7장은 방법론과 관련된 것이다. 5~7장의 구조는 비교적 단순하다. 즉, 5장에서는 범학교에 대하여, 6장에서는 범교재에 대하여, 7장에서는 범교사에 대하여 다루고 있기 때문이다. 이것을 도표화하면 〈표 9-4〉와 같다.

**〈표 9-4〉 『팜패디아』 5~7장의 구조**

| 장 | 장별 주제 | | 장별 내용 | | | 장별 관련 절 |
|---|---|---|---|---|---|---|
| | | | 모든 사람 (Omnes) | 모든 것 (Omnia) | 철저하게 (Omnino) | |
| 5장 | 범학교 | 공공학교 | 전 생애: 개인을 위한 하나의 학교 | 세상: 전 인류를 위한 하나의 학교 | 천상 아카데미아: 영원 | 1~8(*1) |
| | | 필요성 | 올바른 관습 | 기술과 학문 | 참된 경건 | 5~20(*12~14) |
| | | | 덕성: 예의, 정숙 | 기술: 읽고, 쓰기 | 경건: 총체적 영성 | |
| | | 가능성 | 지속적 출생: 학생 충분 | 교사, 학생 있는 곳: 책 충분 | 훌륭한 자 있으면: 교사 충분 | 21~25(*21~23) |
| | | 용이성 | 작은 로마 공화국 | 하나의 작은 경제 | 하나의 작은 낙원 | 26~30(*28, 30) |
| | | | 형이상학(실습) | 자연학(이론) | 초자연학(사용) | |
| 6장 | 범교재 | 책의 의미 | 정신의 책 | 세계의 책 | 계시의 책 | 1~2(*) |
| | | 책의 모형 | 완전한 것 (진리) | 직접적인 것 (현세) | 포괄적인 것 (영원) | 3~17(*3~10) |
| | | 책의 표현 | 정신: 사상적 비교, 감각적 느낌, 성경의 증거 | 세상: 이성, 세상, 성경을 통해 | 성경: 이성적 사고, 진리에 대한 감각, 성경의 조화 | 18~31(*28) |
| 7장 | 범교사 | 의미 | 모든 사람을 | 모든 방법을 사용하여 바르게 가르치고 | 철저하게 개선시키고, 완전에 이르게 함 | 1~10(*2, 10) |
| | | 활용법 | 모든 선한 것을 선택하며 | 모든 참된 것을 알고 | 필요한 것을 행함을 목표 | 11~33(*14~16, 22, 27, 29) |
| | | | 최고의 의지에 굴복함(순종) | 감각과 재능은 세 가지 책을 통해 세 가지를 향함 | 계속되는 역동성으로 목표를 향해 애씀 | |
| | | | ② 정신으로 파악되는 것 | ① 사물로부터 시작 | ③ 계시를 찾는 것으로 나아감 | |
| | | | 성숙기: 지성 | 유아기: 감각 | 그다음: 신앙 | |
| | | | 모범 | 법칙 | 훈련을 통해서 | |
| | | | 종합 (synthesis) | 분석 (analysis) | 비교연결 (syncrisis) | |
| | | | 실제: 모범 | 이론: 법칙 | 사용: 사용법 | |

| | | 통찰력 기름: 어렵지만 확실한 길 | 독서: 쉬운 길이나 샛길임 | 경험: 가장 어려우나 최단, 극미, 확실한 길 | |
| --- | --- | --- | --- | --- | --- |
| | | 성숙기: 이성적 확신<br>청소년기: 통찰력 | 외적 감각: 유년 시절 | 성인기: 사물에 대한 활동성과 활용성이 왕성함 | |
| 연결<br>고리 | 단계에 맞게 가르침 | 두 번째: 공동체를 유지하기 위한 관습이 다음 | 세 번째: 인간 정신의 목초지인 지식이 마지막 | 첫 번째: 인간의 양식이라고 할 수 있는 경건이 우선 | 34 |
| | | 복합적 인식 | 직관적 인식 | 이데아적 인식 | |

5~7장의 구조분석을 통해 우리는 세 가지 정도의 특징을 발견할 수 있다. 첫째, 5~7장의 전체 구조 역시 3+3 형식의 구조를 보여 준다는 점이다. 〈표 9-4〉에서 보는 바와 같이 5~7장의 장별 내용은 1~4장에서 볼 수 있었던 핵심 주제와 부합하는 내용임을 쉽게 알 수 있다. 문제는 종적으로 제시되어 있는 '범학교' '범교재' '범교사'라는 주제와 '모든 사람' '모든 것' '철저하게'와의 연관성이다. 이런 연관성을 『팜패디아』 4장 19절에서 발견할 수 있다.

1. 모든 사람은 전적으로 개선되어야 하기 때문에 우리는 전체의 교육을 위한 학교와 같은 형식의 기관을 필요로 한다. 우리는 이것을 범학교(Panscholia)라 부른다.

2. 인간은 모든 차원에서 개선되어야 하기 때문에 우리는 전체적인 교육 도구를 필요로 한다. 그것은 모든 것을 담고 있는 책을 의미한다. 우리는 이것들을 범교재(Panbiblia)라 부른다.

3. 인간은 철저하게 개선되어야 하기 때문에 우리는 모든 가능한 방법에 있어서 모든 사람에게 모든 것을 부여해 줄 수 있는 방법을 아는 보편적 교사들을 필요로 한다. 우리는 이것을 범교사(Pandidascalia)라 부른다(Comenius, 1986: 56; 강조는 필자).

이 내용을 볼 때, '범학교'는 '모든 사람'에, '범교재'는 '모든 것'에, '범교사'는 '철저하게'라는 주제와 깊이 연결되어 있음을 확인할 수 있다. 결국 1~4장의 구조를 통해 확인할 수 있었던 3+3 형식의 구조가 5~7장에서도 나타나고 있음을 알 수 있다.

둘째, 특별히 5~7장의 전체 구조를 통해서 발견할 수 있는 것은 본래적인 질서와 코메니우스가 의도적으로 배치한 순서상의 차이점이다. 이런 차이점은 두 가지로 정리할 수 있다. 하나는 코메니우스가 본래의 질서를 '사물 → 정신 → 계시'의 순서라고 말한다는 점이다. 그에 의하면, 하나님은 맨 먼저 감각 세계를 창조하셨고, 그다음으로 사람을 지으셨으며, 하나님의 음성을 듣게 하셨다. 이런 순서는 철저하게 가르치는 방법론의 순서(분석 → 종합 → 비교연결)에도 나타난다(Comenius, 1986: 83-85). 그럼에도 코메니우스는 핵심 주제를 '모든 사람' '모든 것' '철저하게' 순으로 배치하고 있다. 이는 '사람'과 '사물'의 중요도를 가시적으로 나타내고자 하는 코메니우스의 의도라고 할 수 있다. 이런 주장은 그가 '모든 사람의 예외 없는 참여'와 '모든 사람의 인간의 본성의 완전성 회복' 등을 『팜패디아』의 여러 곳에서 강조하고 있다는 사실, 그리고 '범교사'의 분량이 1~7장 중에서 가장 많다는 사실을 통해서도 짐작할 수 있다. 다른 하나는 코메니우스가 연령별 관심의 단계를 나타내는 질서는 '감각 → 이성 → 사용' 순서라는 점이다. 즉, 유년 시절에는 감각, 성숙기 및 청소년기는 이성적 확신과 통찰력, 마지막으로 성인기에는 사용 능력이 가장 왕성한 시기라고 말한다(Comenius, 1986: 93). 그럼에도 가르침에서는 단계에 맞게 가르쳐야 함을 강조하면서 연령별 단계와는 정반대의 순서를 제시하고 있다.

> 첫 번째로는 영혼의 양식이라 할 수 있는 경건이 위치해야 하며, 두 번째로는 인간의 상호 교제를 유지하기 위한 기준이 되는 선한 도덕이 와야 하고, 세 번째로는 지식의 양식인 학문이 와야 한다(Comenius, 1986: 98; 강조는 필자).

이에 대하여 클라우스 샬러(Schaller)는 "모순적인 것으로 보인다."라고 말한
다(Comenius, 2008b: 176). 그러나 코메니우스는 아이들이 초기부터 경건에 익
숙해져야 한다고 말하는데, 왜냐하면 이를 통해 선과 악에 대한 분별력이 키워
지기 때문이며, 동시에 영원을 준비하는 것이기 때문이다. 또한 학문보다 도
덕을 우선으로 해야 하는 이유에 대하여 "학문의 발전에만 집중하고 도덕에 관
하여 무관심하면 결국은 퇴보하는 것"이기 때문이라고 말한다. 끝으로, 학문
을 맨 마지막에 두어야 하는 이유는 "전체적인 것 속에서 많은 것과 모든 것을
아는 것이 진정으로 유익"하기 때문이다(Comenius, 1986: 99). 이런 그의 주장은
8~15장에 나타나는 단계별 학교의 관련성과 매우 밀접하게 연결되어 있다.

셋째, 7장 안에 5~7장과 8~15장을 이어 주는 연결고리가 나타나고 있다는
점이다. 바로 34절이다. 동시에 7장 34절은 8~15장의 이론적 토대라고 할 수
있다. 이에 대한 코메니우스의 언급을 직접 살펴보면 다음과 같다.

> 이어지는 장들은 내가 범학교, 범교재, 범교사에 관하여 썼던 앞선 세 장들의
> 토대 위에 놓일 것이다. 그것들은 모든 연령의 사람들을 위한 학교, 교재, 교사
> 들에 대한 조직에 대하여 다룰 것이다. 그 결과 그것들은 모든 방식에서 모든
> 사람의 완전한 정련을 위한 범교육에 기여할 것이다(Comenius, 1986: 102; 강
> 조는 필자).

이로 보아 우리는 코메니우스가 중요한 장들의 묶음과 묶음 사이에 논리적
흐름을 이어 주는 연결고리를 제시하고 있음을 5~7장의 구조를 통해서도 확인
할 수 있다.

### 3) 8~15장의 구조와 의미

8~15장은 『팜패디아』의 본론 중에서 실행단계와 관련되어 있다. 실행단계

(8~15장)는 여덟 개의 장으로 이루어져 있으며, 각 장마다 8단계의 학교를 하나씩 소개하고 있다. 필자는 각 단계별 특징만을 간추려서 〈표 9-5〉와 같이 제시해 보았다.

8~15장에 나타나는 구조의 특징은 다음과 같이 세 가지로 정리할 수 있다. 첫째, 앞에서 살펴 본 목적론(1~4장)과 방법론(5~7장)의 횡적 내용(모든 사람, 모든 것, 철저하게) 중에서 그 핵심이 8단계 학교에 전체적으로 흘러가고 있음을 발견할 수 있다. 예를 들면, 단계별 학교마다 제시된 교육목표 및 교육방법은 1~7장을 통해 확인했던 핵심 내용과 같은 것임을 알 수 있다. 특히 놀라운 것은 8단계의 학교들마저도 세 가지 핵심 주제와 연결하여 분류할 수 있다는 점이다. 이렇게 분류한 것은 코메니우스가 15장에서 제시한 8단계의 세계와 8단계의 학교를 서로 병치시키는 것에 따른 것이며, 또한 그가 7장 34절에서 제시한 단계별 교육의 원칙에 따른 것이다.

둘째, 이것은 또한 15장의 독특한 역할과 연결된다. 즉, 15장에 제시된 8단계 세계와 8단계 학교의 병치 관계[14]는 8~15장에 제시된 단계별 학교를 한눈에 정리해 주는 역할을 하고 있다는 것이다. 그러면서 각 연령에 따른 단계별 학교의 강조점이 무엇인지를 분명하게 알 수 있도록 제시하고 있다.

---

14 코메니우스는 15장에서 세계와 학교의 연관성을 다음과 같이 제시하고 있다.

| 세계 | | 학교 | |
|---|---|---|---|
| | 가능한 것 | | 태아기학교 |
| | 원형상적 | | 유아기학교 |
| | 천사의 세계 | | 아동기학교 |
| | 자연적인 것 | | 청소년기학교 |
| | 인위적인 것 | | 청년기학교 |
| | 도덕적 | | 장년기학교 |
| | 영적인 것 | | 노년기학교 |
| | 영원한 것 | | 사망기학교 |

〈표 9-5〉『팜패디아』 8~15장의 구조

| 장 | 장별 주제 | | 장별 내용 | | | 장별 관련 쪽15 |
|---|---|---|---|---|---|---|
| | 단계별 학교 | 주제 | 모든 사람 (Omnes) | 모든 것 (Omnia) | 철저하게 (Omnino) | |
| 8장 | 태아기 학교 | 참된 삶 | 존경 받는 삶 | 건강한 삶 | 경건한 삶 | 104 |
| | | 임신의 3법칙 | 유해한 도덕적 습관을 피하라 | 건강에 유익한 것 (운동)은 행하라 | 기도하라 | 105-106 |
| | | 모유의 필요 | 아이의 삶의 습관 | 아이의 건강 | 하나님이 원하심 | 106 |
| 9장 | 유아기 학교 | 유아교육 토대 | 상징과 예 | 이론과 생각 | 성경 | 108-114 |
| | | 유익한 세 방법 | 사람과 바른 교제 | 세계와의 교제 | 하나님과의 교제 | 114 |
| | | 유아 도덕교육법 | 모범을 통해 | 교훈을 통해 | 훈련을 통해 | 120 |
| 10장 | 아동기 학교 | 1년차 아동의 예 | 실습 | 이론 | 연습 | 130 |
| | | 2년차 교육목표 | 전체 정신-이성 | 전체 세계-감각 | 전체 성경-신앙 | |
| 11장 | 청소년기 학교 | 인간의 지혜 | 사물 이해(통찰) | 사물 인식 | 사물 사용 | 144 |
| | | | 이성을 통해 | 감각을 통해 | 하나님의 뜻대로 | |
| | | 사물 근거의 통찰 | 정신-정치학 | 세계-철학 | 성경-신학 | 145 |
| 12장 | 청년기 학교 | 교육목표 | 도덕과 | 지혜와 | 신앙의 충만 | 153 |
| | | 교육 수단 | 정신의 전 영역 | 전 세계 | 성경 전체 | |
| 13장 | 장년기 학교 | 교육목표 | 도덕성과 | 학식과 | 경건 | 165 |
| | | 학교의 필요 | 본보기-역사에 몰두함 | 규칙-교과서에서 추상적 지혜 | 연습-끊임없는 실전 연습 | |
| | | 읽어야 할 책 | 정신의 책 | 세계의 책 | 성경 | 166 |
| 14장 | 노년기 학교 | 교육 수단 | 실례 | 지침 | 지속적인 적용 | 182 |
| | | 유념할 지침 | ③ 영예로운 명성 | ② 몸의 건강 | ① 영혼의 상태 | 183 |
| | | 평생 과업 | 순전한 언어 | 순전한 지혜 | 순전한 행동 | 187 |
| 15장 | 사망기 학교 | 실행을 위한 단계별 학교 | | | 태아기학교 (가능한 것) | 191 |
| | | | | | 유아기학교 (원형상적인 것) | |

15  앞서 언급한 바와 같이 8~15장의 경우 『팜패디아』의 원래 자료에 따르면 8장과 14장을 제외하고는 절의 구분이 규칙적이지 않다(Comenius, 1966: Tomus 2, 70-130, Sp. 114-234). 따라서 필자는 영문 번역본의 해당 쪽을 표기했다(Comenius, 1986: 101-191).

| | | 아동기학교<br>(천사의 세계) | | |
| --- | --- | --- | --- | --- |
| | | | 청소년기학교<br>(자연적인 것) | |
| | | | 청년기학교<br>(인위적인 것) | |
| | | 장년기학교<br>(도덕적인 세계) | | |
| | | | | 노년기학교<br>(영적인 것) |
| | | | | 사망기학교<br>(영원한 것) |
| | 특징 | * 사망기학교는 모든 연령층에 해당함<br>* 사망기학교는 태아기학교에 상응함 | | |

셋째, 8단계 학교의 처음과 끝 단계에 해당하는 태아기학교와 사망기학교의 독특한 역할을 발견할 수 있다. 즉, 태아기학교가 연령이 전혀 없는 '0' 상태라면, 사망기학교는 특정 연령에 제한받지 않는다는 유사점이 있다. 또한 사망기학교의 독특한 위치는 태아기학교와 맥을 같이한다. 즉, 태아기학교가 '(영원)−태중−출생'의 과정에서 중간 연결고리와 같은 역할을 하는 것처럼, 사망기학교는 '삶−죽음−(영원)'의 과정에서 역시 중간 연결고리와 같은 역할을 하고 있다. 이 연결고리는 장들의 묶음과 묶음 사이를 연결하는 것이 아니라 학교와 학교(인생학교−세상학교−천상의 아카데미)를 연결하는 연결고리라고 할 수 있다. 결국 코메니우스는 교육목적론(1~4장)과 교육방법론(5~7장) 사이, 교육방법론(5~7장)과 실행단계(8~15장) 사이, 즉 이론에서 실행으로 넘어가는 순간마다 연결고리를 제시하고 있을 뿐만 아니라, 이론과 실행에서 삶으로 넘어가는 순간에도 연결고리를 제시하고 있는 셈이다.

# 3. 구조분석을 통해 본 『팜패디아』의 특성

이제까지 살펴본 전체 구조 및 장별 구조를 분석한 자료를 토대로 하여 『팜패디아』의 구조적 특성을 요약 정리해 보면 〈표 9-6〉과 〈표 9-7〉과 같다(나현규, 이병승, 2012: 74-75).

〈표 9-6〉은 이제까지 살펴본 『팜패디아』의 전체 구조 및 장별 구조의 분석을 종합하여 요약 정리한 것이며, 〈표 9-7〉은 『팜패디아』에 나타나는 3+3 형식의 구조를 종합적으로 정리한 것이다. 〈표 9-6〉을 통해 알 수 있는 것은 『팜패디아』는 매우 잘 짜인 구조로 이루어져 있다는 점이다. '표제'를 시작으로 하여 서론에서 결론에 이르기까지 아홉 개 단계로 구분할 수 있다면, 각 단계는 사이마다 '개요' 및 '정리'를 포함한 '연결고리'에 의해 연계되어 있다. 특별히 '개요'는 『인간개선에 관한 일반담론』에 담겨 있는 일곱 권의 책 모두에서 나타나는 특징 중의 하나다. 『팜패디아』의 정중앙에는 '교육방법론'이 위치하고 있는데,

〈표 9-6〉 『팜패디아』 전체 구조의 특성 요약

| 표제 | 구분 | 본성 | 전체 | 완전함 |
|---|---|---|---|---|
| 서론 | | 모든 사람 | 모든 수단 | 올바른 사용 |
| 개요 | | 1~16장에 대한 목록 소개 | | |
| 1~4장 | 교육목적론 | 모든 사람 | 모든 것 | 철저하게 |
| 연결고리<br>4장 19~24절 | | 1~4장과 5~7장을 연결하는 역할 | | |
| 5~7장 | 교육방법론 | 범학교 | 범교재 | 범교사 |
| 연결고리<br>7장 34절 | | 5~7장과 8~15장을 연결하는 역할 | | |
| 8~15장 | 실행단계 | 소년기,<br>장년기학교 | 청소년기,<br>청년기학교 | 태아기, 유아기, 노년기,<br>사망기 학교 |
| 특별정리 | | 8단계 세계와 8단계 학교의 연계성 | | |
| 결론 | | 인간의 마음 | 수단 | 쉬운 사용 |

**〈표 9-7〉『팜패디아』의 3+3 형식의 구조**

| | | 모든 사람 (Omnes) | 모든 것 (Omnia) | 철저하게 (Omnino) | 해당 장: 절 (쪽) |
|---|---|---|---|---|---|
| 본성 (ingenium) 필요성 목적 | 본성의 3요소 | 덕성 | 지성 | 영성 | 3:10, 4:1-2 |
| | | 의지의 능력 | 기질의 능력 | 행동의 능력 | 4:16 |
| | 인간의 특성 | 혀-언어 | 정신 | 손-행동 | (144) |
| | 인간의 지혜 | 사물 이해(통찰) | 사물 인식 | 사물 사용 | 4:18 |
| | | 이성을 통해 | 감각을 통해 | 하나님의 뜻에 따라 | 7:15 |
| | 인간의 행동 | 전인을 향해, 절제, 정의, 친절: 평화, 우애 도모 | 하나님의 뜻에 따라 사물을 통치함 | 하나님을 사랑, 경외, 찬양, 기도, 신뢰함으로 높임 | (145) |
| | 교육의 도구 | 이성 | 오감 | 마음 | 2:18 |
| | 인간의 기능 | 왕적 기능 | 선지자적 기능 | 제사장적 기능 | 2:29 |
| | 인간 행동 3영역 | 언어(말) | 생각 | 행동 | 3:9 |
| 전체 (universalis) 가능성 방법 | 인식 대상 | 인간 | 자연 | 성경 | 2:26 |
| | 책 | 이성의 책 | 자연의 책 | 성경책 | |
| | 세 가지 요구 | 범학교 | 범교재 | 범교사 | 4:19 |
| | 실천 영역 | 국가 | 학교 | 교회 | (20, 176) |
| 완전함 (totus) 용이성 실행 | 목표 | 통찰력 | 사물 인식 | 올바른 사용 | 2:25 |
| | 철저하게 가르치는 법 | 선한 것 선택 | 참된 모든 것 앎 | 모든 것 실천 | 7:10 |
| | | 동조하고 즐거워함 | 건강하고 분명하게 | 실수 없이 모든 순간에 빠르게 | |
| | | 실제: 모범을 통해 | 이론: 법칙을 통해 | 사용: 실천을 통해 | 7:29 |
| | | 종합 | 분석 | 비교연결 | 7:16 |

이는 곧 『팜패디아』의 핵심 특성이 무엇인지를 구조적으로 보여 주는 것이다.

〈표 9-6〉과 〈표 9-7〉의 구조를 토대로 『팜패디아』의 구조적 특성을 다음과 같이 다섯 가지로 정리할 수 있다. 첫째, 『팜패디아』는 '표제'를 기점으로 하여 점점 확장해 나가는 나선형적 구조를 가지고 있다. 이것은 앞에서 다룬 [그림 9-1]을 통해서도 확인할 수 있었다. 즉, 표제에서 코메니우스는 『팜패디아』의

핵심 개념을 '본성' '전체' '완전함'이라는 핵심어를 통해 진술한 후 그 핵심 개념이 서론, 1~4장(교육목적론), 5~7장(교육방법론), 8~15장(실행단계)까지 점점 확장되며 나아가는 나선형 구조(정병훈, 1994: 387)를 나타내고 있다.[16]

둘째, 『팜패디아』는 핵심 개념이 삼중구조라는 형식을 통해 제시되고 있다. 코메니우스는 자신의 교육원리를 삼분법으로 표현하는 것을 즐겨하고 있는데,[17] 이것은 그의 모든 작품에서 나타나는 구조적 특징이다. 즉, 『팜패디아』의 대표적인 삼분법적 표현이 바로 '모든 사람' '모든 것' '철저하게'다. 그 외에도 '범학교' '범교재' '범교사' 등 삼분법적 표현은 아주 많다.

셋째, 『팜패디아』는 핵심 개념을 설명하는 중요한 장들이 '연결고리'에 의해 논리적으로 연결되어 있다. 즉, 교육목적론으로 묶이는 1~4장과 교육방법론으로 묶을 수 있는 5~7장을 연결하는 연결고리로 4장 19~24절이 사용되고 있으며, 다시 5~7장과 『팜패디아』의 실행단계를 보여 주는 8~15장을 연결하는 연결고리로 7장 34절이 사용되고 있다. 특히 '개요'와 '정리'는 서론과 본론 및 본론과 결론을 이어 주는 연결고리 역할을 하고 있는데, 이런 연결고리는 그의 『대교수학』에서 나타나는 구조적 특성과 일맥상통하는 점이다.

넷째, 〈표 9-7〉을 통해서 인간의 본성과 관련된 구체적인 사실의 연관성을 확인할 수 있다. 인간의 지적인 능력 혹은 사고(思考)와 관련되어 있는 '정신'은 인간 본성의 '지성'과 연결되어 감각을 통해 사물(자연)을 인식하는 역할을 하며, 모든 사물에 대한 해석의 도구로서의 '혀'는 인간 본성의 '덕성'과 연결되어 통찰하고 판단하는 이성적 역할을 담당하고, 사물의 올바른 사용과 관련되어 있는 '손'은 인간 본성의 '영성' 혹은 '신앙'과 연결되어 하나님의 뜻에 따라 사물을 바르게 사용하는 역할을 한다. 한마디로 말해서, 〈표 9-7〉은 인간 본성 및 기질

---

16  강선보(2002: 9-11)는 '동심원적'이라고 표현하면서 "코메니우스는 근본적으로 같은 교과내용들을 그 난이도를 달리하면서 유아, 아동, 학생, 및 성인들에게 가르쳐야 한다고 주장한다. 동심원의 핵심인 중핵은 변하지 않으면서 지식의 영역은 무한히 확장될 수 있다."라고 말한다.

17  코메니우스(2008b: 296)는 기억술의 방법으로 삼분법(Trichotomie)을 반복하여 사용했다. 그는 이 방식이 사물 자체에서 발견한 것이라고 강조한다.

적 특성의 유기적인 관련성을 잘 보여 준다고 할 수 있다.

다섯째, 『팜패디아』는 삼중의 핵심 개념이 세 가지 관점에 의해 구체화되는 이른바 3+3 형식의 구조를 나타내고 있다. 이것은 『팜패디아』의 아주 흥미로운 구조적 특징이다. 코메니우스 교육사상은 '전체'를 강조하는 것으로 유명하다. 그러나 그의 전체성은 잡다한 것을 마구잡이로 모아 놓는 것을 의미하는 것이 아니다. 자연이 질서를 가지고 있듯 전체는 질서에 따라 세워져야만 한다. 코메니우스가 전체를 질서에 따라 정리하는 방식 중 대표적인 것이 바로 3+3 형식의 중첩 구조인 것을 우리는 『팜패디아』를 통해 확인할 수 있다. 이는 곧 판소피아 구조의 입체성을 보여 주는 것이다. 즉, 〈표 9-7〉에서 보는 바와 같이 핵심 개념이 본성, 전체, 완전함으로 표현되는 동시에 본성은 덕성, 지성, 영성으로 확장되며, 전체는 이성, 자연, 성경으로 확장되고, 완전함은 실제, 이론, 사용으로 확장되면서 서로 거미줄과 같이 연결되어 있다.

끝으로, 『팜패디아』는 핵심 위치에 '교육방법론'을 배치시켜 『팜패디아』의 목적이 무엇인지를 구조적으로 보여 주고 있다. 이것은 코메니우스가 『인간개선에 관한 일반담론』 일곱 권 중에서 『팜패디아』를 핵심 위치에 배치시킨 것과 같은 맥락이다(Comenius, 1966: Tomus, 39, Sp. 15). 즉, 코메니우스는 그의 사상적 이론의 핵심에 판소피아를 널리 알리기 위한 교육방법론을 둠으로써 사상이 사상으로 끝나는 것이 아니라 현실화되는 것을 염두하고 있음을 구조를 통해서도 엿볼 수 있다.

# 제10장
# 텍스트 구조분석을 통해 본 판소피아

1. 텍스트 구조분석 결과

2. 텍스트 구조에 나타난 판소피아적 특성

3. 텍스트 구조분석과 비교연결의 의미

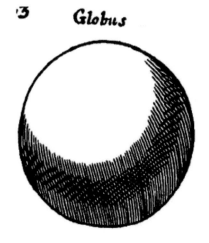

'3  *Globus*

　제10장의 표지 그림 역시 두 개다. 첫 번째 그림은 코메니우스(Comenius)의 『교수학전집(*Opera Didactica Omnia*)』에 나오는 '천체의 왕관(Astrorum Cursus)'이다(Comenius, 1957). 일곱 개의 숫자는 한 주간을 의미하며, 숫자 옆의 기호는 해당 행성을 나타내는 기호다. ⊙는 태양(日), ☽는 달(月), ☿는 화성(火), ♀는 수성(水), ♂는 목성(木), ♃는 금성(金), ♄는 토성(土)이다. 코메니우스에 따르면 태양과 달은 지구를 중심으로 돌며, 나머지 다섯 개의 행성은 궤도의 크기와 주기가 다른데(화성-4개월, 수성-9개월, 목성-18개월, 금성-146개월, 토성-246개월), 그는 이러한 차이를 '나선형'으로 표현하고 있다. 두 번째 그림은 행성의 형태인 '구(Globus)'를 나타내는데(Comenius, 1665), 두 그림의 연결점은 '입체성'에 있나.

　판소피아의 특성 중 하나가 바로 '입체성'이다. 일례로 『대교수학(*Didactica Magna*)』의 나선형적 교육과정을 들 수 있다. 주제가 순환반복하며 점점 확장되어 나가는 구조는 그 자체가 입체적 특성을 내포하고 있다.

　이 장에서 다루고자 하는 것은 텍스트 구조분석의 최종적인 목적인 '비교연결'과 관련된 것이다. '분석'은 그 자체가 목적이 아니라, 분석한 자료를 '종합'하고 '비교연결'하여 더 분명한 이해를 향하여 나아가는 것을 목적으로 한다. 따라서 이 장에서는 먼저 텍스트 구조분석 자료를 토대로 네 권의 책을 각각 비교연결한 후 텍스트 구조에 나타난 판소피아적 특성을 명료하게 정리할 것이다. 그러고 나서 '비교연결'의 내용을 핵심적으로 정리한 후 한 차원 더 나아간 의미가 무엇인지를 조명하고자 한다.

## 1. 텍스트 구조분석 결과

　필자는 코메니우스의 작품들에 대한 구조분석을 시도하면서 이미 책별 특성을 제시했다. 즉, '토대'로서의 『대교수학(*Didactica Magma*)』, '원리'로서의 『빛의 길(*Via Lucis*)』, '순서'로서의 『세계도회(*Orbis Pictus*)』, '방법'으로서의 『팜패디아(*Pampaedia*)』로 명명했었다. 그러므로 여기에서는 책별 특성을 구조분석한 결과와 연결하여 정리하고자 한다.

### 1) 『대교수학』

　『대교수학』의 구조는 흥미롭게도 코메니우스가 '독자에게 드리는 인사말'에서 언급했던 '토대' '원리' '순서' '길'로 정리할 수 있었다. 코메니우스는 인간의 교육적 본성과 관련하여 교육적 토대를 제시하고 있으며(1~12장), 자연에서 이끌어 낸 교육적 원리를 제시하고(8~19장), 세부적인 교수·학습의 규칙들을 제시한 후(15~25장), 실천적 교육제도를 제시하고 있다(22~31장). 『대교수학』의 구조분석을 통해 발견할 수 있는 특성 역시 네 개의 핵심 단어와 관련이 있다.

첫째, 인간의 삼원적 특성인 '지성' '덕성' '영성'의 개념이 처음부터 끝까지 일관되게 나타나는데, 이런 특성 자체가 『대교수학』의 '토대(근간)'를 이루는 것이다.

둘째, 『대교수학』은 자연에서 교수·학습의 '원리'를 끌어내고 있다. 왜냐하면 하나님이 창조한 자연에는 하나님의 삼원적 특성이 투영되어 있기 때문이다.

셋째, 『대교수학』은 자연의 질서에서 일반원리뿐만 아니라 사물의 합당한 '순서'로서의 설계 규칙을 끌어내고 있다. 즉, 언어교육, 지식교육, 덕성교육, 신앙교육과 관련된 다양한 규칙에 주목하고 있으며, 학습자의 연령 및 각 연령에 따른 교육교재를 강조하고 있는 것도 '순서'와 무관하지 않다.

넷째, 『대교수학』은 '방법'적 제도를 보여 주고 있다. 특별히 코메니우스는 학교의 중요성을 강조하고 있는데, 학교의 제도 및 운영 방안을 포괄적으로 제시하고 있다.

다섯째, 이런 『대교수학』은 이후에 집대성될 판소피아 사상의 토대와 같은 역할을 한다. 『대교수학』이 코메니우스의 초기 작품이라는 점과 『대교수학』을 기점으로 그의 판소피아 사상이 싹트기 시작했다는 점은 그 맥락의 배경이 된다. 무엇보다도 『대교수학』에는 판소피아 사상의 핵심이라고 할 수 있는 '모든 사람' '모든 것' '철저하게'라는 씨앗이 심겨 있다는 점도 그렇다(Comenius, 2002: 12). 뿐만 아니라 코메니우스가 계속하여 강조하는 인간의 교육적 본성(지성, 덕성, 영성)이 『대교수학』 전체에 걸쳐서 매우 중요한 역할을 하고 있다. 이것은 판소피아 사상에서 인간 및 인간의 교육적 역할을 강조하는 코메니우스의 주장과 맥을 같이한다. 또한 『대교수학』에 제시되고 있는 교육원리 및 교수·학습의 규칙은 이후의 저서, 특히 『팜패디아』나 『분석교수학(Linguarum methodus novissima Caput 10, Analytical Didactic)』 등에 나타나는 내용의 밑그림과 같은 역할을 하고 있다는 점도 들 수 있다. 뿐만 아니라 『대교수학』에 제시된 학교제도는 이후 『팜패디아』에서 제시하는 학교제도의 모판과 같은 역할을 하고 있다.

## 2) 『빛의 길』

『빛의 길』에서 주목할 것은 〈표 7-1〉에서 필자가 제시했던 '소단원별 주제' 및 '대단원별 주제'다. '소단원별 주제'에서 제시하고 있는 여섯 개의 주제인 하나님의 지혜 학교와 무질서의 원인(1~3장), 무질서의 치유책인 우주적 빛(4~6장), 우주적 빛의 형태와 확산 단계(8~13장), 우주적 빛의 목적(14장), 우주적 빛의 목적을 위한 수단(16~19장), 우주적 빛의 목적을 위한 조건(20~21장)과 '대단원별 주제'에서 제시하고 있는 세 개의 주제인 하나님의 지혜 학교와 우주적 빛(1~6장), 우주적 빛의 길의 목적(8~14장), 우주적 빛의 길의 수단과 조건(16~21장)은 『대교수학』과 『팜패디아』와는 다르게 원리적인 언급에 초점을 맞추고 있다.

각 장에서 다루는 내용 역시 원리적인 진술임을 알 수 있는데, 예를 들어 '범교재'에 대한 『빛의 길』의 언급에서 『팜패디아』와 비교해 볼 때, '과목' '주제'에 대한 언급이 없다는 점을 지적할 수 있다. 특히 '학교'를 다루는 부분에서도 단계별 유형이 제시되고 있지 않은 점도 『빛의 길』의 원리적 특성을 반영하는 것이다.

또한 『빛의 길』에서는 코메니우스의 초기 저서 중에서는 볼 수 없는 판소피아의 정의가 나름대로 제시되고 있는데, 이 점 역시 『빛의 길』의 원리적 특성과 부합된다. 역시 〈표 7-3〉을 통해 볼 때 '모든 것' '모든 사람' '철저하게'의 원리가 『팜패디아』에 비해서는 간략한 형태이지만, 『대교수학』에 비할 때 훨씬 더 구체적인 내용을 담고 있다는 것을 확인할 수 있다. 이 중에서 눈에 띄는 것은 '모든 것'과 관련하여 모든 사람이 배워야 할 모든 것이 일곱 가지로 분류되어 제시되고 있다는 점이다. 이런 주제는 이후 『판탁시아(*Pantaxia*)』에서는 여덟 개의 주제로 확장된다.[1]

여기에 더 추가할 것은 『빛의 길』 14장의 진술방식이 이후 저서인 『팜패디아』의 1~4장 진술방식과 매우 유사한 점이다. 이를 통해 알 수 있는 것은 『빛

---

1  이 책의 〈표 13-1〉을 참고하기 바란다.

의 길』은 이후 코메니우스 저서는 물론 판소피아 사상의 원리적 청사진 역할을 하고 있다는 사실이다. 그래서 학자들은『빛의 길』을 '작은 일반담론'이라고 부르기를 주저하지 않았던 것이다.[2]

### 3)『세계도회』

어린이를 위한 교재이면서 판소피아 사상의 실제적 실험을 위한 시도였던 『세계도회』는 판소피아 사상의 '순서'와 연관이 깊다. 필자는『세계도회』의 구조를 통시적 구조와 공시적 구조로 구분하여 제시한 바 있다. 순서와 직접적으로 관련된 구조적 특징은 '통시적 구조'인데,『세계도회』가 '통시적 구조' 혹은 '순서적 구조'를 가지고 있다는 점은 누구도 부인하기 어렵다. 몇 가지로 살펴본다면, 첫째, 배움과 관련된 '순서적 구조'다. 코메니우스는 '입문'([그림 8-3]) 그림을 제시하면서 배움의 중요성을 설명하고, 배움으로 초대한 직후 '알파벳'([그림 8-2])을 제시하고 있다. 이는 곧 배움에는 순서가 있음을 잘 보여 주는 예라고 할 수 있다.

둘째, '통시적 구조'는 배워야 할 주제의 순서에 대하여 잘 보여 준다. 예를 들어, 코메니우스가 제시하는 배워야 할 주제의 1순위는 '하나님'이다. 그리고 그 하나님에게서 모든 만물이 나왔으며 인간과 인생사에 대한 내용이 그 뒤를 따르고, 인생의 마침 역시 하나님으로 종결된다는 것을 통시적 구조를 통해 보여 주고 있다. 달리 말해서,『세계도회』는 하나님이 창조한 모든 만물에 질서가 있으며, 인간의 몸 자체에도 질서가 있고, 인생사의 수많은 목록을 통해 삶의 다양한 분야에 질서가 있으며, 심지어 우주에도 질서가 있음을 보여 주고 있다.

셋째,『세계도회』의 구조적 특성 중 하나는 모든 페이지마다 공시적 구조를 가지고 있다는 점이다. 공시적 구조(그림)에는 실상 순서가 없다. 그러나 코메니

---

2 안영혁(2009a: 170)은『빛의 길』을 코메니우스의 범지혜론의 형이상학적 완결판이라고 말하는 동시에 방법론적으로는 원리에 해당한다고 말한다.

우스는 교육적 효율성을 위해 모든 그림에 인위적으로 순서(숫자)를 부여하고 있는데, 이것 역시 『세계도회』의 '순서'적 특성과 잘 연결된다. 이런 맥락에서 볼 때 『세계도회』는 코메니우스의 사상적 순서 혹은 질서에 대한 '현실적인 실례'라고 할 수 있다.

## 4) 『팜패디아』

『팜패디아』는 판소피아 사상을 실현하기 위한 방법적 안내서의 가장 발전된 형태다. [그림 9-2]에서 보는 바와 같이 『팜패디아』의 핵심 원리는 '모든 사람(본성)'으로 하여금 가능한 모든 교육자료(전체)를 통해 '완전함'으로 교육하여 '범지인'이 되게 하는 목표를 표방하고 있다. 이렇게 '표제'에서 시작된 판소피아의 교육적 특성은 [그림 9-1]에서 보여 주는 것과 같이 '목적론' '방법론' '실행단계'로 구분하여 더욱 구체화되고 있으며, 이는 곧 원리, 방법, 적용으로 세분화하여 제시되고 있다. 이런 방법론적 안내서라고 할 수 있는 『팜패디아』의 발전적 특성은 다음과 같다.

첫째, '교육목적론'(1~4장)이 『빛의 길』에서 간략하게 제시되었던 '우주적 빛의 세 가지 목적'보다 더 구체적이면서 완성된 내용으로 제시되고 있다.

둘째, '교육방법론'(5~7장) 역시 『빛의 길』에서 원리적으로 언급된 것에 비하여 매우 자세하게 언급되고 있다.

셋째, '교육실행단계'(8~15장)에서 보여 주고 있는 연령별 학교제도 역시 『대교수학』에서 다루었던 4단계보다 더욱 발전된 형태인 8단계로 보여 주고 있다. 즉, 『빛의 길』과 『팜패디아』를 비교해 볼 때 목적, 방법, 적용이 전자보다 후자에서 더욱 발전된 형태로 나타나고 있음을 알 수 있다.

## 2. 텍스트 구조에 나타난 판소피아적 특성

이제까지 코메니우스의 저서 중에서 『대교수학』 『빛의 길』 『세계도회』 『팜패디아』의 구조를 분석하고 그 특성을 살펴보았다. 저서들의 구조를 분석한 결과, 다음과 같은 판소피아 구조의 특성을 발견할 수 있다.

### 1) 영원한 것에 대한 교육

코메니우스는 '영원한 것'에 대한 교육을 우선하고 있음을 발견할 수 있다. 『대교수학』의 경우 1~3장을 통해 인생의 궁극적 목적을 다루면서 영원성에 대하여 언급하고 있으며, 『빛의 길』의 경우 핵심 장이라고 할 수 있는 14장에서 배워야 할 모든 것을 언급하는 중에 '영원한 것' '영적인 것' '하늘의 것'을 일시적이며, 육체적이며, 지상의 것과 더불어 우선적으로 배워야 할 것으로 제시하고 있다. 이런 그의 주장은 『세계도회』의 통시적 구조를 통해서도 확인할 수 있다. 그는 배워야 할 모든 주제 중에 가장 우선적인 것으로 '하나님'을 제시하고 있다. 『팜패디아』의 경우 5장에서 공공학교를 언급하는 중에 천상의 아카데미를 통해 영원한 것을 가르쳐야 함을 주장한다. 이것은 하나님을 중심으로 하여 펼쳐 나가는 판소피아 구조와 맥을 같이하는 것이다.

### 2) 연결고리

코메니우스의 대표적인 네 권의 저서에 공통적으로 나타나는 구조적 특성 중에 가장 눈에 들어오는 것은 '연결고리'다. 모든 저서마다 '연결고리'는 빠짐없이 나타날 뿐만 아니라 책의 전체 내용에서 장과 장, 단원과 단원을 연결해 주는 매우 중요한 역할을 하고 있다. 코메니우스는 이런 연결고리 역할이 인간에게도 주어져 있음을 정확하게 간파하고 있었다(Comenius, 1957: Tomus 1, 17). 즉, 인간은 하나님과 하나님이 창조한 모든 만물 사이의 연결고리[3]이며, 하나님의 대리자이며, 영광의 왕관이라는 것이다. 인간이 이와 같은 연결고리 역할을 할 수 있게 된 것은 진정한 '중보자'인 예수 그리스도 때문이다. 코메니우스의 저서에 나타나는 구조적 연결고리는 판소피아 구조에 나타난 예수 그리스도의 중보자 역할과 예수 그리스도로 말미암아 회복된 인간의 중계 역할(하나님과 인간 사이, 인간과 인간 사이, 인간과 자연 사이)과 닮아 있다.

### 3) 삼원적 특성

네 권의 저서를 통해 판소피아 구조에 나타나는 삼원적 특성을 확연하게 발견할 수 있다. 『대교수학』의 경우 자연지식에 대한 내적 지각방식이 '눈' '대상' '빛'으로 제시되고 있으며, 『빛의 길』 14장에서는 판소피아 사상의 핵심 단어라고 할 수 있는 '모든 것' '모든 사람' '철저하게'가 등장하고 있고, 『세계도회』에서는 그림을 통해 공시적으로 '자연의 책' '이성의 책' '계시의 책'을 상징적으로 제시하고 있다면, 『팜패디아』에서는 전체 구조에서부터 세부 내용이 거의 다 삼원적 구조를 나타내고 있다.

### 4) 세 가지 영역

네 권의 저서에서 공통적으로 판소피아 구조에 나타나는 세 가지 영역을 확

---

3 최진경(2012: 88)은 『대교수학』 1장 3절의 마지막 문장을 "너는 나의 모든 피조물의 홍예(虹霓)돌이며, 나의 모든 작품들의 놀라운 **연결고리**이고, 그들 가운데 나 하나님의 대리자이며, 나의 영광의 왕관임을 인식하라."(강조는 필자)와 같이 번역하고 있다. 라틴어 원문은 "Intellige ergo te Operum meorum absolutum Colophonem, mirabilem Epitomen, Vicarium que inter illa DEUM esse, coronam gloriae mea."(Comenius, 1957: Tomus 1, 17)다. 즉, 인간은 하나님이 창조하신 모든 피조물 중에 가장 완전한 표지(標識)요, 놀라운 본보기며, 하나님의 대리인으로서 하나님과 피조물 사이를 이어 주는 연결고리와 같은 사명(使命)을 가지고 있다는 것이다.

인할 수 있다. 『빛의 길』에서 코메니우스는 인생 자체를 학교로 보면서 '자연의 학교' '인간의 학교' '하나님의 학교'와 같은 세 가지 영역을 '헌사'에서 제시하고 있다. 필자는 이런 영역으로 구분하여 구조분석을 시도했다. 또한 『세계도회』의 구조 역시 큰 맥락에서 볼 때, '하나님' '인간' '자연'으로 영역을 구분할 수 있다. 이런 영역 구분이 『대교수학』과 『팜패디아』의 경우 앞의 두 권의 경우와는 조금 다르게 나타난다. 『대교수학』의 경우는 세 가지 영역이 '지식' '덕성' '신앙'이라는 주제 영역으로 제시되고 있다면, 『팜패디아』의 경우 '학교' '국가' '교회'라는 실천 적용을 위한 영역으로 제시되고 있다. 이런 특징은 두 권 모두 교육적으로 접근을 하고 있기 때문으로 보인다.

## 5) 인간의 교육적 본성

네 권의 저서 모두 인간의 교육적 본성 및 역할을 매우 강조하고 있다. 『대교수학』은 인간의 교육적 본성인 '지식' '덕성' '신앙'이 처음부터 마지막까지 일관되게 나타나면서 『대교수학』의 중심 추와 같은 역할을 하고 있다면, 『빛의 길』은 세상을 하나님의 지혜 학교로 보고 모든 사람을 위한 학교의 필요성을 주장하고 있으며, 『팜패디아』 역시 인간의 교육적 본성(지성, 덕성, 신앙) 및 특성(혀, 정신, 손)으로 시작하여 교육의 내용 및 실천 영역, 그리고 철저하게 가르치는 법 등을 다루고 있다. 특별히 『세계도회』는 판소피아의 교육적 실천을 위한 교재라고 할 수 있다.

## 6) 입체적 특성

마지막으로 네 권의 책 모두에서 판소피아 구조의 입체적 특성을 확인할 수 있다. 『대교수학』의 경우 나선형 교육과정의 효시라고 할 수 있는 구조를 보여준다. 주제가 순환반복하며 점점 확장되어 나가는 구조는 그 자체가 입체적 특성을 내포하고 있는 것이다. 순환반복 사이에 연결고리가 위치하면서 각각의 순환반복을 연결하는 역할을 하고 있다. 동시에 이런 순환반복이 '토대' '원리' '순서' '길'을 기초로 하여 진행되고 있다는 것은 『대교수학』의 구조가 입체적 특성을 가지고 있다는 것을 보여 준다. 『세계도회』의 경우 공시적 구조는 사실상 모든 그림에 나타나는 것이다. 비록 그림은 평면이지만 다루고 있는 대상은 입체다. 이는 곧 『세계도회』의 입체적 특성을 보여 주는 예라고 할 수 있다. 『팜패디아』는 삼원성의 핵심 개념이 세 가지 관점에 따라 구체화되는 구조를 나타내고 있다. 즉, 〈표 9-7〉을 통해서 확인한 바와 같이 판소피아의 핵심 개념이라고 할 수 있는 '본성' '전체' '완전함'이 '본성'과 관련하여 '지성' '덕성' '영성'으로 확장되며, '전체'와 관련하여 '자연' '이성' '성경'으로 확장되고, '완전함'과 관련하여 '실제' '이론' '사용'으로 확장되면서 유기적으로 연결되어 있다는 것이다. 결국 『팜패디아』가 입체적 구조로 이루어져 있음을 의미한다. 『빛의 길』의 경우 14장의 구조는 사실상 『팜패디아』의 축소판이라고 할 수 있는데, 이것 역시 『빛의 길』의 구조적 입체성을 보여 주는 하나의 예라고 할 수 있다. 이런 것을 종합해 볼 때, 네 권의 책 모두에서 판소피아 구조의 입체적 특성을 발견할 수 있다.

결론적으로 네 권의 텍스트 구조분석 결과는 이 책의 제4장에서 제시한 판소피아 구조의 특성과 맥을 같이한다. 간략하게 정리하면, 텍스트 구조분석에 나타난 판소피아 구조의 특성은 하나님으로 시작하여 하나님으로 말미암고 하나님을 향하여 나아가는 하나님 중심 구조이며, 세 개의 큰 영역으로 이루어져 있고, 하나님의 삼일성이 인간과 자연에 삼원적 특성으로 나타나며(병행주의), 하나님의 형상으로서의 인간 및 인간의 교육적 역할이 강조되고 있고, 중간에서 연계하는 역할인 연결고리가 공통적으로 나타나며, 전체성을 나타내는 구조가 입체적이라는 것이다.

## 3. 텍스트 구조분석과 비교연결의 의미

앞에서 제시한 내용이 코메니우스의 연구방법 중의 최종 단계인 '비교연결'을 한 결과라고 볼 수 있다. 그렇다면 이것이 주는 교훈은 무엇인가? 비교연결의 내용은 한 차원 더 깊은 통찰로 이끌어 나간다고 볼 때, 비교연결의 내용을 일목요연하게 정리한 후 그 의미를 조명하는 것은 매우 중요하다. 〈표 10-1〉은 앞에서 살펴본 비교연결 내용을 한눈에 볼 수 있도록 정리한 것이다.

〈표 10-1〉을 통해서 볼 때 네 권의 책은 마치 한 권의 책을 이루고 있는 뼈대와 같아 보인다. 예를 들어, 교육학을 다루는 한 권의 책으로 본다면,『대교수학』은 책의 총론과 같은 역할을 하고,『빛의 길』이 교육목적을 다루는 부분이라면,『세계도회』는 교육내용을 다루는 부분이며,『팜패디아』는 교육방법을 다루는 것과 같다는 것이다. 〈표 10-1〉의 '비교연결' 부분을 보면,『빛의 길』이 다른 책에 비해 관련된 내용이 많음을 알 수 있다. 가장 많게는『팜패디아』와의 연관성이다. 이는 곧『빛의 길』이 코메니우스가 이후에 집필하는『인간개선에 관한 일반담론』의 청사진과 같은 역할을 한다는 주장을 뒷받침해 준다. 아울러서 〈표 10-1〉을 통해 비교연결의 내용을 한눈에 볼 수 있도록 정리한 결과, 판소피아적 특성이 모든 책에 잘 나타나고 있음을 확인할 수 있다. 이는 곧 판소피아적 특성과 교육의 관련성을 생각하도록 이끌며, 나아가서 판소피아 구조를 통해 교육의 요소를 살펴볼 것을 요청하는 것으로 간주할 수 있다. 따라서 필자는 제3부를 통해 판소피아와 교육의 관련성을 교육의 요소인 교육목적, 교육내용, 교육방법으로 구분하여 구체적으로 조명하고자 한다.

**〈표 10-1〉 코메니우스의 작품별 비교연결 표**

| | | 『대교수학』 (이하 DM[4]) | 『빛의 길』 (이하 VL) | 『세계도회』 (이하 OP) | 『팜패디아』 (이하 Pamp) |
|---|---|---|---|---|---|
| 책별 특성 | | 토대, 원리, 순서, 길의 순서로 되어 있음 | 철학적·원리적 내용을 다루고 있음 | 통시적·공시적 구조로 이루어져 있음 | 방법론을 중심으로 저술되어 있음 |
| 토대, 원리, 순서, 방법과의 관련성 | | '토대'로서의 『대교수학』 | '원리'로서의 『빛의 길』 | '순서'로서의 『세계도회』 | '방법'으로서의 『팜패디아』 |
| 비교연결 | | ① '모든 사람' '모든 것' '철저하게'의 시작 ② '지성' '덕성' '영성'의 구조 ③ Pamp, AD에 나타나는 교수·학습규칙의 모판 ④ Pamp의 학교제도의 모판 | ① 범교재: Pamp에 비해 '과목'과 '주제'에 대한 언급이 없음 ② 학교: 단계별 유형 언급이 없음 ③ '모든 사람' '모든 것' '철저하게'가 DM보다는 구체적이지만, Pamp보다는 간략한 형태 ④ 모든 것: 일곱 가지로 분류하고 있지만 Pamp은 여덟 가지로 분류함 ⑤ VL 14장과 Pamp 1~4장의 유사성 | ① 내용과 관련됨 ② DM의 교육적 적용 ③ '모든 것'(내용), '철저하게'(방법)의 실례 | ① 목적(1~4장): VL 14장의 확대 ② 방법(5~7장): VL보다 더 구체적임 ③ 실행(8~15장): DM 4단계보다 발전된 형태 |
| 판소피아적 특성 | 영원성 | 1~3장: 인간의 궁극적 목적 | 14장: 배워야 할 것 중에 영원한 것 다룸 | 그림 2번: 하나님에게서 시작 | 5장: 천상의 아카데미(영원) |
| | 연결고리 | 6~7장, 13~14장, 20~21장, 26~27장 | 7장, 15장 | 그림 3번, 그림 36~44번, 그림 145~149번 | 4장 19~24절, 7장 34절 |
| | 삼원성 | 눈, 대상, 빛 | 모든 것, 모든 사람, 철저하게 | 자연의 책, 인간의 책, 하나님의 책 | 모든 것, 모든 사람, 철저하게 |
| | 3영역 | 지식, 덕성, 신앙 | 자연의 학교, 인간의 학교, 하나님의 학교 | 자연, 인간, 하나님 | 학교, 국가, 교회 |
| | 교육 본성 | 지성, 덕성, 영성 | 지성, 덕성, 영성 | 지성, 덕성, 영성 | 지성, 덕성, 영성 |
| | 입체성 | 나선형 교육과정(순환반복)+토대, 원리, 순서, 길 | 모든 것, 모든 사람, 철저하게+모든 것, 모든 사람, 철저하게 | 그림의 입체성 | 전체, 본성, 완전함+모든 것, 모든 사람, 철저하게 |

---

4 〈표 10-1〉에서 사용되고 있는 약어는 각각 다음의 책을 의미한다. DM(Didactica Magna), VL(Via Lucis), OP(Orbis Pictus), Pamp(Pampaedia)

# 제3부

# 판소피아와 교육

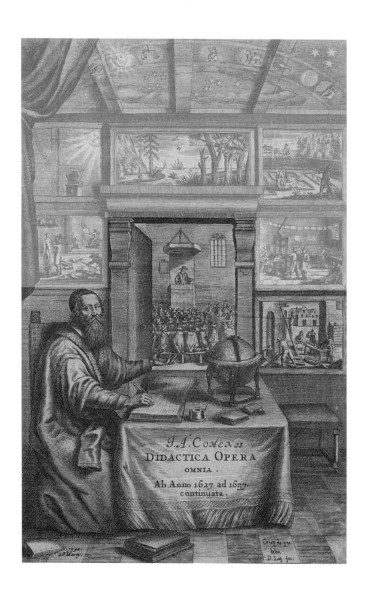

표지 그림 중에서 제3부와 연결되는 부분은 단연 중앙에 위치
해 있다. 주목할 부분은 『교수학전집(Opera Didiactica Omnia)』
을 집필하고 있는 것으로 보이는 코메니우스(Comenius)가 왼손
으로 안내하고 있는 방향이다. 왼손이 가리키는 곳을 따라가면,
열린 문을 통해 안쪽에서 교육(설교)하는 모습이 보인다. 코메니
우스는 의도적으로 교육과 관련된 그림을 전체의 중앙에 위치시
켜 그 중요성을 말해 준다.

이것은 총 일곱 권으로 구성된 『인간개선에 관한 일반담론
(De Rerum Humanarum Emendatione Consultatio Catholica)』
중에서 교육을 다루는 『팜패디아(Pampaedia)』를 네 번째(중앙)
에 위치시킨 것과 같은 맥락이다. 코메니우스는 자신의 판소피
아를 실현하는 방법으로 교육을 선택하고, 그 교육을 위해 한 평
생을 헌신한 사람이었다.

# 제11장

# 판소피아와 교육의 상관성

1. 코메니우스의 교육사적 위상
2. 판소피아와 교육의 관계
3. 판소피아 특성의 교육적 의미
4. 판소피아 구조의 교육적 의미

IOHAN-AMOS COMENIVS, MORAVVS. A° ÆTAT 52°. 164.

Exsump: M: S:                                    G. Glouer. fe:

Loe, here an Exile! who to serue his God,
Hath sharply tasted of proud Pashurs Rod;
Whose learning, Piety, & true worth, being knowne
To all the world, makes all the world his owne.
F.Q.

제11장의 표지 그림은 1642년 코메니우스가 50세가 되던 해에 영국의 조지 글로버(George Glover)가 그린 판화 작품이다.

글로버는 영국 런던에서 출판사를 위해서 작품 활동을 하던 작가였는데, 이 그림은 1642년에 출판된 『학교의 개혁(*A Reformation of Schools*)』 표지에 실렸던 그의 작품이다. 이 책은 『판소피아의 선구자(*Prodromus Pansophiae*)』를 영어로 번역한 책인데, 코메니우스는 이 책에서 자신의 판소피아에 대하여 개략적으로 제시하고 있다.

그림 아래의 글은 영국의 시인 프랜시스 퀄스(Francis Quarles)가 지은 시다. 패리(Parry)는 시구(詩句) 중에서 '모든 세상을 자신의 것으로(all the World his owne)'라는 의미를, 코메니우스가 '전체적 지혜(Pansophiae)'를 통해서 모든 사람에게 모든 지식을 가르치고 재질서화함으로써 완전한 세상을 위해 '우주적 개혁'을 실현하려는 독특한 그의 헌신과 관련된 것으로 해석한다(Parry, 2011a). 이는 곧 코메니우스의 교육적 위상을 잘 보여 준다.

비록 코메니우스의 판소피아는 우주적이며 포괄적인 사상체계이지만, 사실 그 시작은 교육적 필요에 따른 것이었다. 판소피아가 교육적 필요에서 출발했다는 점은 매우 의미심장하다. 즉, 판소피아는 교육 가능성과 효율성을 위해 쉼 없이 연구하여 정리된 사상체계라는 것이다. 그래서 판소피아의 목적 자체가 대단히 교육적이다. 한마디로 말해서, 판소피아란 우주적인 세계관과 그 세계관을 인간에게 적용할 우주적인 교육관이 절묘하게 결합되어 있는 우주적 사상체계라고 할 수 있다. 그렇다고 해서 판소피아의 교육적 함의를 고찰하는 것을 마치 판소피아에 대한 부분적 조명으로 생각할 이유는 없다. 왜냐하면 판소피아의 목적 자체가 교육적 특성을 가지고 있기 때문이다. 따라서 판소피아와 교육의 관계성을 고찰하는 것은 판소피아의 개념, 특성, 구조를 고찰하는 것 이후에 따르는 매우 자연스러운 순서라고 할 것이다. 필자는 이 장에서 판소피아와 교육의 관계성을 고찰할 것인데, 특별히 판소피아 구조와 교육의 관계를 간략하게 정리하고자 한다.

## 1. 코메니우스의 교육사적 위상

랑(Lang, 1891: 3)에 의하면, 교육사의 연대기에 기록된 모든 개혁자의 삶과 작품 중에서 가장 위대하고 가장 중요한 인물이 있다면 그는 교육자들 가운데서 '선지자'로 불리는 요한 아모스 코메니우스(Johann Amos Comenius)[1]다. 딜타이(Dilthey)는 코메니우스를 소크라테스, 플라톤, 헤르바르트와 함께 교육학의 대가(大家)로 소개하고 있으며(Dilthey, 2008: 77), 특히 17세기의 수업 기술, 새로

---

1 랑(1891: 3)은 코메니우스의 성품에 대하여 "순수함, 심오함, 그리고 사랑의 마음, 불굴의 의지, 천부적인 재능, 넓은 안목, 사고력, 그리고 힘 있는 정신, 또한 삶의 변화로부터 이루어진 경험, 이해관계를 초월한 통일, 자신의 모든 작품들에 대한 지치지 않는 열정, 인류의 보다 나은 미래를 위한 열망과 몸부림들은 그를 교육 분야에 있어서 가장 고귀한 성품을 가진 자 중에 한 사람으로 만들었다."라고 강조하여 진술한다.

운 유형의 교재, 보다 손쉬운 교육방법을 제시함으로써 교육학 운동을 주도한 인물로 코메니우스를 라트케(Ratke)와 함께 거론하면서 이들이 한 일을 교육학 적 혁명이라고 말한다(Dilthey, 2008: 159). 버틀러(Butler, 1915: 296)에 의하면 교 육사에서 코메니우스의 위상은 현대의 중요성에 비추어 볼 때 압도적으로 월 등한 사람이며, 특히 오늘날의 교수법에 대한 코메니우스의 영향력은 마치 코 페르니쿠스(Copernicus)와 뉴턴(Newton)이 현대과학에 미친 영향력과 유사하 며, 베이컨(Bacon)과 데카르트(Descartes)가 현대철학에 미친 영향력에 견줄 수 있다고 말한다. 우헤르(Boris Uher)는 체코를 중심으로 교육사 교과서에 나오 는 코메니우스의 교육적인 작품들의 동향에 대하여 연구했다.[2] 그에 의하면 코 메니우스의 이름이 많은 사람의 마음속에 다시 살아나고 있는데, 그 이유로는 코메니우스의 생애에 대한 작품들도 한몫을 하지만, 사실은 코메니우스에 대한 교과서의 출판이 주된 이유라고 말한다(Uher, 1991: 357). 키프로(Cipro)는 흥미로 운 분석을 시도했는데, 교육백과사전, 교과서, 교육사에 대한 책 100권을 선정 하여,[3] 중요한 교육학자 이름을 언급한 빈도를 분석하여 〈표 11-1〉과 같은 결 과를 얻었다(Golz, 1996: 37-38).

〈표 11-1〉을 통해 알 수 있는 것은 서양 교육사 및 교육 관련 저서 중에서 교 육학자로서의 코메니우스에 대한 언급이 다른 어떤 학자들보다 월등하다는 사 실이다. 이는 코메니우스와 교육의 상관성을 단적으로 보여 주는 자료라고 할 수 있다. 특히 〈표 11-1〉에는 코메니우스에게 직접적인 영향을 받은 학자들의 이름이 나타나고 있다. 대표적으로 바제도우(Basedow), 페스탈로치(Pestalozzi), 프뢰벨(Fröbel)을 들 수 있을 것이다(Lang, 1891: 4). 바제도우는 아동 인권의 챔피

---

2  우헤르(Uher, 1991: 357-363)는 카드네어(Kádner)가 1909~1919년에 세 권의 교육사 교과서를 집필한 것을 시작으로, 스트베락(Štverák)의 학교교육의 역사에 대한 1987년 작품에 이르기까지, 대략 80여 년 동안 저 술된 교육사 책 중에서 코메니우스에 대하여 다루고 있는 책들을 간략하게 제시하고 있다.

3  체코와 슬로바키아에서 출판한 책이 29권, 러시아 15권, 폴란드 7권, 루마니아 2권, 헝가리 1권, 불가리 아 1권, 유고슬라비아 1권, 영국과 미국 14권, 프랑스 13권, 독일 13권, 스위스 3권, 유네스코 1권으로 총합 100권이다.

**〈표 11-1〉 교육학자 언급 빈도수에 대한 키프로의 연구**

| 순위 | 빈도수 | 이름(4위부터는 순위 중 선별함) |
|---|---|---|
| 1 | 60 | 코메니우스(Comenius) |
| 2 | 55 | 듀이(Dewey) |
| 3 | 54 | 페스탈로치(Pestalozzi), 루소(Rousseau) |
| (4~25) | (50~17) | 로크(Locke), 마카렌코(Makarenko), 헤르바르트(Herbart), 프뢰벨(Fröbel), 몬테소리(Montessori), 드크롤리(Decroly), 케르셴슈타이너(Kerschensteiner), 우신스키(Ušinskij), 디스테르베크(Diesterweg), 훔볼트(Humboldt), 루터(Luther), 멜랑히톤(Melanchton) |
| (26~30) | (16~12) | 바제도우(Basedow), 라트케(Ratke), 스프랑거(Spranger), 브론스키(Blonskij), 헤르더(Herder), 슐라이어마허(Schleiermacher), 도브롤류보프(Dobroljubov), 페리에르(Ferriére), 프랑케(Francke), 린드너(Lindner), 페테르센(Petersen), 로호(Rochow), 잘츠만(Salzman) |
| (31~32) | (11~10) | 나토르프(Natorp), 캄페(Campe), 모이만(Meumann), 라인(Rein) |
| (33~37) | (9~5) | 콩도르세(Condorcet), 윌만(Willmann), 가우디히(Gaudig), 파울젠(Paulsen), 슈타이너(Steiner), 트랩(Trapp), 게헤프(Geheeb), 파커스트(Parkhurst), 수촘린스키(Suchomlinskij), 알트(Alt), 다비드(Dawid), 크바찰라(Kvacala), 놀(Nohl), 우헤르(Uher), 아멜링(Amerling), 펠비거(Felbiger), 헤센(Hessen) |
| (38) | (4) | 아벨라르(Abälard), 볼디레프(Boldyrev), 볼노(Bollnow), 간스베르그(Gansberg), 하니쉬(Harnisch), 크로(Kroh), 리츠(Lietz), 베니거(Weniger), 록진스키(Wroczynski) |

언으로 알려져 있는데, 코메니우스로부터 직접적인 영감을 받은 학자다. 그는 "코메니우스가 옳은 길을 제시했으나 그 길을 따라가지 않았다."라고 말한다. 페스탈로치는 바제도우의 뒤를 이어 코메니우스의 사상을 교육에 적용한 학자였다. 랑에 의하면, 페스탈로치의 영향으로 말미암아 코메니우스의 원리는 영원한 기초가 세워지게 되었다고 말한다. 유치원의 창시자로 잘 알려진 프뢰벨은 페스탈로치의 가장 두드러진 제자 중의 하나였다. 프뢰벨의 가장 큰 장점은 코메니우스의 사상을 잘 간파하여 그것들을 비평적이며 철학적으로 만들어 냈다는 점이다. 그는 어린이 교육이 가장 중요하다는 것을 깨달았으며, 그 일에

그의 전 생애를 헌신했다. 그의 유치원은 코메니우스의 '어머니 학교'를 좀 더 개선하고 더 고상하게 한 것이었다. 그에게 최고의 사상이란 모든 사람이 교육을 받아야 한다는 것이었다. 그의 교육 핵심은 코메니우스가 주장한 것과 같은 것으로, 자연, 인간, 하나님이었다. 흥미로운 것은 〈표 11-1〉에 나타난 세 사람의 위치다. 즉, 빈도수의 순위 중에서 페스탈로치는 세 번째에 해당하며, 프뢰벨은 그다음 단계, 바제도우는 프뢰벨 다음 단계에 위치해 있다. 이는 결국 교육사에서 코메니우스의 위치 및 영향력이 어떤 것인지를 잘 보여 준다.

## 2. 판소피아와 교육의 관계

코메니우스에 대한 오해 중에서 가장 일반적인 것 중 하나는 그를 단지 교육학자로만 보는 관점이다. 앞서 살펴본 대로 교육사에서 코메니우스의 위치는 실로 월등한 것이다. 문제는 코메니우스를 단지 교육학자로만 볼 때 그에 대한 정당한 평가를 하기 어렵다는 사실이다. 코메니우스의 교육사상을 고찰함에 있어서 중요한 것은 판소피아를 통해 고찰해야 한다는 점이다. 이와 관련하여 클라이머(Klima)와 레란도(Lerando)는 『트리에르티움 카톨리쿰(*Triertium Catholicum*)』의 서문에서 다음과 같이 말하고 있다.

> 인간이 생각하고, 말하고, 행동하는 것을 조화롭게 할 수 있도록 하는 방법에 대한 코메니우스의 이 위대한 사고는 코메니우스의 판소피아 사상이 항상 교육적인 목적을 가지고 있었다는 것을 분명하게 보여 준다(Comenius, 1922: Introduction 4).

클라이머와 레란도는 판소피아와 교육적 목적이 항상 연결되어 있었음을 강조하고 있다. 디터리히는 코메니우스의 삶을 삼등분하여 설명했다. 인생의 초반부는 판소피아의 근원적 배경이라고 할 수 있는 경건의 터를 닦는 기간이었다면, 인생의 중반부는 판소피아의 방법론이라고 할 수 있는 교육에 집중하는 기간이었으며, 인생의 후반부는 판소피아를 통해 개혁의 길을 열기 위해 정치에 관여하는 기간이었다고 말한다(Dieterich, 2008: 162). 비록 코메니우스 인생 전체를 통해 관심을 가진 주제가 판소피아지만, 그의 판소피아는 처음부터 교육적인 관심에서 태동한 것이었다(오춘희, 1998a: 124). 즉, 모든 사람에게, 모든 것을, 모든 방법으로 철저하게 교육하는 것을 의미하는 판소피아는 바로 범교육의 원리와 일맥상통하고 있다는 것이다. 호프만(Hofmann)에 따르면, 코메니우스의 생애사적 관점에서 볼 때, 판소피아는 교육적인 요청에 의하여 생겨난 것이다. 이것과 관련하여 안영혁(2009b: 246)은 "코메니우스에게 있어서 범교육학은 논리상 범지학의 교육학적 연역이다. 즉, 범지학은 범교육을 향한다는 것이다."라고 말한다. 이는 판소피아와 『팜패디아』의 논리적인 순서를 지칭하는 것으로, 이 말의 의미는 『팜패디아』가 판소피아의 교육학적 방법론이라는 것이다. 논리적 순서로 치면 『팜패디아』가 판소피아 사상의 통로가 되기 때문에 판소피아가 먼저라고 할 수 있다.[4] 정리해 보면, 코메니우스에게 있어서 교육이 판소피아를 요청한 것이든지, 아니면 판소피아가 교육을 지향하고 있든지[5] 결국 판소피아와 교육의 상관관계는 매우 특별하며 긴밀하게 연결되어 있다는 것이다. 따라서 판소피아의 핵심이라고 할 수 있는 판소피아 구조를 통해 교육적인 함의를 고찰하는 것은 판소피아와 교육의 상관성뿐만이 아니라 논리적인 순서에도 어울리는 것이라고 하겠다.

---

4  이런 흐름을 우리는 딜타이에게서도 발견할 수 있다. 즉, 볼노(Bollnow)는 딜타이가 스스로 진정한 철학은 모두 교육학으로 수렴된다는 점을 반복적으로 시사하고 있다고 말하면서, "철학자의 최후의 언어는 …… 교육학에 대한 것이다. 왜냐하면 모든 사변은 행위를 목적으로 하고 있기 때문이다." "진정한 철학의 개화(開花)와 목적은 넓은 의미에서의 교육학, 즉 인간의 도야에 대한 학설이다."(Dilthey, 2009: 41-42)라는 딜타이의 말을 직접 인용하고 있다.

5  두 가지 진술은 사실상 하나의 현상에 대하여 다른 각도에서 본 묘사다. 코메니우스에게 있어서 현실적인 순서는 교육적인 필요에 의해서 판소피아가 요청된 것이라면, 논리적인 순서는 판소피아가 『팜패디아』, 즉 범교육적인 방법론으로 나아가고 있는 것이다.

## 3. 판소피아 특성의 교육적 의미

앞에서 고찰한 바와 같이 판소피아 특성은 구조와 밀접하게 관련되어 있으며, 크게 두 가지로 정리할 수 있다. 하나는 완전성이요, 다른 하나는 전체성이다. 이런 두 가지 특성과 교육적 의미의 관계에 대하여 간략하게 살펴보겠다.

### 1) 완전성과 교육의 궁극적 목적

판소피아 특성으로서의 '완전성'은 삼위일체 하나님에게서 나온 것이다. 이런 '완전성'은 하나님의 본질과 관련된 것으로 교육적인 의미에서는 교육의 궁극적인 목적과 연결된다. 디터리히(Dieterich, 2008: 77)에 의하면 코메니우스가 강조하는 교육의 궁극적 목적은 신앙과 연결되어 나타난다. '완전성'의 세부적 특성인 '영원성'이 교육목적의 가치와 관련이 있다면, '삼원성'은 궁극적으로 교육의 목적을 달성하기 위한 방법론과 연결이 되고, '목적성'은 말 그대로 교육의 궁극적인 방향성과 관련된 것이다. 판소피아의 교육적 본질은 결국 영원하신 하나님에게서 가치가 나오며, 삼위일체 하나님의 존재 양식에 따라 완전하신 하나님을 목적으로 하여 나아가는 데 있다.

### 2) 전체성과 교육의 요소

교육적인 의미에서 하나님이 창조한 세상의 모든 것과 관련된 '전체성'은 교육의 요소들과 관련되어 있다. 이 책의 제3장에서 살펴본 바와 같이 판소피아의 전체적 특성을 잘 나타내 주고 있는 말이 '모든 사람, 모든 것, 철저하게'다. '모든 사람'이란 판소피아의 전체성에서 우선적인 것으로, 교육의 주체인 인간 전체를 의미한다. '모든 것'이란 전체적인 교육에서 모든 인간이 알아야 할 교육내용과 관련된 것이다. '철저하게'란 모든 사람이 모든 것을 배워야 하는 포괄적인 교육방법과 관련된 것이다. 이런 교육의 전체성은 그 하나하나가 통합되어 실제적인 교육목적으로 드러난다. 코메니우스(2008b: 19)는 교육목적의 전체적 성격을 "모든 사람이 전체에 대한 교육의 권리를 획득하도록 동시에 시작하고, 이것은 모든 범주에서 이루어져야 하며, 또한 모든 사람이 철저하게 이런 교육을 통해 다듬어지도록 하는 것이 중요하다."라고 언급하고 있다. 뿐만 아니라 모든 사람이 모든 것을 철저하게 교육받게 되면 '모든 것'과 관련된 자연의 영역과 '모든 사람'과 관련된 사회적 영역, 그리고 '철저함'과 관련된 종교의 영역에 진정한 개혁이 이루어지게 된다.


## 4. 판소피아 구조의 교육적 의미

판소피아의 궁극적인 목적은 잃어버린 '질서'를 회복함으로써 '자연' '인간' '하나님' 간의 '조화'를 통해 완전하신 하나님 안에서의 '통일'을 이루는 데 있다. 결국 인간사(人間事) 전체를 포괄하는 판소피아는 자연, 인간, 하나님이 원래의 자리를 되찾고, 화목을 이루어, 하나됨으로 나아가는 방법론적 체계다. 강선보와 김희선(2005: 9)에 따르면 판소피아의 체계는 '적절한 교육목적이자 교육내용'이며, 모든 사람에게 모든 진리의 통일과 질서에 대한 의식을 제공하기에 충분한 지식의 범위와 깊이를 지니고 있다. 동시에 판소피아 구조는 지혜의 세 가지 근원인 지식, 덕성, 신앙에 접근할 수 있는 길이다. 다르게 말해서, 판소피아 구조는 결국 교육목적과 교육내용 및 교육방법 자체를 보여 주는 틀이다. 그렇다면 판소피아 구조의 교육적 의미는 무엇인가? 이 책의 제4장에서 논의한 내용 및 [그림 4-7]을 중심으로 간략하게 정리해 보면 다음과 같다. 첫째, 판소피아 구조는 교육의 목적을 보여 준다. 먼저 가장 궁극적인 목적으로서의 완전하신 하나님을 보여 주며, 또한 동시에 교육목적으로서의 질서, 조화, 통일의 회복을 압축적으로 보여 준다. 둘째, 판소피아 구조는 교육의 주체, 객체 및 교육의 장 (場)을 상징적으로 보여 준다. 즉, 교육내용으로서의 '모든 것', 교육주체로서의 '모든 사람', 교육의 장으로서의 자연, 사회, 종교의 영역을 보여 주고 있다. 셋째, 판소피아 구조는 인간의 위치와 역할을 중요시한다. 교육은 교육의 주체인 인간과 분리할 수 없다. 그런 면에서 판소피아 구조는 인간을 잘 부각시켜 주고 있는 것이다. 넷째, 판소피아 구조는 인간의 교육적 역할을 강조한다. 인간은 하나님과 자연 사이에서 하나님과 인간의 관계, 인간과 인간의 관계, 인간과 자연의 관계를 중재하고 매개하며 전달하는 역할을 하는데, 이는 다름 아니라 바로 교육의 역할인 것이다. 결국 앞서 언급한 셋째와 넷째 항목에서 다루고 있는 내용이 교육방법과 관련된 것임은 두말할 나위가 없다.[6] 이렇게 볼 때, 판소피아 구조는 교육의(ἐξ), 교육에 의한(διὰ), 교육을 위한(εἰς) 구조의 구조라고 할 수 있다.

---

6 더 자세한 내용은 이 책의 제14장을 참고하기 바란다.

# 제12장
# 판소피아와 교육목적

1. 교육목적
2. 판소피아와 교육목적
3. 판소피아와 교육의 주체
4. 판소피아 구조를 통해 본 교육목적의 특성

제12장의 표지 그림은 『열려진 언어의 문(*Janua Linguarum Reserata*)』의 속표지 그림이다(Comenius, 1636). 그림의 중앙에는 지성소의 언약궤가 자리하고 있으며, 맨 위쪽에는 하나님의 이름인 '야웨(**יהוה**)'가 표기되어 있고, 그곳으로부터 하나님의 임재를 상징하는 빛이 비춰지고 있다. 언약궤 위에는 "하나님이 공급해 주실 것이다(Deus Providebit)."라는 글씨가 보이며, 언약궤를 둘러싸고 있는 글씨는 '생명(vivet)'과 '믿음(Fide)'이다. 이는 '생명'의 하나님께 나아가는 길이 열렸는데, 그 길은 '믿음'으로 나아갈 수 있음을 의미한다.

언약궤는 하나님의 임재의 상징이다. 언약궤로 나아가는 것은 곧 하나님께 나아가는 것이다. 코메니우스에게 있어서 교육의 궁극적 목적은 하나님께 나아가는 것이다. 코메니우스는 『빛의 길(*Via Lucis*)』헌사에서 인간이 터득한 모든 지식과 지혜에 대하여 다음과 같이 말한다.

우리가 이 모든 것을 당연한 것으로 생각해 보자. 그러고 나서 마침내 당신이 터득한 것은 단지 신적 지혜의 알파벳에 불과하며, 하나님의 성전 입구에 도달한 것뿐임을 당신은 알아야 한다. 또한 하나님의 성전 뜰과 그의 신비한 장소가 오직 당신이 배워야 할 지평이라는 것을 알아야 한다(Comenius, 1938).

# 1. 교육목적

헤르바르트(Herbart)는 '왜 인간을 교육하는가?'라는 '교육목적'의 탐구로부터 모든 교육의 문제가 시작되어야 한다고 말한다. 벡(Beck) 역시 '인간이란 무엇인가?' 혹은 '인간본성이란 무엇인가?'라는 질문은 모든 사회철학의 주제이며 궁극적으로 모든 교육체계의 기반이라고 말한다(Beck, 2012: 151). 매킨타이어(MacIntyre)는 우리의 교육이 실패하게 된 이유는 뚜렷한 목적이 없기 때문이라고 말한다(MacIntyre, 2012: 16).

이는 곧 교육에 있어서 목적의 중요성을 잘 보여 주는 언급이며, 교육목적은 인간을 어떻게 바라보는가와 밀접하게 관련되어 있음을 보여 준다. 이 장에서는 교육목적의 개념 및 성격을 정리하고, 코메니우스의 교육목적을 두 가지 측면에서 고찰한 다음, 교육목적과 관련하여 교육의 주체 문제를 살피고, 판소피아 구조를 통해서 그 의미를 정리해 보고자 한다.

## 1) 외재적 목적과 내재적 목적

교육목적을 논함에 있어서 가장 일반적인 방식은 교육의 외재적 목적과 내재적 목적으로 분류하여 제시하는 것이다. 외재적 목적이란 교육활동을 수단으로 하여 교육활동 밖에 있는 가치를 성취하려는 것이라면, 내재적 목적은 교육적인 활동 안에서 의미, 가치, 이상을 발견하려는 것이다(이병승, 우영효, 배제현, 2008: 22-25, 37). 외재적 목적이 사실과 관련된 것이라면, 내재적 목적은 논리와 관련된 것이다(이홍우, 1992: 9-10). 그러나 교육이 하나의 수단이 될 경우 본질을 상실하기 때문에 단순히 외재적 목적만으로 교육목적을 말할 수는 없다. 피터스(Peters)의 경우 교육목적이란 교육을 위해 무엇에 집중해야 하는지를 분명히 하는 것이라고 말한다(Peters, 1980: 19-21). 즉, 교육내용과 방법을 분명히 하고 구체화한다면 교육목적에 대한 논의가 불필요하다는 것이다. 듀이(Dewey)의 경우 교육에 있어서 목적이란 '가시적 목적(end-view)'이다(Dewey, 1963: 67). 즉, 학습자가 충동에 따라 행동했을 때 나타날 행동의 결과를 예견하는 것을 의미한다. 이런 측면에서 볼 때 교육목적을 설정함에 있어서 학습자로 하여금 능동적으로 참여하게 하는 것은 매우 중요하다. 비록 내재적 가치에 대한 주관론을 펼치든(듀이), 객관론을 펼치든(피터스) 간에 듀이와 피터스는 내재적 가치에 목적을 두는 것은 분명하다(홍은숙, 2009: 269). 또 다른 입장을 타일러(Tyler)에게서 발견한다. 타일러는 목적과 목표라는 용어를 교호적으로 사용하면서 교육목적에 대하여 가치중립적인 입장을 선언한다(이홍우, 1992: 14). 그는 교육의 가치 문제는 뒤로 하고 수업의 목표와 같이 효율적인 목표 달성에 관심을 집중하고자 한다.

앞서 언급한 내재적이면서도 구체적이며 현실적인 목적을 추구하는 것이 필요하다는 것은 두말할 나위가 없다. 중요한 것은 목적의 전체성 혹은 통전성이다.[1] 교육의 주체가 통전성을 요구하는 인격체임을 기억할 필요가 있다. 이는 바로 부분적 목적 달성 혹은 현실적인 목적 달성만을 내세울 수 없는 이유다. 따라서 우리는 교육목적의 성격을 정리할 필요가 있다.

## 2) 교육목적의 성격

교육목적에는 어떤 특성이 있어야 하는가? 이는 교육목적의 준거를 묻는 질문이다. 브래디(Brady)는 교육목적 혹은 목표를 설정할 때 고려해야 할 준거를 일곱 가지로 제시한다(박현주, 2005: 132에서 재인용). 구체적이며 명확한 목표 진술과 관련된 '구체성', 철학적 '일관성', 균형과 관련된 '대표성', 학습자의 입장 및 교

---

1 물론 듀이의 입장에서 볼 때, 그가 주장하는 교육목적 역시 통전적 성격을 가지고 있다고 할 수 있다. 예를 들어, 교육의 목적을 사회화에 두느냐, 아니면 개인의 발달에 두느냐의 문제에서 듀이는 둘 모두에 소홀히 해서는 안 되며, 둘이 조화와 균형을 이뤄야 한다는 것이다. 그러나 필자가 생각하는 통전성이란 개인 및 공동체, 즉 대상만의 문제가 아니라 영역의 문제와도 관련이 깊다.

육환경의 상황과 관련된 '실현가능성', 폭넓은 인간의 특성과 관련된 '포괄성', 학습자의 삶과 관련된 '타당성', 개인 및 사회적 요구와 관련된 '적합성'이다. 필자는 이를 압축하여 네 가지(인격성, 명료성, 일관성, 균형성)로 정리해 보았다.

첫째, 교육목적의 인격적 특성이다. 이는 교육목적을 단지 외재적인 개념만으로 해결할 수 없는 근거다. 허친스(Hutchins)는 교육의 목적을 정립하고자 할 때 가장 먼저 고려해야 할 것은 인간의 본성[2]이라고 말했다.

> 훈련, 순응, 수업과는 구별되는 교육의 목적은 모든 인간을 이성적, 도덕적, 영적, 그리고 정치적 존재로서 개선하는 것이다. 교육의 목적은 교육제도 안에서 창출되는 것이 아니다. 그것은 교육자들이나 교육이론가들의 편견에 의해 결정되는 것이 아니다. 그것은 인간의 본성에 의해 결정된다(신득렬, 2003: 146에서 재인용).

허친스는 교육의 목적이 바로 인간성에 초점을 두고 있음을 분명히 하고 있다. 인간성이란 어느 때, 어느 장소에서나 동일하기 때문에 절대적이고 보편적인 성격을 갖는다.[3] 또한 개인은 그 자체가 목적이기에 수단이 될 수 없으며 착취되어도, 참여권이 박탈되어도 안 된다. 그러므로 인간은 전문가가 되기 전에 먼저 인간이 되어야 한다(Hutchins, 1994: 83). 교육은 기독교인, 민주주의자, 공산주의자, 노동자, 시민, 프랑스인 또는 기업인의 '양성'을 목적으로 하지 않는

---

2 허친스에 의하면 가르치는 자는 건전한 인간관을 가지고 있어야 한다. 왜냐하면 우리가 인간관을 가지고 있지 않다면 인간을 위해 무엇이 선인지 악인지에 대한 관념을 가질 수 없기 때문이다. 사람들이 짐승과 같은 존재일 때 짐승처럼 다루지 말아야 할 이유가 없는 것이다(Hutchins, 1985: 71). 이런 허친스의 인간 본성에 대한 견해는 코메니우스의 견해와 매우 유사하다. 실제로 그는 1968년에 집필한 『학습하는 사회(The Learning Society)』의 서문에서 코메니우스의 『대교수학(Didactica Magna)』의 일부를 인용하고 있다. 그러면서 그는 "코메니우스의 말들은 이 책의 제명(題名)으로 적합할 것이다."(Hutchins, 1968: viii)라고 말한다.

3 아들러(Adler)는 절대적인 것과 보편적인 것에 대하여 구분하여 "절대적이란 말은 시간과 장소의 우연적인 조건에 좌우되지 않는다는 의미에서, 보편적이란 말은 모든 종류의 우연적인 변화로부터 본질적인 것과 추상적인 것에 관심을 갖는다는 의미로 사용된다."(신득렬, 2003: 147에서 재인용)라고 설명한다.

다. 교육은 사람들의 마음을 발달시킴으로써 인간의 발달을 가져오는 데 관심을 가진다. 교육의 목적은 인력(manpower)이 아닌 인간(manhood)임을 보여 주는 데 있다(Hutchins, 1968: viii). 따라서 교육목적과 관련하여 기억할 것은 교육목적론이 인간을 어떻게 보느냐와 깊이 연관되어 있다는 사실이다.

둘째, 교육목적의 명료성이다. 교육목적이란 '특정 행위 혹은 활동에 대한 원리를 제공하는 실제 행동 지침'을 가리킨다(Wringe, 2013: 22-32). 행위 혹은 활동은 교육목적을 성취하는 데 긍정적·의도적 실행단계로 이해되며, 특정 집단 혹은 개인의 목적을 명료화하는 것은 효율성을 증진시키는 단초를 제공한다(Wringe, 2013: 23). 이런 정의는 교육목적이 요구하는 명료한 특성과 연관이 있다. 이와 관련하여 린지(Wringe)는 다음과 같이 말한다.

> 우리 자신이 가진 교육목적에 대한 이해는 일관성과 진보를 위해 없어서는 안 되며, 또한 의도적이고 효과적인 교수와 막연하고 초점 없는 활동 사이의 모든 중요한 차이를 알게 해 준다. 아무리 정교한 수업목표를 만들었다 하더라도 우리가 추구하는 다양한 교육목적에 대해 어떤 명확한 개념적 이해 없이 우리가 무엇을 하고 있는지 진정으로 안다고 단언할 수 없다(Wringe, 2013: 35).

린지는 교육목적에 대한 명확한 이해의 중요성을 언급하고 있는 것이다. 이는 곧 교육목적의 명료한 진술을 요구하는 내용이다. 교육목적의 명료한 진술은 결국 교육목적 달성과 연관이 깊다.

셋째, 교육목적은 일관되게 진술되고 적용되어야 한다. 허친스는 교육목적과 가능성에 대한 일관된 진술이 없이는 교육 자체가 불가능하다고 말한다(Hutchins, 1997: 99). 이런 목적을 정하기 위한 두 가지 원리가 있다. 그것은 분배의 원리(principle of distribution), 한계의 원리(principle of limitation)다(Hutchins, 1997: 84). 분배의 원리를 통해 우리의 힘을 어디에 쏟아야 하는지를 밝혀 주며, 한계의 원리를 통해 우리가 해서는 안 될 것이 무엇인지를 밝혀 준다. 교육제도의 목적은 소거의 과정(process of elimination)을 통해서 분명하게 알 수 있다. 즉, 교육제도가 폐지된다면 손해되는 것이 무엇인지를 생각해 볼 때 자명해진다는 것이다.

아들러 역시 교육목적의 일관성에 대하여 언급한다. 그는 연령에 따라 서로 다른 목표를 제시하는 경우, 그 목표 성취가 어렵다고 말한다(Adler, 1982: 15). 그렇기 때문에 바람직한 교육의 성과를 얻기 위해서는 12년간의 단선제도(one-track system)를 통해 동일한 목표를 제시할 필요성을 주장한다(Adler, 1982: 16-17). 그가 말하는 세 가지 핵심 목표는 첫째, 지적·도덕적·영적인 면에서의 개인성장 혹은 자기발전을 위해 모든 기회를 활용할 수 있도록 준비시키는 것이다. 둘째, 시민으로서 개인의 역할과 관련된 것으로 시민의 의무와 책임을 수행하도록 준비시키는 것이다. 셋째, 하나 이상의 직업을 통해 생계를 책임질 수 있도록 준비시키는 것이다. 아들러는 이러한 동일한 목표를 가지고 12년간 교육하는 것이 학교교육에서 최선의 정책이며, 가장 실제적인 준비라고 말한다(Adler, 1982: 19). 그러면서 그는 모든 어린이에게 동일한 질의 학교교육을 제공하려면 동일한 교육과정 역시 필요하다고 말한다(Adler, 1982: 21-22). 또한 그는 자신이 제시하는 교육목적의 동일성이 비현실적이라는 비판에 대하여 비판하는 자들 역시 잊고 있는 것이 있다고 말한다. 사람들 사이에는 다양한 차이점이 분명히 존재한다. 그러나 비판자들이 놓치고 있는 것은 다양한 개인차가 존재하는 정황이 갖고 있는 동일성이다. 개인차보다도 더 중요한 것이 근본적 동일성이다. 그 점에 대하여 아들러는 다음과 같이 말한다.

그러한 많은 개인차에도 어린이는 그들의 인간적 본성에서는 모두가 동일하다. 그들은 모두 인간 존재이며 그들의 인간적 평등은 어떠한 어린이도 다른 어린이보다 더 인간적이거나 덜 인간적이지 않다는 사실에 놓여 있다(Adler, 1982: 42). 더욱이 우리의 민주사회에서 모든 어린이는 여러 본질적인 측면에서 동일한 미래를 기대할 수 있다(Adler, 1982: 43).

아들러는 인간성이 동일하다는 점과 선한 미래를 기대할 수 있다는 점에서의 동일성은 기본적인 학교교육 프로그램이 추구하는 목표의 동일성을 정당화해 주는 사실이라고 말한다. 아들러가 주장하는 이와 같은 동일성은 교육목적의 특성으로서의 일관성이 왜 중요한지를 잘 보여 준다.

넷째, 교육목적의 균형성이다. 교육목적은 시대, 사회, 민족에 따라 다양하게 변천되어 왔다.[4] 그럼에도 각각의 교육목적을 상호관련성에 따라 분류해 본다면, 크게 네 가지로 정리할 수 있을 것이다. 그것은 체제의 보수적 계승, 인격의 조화적 도야, 인류의 정신문화 계승, 사회 혁신기반 조성이다(김정환, 강선보, 신창호, 2014: 54-65). 이는 곧 교육목적의 범주와 맥을 같이한다.[5] 린지는 교육목적의 범주를 세 가지로 제시한다. 첫째는 개인과 관련된 교육목적이다. 그래서 개인의 이익 및 삶의 목적과 발달을 증진하는 교육목적이어야 한다. 둘째는 사회와 관련된 교육목적이다. 바람직한 사회 상태를 유지하고 창출하는 것과 관계되는 교육목적을 말한다. 셋째는 내재적 가치와 관련된 교육목적이다.[6] 즉, 진리성 추구, 합리성, 수월성과 같이 그 자체로 바람직한 것과 관계되는 교육목적이다(Wringe, 2013: 42). 물론 이런 교육목적의 세 범주는 실제로 상호 구분이 가

---

4 브루바커(J. Brubacher)는 교육사적으로 교육목적을 11단계의 시기로 나누어 제시하고 있다. 정리해 보면, ① 체제의 보수적 계승, ② 자유시민의 육성, ③ 인간의 영혼적 구원, ④ 신사 기질 육성, ⑤ 다방면의 지식 습득, ⑥ 형식적 능력의 도야, ⑦ 민주사회의 실현, ⑧ 인간 능력의 조화적 발전, ⑨ 완전한 생활을 위한 준비, ⑩ 사회적응 능력의 육성, ⑪ 꾸준한 경험의 재구성이다(김정환, 강선보, 2008: 39-43).

5 교육목적의 범주와 관련하여 헤르바르트는 그의 『일반 교육학(Allgemeine pädagogik)』에서 '교육의 목적이 단일하여야 하는가, 아니면 다양하여야 하는가?'를 공개적으로 질문하고, 아주 명백하게 사물의 본질에 따라서 교육목적과 과정의 단일성은 불가능하다고 말한다. 왜냐하면 인간의 노력은 다양하며, 따라서 교육의 염려도 다양하지 않으면 안 되기 때문이다(Herbart, 1965: 38: 오인탁, 1996: 377에서 재인용).

6 교육목적에 대한 논의는 가치판단 문제를 필연적으로 내포하고 있다. 이를테면 '좋은 사람이란 무엇인가?' '어떤 인간관계를 맺어야 하는가?' '근본적으로 중요한 바람직한 목표는 무엇인가?'와 같은 질문들이다(Wringe, 2013: 37). 중요한 것은 "하나의 정책을 개진하는 모종의 가치체제를 받아들여야만 한다."는 사실이다(Wringe, 2013: 38). 교육목적을 외재적 목적(extrinsic aim)과 내재적 목적(intrinsic aim)으로 나눌 때, 전자의 경우는 교육활동을 수단으로 하여 어떤 가치를 실현하려는 것이며, 후자의 경우는 교육활동 안에서 인생의 의미, 가치, 이상을 발견하려는 것이다. 이는 곧 교육목적이 인생관, 가치관, 세계관의 문제와 깊게 연관되어 있음을 의미한다(이병승, 우영효, 배제현, 2008: 22).

능하다기보다는 논리적으로 구분한 것에 불과하다. 이와 같이 교육목적을 범주화시키는 것은 결국 치우침 없는 목적의 균형성 때문이다. 목적 범주의 균형성은 교육목적의 방향성과 관련이 깊다. 즉, 균형이 무너지면 전혀 의도하지 않은 목적지로 향하는 일이 발생할 수 있기 때문이다.

## 2. 판소피아와 교육목적

우리는 앞서 코메니우스의 판소피아와 교육의 관계성을 살펴보았다. 논의한 바와 같이 코메니우스에게 교육적 고민은 판소피아를 요청했으며, 판소피아는 교육적 방법론으로 나아갔던 것이다. 그렇다면 코메니우스에게 교육목적은 곧 판소피아의 목적과 다르지 않다. 판소피아의 목적은 크게 두 가지로 분류할 수 있는데, 하나는 궁극적인 목적이요, 다른 하나는 현실적인 목적이다. 궁극적인 목적은 현실적인 목적보다 크고, 현실적인 목적을 통해 이룰 수 있는 원대한 목적이라면, 현실적인 목적은 곧 궁극적인 목적을 향하여 나아가는 단계적이고 실제적이며 실천적인 교육목적이라고 할 수 있다. 간단히 말해서, 궁극적인 목적은 판소피아의 목적과 관련된 것이라면, 현실적인 목적은 『팜패디아(Pampaedia)』(범교육)의 목적과 연결된다.

### 1) 궁극적인 목적

코메니우스(Comenius, 2011: 35)는 『대교수학』에서 '인간의 궁극적 목적(Hominis finem ultimum)'에 대하여 분명하게 밝힌다. 완전한 피조물인 인간은 "모든 완전함과 영광과 행복의 절정이신 하나님과 하나되는 것이며,[7] 그와 함께 절

---

7  이런 궁극적인 목적을 다르게 표현하면, 하나님이 원하는 것으로서 "모든 사물이 하늘과 땅에서 하나가 되는 것"이다(Comenius, 1938: 25). 하나님은 이런 목적을 위해 그리스도를 이 땅에 보냈다. 코메니우스

대적인 영광과 행복을 영원히 즐거워하는 것[8]이다." 코메니우스(1957: Tomus I, 17)는 이런 사실을 인간의 성품을 통해 설명한다. 즉, 인간의 성품은 인간이 이 땅에서의 삶만으로는 충분하지 않음을 보여 주는데, 그 이유는 인간이 '이 땅에서의 삼중의 삶(triplicem enim hic vivimus vitam)'을 가지고 있기 때문이다. '삼중의 삶'이란 다른 말로 3단계의 삶이라고 할 수 있는데, 1단계는 '식물적 삶(Vegetativam)', 2단계는 '동물적 삶(Animalem)', 3단계는 '지성적 혹은 영적인 삶(Intellectualem, seu Spiritualem)'을 말한다. '식물적 삶'이란 신체 속에 한정되어 있는 삶을 말하고, '동물적 삶'이란 감각과 운동의 조작에 의하여 외부의 대상을 향해 자신을 확장시킬 수 있는 삶을 말하며, '지성적 혹은 영적인 삶'이란 천사와 같이 1, 2단계의 삶으로부터 떨어져서 존재할 수 있는 삶을 의미한다. 코메니우스에 의하면 3단계 삶은 1, 2단계 삶에 의해서 방해를 받고 있기 때문에 3단계의 삶이 완성되기 위해서는 미래의 단계가 반드시 있어야 한다. 이는 곧 인간

---

가 근본이라고 생각한 교육의 목적은 무엇보다 그의 종교적 배경에 대한 이해를 요한다(강선보, 김희선, 2005: 4). 코메니우스는 교육이란 영적 질서의 중요한 한 분야이며, 따라서 교육목적은 곧 하나님의 목적과 상통하는 것으로 이해하였고, 진정한 교육은 세상에서 참된 신정정치를 확립함으로써 하나님의 목적을 실현하는 것이라고 강조했다(강선보, 김희선, 2005: 9).

8 린지(2013: 62)는 공리주의의 한 모습으로서 '행복 증진'이라는 교육목적은 교육자가 전달하고자 하는 교육 내용과 성취해야 할 내용이 구체적으로 무엇인지를 가리킬 수 없다는 단점 때문에 교육목적 논거로서 부적합하다고 판정한다. 그러나 코메니우스의 경우는 공리주의의 행복 추구와는 본질적으로 다르다. 코메니우스(2011: 86)는 아우구스티누스와 같이 행복이란 단어와 기쁨이란 단어를 같은 의미로 사용하고 있는데, 그가 말하는 행복은 세 가지 단계가 있다. 1단계 행복은 사물 자체에게 생겨나는 행복을 말하며, 2단계 행복은 인간 자신에 대한 행복을 뜻하고, 3단계 행복은 하나님을 기뻐하는 행복을 뜻한다. 첫째, 사물 자체로부터 생겨나는 행복을 의미한다. 그에 의하면 "기쁨은 현자가 명상 속에서 경험하는 기쁨이다." 둘째, 자신에 대한 기쁨이라는 것은 사람이 덕에 헌신할 때, 또 정의의 질서가 요구하는 어떤 명령에 즉시 응하는 자기 자신의 정직한 성품을 볼 때에 마음속에 일어나는 감미로운 즐거움을 말하는 것이다. 이 기쁨은 전 단계의 기쁨보다 훨씬 큰 것이다(Comenius, 2011: 87). 셋째, 하나님을 기뻐한다는 것은 인생에서 도달할 수 있는 최고의 단계다. 사람이 하나님의 영원한 자비로움을 느낄 때 그의 아버지 되심과 변치 않는 돌보심에 마음이 고양되고 그의 가슴이 하나님의 사랑에 녹을 때 발견되는 기쁨이다(Comenius, 2011). 그에 의하면 인간의 교육적 본성이라고 할 수 있는 지성과 덕성과 영성은 세 개의 샘 근원이라고 할 수 있는데, 거기서부터 가장 완전한 기쁨의 시냇물이 흘러나온다. 그러므로 코메니우스가 말하는 행복이란 죽음 이후에 하나님과 하나됨으로 누리는 궁극적인 행복뿐만 아니라, 이 땅에서 하나님이 함께하는 것을 경험하는 것을 통해 누리는 행복까지도 포함하는 것이다. 그렇다면 이것은 막연한 것이 아니다.

의 삼중 거처와 연결된다. 인간에게는 '삼중의 거처' 혹은 '3단계의 거처'가 있는데, 1단계는 '어머니의 자궁(Uterus maternus)'이고, 2단계는 '이 땅(Terra)'이며, 3단계는 '하늘(Caelum)'이다(Comenius, 1957: 19). 1단계에서 2단계로는 출산을 통해 나아가며, 2단계에서 3단계로는 죽음과 부활을 통해서 나아가고, 3단계에서부터는 더 이상 이동하지 않고 영원히 머무르게 된다. 1단계에서는 움직임과 느낌을 시작하는 단순한 삶을 발견하고, 2단계에서는 생명, 운동, 감각, 지능과 같은 요소들을 갖게 되며, 3단계에서는 모든 것의 완전한 풍성함을 발견하게 된다. 1단계의 삶이 2단계의 삶을 준비하는 것이고, 2단계가 3단계를 준비하는 것이라면, 3단계는 그 자체로 영원하다. 결국 이 땅에서의 모든 활동과 애정은 이 땅에서의 목적에 도달하는 것이 아니라 우리 자신 및 우리와 관계된 모든 것이 3단계로 향해 나아가야 한다는 것을 가르쳐 준다.

### 2) 현실적인 목적

코메니우스는 궁극적인 목적 제시로 끝나지 않고 현실적이며 구체적인 목적을 제시하는데, 그는 그것을 '하위목적'(inservientes fines)[9]이라고 한다(Comenius, 1957: Tomus 1, Pars Prima, 22). 코메니우스(2011: 45-47)는 궁극적인 목적을 이루기 위한 중간단계로서의 현실적인 목적을 '하위목적'으로 표현하면서, 인간이 하위목적을 현실적으로 달성할 수 있는 근거를 세 가지로 설명한다. 첫째, 인간은 합리적인 피조물이다. 이것은 세상을 구성하고 있는 모든 것에 대하여 숙고하고 추리한다는 뜻이다. 둘째, 모든 피조물에 대하여 위임된 통치자(경영자)가 된다. 즉, 모든 것에 대한 목적이 성취되도록 연구하며 의로운 왕과 같이 다스리도록 통치권을 위임받은 존재라는 뜻이다. 셋째, 하나님의 형상을 기뻐하

---

9  키틴지(Keatinge)는 '인세르비엔테스 피네스(inservientes fines)'를 '하위목적(subordinate ends)'으로 번역하고 있다(Comenius, 1910: 36). '하위목적'이란 궁극적인 목적을 이루기 위해 구체적으로 실현해야 할 현실적인 목적이라고 할 수 있다.

는 피조물이다. 이것은 인간의 원형인 하나님의 완전성을 대표하는 것을 의미한다. 이런 인간의 지위로부터 나오는 논리적인 귀결은 인간은 태어나면서부터 모든 것을 배우고, 모든 것과 자기 자신을 다스리는 권세를 가지며, 자기 자신과 모든 것을 근원이신 하나님께 의뢰하도록 되어 있다. 간단히 말해서, 인간의 하위목적은 지식, 덕성, 신앙을 갖도록 하는 데 있다는 것이다. 이 세 가지는 인간의 탁월성이며, 현재와 미래에 있어서 생명의 기초가 된다. 또한 이 세 가지를 추구하기 위해 노력할수록 궁극적인 목적에 더 가까이 나아가게 된다(Comenius, 2011: 48).

코메니우스는 현실적인 목적인 '하위목적'을 위해 더 구체적인 교육목적을 그의 『팜패디아』를 통해서 제시한다. 그의 교육목적 진술은 다음과 같다. "범교육학이란 전 인간 세대의 각 개인과 관련된 돌봄(교육)을 의미한다. 그것은 방법적으로 전체(Universalis)를 지향하며, 인간을 그 본성의 완전함으로 다듬는(Cultura) 일이다."(Comenius, 2008b: 15) 한마디로 말해서, "인간을 그 본성의 완전함으로 다듬는 일"이 진정한 교육의 목적이라는 것이다. 아리스토텔레스가 교육목적을 '탁월성(arete)'으로 규정하고 있다면,[10] 코메니우스는 인간 본성의 '완전함(totus)'으로 규정하고 있는 것이다. 코메니우스는 "그러므로 나의 목적은 모든 사람이 모든 주제를 모든 완전한 방식으로 가르침을 받는 것임을 확실히 하는 것이다."(Comenius, 1986: 19)라며 '완전함'과 관련된 구체적인 목적을 제시한다. 그가 제시하는 교육목적은 '모든 것(Omnia)'과 관련된 것이다. '모든 것'이란 전체적인 교육을 가리키는 것으로, 인간이 하늘 아래에서 가장 탁월한 하나님의 형상을 얻기 위해 사용할 수 있는 가능한 모든 방법을 의미한다(Comenius,

---

10  아리스토텔레스(Aristoteles, 2008: 26-27)에 따르면, 인간의 모든 행위와 선택에서 '좋음'은 그것을 행하게 하는 목적(telos)이며, 최상의 좋음은 그 자체로 선택하는 완전한 목적이 '단적으로 완전한 것'이다. 그러면서 그는 '행복'이 단적으로 완전한 것이라고 말한다. 왜냐하면 행복은 언제나 그 자체 때문에 선택하지 결코 다른 것 때문에 선택하지는 않기 때문이다. 다르게 말해서, 인간적인 좋음이란 탁월성에 따른 영혼의 활동이다. 또 만약에 탁월성이 여럿이라면 그중 최상이며 가장 완전한 탁월성에 따르는 영혼의 활동이 인간적인 좋음이다(Aristoteles, 2008: 30). 결국 아리스토텔레스는 '탁월성'이 인간에게 최상의 목적임을 말하는 것이다.

1986: 19-21). 이를 위해 첫째, 특정한 사람만이 아니라 모든 사람(어린이, 노인, 가난한 자, 부자, 귀족, 천민, 남자, 여자, 장애인 등)을 대상으로 한다. 둘째, 인간의 본성이 실제로 온전하게 되도록 모든 것으로 가르친다. 셋째, 가식적으로 보여 주기 위한 것이 아니라 진리에 적합하게 철저히 가르친다. 달리 말해서, 교육목적은 모든 사람을 참된 지혜를 통해 계몽시키고, 올바른 정치를 통해 질서를 가져오며, 진정한 종교를 통해 하나님과 연합하게 하여, 그 결과 모든 사람으로 하여금 이 땅에 보냄 받은 사명의 목표를 얻는 데 실패하지 않도록 하는 것이다. 좀 더 구체적으로 표현해 본다면, 코메니우스(Comenius, 1966: Tomus 2, sp. 7)에게 있어서 『팜패디아』의 목적은 첫째, 모든 사람으로 하여금 사물, 생각, 담화(談話)의 구성을 이해하게 하는 것이며, 둘째, 모든 사람으로 하여금 자신 및 타인의 모든 행동양식과 목적과 방법을 이해하게 하는 것이며, 셋째, 모든 사람으로 하여금 선악을 구별하고, 유용한 것과 해로운 것을 구별하며, 자신의 과오를 되돌리는 능력을 갖추게 하는 것이다. 이를 통해서 모든 사람이 '모든 것에 철저하게 지혜로운 사람(Omnino redderentur sapientes Omnes)'이 되고, 또한 세상은 완전한 질서, 빛, 평화로 가득하게 될 것이다.

이를 위해 코메니우스는 세부적인 목적을 세 가지로 제시한다(양금희, 2001: 45-47). 사물 자체가 '무엇(quod)'인지 그 존재의 본질을 밝히는 것이 첫 번째 목적이라면, 사물세계가 '무엇에 의해(per quid)' 존재하는지 그 내부적인 구조를 설명하는 것이 두 번째 목적이며, 사물세계가 '무엇을 위해(ad quid adhibendum)' 존재하는지 그 존재의 목적을 밝히는 것이 세 번째 목적이다. 이와 같은 세 가지 목적은 사물의 존재와 존재 방식, 그리고 그것들이 이르는 목적과 바른 사용이 무엇인지에 대한 앎인 판소피아의 정의와 맥을 같이하며,[11] 또한 사물 자체에 관하여 아는 것과 관련된 '이론(theoria)', 사물의 존재 근거와 이유에 대하여 아는 것으로 말미암는 '실천(praxis)', 사물의 목적을 알고 올바르게 활용하는 '사

---

11 판소피아의 정의에 대한 더 자세한 내용은 이 책의 제2장을 참고하기 바란다.

용(chresis)'에 이르기 위한 방법적인 세 단계[12]와도 연결된다.

## 3. 판소피아와 교육의 주체

교육목적은 인간관과 밀접하게 관련되어 있음을 앞에서 언급한 바 있다. 인간을 대상으로 하는 교육에서 주체는 누구인가? 오늘날 이러한 질문에 "교육자 혹은 교사는 주체이며, 학습자 혹은 학생은 객체다."라고 대답하는 경우가 있을까? 이와 관련하여 배제현은 "효율적인 교수전략은 교육의 주체인 교육자 또는 교사가 교육의 객체인 자신의 학습자 또는 학생들을 명확하게 이해할 때 이루어질 수 있다."(이병승, 우영효, 배제현, 2008: 148-149)라고 말한다. 그는 교육자가 주체이며, 학습자가 객체임을 명확하게 인식하는 것이 효율적인 교수전략에서 중요함을 강조하고 있는 듯하다. 그러나 교육이란 살아 있는 인격체가 또 하나의 자유로운 인격체를 만나는 가운데 이루어지는 것이다. 인격과 인격의 관계는 결코 주관과 객관의 관계가 아니라 주체와 주체 간의 관계임을 기억해야 한다(김정환, 강선보, 2008: 266). 오늘날 많은 학자들은 교육에서 가르치는 자와 배우는 자의 상호교류를 강조한다. 교육은 쌍방향으로 이루어져야 한다는 것이다(김정환, 강선보, 2008: 280). 이런 주장이 17세기에 이미 코메니우스를 통해서 주장되고 있다는 사실을 아는 것은 매우 놀라운 일이다. 코메니우스에게 '교육의 주체' 문제는 현실적 교육주체와 초월적 교육주체로 구분하여 정리할 수 있다.

### 1) 현실적 교육주체

코메니우스는 '모든 사람(Omnes)'이야말로 판소피아를 추구해야 하는 주체(Subjekt)라고 보았다. 여기서 '주체'란 말은 지혜를 실제로 알아 가고, 획득한 지

---

12  코메니우스의 앎에 이르는 세 단계에 대한 자세한 내용은 이 책의 제14장을 참고하기 바란다.

혜를 실제로 실천하며, 획득한 지혜를 올바르게 사용해야 할 책임자들이란 면에서, 모든 사람이 판소피아의 주체자이며 그 지혜를 책임지는 자다(정일웅, 2003a: 18). '모든 사람'이라고 할 때, 여기에는 교육자 혹은 교사와 학습자 혹은 학생이 모두 포함된다. 즉, 교육의 주체로서의 교사와 학생이 예외 없이 포함된다는 것이다. 코메니우스는 『대교수학』에서 학생 혹은 어린 학습자의 교육적 주체성에 대하여 다음과 같이 말한다.

> 사랑하는 어린이들이여, 이 좋은 특권을 바르게 이해하기 바랍니다. 우리 어른만이 사람이고 여러분은 원숭이이며, 우리만이 현명하고 여러분은 지각이 없고, 우리는 능변이지만 여러분은 말을 못한다고 생각합니다. 그런 우리가 이제는 여러분에게 배우려고 보냄을 받게 된 것입니다. 여러분은 우리의 선생님, 우리의 모범과 귀감이 되는 것입니다(Comenius, 2011: 25).

코메니우스는 어린 시절과 청소년기에 자신이 받았던 고통스러운 기억을 떠올리면서 "나는 불쌍한 수천 명의 어린이들 중 한 아이였다. 나는 나의 아름다운 인생의 봄과 꽃다운 청소년기를 스콜라적인 허튼소리로 망쳐 버려야만 했다."고 회상한다(Dieterich, 2008: 32). 그를 고통스럽게 했던 것은 무조건 쑤셔 넣듯이 암기하는 식의 공부와 궤변적인 스콜라철학에 치우친 교수법이었는데, 이런 현상은 17세기에는 일반적인 것이었다. 당시의 이런 교육 상황에서 어린이를 어른의 선생님이며, 모범과 귀감으로 여기는 사고는 참으로 획기적인 것이 아닐 수 없다.[13] 이는 교육의 주체를 교사에게 한정하지 않고 오히려 어린 학습자 역시 교육의 주체가 될 수 있으며, 실제로 교육의 주체임을 분명히 하는 주장

---

13  코메니우스(2011: 25)는 어린이가 어른의 교사가 될 수 있는 근거를 "어린이의 영혼은 어른보다 매우 단순하기 때문에 하나님이 은총 속에 인간의 비참한 운명에게 허락하시는 치료를 더 쉽게 받아들일 수 있다. 그 때문에 그리스도께서 우리 어른에게 어린아이와 같이 되라고, 즉 우리가 나쁜 교육과 이 세상의 악한 모범으로부터 얻은 악을 던져 버리고 이전의 단순함, 온유함, 정숙함, 순결, 순정의 상태로 돌아가라고 명령하신다."라고 말한다.

이다.

더 나아가서 코메니우스(1982: 57)는 "① 모든 사람은 자기 자신에게 학교요, 책이요, 교사가 되기 위해 이성을 사용하도록 훈련해야 한다. ② 모든 사람은 그들의 매일의 관계성 속에서 자신의 이웃을 학교로, 책으로, 교사로 섬겨야 한다."라며 '모든 사람'이 교육의 주체적 과제를 가지고 있음을 강조한다. 즉, 모든 사람은 자기 자신에게뿐만 아니라 이웃에게 학교이며, 교재이며, 교사가 될 수 있음을 말하는데, 이것은 곧 '모든 사람'이 가지고 있는 교육의 주체성을 강조하는 것이다. 특히 코메니우스(1938: Dedication 13)는 '하나님의 피조물', 즉 자연 자체가 교재인 동시에 교사임을 역설하는데, 이는 모든 사람이 자연을 통해서 배울 수 있다는 것의 다른 표현이다. 결국 교육에서 '모든 사람'과 관련된 주체성이란 가르치는 교수 행위와만 관련된 것이라기보다는 가르치고 배우는 교수 · 학습 행위 모두와 관련되어 있음을 알 수 있다.

## 2) 초월적 교육주체

물론 코메니우스(1982: 66)에게 교육의 주체는 '모든 사람'으로만 국한되는 것은 아니다. 그에 의하면 교사란 ① 자기 자신, ② 하나님의 피조물, ③ 내적으로 가르치는 '하나님의 영'으로 구성되어 있다. 즉, 초월적 교육주체로서 하나님이 있음을 의미하는 것이다. 특별히 코메니우스(1938: Dedication 14)는 『빛의 길』 헌사를 통해 하나님의 지혜 학교를 첨언하면서 세 번째 학교인 '하나님의 학교(Hyperphysical School)'를 소개하고 있다. 이 학교에서는 어떤 피조물도 어떤 사람도 가르칠 수 없고 오로지 하나님만이 가르칠 수 있다. 왜냐하면 이 학교에서 가르치고 배우는 주제들은 사람이 눈으로 보지 못했던 것이며, 귀로 듣지 못했던 것일 뿐만 아니라 사람의 마음속에 새겨져 있지 않은 것이며, 오직 하나님만의 그의 영(His Spirit)을 통해 계시(啓示)할 수 있는 것이기 때문이다. 예를 들어, 이 학교에서 가르치는 내용은 세상이 있기 이전에 있었던 것, 세상이 더 이상 존재하지 않을 때 있을 것, 지금 세상을 초월하여 있는 것, 우리에 대한 하나님의 생각, 하나님이 우리에게 요구하는 것 등과 같다. 코메니우스는 아우구스티누스의 말을 인용하여 "하늘 보좌에 앉아 계신 그분이 인간의 마음을 가르치신다."라고 하면서 이 학교의 교사가 하나님이라는 것을 말한다. 물론 '하나님의 학교'에서 교육의 초월적 주체가 있다는 사실은 현실적 교육주체를 부인하는 것은 아니다. 실제로 '자연의 학교'와 '인간의 학교'를 포함하여 '하나님의 학교' 역시 모든 사람이 이 땅에서 참여해야만 하는 학교이기 때문이다(Comenius, 1938: 15). 다만, '하나님의 학교'에서 특별하며 또한 고유한 초월적 교육주체의 역할이 있다는 것을 의미한다.


# 4. 판소피아 구조를 통해 본 교육목적의 특성

## 1) 텍스트(4권)의 구조와 교육목적

판소피아 구조와 교육목적과의 관계를 살피기 전에 앞서 분석한 네 권의 책에 나타나는 교육목적의 의미를 책의 구조를 통해 정리하는 것은 의미 있는 일이다. 첫째로 생각할 것은 『대교수학』에 나타난 교육목적의 의미다. 코메니우스는 『대교수학』의 1~4장에서 교육목적에 대하여 집중적으로 다루고 있다. 『대교수학』에 제시된 교육목적의 특성은 교육의 궁극적 목적과 하위목적이 구분되어 제시되고 있다는 점이다. 인간의 탁월성(1장)에서 시작하여, 인간의 궁극적 목적(2장)에 대한 논리적 제시(3장)에 이어, 인간이 교육목적을 실행할 수 있는 근거(합리성, 통치력, 하나님의 형상)와 그것의 논리적 귀결(지성, 덕성, 신앙)을 구체적인 교육목적으로 제시하고 있다.

둘째, 『빛의 길』에서 교육목적과 관련된 장은 14장이다. 코메니우스는 14장에서 우주적 빛의 목적을 집중적으로 다루고 있다. 우주적 빛의 목적이란 결국 판소피아의 목적이라고 할 수 있다. 이런 목적이 교육과 관련되어 있음을 코메니우스는 14장 안에서 보여 주고 있으며, 이 점을 훗날에 헌사를 쓰는 가운데 헌사의 6절에서 강조하고 있다. 그는 14장에서 중요한 일곱 가지 주제에 대하여 구체적으로 언급하면서 교육적으로 접근하는 동시에 교육을 강조하고 있다. 다르게 말해서, 코메니우스는 '모든 것'은 단지 존재하는 것이 아니라 배워야 할 대상이요, '모든 사람'은 교육의 주체이기에 제외되어서는 안 된다는 것을 강조하면서 우주적 빛의 목적을 교육적으로 제시하고 있다는 것이다. 『빛의 길』 14장의 내용과 진술 방식은 이후 『팜패디아』의 교육목적 부분(1~4장)과 내용 및 진술 방식에서 매우 유사하다.

셋째, 『세계도회』에서 교육목적은 '입문'과 '맺음말'에 함축적으로 제시되어 있다. 코메니우스(1887: 1)는 입문의 그림을 통해 교사가 어린이에게 배움으로 초대하는 장면이 나온다. 이때 교사는 "아이야, 와서 지혜를 배워라."라고 말한다. 이때 교사가 어린이에게 말하는 지혜는 '스키레(Scire, 지식)'가 아니라 '사페레(Sapere, 지혜)'라는 점을 주목할 필요가 있다. 코메니우스가 말하는 지혜란 "필요한 모든 것을 바르게 이해하고, 바르게 행하며, 바르게 말하는 것"이다. 결국 교육의 진정한 목적은 지혜를 배우는 데 있다는 것이다.[14] 코메니우스는 '맺음말'에서 학식 있고(doctus), 지혜로우며(sapiens), 경건해지기(pius) 위해 정진할 것을 권면하고 있는데(Comenius, 1887: 194), 이는 범교육의 목적이자 지혜의 핵심 요소이며, 판소피아의 논리적 귀결이라고 할 수 있다. 결국 『세계도회』의 구조를 통해 볼 때 교육목적은 전체를 열고 닫는 위치에 놓여 있으면서 『세계도회』의 시작과 맺음에 기여하고 있음을 알 수 있다.

마지막으로, 『팜패디아』에서는 앞서 언급한 세 권의 책에 비하여 교육목적이 가장 구체적이며 실제적으로 나타나고 있다. 『팜패디아』의 1~4장은 범교육의 정의 및 실행목적(1장)과 코메니우스의 교육목적 및 목표(2~4장)를 담고 있

---

14  화이트헤드(Whitehead) 역시 "교육 전체의 목적은 활동적인 지혜를 육성하는 것이다."(Whitehead, 2007: 106)라고 하며 교육의 전체적인 목적이 지혜에 있음을 강조하고 있다.

다. 한마디로 말해서, 판소피아의 교육목적론이라고 할 수 있다. 1장은 2~4장 뿐만 아니라 이후의 모든 내용의 서론 역할을 하고 있으며, 2~4장은 '필요성' '가능성' '용이성'을 다루고 있는데, 필요성은 '목적', 가능성은 '방법', 용이성은 '실행'과 연결된다. '모든 사람'이 '모든 것'을 통해 '완전함'에 이르도록 하는 것이 『팜패디아』의 정의라면, 배움의 주체, 배움의 대상, 배움의 실행 역시 각각 목적과 방법과 실행의 요소로 구분할 수 있음을 1~4장의 구조가 보여 주고 있는 것이다.

## 2) 교육목적의 특성

판소피아 구조를 통해 본 교육목적의 특성은 네 가지로 정리할 수 있을 것이다. 첫째, 교육목적의 인격적 특성이다. 이것은 가장 핵심적 특성으로, 인간의 인격성을 드러내는 교육목적이다. 이런 주장을 뒷받침하는 근거로는 앞서 살펴본 바와 같이 코메니우스가 모든 사람을 교육의 주체로 보고 있다는 점을 들 수 있다. '모든 사람'에는 심지어 장애인까지도 포함되어 있다는 사실은 교육적 불모지와 같은 17세기의 교육 상황을 감안할 때 매우 특별한 것일 뿐만 아니라, 오늘날의 입장에서 보기에도 놀라운 견해가 아닐 수 없다. 또한 코메니우스는 교사뿐만이 아니라 학습자의 주체성을 일찍이 간파하고 강조하고 있는 점도 그 근거가 될 수 있다. 이 책의 제4장에서 살펴본 [그림 4-7]에서와 같이 판소피아 구조는 인간의 위치와 역할이 강조되는 구조다. 코메니우스에 의하면 인간은 하나님의 모든 작품들 간의 연결고리다(최진경, 2012: 88).

둘째, 교육목적의 명료성이다. 교육목적과 관련된 코메니우스의 진술은 매우 논리적이다. 우선 그는 궁극적인 교육목적을 진술한 후 현실적인 교육목적을 진술한다. 또한 현실적인 교육목적 진술에서도 점점 더 구체적이며 세부적으로 진술해 간다. 이런 예는 그의 『팜패디아』에서 발견할 수 있다. 그는 교육의 목적을 진술하는 2장에서 시작을 "태양이 하늘에서 빛나고 있는 것처럼" 분

명하게 밝혀야 함을 강조한다(Comenius, 2008b: 24). 그러면서 그는 교육목적의
핵심 내용을 "인간을 그 본성의 완전함으로 다듬는 일"이라고 간단명료하게 언
급하고 있다. 그리고 나서 코메니우스는 '모든 사람' '모든 것' '모든 완전함'과
관련된 자신의 교육목적에 대하여 더 구체적으로 설명한다. 결국 코메니우스
의 목적은 "만물을 하나도 불명확한 것이 없도록, 그리고 각 부분이 고유의 위
치에 정연하게 보이도록 모든 구성요소를 분해하는 우주의 정확한 해부도"를
부여하는 것이었다(Monroe, 1969: 240: 강선보, 김희선, 2005: 18에서 재인용).

셋째, 교육목적의 일관성이다. 코메니우스(1651b: 92)는 자연적 질서의 기본
적인 일관성에 주목한다. 그것을 통해 그는 모든 사물 안에 영원한 일관성이 존
재한다는 사실을 주장한다. 이런 그의 생각이 판소피아의 교육목적에도 드러날
것이라는 점은 어렵지 않게 생각할 수 있다. 코메니우스(2008b: 175)는 끊임없는
역동성으로 목적을 향해 나아가야 함을 강조하고 있다. 『팜패디아』를 통해 볼
때, 코메니우스는 표제에서부터 시작하여 서론, 1~4장, 5~7장, 8~15장에 이르
기까지 일관되게 그의 교육목적 실행을 강조하고 있는 것을 볼 수 있다. 즉, 표
제와 서론 및 1장에서 명료하게 제시된 『팜패디아』의 목적이 교육원리 및 방법
론을 거쳐 실행단계인 8단계 학교의 교육목표에 이르기까지 그 맥이 이어지고
있다는 것이다(나현규, 이병승, 2012: 78). 같은 목표를 가졌다고 할지라도 성취하
는 수단이 다르다면 다른 결과를 가져오기 마련이다(신득렬, 2004: 136). 이는 곧
목적론이 방법론에도 적용되어야 할 필요성을 말해 주는 것이다. 『팜패디아』는
이런 관점에서 볼 때 일관성에서 탁월한 적용을 보여 주고 있다. 우리는 이런
교육목적의 일관성을 『팜패디아』의 전체 구조(〈표 9-2〉~〈표 9-7〉)를 통해 확
인할 수 있다.

마지막으로, 코메니우스의 교육목적의 범주가 균형을 이루고 있다는 점을 들
수 있다.[15] 코메니우스에게 범주의 균형성은 매우 중요하다. 만약에 전체로서

---

15 강선보와 김희선(2005: 16)에 따르면, 교육이론으로서의 '범지학(Pansophiae)'은 인간의 개인적 발달과
  사회적 발달, 그리고 교육의 전체성에 대한 다양한 분석과 종합을 통해 모든 사람에게 모든 것을 모든 방

의 인간의 능력이 전체로서의 사물세계를 위해 사용되지 않고 균형을 상실한다면 그 능력은 조화를 이룰 수 없고 해로운 방식으로 탈선하게 될 뿐이다. 균형을 상실하게 되면 대부분의 사람은 인식의 대상 혹은 의지의 대상, 혹은 행동의 대상에만 몰두하게 되어 부분적인 지식으로만 가득 채워지게 되고 결국은 무익한 것을 과도하게 추구하여 필수적인 것의 결핍을 초래하게 된다(Comenius, 1986: 50-51). 그렇기 때문에 코메니우스는 인간의 본성, 학습교재, 학습방법적인 면에서도 철저한 균형을 이루고 있다. 그는 인간 본성의 완전함을 '지성'과 '덕성'의 함양에 그치지 않고 '영성'의 함양까지 포함시키고 있으며,[16] 세 가지 책으로 '자연' '이성' '성경'을 제시하고 있다. 코메니우스에 의하면, 자연과학과 인문학은 단지 하나님의 언약궤가 안치되어 있는 지성소의 입구까지만 인도할 뿐이다. 즉, 교육목적은 단지 자연과학과 인문학을 터득하는 것으로 끝나는 것이 아니라 하나님을 아는 데까지 나아가야 함을 뜻한다.[17] 또한 코메니우스의 교육목적은 단순한 앎에서 멈추지 않는다(Comenius, 1986: 83). 그것은 참된 모

---

법을 동원하여 가르치고자 하는 하나의 인식론이자 삶의 지혜에 이르는 길의 역할을 하게 된다.

16  허친스(Hutchins, 1994: 36)는 인간 존재의 본성을 세 가지로 표현하고 있다. 즉, 인간이란 '이성적' '도덕적' '영적 존재' 혹은 '지성' '도덕' '형이상학'적 존재다. 그렇기 때문에 인간의 발달을 꾀하는 교육은 인간이 가진 이성적·도덕적·영적 능력을 최대한으로 개발하는 것이라고 주장한다. 그에 따르면, "건전한 철학 일반은 인간은 이성적, 도덕적 그리고 정신적(**영적**) 존재이며 인간의 발달은 인간이 가진 이성적, 도덕적 그리고 정신적(**영적**) 힘을 최대한으로 개발하는 것을 의미한다. 모든 인간은 이런 힘들을 가지고 있으며 모든 인간은 이 힘들을 최대한 발달시켜야만 한다."(Hutchins, 1985: 71-72; 괄호와 강조는 필자) 그는 이러한 세 가지 본성은 필연적인 관련을 가지고 있다고 보았다. 즉, 세 가지 본성 중에서 어느 하나라도 없게 되면 다른 것들을 가질 수 없게 되며 결국은 진정한 의미에서의 교육을 바랄 수 없다고 말한다. 그는 이런 인간의 본성이 항존적(혹은 영원적)이라고 보았다. 즉, 인간성은 언제, 어디서나 동일하다는 것이다. 그렇기 때문에 모든 사람은 인간이 되기 위해 지속적으로 교육을 받아야 하며, 만인은 교육받을 능력을 기본적으로 가지고 있다고 보았다(Hutchins, 1985: 72). 이런 입장은 아들러의 경우도 마찬가지다. 그는 교육을 평생의 과정으로 보면서 지적·도덕적·영적인 성장은 일생 동안 계속될 수 있으며 또한 계속되어야 한다고 말한다(Adler, 1982: 16).

17  이런 사실을 코메니우스는 『빛의 길』에서 "우리가 이 모든 것을 당연한 것으로 생각해 보자. 그리고 나서 마침내 당신이 터득한 것은 단지 신적 지혜의 알파벳에 불과하며, 하나님의 성전 입구에 도달한 것뿐임을 당신은 알아야 한다. 또한 하나님의 성전 뜰과 그의 신비한 장소가 오직 당신이 배워야 할 지평이라는 것을 알아야 한다."(Comenius, 1938: 19)라고 말한다.

든 것을 알고(이론), 참된 모든 것을 선택하며(실천), 필요한 것을 행하는 것(사용)을 목표로 한다.

# 제13장
# 판소피아와 교육내용

1. 교육내용
2. 판소피아와 교육내용
3. 판소피아 구조를 통해 본 교육내용의 특성

제13장의 표지 그림은 코메니우스(Comenius)가 말년에 편집한 『자연신학(Oculus Fidei, Theologia Naturalis)』에 나오는 '믿음의 눈(Oculus Fidei)'이다(Comenius, 1661). 그림은 세 종류의 새(비둘기, 부엉이, 독수리)와 책, 그리고 위로부터 내려오는 빛이 강조되고 있다. 그림에서 주목할 것은 '책(Bibliis)'과 그 위에 그려져 있는 하트 모양의 '마음(Cor)'과 '눈(Oculus)'이다. '눈'은 감각 혹은 자연을 대표하며, '마음'은 이성 혹은 정신을 나타내고, '책'은 신앙 혹은 성경을 의미한다.

그림 하단의 라틴어는 "성경을 '눈'이 없는 '마음'만으로 대하는 것은 이성 없는 맹신이요, '마음' 없는 '눈'으로 대하는 것은 믿음 없는 희미한 이성뿐이며, '눈'과 '마음'으로 성경을 대하는 것은 모든 것을 밝혀 주는 믿음이다."라는 뜻이다. 코메니우스는 자신의 판소피아를 위한 교육내용을 다음과 같이 세 권의 책으로 설명한다.

하나님은 우리에게 모든 목적을 이루기에 충분한 세 권의 책을 주셨다. 즉, 우리를 둘러싸고 있는 하나님의 작품인 '세계', 우리 안에 있는 이성적 능력인 '정신(마음)', 그리고 우리 시대 이전에 말씀으로 성경에 기록된 '계시'다(Comenius, 1986).

# 1. 교육내용

교육내용이란 교육주체로서의 인간이 성장하기 위해 반드시 필요한 교육객체요, 교육자와 학습자를 연결하는 매개물(medium)이라고 할 수 있다. 즉, 교육 혹은 교수 및 학습이 이루어지는 곳에서는 필수 불가결하게 게재되는 어떤 것이 바로 교육내용이다. 김정환과 강선보(2008: 195)는 교육내용을 다음과 같이 정의한다.

> 주체로서의 어린이가 어떤 교육대상(인격체 및 문화재)에 던지는 능동적 활동과 또 한편으로는 어떤 교육대상(인격체 및 문화재)에게 던짐을 받는 수동적 활동과의 상호작용을 통한 연속적 발전과정임을 알 수 있다. 이런 교육 대상의 문화재 중에서 교육을 위해 선정된 내용을 교육내용이라 한다.

교육내용에는 인류 역사 이래로 축적해 온 지식, 기술, 가치, 행위규범, 물질적 산물 등이 포함될 수 있는데, 문화를 구성하는 모든 요소가 교육내용인 셈이다. 교육내용은 넓게는 '교육의 재료'라고 하며, 이를 줄여서 '교재(educational materials)' 혹은 도야재(陶冶材)라고 하고, 좁은 의미로는 흔히 교육과정[1]이라고도 한다(강선보, 신창호, 2012: 145).

교육내용을 선정함에 있어서 기준이 되는 요소들이 있는데, 이병승은 이것을

---

[1] 교육과정(curriculum)의 어원은 라틴어 '쿠레레(currere)'다. 이 단어는 동사로서는 '달리다(run)'라는 뜻이 있고, 명사로서는 '경주 코스(race course)'의 뜻이 있다. 이것이 교육에 전용되어 학생이 일정한 목표를 향해서 학습하는 진로(進路) 또는 내용을 의미하게 되었다. 교육과정을 교육내용(content)으로 이해하는 것은 가장 전통적인 방식으로 교육과정을 이해하는 것이다. 이때의 교육과정은 교사가 가르치고 학생이 배워야 할 교수·학습내용을 의미한다. 여기서 교수·학습내용은 지식의 체계일 수도 있고 지식의 구조일 수도 있다(이병승, 우영효, 배제현, 2008: 199). 물론 교육과정을 보다 넓은 의미로 정의하는 견해도 있다. 피닉스(Phenix)에 따르면, 교육과정은 최소한 세 가지 요소를 복합적으로 다루는 것인데, 그것은 ① 교육내용, ② 교수방법, ③ 교수순서다(김정환, 강선보, 2008: 196에서 재인용).

다음 네 가지로 정리한다(이병승, 우영효, 배제현, 2008: 202-203). 첫째, 포괄성이
다. 교육과정의 범위는 넓고 포괄적이어야 한다. 교과의 기본 구조를 밝혀 교과
의 이해를 돕는 인지 활동은 물론이거니와 정의적 영역의 활동뿐만 아니라 잠
재적 교육과정까지도 포함되어야 한다. 둘째, 개인차가 고려되어야 한다. 교육
내용의 구성과 전개는 개인차가 고려되어야 한다. 아무리 체계적으로 교육내용
을 조직했다고 하더라도 학습자의 개인차를 고려하지 않으면 교수 · 학습의 본
래 목적을 달성하기 어려울 것이다. 셋째, 창의성이다. 교육내용은 학생의 창의
성 발휘를 도울 수 있도록 조직되고 구성되어야 한다. 창의성이란 새로운 것을
생각해 내는 힘을 의미하는데, 이런 능력은 주어진 교과목만을 학습한다고 해
서 생겨나는 것은 아니다. 마지막으로, 민주적인 계획과 운영이 이루어져야 한
다. 교육목적을 효과적으로 달성하기 위해서는 교과전문가, 교과담당교사, 교
육학자, 심리학자, 교육행정가 등 관련 있는 사람들의 협력과 민주적 운영이 요
청된다.

  교육내용을 조직하는 데 반드시 고려해야 할 원리가 있다.[2] 이병승은 그것을
다섯 가지로 정리하여 제시한다(이병승, 우영효, 배제현, 2008: 216-218). 첫째, 연
속성(continuity)의 원리다. 교육내용을 조직하는 데는 연속성이 유지되어야 한
다. 이 원리는 중요한 학습내용을 필요한 기간 동안에 여러 번 반복함으로써 강
화의 효과를 얻으려는 것이다. 둘째, 계열성(sequence)의 원리다. 이것은 학습
의 종적 조직에서 매우 중요한 원리다. 계열성이란 이해, 태도, 기능 등을 포함
하는 교육내용의 여러 요소가 깊이와 폭에 있어서 점진적으로 증가하도록 조직
되어야 한다는 것을 말한다. 셋째, 통합성(integration)의 원리다. 연속성과 계열
성이 교육과정 조직의 종적 원리라면, 통합성은 횡적 원리라고 할 수 있다. 여
러 학습장면에서 획득한 교육내용은 서로 연결되고 통합됨으로써 학습의 정도

---

2  강선보와 신창호(2012: 145-146)에 따르면 교과서에 담긴 교육내용은 배우는 학생에게 흥미와 관심을 끌
  수 있어야 하고, 수준에 맞게 치밀하게 설계되어야 하며, 교육내용이 학습자에게 잘 전달되려면 응집성
  (비슷한 내용끼리 선별하여 모아 놓은 것)이 있어야 하고, 학습의 난이도에 따라 순차적으로 제시되는 계
  열성이 있어야 하며, 서로 다른 내용 간에 유기적으로 연결되어 설명되어야 하는 총합성이 있어야 한다.

가 깊어지고 넓어질 수 있다. 넷째, 범위(scope)의 원리다. 이것은 교육내용의 폭(breadth)과 깊이(depth)에 관련되는 원리다. 즉, 교육내용의 폭이 넓어지면 깊이는 얕아지고, 깊이가 깊어질수록 폭은 좁아진다는 점을 고려하여 교육내용을 조직해야 한다. 마지막으로, 균형성(balance)의 원리다. 이것은 교육내용을 조직할 때 내용의 종적·횡적 차원과 수직적·수평적 차원을 균형 있게 반영해야 한다는 원리다.

교육내용의 조직 원리를 보면, 종적 원리(연속성, 계열성)와 횡적 원리(통합성)가 결합하여 2차원적 특성을 보여 주고 있다면, 교육내용의 폭과 깊이가 더해져(범위) 3차원적 특성을 보여 준다. 즉, 교육내용의 조직은 입체적인 특성을 가져야 한다. 이는 균형성의 원리와 맥을 같이하는 것이다. 사실 종적이며 횡적인 차원과 수직적이며 수평적인 차원의 균형을 강조하는 균형성의 원리는 교육내용의 전체적 원리라고 할 수 있다.

## 2. 판소피아와 교육내용

코메니우스에게 있어서 교육내용은 교육주체의 대상인 교육객체로 이해할 수 있다. 즉, 가르치는 자의 입장에서 본다면 가르치는 내용이요, 학습자의 입장에서 본다면 배워야 할 내용이다. 이런 교육객체로서의 교육내용이 교육주체의 속성과 유기적으로 조화를 이루어 교육목적을 이루는 것이다.[3] 코메니

---

3 이숙종(2006: 219-258)은 코메니우스의 교육내용을 진술하는 데 있어서 인간의 속성과의 유기적 관계에 초점을 맞추고 있다. 그래서 그는 코메니우스의 교육내용을 세 가지(① 지성: 지식교육, ② 덕성: 도덕교육, ③ 신앙: 경건교육)로 정리하여 제시하고 있다. 이것은 코메니우스의 초기 작품인 『대교수학(*Didactica Magna*)』의 진술양식에 따른 것으로 보인다. 이러한 진술은 판소피아의 유기체적 성격과 조화를 잘 보여 주는 진술방식이다. 그러나 교육내용으로 제시한 지성, 덕성, 경건은 엄밀한 의미에서 볼 때 교육의 내용이라기보다는 교육목적의 범주로 보는 것이 더 적절해 보인다. 또한 중요한 것은 코메니우스의 이후 작품들에서는 직접적인 형태로 교육내용을 진술하고 있다는 사실이다. 이런 점은 『빛의 길(*Via Lucis*)』 『세계도회(*Orbis Pictus*)』 『팜패디아(*Pampaedia*)』에서 구체적으로 나타난다.

우스는 이런 교육내용을 두 가지로 표현하고 있다. 하나는 교육객체의 의미가 강한 '모든 것'이요, 다른 하나는 그것을 교육의 현장으로 구체화시킨 '범교재(Pambiblia)'다.

## 1) 교육객체로서의 '모든 것'

코메니우스에게 교육객체로서의 '모든 것'은 '모든 사람'이 배워야 할 학습의 대상 혹은 교육내용이다. 교육객체로서의 '모든 것'은 다시 범주로서의 '모든 것'과 내용으로서의 '모든 것'으로 구분할 수 있다.

### (1) 범주로서의 '모든 것'

코메니우스는 자신의 작품을 통해서 배워야 할 모든 것에 대한 범주를 『판소피아의 형태(*Pansophiae Diatyposis*)』에서 일곱 가지로 간략하게 제시하고 있다(Comenius, 1643: 120; Comenius, 1651b: 101). 그것은 '준비(praeparatoria)' '이상(idealia)' '자연(naturalia)' '예술(artificialia)' '영혼(spiritualia)' '영원(aeterna)' '실천(praxin)'이라는 일곱 가지 주제다. 코메니우스는 이런 범주를 『빛의 길』에서 좀 더 구체적으로 다음과 같이 제시하고 있다.

> 우리는 현재 이 세상의 학교에서 하나님이 이미 계시하셨거나 혹은 인간에게 점진적으로 계시하실 모든 사물, 즉 그것들이 영원하든지 혹은 일시적이든지, 영적이든지 혹은 육적이든지, 하늘의 것이든지 혹은 땅의 것이든지, 자연적이든지 혹은 기술에 의해 생산된 것이든지, 신학적인 것이든지 혹은 철학적인 것이든지, 선한 것이든지 혹은 악한 것이든지, 일반적인 것이든지 혹은 특수한 것이든지 간에 모든 사물을 이해한다(Comenius, 1938: 115).

이 인용문은 『빛의 길』 14장 2절에 나오는 '배워야 할 모든 것'에 대한 목록이

2. 판소피아와 교육내용 **363**

다. 코메니우스는 '배워야 할 모든 것'을 일곱 가지로 분류하여 제시하고 있다. 첫째, 일시적인 것, 영원한 것(3절), 둘째, 육체적인 것, 영적인 것(4절), 셋째, 지상의 것, 하늘의 것(5절), 넷째, 자연적인 것, 기술에 의해 생산된 것(6~10절), 다섯째, 철학적인 것, 신학적인 것(11~13절), 여섯째, 선한 것, 악한 것(14절), 일곱째, 일반적인 것, 특수한 것(15절)이다. 뿐만 아니라 이런 주제는 이후 『판탁시아(Pantaxia)』에서는 여덟 가지 주제로 확장되어 결국 8단계 세계와 연결된다. 이런 내용을 도표로 정리해 보면 〈표 13-1〉과 같다.

**〈표 13-1〉 코메니우스가 제시하는 교육내용의 범주**

| 순서 | 『판소피아의 형태』 | 『빛의 길』 | 『판탁시아』 | |
|---|---|---|---|---|
| | | | 맞춤 순서 | 원래 순서 |
| 1 | 준비 (praeparatoria) | 일시적인 것 지상의 것 | 가능의 세계 | 가능의 세계 (A) |
| 2 | 이상 (idealia) | 하늘의 것 선과 악 | 원형의 세계 | 원형의 세계 (B) |
| 3 | 자연 (naturalia) | 육체적인 것 자연적인 것 | 자연의 세계 | 천사의 세계 (C) |
| 4 | 예술 (artificialia) | 인공적인 것 철학적인 것 | 인공의 세계 | 자연의 세계 (D) |
| 5 | 영혼 (spiritualia) | 영적인 것 신학적인 것 | 영적인 세계 | 인공의 세계 (D′) |
| 6 | 영원 (aeterna) | 영원한 것 | 영원의 세계 | 도덕의 세계 (C′) |
| 7 | 실천 (praxin) | 일반적인 것 특수한 것 | 도덕의 세계 | 영적인 세계 (B′) |
| 8 | | | 천사의 세계 | 영원의 세계 (A′) |

〈표 13-1〉에 제시된 코메니우스의 작품들은 왼쪽부터 저작 연대 순서에 따라 배열한 것이다. 코메니우스가 생각한 교육내용의 범주는 시간이 흐를수록

완성도가 높아지고 있다. 그럼에도 대체로 범주의 맥이 매우 유사하게 흐르고 있음을 확인할 수 있다. 〈표 13-1〉에서 '순서 1'의 '준비'는 태아가 어머니의 태중에서 출생을 기다리며 준비하는 기간과 같은 단계를 의미하며,[4] 이때 일시적이고, 지상의 것들을 배워야 한다. 왜냐하면 영원에 이르는 길은 일시적인 것을 통하기 때문이며, 하늘의 것들이 지상의 형식으로 제시되고 있기 때문이다. '순서 2'의 '이상'은 인간의 본향(本鄕)과 같은 것인데, 하늘이 인간의 본향이며 우리의 진정한 처소가 준비된 장소라는 의미에서 배워야 할 이상이요, 원형상적인 것이다. 또한 선과 악에 대한 모든 지식은 그 자체로 선한데, 선을 추구하고 악을 피하기 위해서는 양자를 분명하게 구별할 필요가 있다. '순서 3'의 '자연'은 하나님이 창조한 피조세계(자연)를 의미하며, 자연적인 것은 보이지 않는 하나님의 존엄성에 대한 보이는 거울이다. 인간은 바로 그 자연과 함께 육체 가운데서 살아가고 있기 때문에 배워야 한다. '순서 4'의 '예술'은 자연을 표현한 것으로 인간에 의해 만들어진 예술품과 생산물에 대하여 배워야 하며, 특별히 이성에 의해 짐승과 구별되는 인간은 철학적인 문제에 대하여도 배울 수 있다. '순서 5'의 '영혼'은 영적 존재인 인간에 대한 내용이다. 인간은 하나님의 형상으로 창조된 존재이기 때문에 영적인 존재이며, 인간의 영적인 부분과 관련된 내용을 배워야 한다.[5] 이는 신앙과 관련되어 있다. '순서 6'의 '영원'은 인간이 지향해야 할

---

4 코메니우스는 『팜패디아』에서 출생하기 이전의 태아를 위한 학교의 필요성에 대하여 주장하면서, 출생전 학교에 대하여 3단계로 정리하고 있다(Comenius, 1986: 105). 첫째, 사려 깊고 분별력 있으며 순결하고 경건한 결혼을 통해 미래의 자녀를 미리 생각하는 단계, 둘째, 결혼 후 자녀를 낳으려고 희망하는 단계, 셋째, 아이의 임신부터 출생까지 조심하며 돌보는 단계다.

5 소크라테스(Socrates)는 지식(혹은 배움)을 영혼과 매우 밀접하게 관련짓고 있다. 소크라테스는 『프로타고라스(Protagoras)』에서 히포크라테스(Hippokratēs)에게 배움과 영혼의 직접적인 관련성에 대해 "지금 자네는 바로 자네 영혼을 어느 한 사나이, 자네 말을 빌리면 소피스트라는 사나이에게 잘 보살펴 주도록 맡기려는 것이 아닌가? 그렇다면 그 소피스트란 대체 어떤 인물인지를 자네는 알고 있다는 말인가? 만약 자네가 그것을 모른다면 자네는 자네의 영혼을 맡을 사나이가 어떤 인물이라는 것도—선량한지 악한지—모르고 있다는 말이 아닌가?"(Platon, 2006: 231)라고 말했다. 히포크라테스는 자기가 살고 있는 지방에 그 유명한 프로타고라스가 방문했다는 소식에 이른 새벽 소크라테스의 집에 찾아가 함께 가자고 요청했다. 이에 소크라테스는 그를 찾아가고자 하는 목적이 무엇인지를 묻는 과정에서 지식과 영혼의 관계성에 대해 언급하고 있는 것이다. 소크라테스에 의하면, 지식은 영혼의 양식과 같은 것인데 소피스트들은 마치

궁극적인 목적과 관련된 것이다. 인간은 영원을 지향하는 본성을 가지고 있기 때문에 영원한 것에 대하여 배워야 한다. '순서 7'의 '실천'은 일반적이며 특수한 것을 배워야 할 뿐만 아니라 특별히 가능한 가장 특수한 속성의 것들을 배워야 하는데, 이는 사물의 지식과 활용이 특수한 것과 관련되어 있기 때문이다.

〈표 13-1〉에서 『판탁시아』는 두 가지 형식으로 제시되고 있는데, '원래 순서'가 『판탁시아』에서 제시하고 있는 원래의 순서라면, '맞춤 순서'는 『판소피아의 형태』 및 『빛의 길』의 순서와 연계하여 재배열한 것이다. 원래 순서에 따라 간략하게 소개하면 다음과 같다.[6] 1단계는 '가능의 세계(mundus possibilis)'로, 코메니우스에 의하면 판소피아의 근원지와 같은 전체의 세계다(Comenius, 1966: Tomus I, 195) 이 세계는 '완전한 이성' 또는 '로고스(λόγος)'로 표현할 수 있는데, 존재하는 모든 것과 존재하게 될 모든 것은 로고스로 말미암아 생성된다. 2단계는 '이상 혹은 원형의 세계(mundus idealis seu archetypus)'로, 이 세계는 인간 정신의 영원한 샘 근원이다(Comenius, 1966: Tomus I, 227). 또한 하나님 안에 있는 이상적 사물의 세계로서 여기로부터 하나님의 형상적 빛이 흐르기 때문에 인간에 대하여 조사하고 발견할 수 있다. 3단계는 '천사의 세계(mundus intellegibilis angelicus)'다. 이 세계 역시 하나님에 의해 만들어진 영원한 개념의 영역이다. 우리의 육체적인 감각으로는 지각할 수 없고 오직 믿음으로만 지각할 수 있는 비물질적 방식과 제도 및 형태를 가지고 있는 세계다(Comenius, 1966: Tomus I, 273). 4단계는 '자연의 세계(mundus materialis seu corporeus)'다. 이것은 육체 혹은 물질의 세계라고 할 수 있다. 이 세계는 보이는 세계이며, 사물 안에 있는 자연

---

그것을 상품처럼 도매, 소매를 하는 자들이다. 그러면서 그는 "하지만 학문의 경우는 이와 전혀 다르네. 그것은 무엇보다도 다른 그릇에 옮길 수 없기 때문이네. 돈을 지불하고 학문을 배우는 순간, 학문은 영혼 속으로 들어가 자리를 잡는다네. 그러므로 집에 도착하기 전에 이미 영혼은 이롭든 해롭든 이 학문이라는 음식을 먹어 버리는 것일세. 그러니 우리는 우리보다 나이가 많은 사람의 도움을 구해야 하네."(Platon, 2006: 234)라고 언급한다. 이를 통해 생각해 볼 때, 우리의 가르침과 배움의 내용은 실상 영혼(혹은 영성)과 밀접하게 연관되어 있다. 그러나 우리의 교육현장에서는 이런 부분이 철저히 외면되고 있지 않은가? 따라서 코메니우스가 교육내용으로서 영혼 및 영적인 부분을 포함하고 있는 것은 매우 의미 있는 것이다.

6  구경선(2005: 61-63), Van der Linde(1999: 87-93)를 참고하기 바란다.

의 효력에 대하여 관찰을 통해 설명할 수 있는 세계다(Comenius, 1966: Tomus I, 285). 5단계는 '인공의 세계(mundus artificialis)'다. 이 세계는 육체, 물질, 영, 불 등과 같은 요소들의 원리를 다루는 기술의 세계다. 기술이란 인간 본성을 몸과 영혼에 반응하도록 관리하는 방법이다. 여기에서 삼중으로 나타나는 기술의 토대가 있는데, 효용(Usus), 방향(Directio), 모방(Imitatio)이다(Comenius, 1966: Tomus I, 420, 426). 6단계는 '도덕의 세계(mundus moralis)'다. 이 세계는 인간적인 신중함과 관련되어 있는데, 윤리, 공동체, 경제, 학문, 정치 등 인간과 인간의 관계에서 발생하는 태도의 영역이라고 할 수 있다(Comenius, 1966: Tomus I, 547). 7단계는 '영적인 세계(mundus spiritualis)'다. 이 세계는 가장 고귀한 영과 관련된 세계이며, 인간의 마음이 영원한 복을 얻기 위해 하나님과 교제하는 것과 관련된 세계다(Comenius, 1966: Tomus I, 605). 마지막 8단계는 '영원의 세계(mundus)'다. 이 세계는 궁극적으로 하나님의 영광과 관련된 세계다. 즉, 지혜, 능력, 자비, 의와 관련된 하나님의 영광을 말한다(Comenius, 1966: Tomus I, 727).

이러한 여덟 단계의 세계는 두 가지 차원으로 그 연계성을 정리할 수 있다. 첫째, 여덟 단계 세계의 대칭 관계 연계성이다. '가능의 세계(A)'는 '영원의 세계(A′)'와 대칭으로 연계되어 있다면, '원형의 세계(B)'는 '영적인 세계(B′)'와 연계되어 있고, '천사의 세계(C)'는 '도덕의 세계(C′)'와 연계되어 있으며, '자연의 세계(D)'는 '인공의 세계(D′)'와 연계되어 있다. 둘째, 판소피아의 완전성과 관련된 연계성이다. 즉, 여덟 단계의 세계는 존재의 근원, 존재의 방법, 존재의 목적과 연계되어 있다. 1단계는 존재의 근원과 관계된 것이라면, 마지막 8단계는 존재의 궁극적 목적과 연결되어 있으며, 2단계에서 7단계는 존재의 방법과 관련된다. 또한 존재의 방법과 관련된 2~7단계는 다시 세 가지로 구분이 가능하다. 즉, 2단계와 7단계를 '영성'과 관련된 것으로 분류할 수 있다면, 3단계와 6단계는 '덕성'과 관련된 것으로 볼 수 있고, 4단계와 5단계는 '지성'과 관련된 것이라고 할 수 있다. 이 모든 것은 결국 인간이 배워야 할 교육내용의 범주가 된다.

## (2) 내용으로서의 '모든 것'

교육내용으로서 판소피아의 '모든 것'을 가장 핵심적으로 보여 주고 있는 것이 있다면 바로『세계도회』일 것이다.[7] 코메니우스(1999: 11)는 이 책의 '독자에게 드리는 글'에서 책의 내용에 대하여 다음과 같이 말한다.

> 이 책은 세계의 주요한 모든 사물과 인생에서의 인간의 모든 활동을 그림으로 표현하고 이름을 붙인 것입니다. …… 보시다시피 이 책은 작지만, 세계 전체와 언어의 모든 개요가 그림과 이름, 그리고 사물의 묘사로 가득 채워져 있습니다. ① 그림은 눈으로 보이는 세계의 모든 것을 그린 것입니다(눈에 보이지 않는 것도 그때그때의 방식으로 도입되어 있습니다).

코메니우스는『세계도회』가 어린이들이 학습을 위해 배워야 할 '모든 것'을 다루고 있다고 말한다. '세계의 주요한 모든 사물'과 '인생에서의 인간의 모든 활동'을 다루고 있으며, '눈으로 보이는 세계의 모든 것'과 심지어 '보이지 않는 것'까지도 포함하고 있다고 말한다. 여기에 더하여 그는 언어의 개요까지 다루고 있다. 그는 '입문'을 통해 학습자를 '지혜(sapere)'로 초청한 후 그다음 단계로 언어학습의 기초인 발음법으로 이끌고 있다(Comenius, 1887: 1). 그런 다음 하나님으로 시작하여 150개의 주제를 순서에 따라 제시하고 있다. 150개의 주제를 응집성의 원리에 따라 정리하면, 대주제로 구분할 경우 12개로, 소주

---

7 『세계도회』는 본질적으로 『열려진 언어의 문(Janus Linguarum Reserata)』을 단순화한 것이다(Murphy, 1995: 39). 젤리네크(Jelinek)에 따르면, 최초의 『열려진 언어의 문』은 체코어로 저술되어 출판되었다가 (1629~1631년경), 1631년에 레슈노에서 라틴어판으로 번역 출판되었고, 코메니우스는 이 책을 통해 국제적인 명성을 얻게 되었다. 이 책은 모든 인문과학의 기초와 모든 언어를 이해할 간단하고 쉬운 방법, 즉 100개의 단어와 1,000개의 문장 속에 전 언어의 모든 단어가 포함되어 있다. 한마디로 이 책은 세계에 대한 축소형 백과사전이라고 할 수 있다(Comenius, 1953: 14-15). 파네크(Pánek, 1991: 34-35)에 따르면, 코메니우스는 『열려진 언어의 문』에서 무기물 분야, 유기체의 본질, 인간의 삶, 일(노동), 문화, 윤리, 종교 등에 대한 용어를 생생하고 이해하기 쉬운 설명과 함께 해설을 제공하고 있다. 그러므로 『열려진 언어의 문』이 『세계도회』보다 앞서 기술된 교육의 객체로서의 '모든 것'을 다루는 책이라고 할 수 있다. 필자는 『열려진 언어의 문』의 핵심 요약판이라고 할 수 있는 『세계도회』를 중심으로 정리하고자 한다.

제로 구분할 경우 21개로 나눌 수 있다. 소주제에 따른 21개의 내용은 '하나님, 세계, 하늘, 요소, 땅, 식물, 동물, 인간, 직업과 기술, 주거와 기술, 여행과 기술, 학교와 기술, 자연철학, 도덕철학, 가정공동체, 사회공동체, 문화공동체, 국가 공동체, 종교, 신의 섭리, 최후의 심판'이다. 코메니우스가 언급한 '세계의 주요한 모든 사물'은 4번에서부터 35번까지 다루어지고 있으며 '자연'이란 주제로 묶을 수 있고, '인생에서의 인간의 모든 활동'은 45번부터 144번까지 다루어지고 있으며 '인생 활동'이란 주제로 묶을 수 있다. '눈에 보이지 않는 것'은 2번의 '하나님'과 150번의 '하나님의 섭리', 151번의 '최후의 심판'이다.

사실 『세계도회』에서 거론하는 주제들은 모든 존재하는 것의 근원인 하나님에게서 시작해서 모든 존재하는 것들의 궁극적 목적인 '최후의 심판'까지 다루고 있다는 것을 감안할 때, 코메니우스가 강조하는 '모든 것' '모든 사람' '철저하게'가 모두 포함된 것이다.

### 2) 교육교재로서의 범교재

코메니우스에게 교육객체로서의 범교재(Pambiblia)는 『빛의 길』과 『팜패디아』에서 보다 구체적이면서 집중적으로 다루고 있다. 먼저 『빛의 길』 16장에서 다루고 있는 범교재[8]는 우리가 알 수 있는 모든 사물에 대하여 진실하고 완전하게 요약하여 정리한 것이어야 한다(Comenius, 1938: 144). 그러므로 범교재는 세가지 덕목을 가져야 하는데, '충분함(fullness)' '질서(Order)' '진리(Truth)'가 그것이다. '충분함'이란 시간과 영원 속에서 생략된 것도 훼손된 것도 없이, 시간과 영원이라는 우리의 상황에 맞는 모든 것을 의미하고, '질서'란 모든 사물이 시작부터 연속적인 단계와 발전을 통해 중단 없이 목적지에 이르게 하는 것이며, '진

---

8 '범교재'라는 용어가 『팜패디아』에 나오는 '팜비블리아(Pambiblia)'를 번역한 것이라고 할 때, 엄밀한 의미에서 『빛의 길』에서 말하는 '범교재'에 해당하는 용어는 '리브로룸 우니베르살리움(librorum universalium)', 즉 '범도서'라고 할 수 있을 것이다(Comenius, 1974: 339). 그러나 필자는 두 용어를 같은 의미로 간주하여 통칭 '범교재'로 사용할 것이다.

리'란 모든 사물이 거짓됨과 쓸모없는 것이 섞이지 않고 존재했던 그대로 혹은 존재하는 그대로 정확하게 제시하는 것을 의미한다.

코메니우스가 『빛의 길』에서 제시하는 범교재는 세 가지 책으로 구분된다 (Comenius, 1938: 145-161). 첫 번째 책은 '판소피아(Pansophia)'다.[9] 이 책은 영원한 진리의 진수이며 모든 사물의 전반적인 기초를 조건으로 포함하고 있는 책이다. 책으로서의 '판소피아'는 필요한 모든 사물을 포함하며, 지혜롭게 되길 원하는 모든 사람에게 모든 사물의 목적 및 수단, 그리고 활용법을 알게 하여 오류 없이 진행하게 하는 지혜를 담고 있다. 코메니우스는 책으로서의 '판소피아'를 가리켜서 '하나님의 책'을 적절하게 정리한 사본이라고 말한다. '하나님의 책'이란 가장 엄격한 질서를 다루는 책으로서 '자연의 책', 가장 보편적인 종류의 책으로서 '이성의 책', 가장 완전한 책으로서 '계시의 책(성경)'을 말한다.[10] 한마디로 말해서, 모든 사물에 대한 일관적인 규범의 모체라고 할 수 있다. 두 번째 책은 '판히스토리아(Panhistoria)'다. 이 책은 사물의 근원부터 현재까지 모든 특수 행위와 우연한 사건 및 문제를 전개한 책으로, 사물들의 특별한 발전사에 대한 지식을 의미한다. 이 지식은 곧 전체적 지혜를 강화하고, 밝혀 주며, 증가시켜 줄 것이다. 코메니우스는 '판히스토리아'를 가리켜서 모든 사물의 발전 경로를 목격할 수 있도록 빛을 비춰 주는 유일한 극장과 같은 것이라고 말한다. '판히스토리아'가 제시하는 내용은 자연의 형태와 본질, 예술과 자연, 법과 관습, 인간의 예견과 실제 사건, 신령한 지혜와 인간의 어리석음, 하늘의 은혜와 세상의 배

---

9  여기서 말하는 판소피아(Pansophia)는 좁은 의미에서의 판소피아, 즉 책으로서의 판소피아라고 할 수 있다. 넓은 의미에서의 판소피아는 곧 코메니우스의 사상인 '전체적 지혜'를 의미한다. 더 자세한 내용은 이 책의 제2장을 참고하기 바란다.

10  특별히 코메니우스에게 있어서 하나님의 책인 '세계' '정신' '성경'은 다음의 세 가지 방식으로 이해할 필요가 있다(Comenius, 1986: 78-79). 첫째, '세계'는 실제 세계 그 자체를 통해, 우리의 정신에 뿌리를 내리고 있는 진리를 통해, 그리고 성경을 통해 모든 사물이 하나님의 계획 속에서 결정되는 것임을 설명해 준다. 둘째, '정신'은 인간의 사상들을 서로 비교함으로써, 감각적으로 느낄 수 있는 실례를 통해, 성경의 증거를 통해 설명이 가능하다. 셋째, '성경'은 자체의 일관되며 조화로운 내용을 통해, 자연의 빛으로부터 얻어 낸 이성적 사고를 통해, 감각에까지 이르는 진리에 대한 증거를 통해 설명이 가능하다.

은망덕, 하나님의 인내와 인간의 악행, 정의와 악 사이의 끊임없는 투쟁과 갈등 등이다. 이런 '판히스토리아'는 다른 어떤 분야보다 지식의 기반을 제공하며, '판 소피아'가 구축될 수 있는 기초를 확고하게 다지는 역할을 한다. 간단히 말한다 면, 특수한 것에서 일반적인 것으로 진행할 때 모아진 실례와 모범의 수집물이 라고 할 수 있다. 세 번째 책은 '판도그마티아(Pandogmatia)'다. 이것은 모든 것이 질서에 따라 올바르게 저술된 책이다. '모든 것'이란 이미 확립되어 있는 진리는 물론이거니와 오류를 포함하고 있는 이론까지도 아우르는 것이다. '질서'에 따 라 저술되었다는 것은 다양한 시대의 지속적인 기록 중에서 가장 중요한 핵심과 정수를 도출했다는 것을 뜻한다. '올바르게' 저술되었다는 것은 일시적인 견해 에 영향을 받지 않고, 부주의한 언어 사용의 영향을 받지 않고, 사실에 대한 축소 나 생략 없이 이루어졌다는 것을 뜻한다. 이러한 저술은 사물이 생성된 장소 및 방법과 사물의 진위 여부에 대한 다양한 이론과 의견을 고찰하여 이루어진 것이 며, 인생의 목적과 그 목적을 지향하는 방법에 대한 핵심 내용을 담고 있다.

코메니우스가 『팜패디아』에서 설명하는 범교재란 범교육을 향한 책의 조 항을 완전하게 제공하며, 전체적인 방법의 법칙을 따른다는 의미를 담고 있 다. 즉, 범교재란 단순히 완전한 도서관을 의미하는 것이 아니라는 말이다 (Comenius, 1986: 67). 코메니우스는 『팜패디아』에서도 역시 하나님의 책을 제시 한다. 이 책은 모든 목적을 이루기에 충분한 것으로, 우리를 둘러싸고 있는 하 나님의 창조물로 가득한 '세계', 우리 안에 있는 이성의 힘으로 충만한 '정신'이 며, 우리 시대 이전에 하나님의 뜻이 말씀으로 표현된 '계시'다. 하나님의 지혜 를 담고 있는 이 세 권의 책은 현재와 영원에 이르기까지 알고, 믿고, 행하고, 소 망하기 위해 필요한 모든 것을 담고 있는 완전하며 참된 지식의 보고(寶庫)라고 할 수 있으며, 이 책들은 이미 완전한 지혜를 터득한 사람들을 위해 지속적으로 성공적인 안내를 해 준다. 하지만 코메니우스는 여전히 지혜를 향해 그 길을 가 고자 하는 사람들에게 하나님의 완전한 책들로 인도해 줄 소책자들이 필요하다 고 말한다(Comenius, 1986: 68). 그러면서 소책자들이 갖추어야 할 가장 중요한 조건으로 '직접성' '완전성' '포괄성'을 들고 있다(Comenius, 1986: 68-79). '직접성'이란 참된 목적과 관련된 것이며, '완전성'이란 현재 및 다가올 삶에서의 선함과 관련된 것이다. '포괄성'이란 분량, 방법, 내용과 관련된 것으로, 코메니우스는 '포괄성'과 관련하여 구체적인 설명을 추가하고 있다. '포괄성'은 교과서의 입장에서 볼 때 분량이 적고 간략한 상태를 의미하고, 방법적으로는 신선한 기쁨과 지속적인 깨달음을 주는 것이 절묘한 조화를 이루어야 함을 의미하며, 내용 면에서는 전체적으로 명확하여 논박의 여지가 없어야 함을 뜻한다. 코메니우스는 계속되는 6장 7~31절에서 분량(7~12절), 방법(13~15절), 내용(16~31절)과 관련된 것을 자세하게 진술한다.

'분량'과 관련하여 코메니우스는 먼저 연령층에 맞게 책을 구별하는 것이 필요하다고 말한다. 즉, 분량이 연령에 맞게 분배되어야 하는데, 필요한 책의 권수에 대하여는 연령 그룹에 따라 정해진 학급과 학급의 목표에 적합한 분량의 책들이 있어야 한다. 코메니우스는 보다 구체적으로 학교에서 사용하는 소책자들을 초급, 중급, 고급으로 구분하여 출판해야 한다고 말한다.

'방법'과 관련하여 모든 책은 명백한 방식으로 기술되어야 한다. 그렇게 해야만 학교에서뿐만 아니라 학교 밖에서도 학습자가 개인적으로 사용할 수 있기 때문이다. 이런 학교의 교재들이 최고의 전통양식이라고 할 수 있는 대화형식으로 집필된다면 효과적일 것이다. 또한 학교 교재들은 그 자체가 학습과 지혜의 보고(treasuries)라기보다는 하나님의 세 권의 책에서 범지혜를 얻을 수 있도록 돕는 튜브나 채널과 같은 깔때기라고 할 수 있다.

'내용'과 관련하여 코메니우스는 교과서가 갖추어야 할 특성을 네 가지로 정리하여 제시하고 있다. 모든 교과서는 '범지혜(Pansophia)' '범교육(Pampaedia)' '범언어(Panglottia)' '범개혁(Panorthosia)' 내용을 담고 있어야 한다. '범지혜'적 요소란 모든 책이 모든 단계에 적합할 뿐 아니라 전체적인 지혜를 담고 있어야 함을 의미하며, '범교육'적 내용이란 모든 내용이 각 단계에 맞게 모든 사람에게 전체의 안목에서 올바른 도움을 주는 것이어야 하고, '범언어'적 내용이란

모든 책이 간결한 문체로 모든 민족의 언어로 번역되어야 함을 뜻하고, '범개
혁'적 내용이란 혼란스러운 질서를 바로잡고 이전의 오류를 효과적으로 개선
하는 것을 의미한다. 코메니우스는 책을 편집하는 데 필요한 특별한 원칙 열두
가지를 제시한 후에 이어서 범지혜에 따른 범주를 여섯 가지로 제시하며, 동시
에 다섯 가지의 필요성을 언급하고 있다. 여섯 가지 범주는 내용(Substance)의
범주, 시간(Time)의 범주, 장소(Place)의 범주, 분량(Quantity)의 범주, 질(Quality)
의 범주, 행동(Action)의 범주이며, 필요한 일곱 가지는 열정, 질서, 유용성, 사
랑, 단점의 제거, 기괴한 것의 금지, 결합과 배치 등이다. 그러면서 코메니우
스는 '범우주(Pancosmograpia)' '범연대기(Panchornologia)' '범역사(Panhistoria)'
'범교리(Pandogmatia)' '범지혜(Pansophia)' 등을 예로 제시하고 있다. 비록 각 주
제에 대한 설명이 자세하게 언급되고 있지는 않지만, 그 종류는 『빛의 길』의
것과 비교해 볼 때, 세 가지에서 다섯 가지로 확장된 것임을 알 수 있다.

## 3. 판소피아 구조를 통해 본 교육내용의 특성

그렇다면 코메니우스가 주장하는 교육내용의 특성은 어떻게 정리할 수 있을
까? 이 책의 제5~10장에서 시도했던 구조분석 자료와 앞서 고찰했던 그의 교육
내용을 중심으로 다음과 같이 여섯 가지로 정리할 수 있다.

첫째, 교육내용의 '통합성' 혹은 '총합성'이다. 이숙종(2006: 219)에 따르면, 코
메니우스는 교육내용을 인간의 속성과 전체 구조의 관계에서 유기적으로 결합
하여 제시하고 있다. 즉, 그는 하나님의 형상으로서 인간을 이해하고 있는 가운
데 인간의 본래적 속성과 교육과의 상관관계에 깊은 관심을 가지고 있었다. 또
한 코메니우스의 교육내용은 인간의 유기체적인 특성인 육(肉)의 감각과 혼(魂)
의 이성, 영(靈)의 신앙을 포함하고 있다. 교육은 인간의 전 유기체적 조직과 관
계를 훈련하며 전 인격을 위하여 그것들을 활용하도록 배양하여야 하는 우주적

과업이라는 것이다(이숙종, 2006: 258). 이런 사실을 『팜패디아』를 통해 확인할 수 있다. 코메니우스의 교육사상은 '전체'를 강조하는 특징이 있다. 그러나 그가 말하는 전체는 당시의 백과사전과 같이 모든 것을 기준 없이 모아 놓은 것을 의미하는 것이 아니라 자연의 질서와 같이 원리와 순서에 따라 배열되어 있는 전체다. 〈표 9-7〉에서 볼 수 있듯이, 세로축의 '본성(ingenium)' '전체(universalis)' '완전함(totus)'이라는 팜패디아의 핵심 개념이 가로축에 제시된 판소피아의 핵심 개념인 '모든 사람(Omnes)' '모든 것(Omnia)' '철저하게(Omnino)'와 결합하여 팜패디아의 전체 내용을 이루고 있는 것을 볼 수 있다. 세로축의 '본성'은 가로축에서 인간의 본성인 '덕성' '지성' '영성'과 결합되며, 세로축의 '전체'는 가로축에서 인식 대상으로서의 '인간' '자연' '성경'과 결합하고, 세로축의 '완전함'은 가로축의 '실제' '이론' '사용'과 결합하고 있는 것을 볼 수 있다. 이는 곧 코메니우스의 교육내용의 통합성을 보여 주는 예다.

교육내용의 통합적인 특성은 코메니우스가 제시하는 8단계의 세계를 통해서도 확인할 수 있다. 각각의 세계는 서로 유기적으로 연결되어 있는데, 8단계의 세계 전체를 묶는 띠는 판소피아의 완전성과 관련된 존재의 근원과 존재의 방법과 존재의 궁극적 목적이다. 1단계는 존재의 근원, 8단계는 존재의 궁극적 목적과 연결되며, 존재의 방법과 관련되어 있는 2~7단계는 인간의 본성적 특성과 연결된다. 그중에서도 2단계와 7단계는 '영성'과 관련되어 있고, 3단계와 6단계는 '덕성'과 관련되어 있으며, 4단계와 5단계는 '지성'과 관련되어 있다. 결국 교육내용이 각 단계별로 서로 유기적으로 연결되어 있을 뿐만 아니라, 인간의 교육적 본성이라고 할 수 있는 '지성' '덕성' '영성'과도 연결되어 있음을 알 수 있다.

둘째, 교육내용의 연속성이다. 코메니우스는 『대교수학』에서 4단계의 교육제도를 제시하고 있는데, 〈표 6-6〉에서 보는 바와 같이 '어머니 무릎학교' '모국어 학교' '라틴어 학교' '대학'에서 배우는 교육과정의 틀이 '지식' '덕성' '신앙'으로 단계마다 연속성을 가지고 있음을 확인할 수 있다.

『세계도회』의 경우도 다르지 않다. 『세계도회』에 제시된 교육내용의 연속성으로 가장 먼저 언급할 수 있는 것이 주제(과목)의 연속성이다. 요소(원리)에서 시작하여 식물, 동물, 인간, 인간의 직업, 학문, 공동체, 종교로 진행되는 교육과정에 연속성의 원리가 있다. 즉, 알파벳[11]과 같은 가장 기초적인 것에서 학문의 경우처럼 복잡한 것으로의 연속성, 눈에 보이는 것(사물)에서 관계적(공동체)이며 추상적인 차원으로, 그리고 더 나아가 영적인 차원으로의 연속성이 있다. 이런 교육과정은 연령에 따라 더 깊어질 뿐 그 틀은 바뀌지 않는다. 또한 연령에 따른 연속성이 교과목 중 하나다. 세계도회의 '인간'을 다루는 과목 중에 코메니우스(1658: 76)는 [그림 13-1]과 같이 '인간 성장 7단계'를 제시하고 있다.

[그림 13-1]에서 보는 바와 같이 코메니우스는 인간의 발달단계를 아기, 소년(소녀), 청소년(청소녀), 청년(처녀), 장년(부인), 중년(중년부인), 노인(노부인)으로 구분하여 7단계로 제시하고 있다. 이런 내용을 접하는 학생은 인생을 전체로 봄과 동시에 연속성으로 생각할 수 있는 기회를 가질 것이다. 즉, 인생을 연속적인 무엇으로 보는 안목을 배울 것이다.

셋째, 교육내용의 응집성이다. 코메니우스가 말하는 교육내용에서 응집성의 특성을 가장 명료하게 보여 주는 작품이 바로 『세계도회』다. 이 책의 제8장에서 제시했던 〈표 8-1〉을 통해 응집성을 발견할 수 있다. 예를 들어, 하나님이 창조한 세계는 '요소(원리)' '식물' '동물'이라는 세 가지 주제로 모을 수 있으며, 인간은 '기술' '학문' '공동체'로 모을 수 있다.

좀 더 구체적인 예를 들어 본다면, '기술'이라는 대주제하에 '직업과 기술'(45~64번)이라는 소주제가 편성되어 있는데, 실제로 『세계도회』 안에는 당시에 있었던 기술과 관련된 모든 종류가 거의 다 들어가 있다. 그것은 정원 만들기, 농업, 목축, 양봉, 제분업, 제빵, 고기잡이, 사냥, 정육점, 요리, 양조, 직물, 재봉, 구두 수선, 목수, 미장이, 광부, 대장장이, 세공사, 도공, 이발소, 예술가(미

---

11 '입문(Invitatio)'에 나타나는 교사의 설명 중에 이런 내용이 있다. "우선 간단한 발음부터 공부해야 한단다. 인간이 말하는 것은 발음에 의해서이고 살아 있는 모든 것은 소리를 내는 법을 알고 있단다. 그리고 너는 혀로 그 흉내를 낼 수 있고 손으로 그림을 그릴 수 있게 된단다. 그 후에 우리는 세계로 나아가 모든 사물을 관찰할 것이다."(Comenius, 1999: 16)

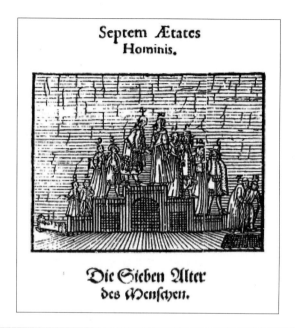

**[그림 13-1]** 코메니우스의 인간 성장 7단계

술), 통 만드는 일, 밧줄과 가죽끈 만드는 일, 여행사, 인쇄, 종이 만들기, 제본술, 도서 판매, 측량기사, 학자, 재판장, 변호사, 상인, 의사, 장의사, 연예인, 곡예사, 스포츠맨, 정치인, 군인, 종교인 등이다.[12] 학문의 종류 역시 제시되고 있는데, 그것은 물리학, 의학, 문학, 철학, 천문학, 역사학, 윤리학, 정치학, 지리학, 신학이다. 한마디로 말해서 『세계도회』는 교육내용의 응집성 원리에 따라 집필된 교재라고 할 수 있다.

넷째, 교육내용의 균형성이다. 코메니우스가 주장한 교육내용의 균형성을

---

12 이런 직업과 관련된 구체적인 이야기가 『세상의 미로와 마음의 낙원(The Labyrinth of the World and the Paradise of the Heart)』에 제시되어 있다. 코메니우스의 『세상의 미로와 마음의 낙원』은 체코 문학에서 가장 중요한 작품 중의 하나로 여겨지고 있다. 책의 내용은 한 순례자가 17세기 시장터를 출발하여 세상의 구석구석을 살펴보는 순례의 여정을 보여 주는 것이다. 여기에 나오는 직업을 보면, 각종 상인, 대장장이, 채석장, 물속에서 일하는 사람, 화물 운송업, 항해사, 학자(철학자, 의학자, 법학자, 신학자, 문법학자, 수사학자, 시인, 변증가, 자연과학자, 형이상학자, 수학자, 기하학자), 측량기사, 음악가, 천문학자, 점성술사, 역사가, 정치가, 군인, 신문 기자 등이다(Comenius, 2004: 76-174).

잘 보여 주는 그림이 바로 이 책의 제9장에서 살펴보았던 [그림 9-1]이다. '표제'에서 시작된 내용은 '서론' '본론' '결론'으로 구성되어 있으며, '본론' 부분은 다시 '목적론'(1~4장), '방법론'(5~7장), '실행단계'(8~15장)로 확장된다. '목적론'은 다시 '모든 사람' '모든 것' '철저하게'라는 판소피아의 교육 모토로 나아가며, '방법론'은 '범학교' '범교재' '범교사'로 나아가고, '실행단계'는 태아기학교부터 사망기학교까지 8단계의 학교로 확장되고 있다. 이런 흐름에서 발견하는 것은 각 부분의 균형성이다. 즉, 모든 주제가 세 가지 방향으로 균형 있게 흘러가고 있다는 것이다.

다섯째, 교육내용의 계열성이다. 강선보와 김희선(2005: 19)에 따르면 코메니우스에게 있어서 내용의 배열은 우선 보편적 원리, 특히 귀납적 원리를 중심으로 이루어진 것이었다. 따라서 모든 학문연구는 귀납적 원리하에 가장 잘 알려져 있는 사물에서 점차 미지의 사물로 진행되며, 이것은 모든 지식이 획득될 때까지 진행된다. 코메니우스의 교과서도 같은 방식으로 진행되는데, 각 장 각 절은 서서히 다음 장이나 절로 진행하고 그의 보편적인 방법론적 원칙을 구현하고 있다. 자연현상에 대한 지식은 그에게 가장 중요한 학습의 대상이었고, 이런 자연과 관련된 소재는 교재 집필의 주된 재료로 실제 교과서에 사용했으며, 동시에 그의 모든 저작에 자연의 원리를 방법적인 원리로 적용했던 것이다. 이와 관련된 단적인 예를 코메니우스가 제시하는 소책자의 분량과 관련된 언급에서 발견할 수 있다. 그는 학교에서 사용하는 모든 소책자는 초급, 중급, 고급의 단계로 구분하여 출판해야 한다고 말하면서 다음과 같은 문단을 예로 제시한다.

> 하나님은 모든 존재의 원천이시며 시작이 없는 시작이시고, 그가 자신의 무한하신 능력과 지혜와 선함의 위엄을 나타내시길 원하셨을 때, 이 보이는 세상을 무에서 창조하셨으며 그것들을 그의 영원한 아름다움과 부요하심과 자비하심에 걸맞은 가장 기뻐하실 광경과 같이 무한한 다양성 가운데 아름다운 형태로 장식하셨다 (Comenius, 1986: 69).

이 예문의 경우 초급자는 고딕체 세 단어, 즉 "하나님은 세상을 창조하셨다."만 읽게 하는 것이다. 이것은 전체 문장에서 가장 근본적인 요점에 해당한다. 중급 자는 일반 서체, 즉 "하나님은 그가 자신의 무한하신 능력과 지혜와 선함의 위 엄을 나타내시길 원하셨을 때, 이 보이는 세상을 무에서 창조하셨다."를 읽게 한다. 초급자의 것에 비해 좀 더 확대된 문장이다. 고급자는 필기체가 포함된 전체 문장을 읽게 하는 방식이다. 이를 통해 학습자는 본질적인 것이 무엇인지, 부수적이며 장식에 불과한 것은 무엇인지를 쉽게 알 수 있을 것이다. 즉, 교육 내용의 분량과 의미의 깊이가 초급, 중급, 고급의 단계에 따라 점점 더 추가 및 심화되면서도 핵심적인 학습의 내용은 변함이 없는 것을 알 수 있다.

여섯째, 교육내용의 포괄성이다. 코메니우스가 범교재의 덕목 중에서 첫 번 째로 강조하고 있는 것이 '충분함'인데, 이는 앞서 살펴본 바와 같이 시간과 영원 속에서 생략된 것이 없는 것을 의미한다. 포괄성의 또 다른 표현이라고 할 수 있 다. 살펴본 바와 같이 코메니우스는 하나님의 세 가지 책들로 안내하는 소책자 들이 갖추어야 할 중요한 조건 중에서 포괄성을 강조하여 설명하고 있다. 주목 할 만한 것은 코메니우스의 판소피아에서 교육내용의 포괄성을 단적으로 보여 주는 예가 『세계도회』에 제시되어 있다는 점이다. [그림 13-2]는 코메니우스가 '모든 사람'에 포함시키고 있는 장애인과 관련된 그림이다(Comenius, 1658: 90).

코메니우스(1986: 30)는 교육이 모든 사람을 포함해야 함을 강조했다. 그 모든 사람에는 가난한 자, 부자, 어린이, 어른, 남자, 여자, 학습능력이 뛰어난 자나 그렇지 않은 자 등이 포함되어 있다. 이에 더하여 그는 장애인까지도 포함시키 고 있다. 그는 어느 누구라도 제외된다면 그것은 한 사람에게만 불의를 행하는 것이 아니라 전 인류에게 불의를 행하는 것이며, 하나님께 불의를 행하는 것이 고, 결국은 자연 자체에 대해서도 불의를 행하는 것이라고 말한다. 코메니우스 는 어린 학생들에게 장애인에 대한 교육이 필요하다는 것을 깨달았던 것이다. 학생들은 이 책을 통해 인생 중에 만날 수 있는 장애인에 대한 열린 마음을 배 울 수 있었을 것이다. 이런 포괄성은 인생 전체를 학교로 본 관점에서도 잘 드

[그림 13-2] 코메니우스와 장애인

러난다. 코메니우스는 8단계의 세계에 연결되는 8단계의 학교를 제시하고 있는
데, 태아기학교, 유아기학교, 청소년기학교, 청년기학교, 장년기학교, 노년기학
교, 사망기학교를 주장하면서, 오늘날 그 중요성과 필요성이 확대되어 가고 있
는 평생교육적 체계를 제안했던 것이다. 배움이 청년기에서 끝나는 것이 아니
라 장년기, 노년기까지 이어져야 함을 주장한 것도 놀라운 일이지만,[13] 태어나
기 전인 태아기와 죽음을 다루는 사망기학교까지 학교 체계에 포함시키고 있다
는 것은 참으로 탁월한 생각이 아닐 수 없다.

---

13 아들러(Adler, 2007: 90)는 평생교육의 중요성에 대해 "첫째, 학습은 평생의 과정이다. 둘째, 성인이 되었
  을 때 하는 학습이 개인의 교육에서 가장 중요한 부분이다. 셋째, 학교교육 또는 학교에서 이루어지는 학
  습은 기껏해야 성인이 되었을 때 이루어질 수밖에 없는 학습의 준비밖에는 될 수 없다."라고 말한다.

# 제14장

# 판소피아와 교육방법

1. 교육방법

2. 판소피아와 교육방법

3. 판소피아 구조를 통해 본 교육방법의 특성

　　제14장의 표지 그림은 『세계도회(*Orbis Pictus*)』에 나오는 '분별(Prudentia)'
이다(Comenius, 1887). 그림에서 여인은 '분별'을 의인화한 것이다. '분별'은 거
울을 보듯 지난 과거를 돌아보고, 망원경을 보듯 다가올 미래 혹은 궁극적인
목적을 내다본다. 제14장과 연계하여 주목할 부분은 그림 속의 숫자 8이다.
8은 '길'을 가리키는데, '분별'은 궁극적인 목적을 바라보는 중에 그 목적으로
인도하는 '길(방법)'을 찾아낸다. (그 길은) 확실하고, 쉬우며, 잡다하지 않고
간결하여, 아무것도 방해하지 못하게 한다. 이런 분별은 교육방법과 관련이
깊다. 코메니우스(Comenius, 2011)는 이와 관련하여 『대교수학(*Didactica Magna*)』에서 다음과 같이 말한다.

　　① 모든 기술은 간단하고 실제에 가장 도움이 되는 법칙으로 만들어야
　　한다. ② 모든 법칙은 간단하고 분명한 말로 표현되어야 한다. ③ 모든 법칙
　　은 많은 실제의 예를 들어 설명하여 실제 상황에 따라 적용할 수 있도록 사
　　용법을 알 수 있게 해야 한다(Comenius, 2011).

# 1. 교육방법

교육방법은 크게 넓은 의미와 좁은 의미, 두 가지로 정의할 수 있다(백영균 외, 2009: 19). 넓은 의미로는 '교육의 목적을 실현하는 데 요구되는 모든 수단적·방법적 조건을 통칭하는 것'이라고 할 수 있다면, 좁은 의미로는 '가르치는 방식'이나 '수업목표'를 달성하기 위해 사용하는 '효과적·효율적 수업방식'이라고 할수 있다. 일반적으로는 교육방법을 수업의 기법으로 생각하는 경우가 많은데, 이런 미시적 관점으로 볼 때, 교육방법은 교수방법, 교수형태 등으로 불리기도한다. 교수방법이란 교사가 학습자의 학습 발생을 위한 목적으로 사용하는 지식(이론)과 실행력(방법들)이라고 할 수 있다(고재희, 2008: 159). 즉, 교사가 지식과 실행력을 적절하게 설계하고 개발하여 적용함으로써 학습자로 하여금 수업목표를 달성하도록 관리하고 평가하는 것 일체를 의미한다.

교육방법과 함께 교육공학의 개념 역시 살펴볼 필요가 있다.[1] 새틀러(Saettler)에 따르면 교육공학의 역사적인 뿌리는 소피스트와 코메니우스에게서 찾아볼 수 있으며, 근대적인 의미에서 교육공학의 시작은 20세기 초라고 할 수 있다(백영균 외, 2009: 25에서 재인용). 1994년에 이어[2] 2004년에 미국교육공학회(Associaation for Educational Communication & Technology: AECT)가 새롭게 정의한

---

1  한승록(백영균 외, 2009: 39)에 따르면, 국외의 교육공학자들은 수업전략이나 교수방법을 교수설계와 개발의 하위범주로 인식하기 때문에 굳이 교육방법과 교육공학을 따로 구분하여 정의하지 않는다. 우리나라의 경우 두 용어가 마치 쌍둥이처럼 붙어 다니고 있는데, 이는 우리나라 사범대학 교직과정에 명시되어 있기 때문이다. 이로 인하여 구분하는 경우와 그렇지 않은 경우가 있지만, 분명한 것은 교육공학이 포괄적인 영역과 문제를 고려하는 체제적 접근을 취하고 있다는 면에서 볼 때, 두 용어는 서로 불가분의 관계다. 이런 사실은 교육방법 혹은 교육공학에 관련된 서적의 제목을 통해서도 확인할 수 있는데, 예를 들어 『유비쿼터스 시대의 교육방법 및 교육공학』(백영균 외, 2009), 『교육방법 및 교육공학』(변영계, 김영환, 손미, 2007), 『통합적 접근의 교육방법 및 교육공학』(고재희, 2008), 『교육방법의 교육공학적 이해』(박성익 외, 2009) 등을 들 수 있다.

2  1994년에 미국교육공학회가 정의한 교육공학이란 "학습을 위한 과정과 자원을 설계, 개발, 활용, 관리, 평가하는 이론과 실제"다(백영균 외, 2009: 27에서 재인용).

교육공학의 개념은 "적절한 공학적 과정 및 자원을 창출, 활용, 관리함으로써 학습을 촉진하고 수행을 개선하는 연구와 윤리적 실천"이다(백영균 외, 2009: 27에서 재인용). 이런 정의에 대한 각 용어의 분석적 의미는 다음과 같다(백영균 외, 2009: 27-29). '공학적(Technological)'이라는 말은 현실 문제에 과학적이며 조직적인 지식을 체계적으로 적용하는 것을 의미하며, '과정(processes)'이란 특정 결과를 얻기 위해 행하는 일련의 활동을 뜻한다. '자원(resources)'이란 학습자를 돕기 위한 사람, 도구, 테크놀로지, 자료를 지칭하며, '창출(creating)'이란 학습 환경을 만들어 내는 데 관련된 연구, 이론, 실천을 말하고, '활용(using)'이란 학습 환경과 자원을 학습자에 접합하도록 하는 것과 관련된 이론과 실천을 말한다. '학습(learning)'이란 정보를 기억하고 이해하며 적극 활용하는 것을 의미하며, '연구(study)'란 정보 수집과 분석을 의미하고, '윤리적 실천(ethical practice)'에서 '윤리'란 단순히 규율과 기대치가 아니라 전문적 실천의 근간이며, 윤리강령은 개인, 사회, 직업에 대한 헌신으로 구분되어 있다.

이런 교육방법 및 교육공학이 구체적으로 실행되는 영역이 바로 교수·학습의 과정이다(박성익 외, 2009: 35). 교수·학습의 과정은 교육의 3요소라고 할 수 있는 '교사' '학생' '교육내용'을 중심으로 서로 상호작용하는 과정이다. 이때 상호작용의 방향은 결국 교육목적(목표)을 효과적, 효율적, 매력적으로 달성할 수 있도록 하는 데 있다(백영균 외, 2009: 53; 박성익 외, 2009: 40). 여기서 '효과적'이라는 말은 목표에 비하여 달성된 정도가 어느 정도인지를 의미하는 개념이라면, '효율적'이란 말은 목표 달성에 투입된 시간, 비용, 노력에 비하여 달성 정도가 어떤지를 의미하는 것이며, '매력적'이란 말은 달성된 목표가 학습자에게 얼마나 유의미한 것인가를 뜻하는 것이다. 결국 교수·학습의 과정은 교육의 3요소가 서로 밀접한 상호작용을 통해 수행되며, 이 상호작용하는 교수·학습의 과정은 체제[3]적 접근과정으로 볼 수 있다(백영균 외, 2009: 54). 즉, 교수·학습의 과

---

3  체제(system)란 그 체제를 구성하는 하위 구성요소 간의 통합성(wholeness)과 상호의존성(interdependence)을 지니고 있고, 하위 구성요소가 추구하는 공동의 목적(equifinality)이 있으며, 이 목적을 실행하기

정은 '교사' '학생' '교육내용'의 구성요소가 서로 의존적인 관계를 맺고 있으며, 이들 구성요소는 교육목표를 달성하기 위해 상호 조절과 통제를 통한 역동적인 작용을 수행하는데, 이 역동적인 상호작용의 과정이 곧 교육방법이다.

그렇다면 좀 더 세부적으로 들어가서, 교수·학습의 과정에 사용되는 교수·학습방법의 유형에는 무엇이 있는지를 물을 수 있을 것이다. 교수·학습방법은 유형에 따라 다양하게 구분할 수 있는데, 대표적으로 강의법, 토론법, 협동학습, 발견학습, 탐구학습 등을 들 수 있다(고재희, 2008: 165-289). 이 중에서 몇 가지를 살펴보면 다음과 같다. '시범(demonstration)'은 교수자가 모범적인 행동양식을 보여 주는 동안 학습자들이 관찰과 모방을 통해 새로운 기능을 획득하거나 학습할 수 있도록 하는 방법이다. 이 방법은 언어로 설명하기 어려운 실기 학습에 적절한 방법이며, 학습자는 시범에 따른 실습 기회를 갖는다(고재희, 2008: 176). '게임(game)'은 게임의 속성인 흥미와 경쟁 심리를 이용하여 학습자로 하여금 집중하게 하는 도전적인 학습방법이다. 이때 게임의 방법은 학습내용과 관련된 것이어야 하며, 정당한 규칙과 적절한 경쟁적 요소와 함께 학습 목적이 달성될 수 있도록 재미있게 구성되어야 한다(고재희, 2008: 177). '역할놀이(role-playing)' 란 학습자에게 실제적인 문제 상황을 경험해 볼 수 있도록 유사한 기회를 마련해 주는 방법이다. 이를 통해 학습자는 관찰력, 의사결정 능력, 문제해결 능력, 의사소통 기술 등 높은 정신 능력을 학습할 수 있으며, 타인을 이해하는 데 도움을 받을 수 있다(고재희, 2008: 180).

---

위하여 구성요소 간의 행동을 스스로 조절(regulation)하고 통제(control)한다. 체제나 그 체제에 소속된 구성요소가 지니는 공통적인 속성(attributes)이 있으며, 체제 간에는 상·하위의 위계적 관계(hierarchy)를 형성하고 있다(백영균 외, 2009: 54).

## 2. 판소피아와 교육방법

### 1) 범교육의 원리

코메니우스에게 있어서 교육방법을 한마디로 말한다면 '범교육'이라고 할 수 있다. '범교육'이란 무엇인가? 그는 '범교육'은 "전 인간 세대의 각 개인과 관련된 돌봄(교육)"을 의미하며, 또한 '범교육'은 "방법적으로 전체(universalis)를 지향"하고, 또한 "인간을 그 본성의 완전함으로 다듬는(cultura) 일"이라고 정의한다(Comenius, 2008b: 15). 이런 세 가지 정의 안에 그의 방법론적 특성이 담겨 있다. 특히 코메니우스는 방법적인 전체가 무엇을 의미하는지를 설명하는데, 전체란 '모두 있는 것'을 의미하며, 이는 곧 전체적인 교육을 하는 데 필요한 모든 것을 가지고 있다는 것을 뜻하는 것으로, '완전한 방법' 혹은 '진리에 적합'한 방법을 의미한다(Comenius, 2008b: 17, 18). 결국 '범교육'이란 "인간의 생각과 말과 행동 가운데 범지혜의 빛을 확대하기 위한 평탄한 길"이며, "모든 인간의 정신과 언어와 마음과 손에 범지혜의 도움으로 참다운 지혜를 심어 주는 기술적인 가르침"이다(Comenius, 2008b: 22). 이런 코메니우스의 교육방법에 대한 설명은 단순히 교수방법을 의미하는 미시적 접근이 아니다. 오히려 코메니우스의 교육방법은 그 자체가 전체적이며 거시적이고 종합적이다.

코메니우스의 판소피아 방법론은 전체를 주목하는 것인데, 『팜패디아(Pampaedia)』에 나타나는 전체적 방법론은 주목할 만한 특징을 가지고 있다. 변영계, 김영환, 손미(2007)에 따르면 "방법이란 이루고자 하는 '목적'을 염두에 두고 있으며, 그 목적은 아직 목적에 도달하지 못한 '현재 상태'를 전제로 하는 동시에, 목적에 도달하기 위한 이론적 지식과 이를 실현시킬 수 있는 실행력을 포함하고 있는 개념"이라고 할 수 있다. 즉, 방법에 있어서 주된 요소는 목적과 관련되어 있으며, 목적에 도달하기 위한 이론적 지식과 그것을 실현하기 위한 실행력이다. '목적'과 '이론'과 '실행력'은 방법론의 3대 요소라고 할 수 있다는 것이다. 이런 요소는 교육공학의 개념에도 나타난다. 교육공학의 핵심을 '적절한 공학적 과정 및 자원'에 대한 '연구와 윤리적 실천'이라고 할 수 있다면, '윤리적 실천'을 윤리와 실천의 두 가지 개념이 묶여 있는 진술로 볼 때, 결국 교육공학이란 과정 및 자원에 대한 윤리(목적), 연구(이론), 실천(실행력)으로 이해할 수 있다는 말이다.

이런 '방법'의 정의를 코메니우스의 판소피아에 적용해 본다면, 교육방법이란 교육의 주체인 모든 사람의 현재 상태와 교육주체를 향한 교육목적인 '범지인(汎知人)'[4]을 전제로 하여 판소피아 이론과 그에 대한 실행력을 내포하고 있는 개념이라고 할 수 있다. 이런 방법론적 요소가 정확하게 『팜패디아』에 나타난다. 이 책 제9장의 〈표 9-2〉에서와 같이 코메니우스는 『팜패디아』를 크게 '목적론'(1~4장), '방법론'(5~7장), '실행단계'(8~15장)와 같이 세 부분으로 구성하고 있다. '목적론' 자체가 전체성(모든 사람, 모든 것, 철저하게)을 가지고 있음을 『팜패디아』 1장에서 보여 주고 있으며, 2~4장을 통해서는 '모든 사람'(2장), '모든 것'(3장), '철저하게'(4장)를 더 구체적으로 제시하고 있다. 이 가운데 4장은 범교육적 방법론의 핵심적인 서론이다. 즉, 4장의 '철저하게'를 통해서 완전해지도록 교육하는 것의 의미와 유익, 가능성, 용이성을 제시하고, 끝으로 『팜패디아』의 방법론(5~7장)과 목적론(1~4장)을 이어 주는 '연결고리'(19~24절)를 제시하고 있다. 코메니우스가 제시하는 방법론의 핵심은 '범학교'(5장), '범교재'(6장), '범교사'(7장)다. '범학교(Panscholia)'가 전 인류의 학교로서 '세상'을 소개하며 또한 개인의 학교로서 '인생 전체'를 소개하고 있다면, '범교재(Pambiblia)'는 교육내용으로서의 분량, 저술방법, 선정 내용 등을 다루고 있으며, '범교사(Pandidascalia)'는 모든 사

---

4 코메니우스에 의하면, 모든 사람은 궁극적으로 범지인이 되어야 한다. 범지인이란 '사물'과 '생각'과 '담화'의 구성을 이해하는 것이며, 자신 및 타인과 유사한 모든 행동의 양식과 목표와 수단을 이해하는 것이며, 해로움과 유익함을 구별하고 잘못된 것을 바르게 되돌리는 능력을 갖추는 것을 의미한다. [그림 9-2]는 『팜패디아』의 핵심 원리를 보여 주는데, 범교육이란 모든 사람이 범지인이 되도록 교육하는 것이다. 더 자세한 내용은 이 책의 제9장을 참고하기 바란다.

람에게 필요한 모든 것을 참되게 가르쳐 줄 교사 및 교수방법론에 대하여 구체적으로 다루고 있다. 범교육의 방법론 중에서 가장 핵심은 역시 '범교사'다. 코메니우스는 '범교사'(7장)를 세 가지로 정리하여 제시하고 있다. 첫째, 범교사에 대한 정의와 사명에 대한 내용을 1~7절에서 다루고 있다. 둘째, 교수법의 원리에 대하여 8~10절에서 다루고 있다. 셋째, 교사가 활용해야 할 교수법의 실제에 대하여 11~34절에 걸쳐 길게 다루고 있다.[5] 그리고 나서 코메니우스는 범교육의 실행단계로서 8단계의 인생학교를 8~15장에 걸쳐 제시하고 있다. 이런 내용을 도표로 정리하면 [그림 14-1]과 같다.

[그림 14-1]은 『팜패디아』를 전체로 조망할 수 있도록 해 준다. 그림의 정중앙에 위치한 '목적'은 『팜패디아』 1장에서 제시된 '목적(모든 사람, 모든 것, 철저하게)'을 의미하며, 굵은 원 3개는 범교육의 목적론(1~4장), 방법론(5~7장), 실행단계(8~15장)를 의미한다. [그림 14-1]은 범교육의 방법론적 전체성과 함께 유기적 관계를 잘 보여 주고 있다. '목적'에서부터 시작된 '모든 사람' '모든 것' '철저하게'의 원리가 범교육의 목적론(1~4장)은 물론이거니와 방법론(5~7장)까지 확장되고 있다(Comenius, 1986: 56). 즉, 5장의 '범학교'는 '모든 사람'과 연계되고 있으며, 6장의 '범교재'는 '모든 것'과 연결되고, 7장의 '범교사'는 '철저하게'와 관련되어 있다. 범교육의 '목적'은 실행단계(8~15장)로 확장되고 있는데, 이것 역시 목적론과 유기적으로 연결된다. 코메니우스에 따르면, 8단계 학교와 8단계 세계가 서로 연결되어 있는데(Comenius, 1986: 191), 필자는 이 책 제13장에서 8단계의 세계가 존재의 근원, 방법, 목적으로 구분할 수 있음을 알아보았다. 즉, 1단계는 존재의 근원과 관계되어 있고, 8단계는 존재의 목적과 관련되어 있다면, 2~7단계는 존재의 방법과 연관되어 있는 세계라는 것이다. 이런 구분이 정확하게 8단계의 학교에도 적용될 수 있다. '태아기학교'와 '사망기학교'가 존재의 근원과 목적을 다루는 단계라면, 나머지 단계는 존재의 방법과 관련된 학교라고 할 수 있

---

5  이런 코메니우스의 교육방법적 접근은 철저하게 기술적인 접근이라기보다는 교사와의 관계성 속에서 교수법을 다루고 있다는 특징을 보이고 있다.

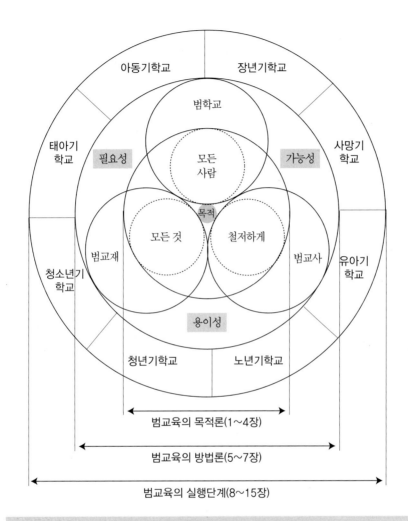

아동기학교　　장년기학교

범학교

태아기
학교　필요성　모든
사람　가능성　사망기
학교

목적

모든 것　철저하게

범교재　　　　　　범교사　유아기
학교

청소년기
학교

용이성

청년기학교　　노년기학교

범교육의 목적론(1~4장)

범교육의 방법론(5~7장)

범교육의 실행단계(8~15장)

**[그림 14-1]** 한눈에 보는 『팜패디아』의 방법론

다. 좀 더 구체적으로 말한다면, 이 책 제9장의 〈표 9-5〉를 통해서 볼 때 '모든 사람'은 '덕성'의 범주와 연결되고, 덕성 교육이 중심적으로 이루어져야 할 연령단계는 바로 '아동기학교'이며, '장년기학교'의 경우는 덕성을 드러내고 모범을 보여 주어야 할 연령단계라는 차원에서 관련된다고 하겠다. '모든 것'은 사물에 대한 인식과 지성의 발달과 관련이 있으며, 이런 측면이 왕성하게 발달하는 단

계는 바로 '청소년기학교'와 '청년기학교'라고 할 수 있다. '철저하게'는 영성 및 신앙의 범주와 관련되어 있는데, 신앙교육에 힘을 써야 할 단계는 '유아기학교'이며, '노년기학교'의 경우 신앙을 중심으로 하여 인생을 마무리하는 단계이기에 연계할 수 있을 것이다.

[그림 14-1]에서 주목해야 할 사상이 또 있다. '범교육의 방법론'(5~7장)에 해당하는 원 안에 있는 '필요성' '가능성' '용이성'이다. 이런 세 가지 분류형식은 코메니우스의 후기 작품에 하나의 형식처럼 나타나는 저술기법의 범주다. 이 책 제9장의 〈표 9-2〉를 통해 볼 때, 코메니우스는 범교육의 목적론과 방법론을 집필하는데, 특별히 이런 저술기법을 사용하고 있다. 이를테면 '모든 사람'에게 범교육을 해야 한다는 내용을 그 필요성과 가능성, 용이성의 범주에 따라 저술하는 방식이다. 흥미로운 것은 필요성은 '목적론'과 연결되며, 가능성은 '방법론'과 연결되고, 용이성은 '실행론'과 연결될 수 있다는 사실이다. 이는 곧 범교육론의 입체적이며 유기적인 체계를 의미하는 것이다. 앞에서 살펴본 바와 같이 교수·학습의 과정이란 교육의 3요소(교사, 학생, 내용)를 중심으로 상호작용하는 과정이다. 또한 이런 과정을 통해 교육의 목적을 달성하기 위해 필요한 특성들이 '효과성' '효율성' '매력성'이라는 것을 언급했다. 이것을 코메니우스의 방식과 관련지어 본다면, '효과성'은 가능성과 연결되며, '효율성'은 용이성과 연결되고, '매력성'은 필요성과 연결될 수 있을 것이다.

## 2) 교수·학습방법

『팜패디아』에서 범교육적 방법론의 핵심 내용은 '범교사'(7장)에 집중적으로 나타나고 있다. 범교사란 누구를 말하는가? 코메니우스에 의하면 "완전한 사람이 되게 하기 위해 인간 본성을 완전하게 만드는 모든 주제를 모든 사람에게 어떻게 가르쳐야 하는지를 아는 사람"을 말한다(Comenius, 1986: 80). 이런 진술 안에 범교육적 방법론과 관련된, 범교사를 위한 3요소가 담겨 있는데, 바로 '모든 사람' '모든 것' '철저하게'다. 이것은 『팜패디아』의 제7장에서 언급하고 있는 방법론의 핵심 준거가 되고 있는데, '모든 사람'을 가르친다는 것은 모든 연령과 능력별 수준의 학생에게 사물의 완전한 지식을 알려 주는 것을 의미하며, '모든 것'을 가르친다는 것은 인간 본성을 완전하게 하는 것들을 알고, 선택하고, 행하게 하는 것을 의미하며, '철저하게' 가르친다는 것은 ① 올바르고 확실하게, ② 자발적이며 기쁘게, ③ 분명한 지혜와 함께 모든 요점을 빠르게 제시하는 것을 의미한다(Comenius, 1986: 82). 코메니우스는 앞서 제시한 세 가지 요소를 준거 삼아 24개의 교수방법과 관련된 문제를 다루고 있다. 특이한 점은 다른 주제와는 다르게 교수방법을 진술하는 데 있어서 코메니우스는 세 가지 요소에 따라 순차적으로 제시하고 있는 것 같지 않다. 그래서 24개[6]의 교수방법은 마치 씨줄과 날줄처럼 서로 얽혀 짜여 있는 것처럼 보인다. 아마도 이런 사실은 교수방법의 조화로운 관계를 고려한 것으로 해석할 수 있을 것이다. 실제로 코메니우스가 제시하는 교수방법의 항목 중에는 여러 교수방법 혹은 원리가 포함되어 있는 경우가 있기 때문이다.[7] 그렇다면 스물네 가지의 교수방법을 유형에 따라 정리하고 분류할 필요성이 있다.[8] 코메니우스가 교수방법과 관련하여 제시한 스물네 가지 문제들은 〈표 14-1〉과 같이 열두 가지로 정리할 수 있다.

---

6  엄밀하게 말하면, 코메니우스가 제시하는 교수방법과 관련된 문제는 25개다. 그 이유는 문제 중에서 열여덟 번째에 해당하는 문제가 두 개로 진술되고 있기 때문이다. 그런데 열일곱 번째 다음의 문제인 '모든 사람에게 폭넓은 지식을 주는 것'과 관련된 문제에는 번호가 매겨져 있지 않다. 그러므로 실제적으로는 '문제 18'이 두 개인 셈이다. 필자는 번호 없는 '문제 18'은 '18*'로 표기했다(Comenius, 1966: Tomus 2, 62, sp. 98).

7  필자는 다음과 같이 분류해 보았다. 첫째, '모든 사람'을 가르치는 요소와 관련된 문제 항목(문제 1, 2, 5, 8, 9, 17, 19, 24), 둘째, '모든 것'을 가르치는 요소와 관련된 문제 항목(문제 3, 4, 7, 10, 11, 13, 18*, 23), 셋째, '철저하게'를 가르치는 요소와 관련된 문제 항목(문제 6, 12, 14, 15, 16, 18, 20, 21, 22) 등이다. 문제 항목 중에는 세 가지 요소가 공통으로 포함되어 있는 항목도 있다. 대표적으로 '문제 19'를 들 수 있을 것이다.

8  최진경(2012: 117-118)은 대략적으로 네 가지로 분류하여 제시하고 있다. 첫째, 통찰력을 길러 주고, 둘째, 배움의 내용을 철저하게 가르치고, 셋째, 완벽하게 가르치고, 넷째, 확실하게 가르치는 방법으로 분류하고 있다.

**〈표 14-1〉『팜패디아』7장의 교수방법(11~34절) 분류표**

| 세 가지 범주 | 열두 가지 교수방법 | 해당 문제 항목 |
|---|---|---|
| 자연적인<br>방법 | 연령별·능력별 단계에 따라 가르쳐야 한다. | 1, 5, 7, 8, 24 |
| | 전체(실물)를 제시하는 방법으로 가르쳐야 한다. | 3, 18* |
| | 과목들이 방법적으로 서로 연결되게 가르쳐야 한다. | 17, 23 |
| | 지속성을 가지고 가르쳐야 한다. | 4, 6, 11, 12 |
| 인격적인<br>방법 | 모범-훈육-훈련을 통해 습관화되도록 가르쳐야 한다. | 10, 13, 14 |
| | 학습자의 주체성을 존중하는 방법으로 가르쳐야 한다. | 2, 18 |
| | 학습자의 흥미를 유발하는 방법으로 가르쳐야 한다. | 19 |
| | 부득이한 경우가 아니고는 체벌을 금해야 한다. | 20 |
| 철저한<br>방법 | 분석-종합-비교연결의 방법으로 가르쳐야 한다. | 6 |
| | 이론-모범-사용에 따라 가르쳐야 한다. | 7, 11, 12, 14 |
| | 감각-이성-신앙을 조화롭게 가르쳐야 한다. | 4, 5, 8, 9 |
| | 쉽고, 즐겁고, 빠른 방식으로 가르쳐야 한다. | 15, 16, 21, 22 |

〈표 14-1〉에 따르면 코메니우스의 교수방법은 크게 세 가지 범주로 정리할 수 있다. 첫째, 자연적인 방법, 둘째, 인격적인 방법, 셋째, 철저한 방법이다. 이런 교수방법의 범주를 중심으로 간략하게 살펴보면 다음과 같다.

## (1) 자연적인 방법

코메니우스의 교수방법의 원리로 대표적인 것이 바로 자연적인 방법이다. 코메니우스는 『대교수학』은 물론 『어머니학교의 소식(*Informatorium školy mateřské*)』에서도 자연으로부터 교수법을 찾아야 함을 강조한다. '가르침과 배움의 방법을 제시할 비결은 자연에서' 찾아야 한다는 것이다(Comenius, 2001: 47). 그래서 그는 "모든 것이 자연스럽게 흐르게 하라. 사물에 폭력을 가하지 마라(Omnia Sponte Fluant Absii violentia Rebus)."라는 표어를 내걸고 이에 입각하여 작품을 집필했다. 그에 의하면 모든 사람에게 판소피아를 가르쳐야 하는데, 이를 위해서는 가능한 한 일찍부터, 가능한 한 오랜 시간 동안 훈련을 받게 해야 하고, 훈련 기간 동안에도 지속적으로, 설득력 있게, 신중하게 가르쳐야 한다 (Comenius, 1986: 82).

특히 모든 사람에게 하나님의 모든 책을 쉽게 학습할 수 있도록 모든 과정은 단계적으로 제시되어야 하는데, 각 단계는 감각적 경험 단계, 지적인 것을 배우는 단계, 계시(revelation)를 이해하는 단계로 구분할 수 있으며, 유아기에는 감각, 성장기에는 이성, 그 후에는 하나님 안에서의 신앙이 자라도록 가르쳐야 한다. 코메니우스는 이런 방법을 가리켜서 "이것이 바로 내가 나의 판소피아에서 채택한 방법이다."라고 말하면서 단계별 교수방법의 중요성을 강조하고 있다 (Comenius, 1986: 83).

연령별 단계도 있지만 주제별 단계도 있다. 코메니우스는 이에 대하여 '첫 번째 것을 처음에 가르치고, 그다음의 것을 그다음에 가르친다면 가능'하다고 말한다. 예를 들어, 쾌락을 위한 것, 유용한 것, 명예를 위한 것을 가르친다고 할 때 가장 우선적인 것은 명예를 위한 것이며, 그다음이 유용한 것, 마지막이 쾌락을 위한 것 순이 되어야 한다. 세상의 문제는 마지막에 가르칠 것을 가장 우선으로 한다는 데 있다. '경건'은 영원의 음식으로서 가장 첫 번째에 놓아야 하며, 두 번째로 와야 할 것은 사람들과의 관계 속에서 선한 덕이며, 마지막으로 지성의 음식인 문학이라고 할 수 있다(Comenius, 1986: 98). 또한 모든 사람은 전체를 배워야만 한다. 여기서의 전체란 감각과 지성과 신앙을 통해 배우는 것을 의미한다(Comenius, 1986: 83).

또한 범교사는 연령별 차이와 각각의 연령에 맞는 학습과 지식에 대하여 인식하고 있어야 하며, 이런 지혜는 학습의 단계를 기초로 하고 있다. 교사가 정통해야 할 인식의 세 단계는 '직관인식(Intuitive)' '비교인식(Comparative)' '관념인식(Ideative)'이다(Comenius, 1986: 100). '직관인식'이란 감각 앞에 제시된 사물을 직관적으로 인식하는 것을 의미한다. 학습해야 할 사물이 지성에 그것의 상(像)이 각인될 때, 인식되는 그것은 감각 앞에 제시되는 것이다. 감각적 인식에는 세 가지 요소가 있는데, 대상에 대한 생각, 그것에 대한 상, 그리고 상을 형성하는 인식이다. '비교인식'이란 이전에 알려진 사물과 같은 것이 나타나거나 혹은 유사한 어떤 것이 등장할 때 비교되어 인식되는 것을 의미한다. 이때 이전의 것과 나타난 것이 유사한 것인지 아니면 다른 것인지에 대한 질문이 발생한다. '관념인식'이란 어떤 완전한 형태의 관념(이데아)과 관련하여 모든 관념을 인식하는 것을 의미한다. 즉, 모든 관념은 완전한 이데아로부터 어느 정도 떨어져 있느냐에 따라 판단되는 것이다. 여기에는 세 가지 요소가 결합되어 있는데, 첫째, 이데아 자체, 둘째, 이데아를 구성하고 있는 하나 혹은 더 많은 대상물, 셋째, 그것들을 비교하고 지각하는 정신이 그것이다. 이 것을 연령별로 연결해 본다면, '직관인식'은 유아기와 소년기에 적합하며, '비교인식'은 성숙기와 청년기에 적합하고, '관념인식'은 청년기, 장년기, 노년기에 적합하다.

### (2) 인격적인 방법

코메니우스가 주장하는 교육방법에서 주목할 점은 '범교사'라는 타이틀과 함께 제시되고 있다는 것이다. 교육방법이 교사와의 관계를 통해 제시되고 있는 것은 코메니우스의 교육방법이 인격적인 방법임을 잘 보여 준다. 코메니우스가 말하는 범교사란 학생들의 감각, 이성, 신앙을 개발시켜 자연사물과 인간과 하나님에 관련된 중요하고 핵심적인 모든 것을 가르쳐, 학생들이 지혜, 덕성, 신앙을 지닌 책임 있는 사람으로 자라도록 그들을 전인격적으로 돌보며 교육시켜야 할 책임을 지닌 자다(최진경, 2012: 129). 그래서 필요한 것이 모범이다. 교사의 역할은 '인간이 가장 모범적인 일을 행하도록 습관화하는 것'을 돕는 것이다(Comenius, 1986: 87). 먼저 훌륭한 모범을 제시하고, 모방을 하게 해야 하며, 모든 학생에게 진실한 법칙을 제시하고, 적절하고 많은 모범을 제시하여 그것에 따르게 해야 하며, 그것이 습관이 될 때까지 훈련을 해야 한다(Comenius, 1986: 88).

코메니우스가 제시하는 교육방법은 학습자의 주체성을 중요시하는 방법이다. 이것은 그의 교육방법이 인격적인 특성을 가지고 있다는 또 다른 증거다.

그에 의하면 "모든 것은 강제가 아니라 자발적으로 흘러넘치도록" 가르쳐야 한다(Comenius, 1986: 91-92). 그래서 교사는 새로운 것을 가르침으로써 학생들이 기쁨으로 배울 수 있도록 해야 하며, 조용하고 침착한 방식으로 가르쳐서 학생들이 배우기에 어려움이 없어야 하고, 가르치는 것이 명확하고 증명하는 것에 실수가 없어야 한다. 또한 학생 자신을 위해 사물을 관찰하도록 가르쳐야 하고, 학생의 자립심에 호소해야 하며, 교수의 과정에 학생의 주권을 포함시켜야 하고, 학생이 충분하다고 생각할 때까지 가르침을 계속해야 한다.

이런 인격적인 방식은 학생의 흥미에 교수법을 적용하는 데까지 나아간다. 코메니우스는 "학교를 놀이터로 바꿔야 한다."라고 말한다(Comenius, 1986: 92-95). 그는 "우리가 좋아하는 일이라면 무엇이든지 더 이상 일이 아니라 일 자체가 기쁨이 된다."라는 아우구스티누스(Augustinus)의 말을 인용하면서, 모든 것을 학생의 연령에 따른 게임 및 경쟁 형식으로 제시하는 것이 중요하다고 강조한다. 코메니우스는 이에 대한 실례로서 『열려진 언어의 문(*Janua Linguarum Reserata*)』에서 시도했던 8개의 드라마 대본을 들고 있다(Comenius, 1966: Tomus 2, 64, sp. 103). 그렇기 때문에 다른 모든 주제들 역시 모든 학급 혹은 학교에서 개인적인 관찰과 행동을 위한 무대로 정리할 수 있으며, 이것은 모든 판소피아에도 적용할 수 있다고 말한다. 같은 맥락에서, 그는 알파벳, 독서, 쓰기, 그리기, 산술, 지리, 음악, 역사, 형이상학, 물리학, 기술 과목, 도덕, 종교, 특별히 성경 역사와 같은 주제도 놀이 형식으로 바꾸어 배울 수 있다고 말한다.

코메니우스의 인격적인 교수방법은 체벌에 대한 그의 견해를 통해 더 분명하게 확인할 수 있다. 그는 체벌과 관련하여 "학생들로 하여금 학습에 대한 두려움 없이 훈련시켜야 한다."라고 말한다(Comenius, 1986: 95-96). 그렇기 때문에 교사는 처음 단계에서는 강한 훈계나 체벌이 필요 없다는 사실을 명심해야 하며, 학생을 불행하게 만드는 체벌의 적용은 금하는 것이 필요하고, 아예 체벌을 근본적으로 금하되 온화한 방법의 가르침에도 고집을 피우는 경우에만 예외로 징계를 해야 한다고 말한다. 그러나 이때도 신중하게 해야 하며, 기회를 위한 것이어야 한다.[9] 이를 위해 코메니우스는 교사가 사용해야 할 쉽고 즐거운 교수 방법을 제안한다. 그것은 첫째, 가르침에서 지루함과 지나친 긴장감을 피해야 하며, 둘째, 교수방법이 명료해야 하고 자연스러운 것이어야 하고, 셋째, 제시하는 과목이 매력적이어야 한다.

### (3) 철저한 방법

코메니우스에게 있어서 철저하게 가르친다는 것은 첫째, '정신' '혀' '손'의 세 가지에 대한 지속적인 조화를 도모하는 것이고, 둘째, '모범' '훈육(규칙)' '실습'을 서로 연결하는 것이며, 셋째, 완전한 방법론인 '분석(analysis)' '종합(synthesis)' '비교연결(syncrisis)'[10]을 적용하는 것이다(Comenius, 1986: 83-85). 이에 더하여 쉽고, 즐겁고, 빠르게 응용할 수 있는 방법을 의미한다(Comenius, 2011: 4, 13).

첫째, '정신' '혀' '손'의 세 가지에 대한 지속적인 훈련과 연합을 통해 철저한 가르침이 가능하다(Comenius, 1986: 8-84). 교사들은 이 세 가지를 학교에서 강조하여 가르쳐야 하는데, 그 이유는 이 모든 것이 학교에 의존되어 있기 때문이고, 성경의 증거 때문이며,[11] 예수님이 같은 방법으로 가르치셨기 때문이다. 코메니우스에 의하면 예수님은 이 세 가지가 서로 분리되어 가르쳐지는 것을 원치 않으셨다. 비록 단계적으로 습득될 수 있도록 해야 하지만, 오히려 세 가지 능력

---

9  코메니우스는 이런 훈육의 방법을 자연의 질서로부터 빌려 올 것을 제안한다. 그는 『대교수학』에서 훈육과 관련하여 "하늘의 태양이 우리에게 가장 좋은 훈육의 방법을 가르쳐 준다. 왜냐하면 태양은 그것이 자라나게 하는 모든 것에게 ① 빛과 열을 계속해서 주고, ② 비와 바람을 자주 주며, ③ 번개와 우레도 가끔 주고 있다. 번개와 우레도 가끔은 필요한 것이기 때문이다."(Comenius, 2011: 274)라고 말한다. 여기에서 '번개'와 '우레'가 체벌을 의미하는 것은 두말할 필요가 없다.

10  코메니우스의 완전한 방법론에 대한 학자들의 번역 용어가 조금씩 차이가 있다. 세 가지 중에서 '분석'과 '종합'은 대부분 같이 하면서, 세 번째의 용어인 'syncrisis'의 번역에 차이가 있는데, 이숙종(2006: 298)의 경우 '비교 유추법' 혹은 '혼합적 방법'으로 번역하고 있으며, 오춘희(1998a: 152)의 경우 '혼합의 방법'으로 번역하고 있고, 정일웅(2003a: 20)과 최진경(2012: 117)의 경우 '비교연결'이란 용어로 번역하고 있다. 필자의 견해로는 '비교연결'이란 번역어가 적절해 보인다.

11  사도행전 7:22에 의하면, 모세는 이집트의 모든 학문을 섭렵함으로써 말과 행동에 능력 있게 되었다고 증거하고 있다. "모세가 애굽 사람의 모든 지혜를 배워 그의 말과 하는 일이 능하더라."(행 7:22)

이 하나가 될 때 힘을 갖게 된다는 것이다. 사물에 대한 강한 통찰력이 없이는 누구도 잘 수행할 수 없으며, 통찰력과 행위에 있어서 힘이 없다면 그 누구도 힘 있게 말할 수 없다는 것이다. 그러므로 이 세 가지를 지속적으로 훈련해야 한다 (Comenius, 1986: 94).

둘째, 철저히 가르친다는 것은 항상 모든 모범(example), 규칙(precept), 훈련 (practice)을 지속적으로 결합시키는 것을 의미한다(Comenius, 1986: 84). 왜냐하면 배움이란 모범 없이는 쉽지 않으며, 규칙 없이는 이성의 사용이 불가능하고, 훈련 없이는 실제성의 결핍을 피할 수 없기 때문이다. 그러므로 우리는 감각의 대상인 사물로 곧바로 나아가야 하며, 규칙들을 신중하게 선택함으로써 그 규칙이 제시하는 통찰력으로 사물을 파악해야 하고, 사물에 대한 통찰력은 시행착오와 신중하게 선택된 경험을 통해 항상 그 사물을 사용할 수 있는 능력으로 인도한다는 사실을 기억해야 한다. 이것은 더 나아가 이론(theory) 혹은 규칙 (precepts), 실천적인 모범(practical examples) 혹은 모범(examples), 사용(use) 혹은 훈련(practice)을 통해 모든 것을 배워야 함을 함축한다(Comenius, 1986: 87). 규칙은 적고 명료해야 하며, 모범은 많고 적절해야 하고, 사용은 습관이 생길 때까지 지속적으로 훈련되어야 한다.

셋째, 철저하게 가르치는 것은 완전한 방법론인 '분석' '종합' '비교연결'을 적용함으로써 가능하다. '분석'이란 전체를 부분으로 나누는 것을 말하며, 분석된 자료는 실제적 지식의 근본적 토대라고 할 수 있다. 모든 혼란의 원인은 질서에 따라 나뉘지 않고 구분되지 않았기 때문이다. 계몽의 빛은 구분에 달려 있다. 구분은 다음과 같이 세 종류가 있다. 첫째, 전체와 다른 전체를 구별하는 것, 둘째, 전체에서 부분을 나누는 것, 셋째, 전체에서 종류별로 분류하는 것이다 (Comenius, 1986: 84). 코메니우스는 플라톤의 『파이드로스(*Phaidros*)』에 나오는 소크라테스의 한 구절을 인용하고 있다. "만약 내가 사물을 어떻게 분석해야 하는지를 아는 지도자를 발견한다면, 나는 그의 발자국을 하나님의 것으로 생각하고 따라갈 것이다."(Comenius, 1986: 85) 이런 맥락에서 '잘 분석하는 사람이 잘 가르친다.'는 말이 나온 것이다. 그러므로 사물에 대한 분석이 정확하고 신중하게 이루어져야 한다.

'종합'이란 부분을 올바른 질서에 따라 적절한 전체로 재결합하는 것이다(Comenius, 1986). 이때 필요한 것은 사물세계에 대한 정확한 인식이다. 부분만을 관찰하는 것만으로는 어떤 유익도 얻을 수 없으며, 그것이 무엇을 위해 사용되는 것인지를 간파하는 것도 쉽지 않다. 그러나 부분이 적절한 질서에 따라 재결합되고 서로가 연결된다면, 그것들은 곧 자신의 사용처를 드러낼 것이며, 자신의 기능을 되찾게 될 것이다.

'비교연결'이란 하나의 부분과 다른 부분과의 비교, 하나의 전체와 다른 전체와의 비교로 이루어진다(Comenius, 1986). 이를 통해 배움의 과정에 빛을 비춰 주며, 배움을 폭넓게 개선시킨다. 많은 사람이 그렇게 하는 것처럼 사실상 사물을 분리해서 이해하는 것은 사물에 대해 극히 부분적인 것만을 이해하는 것이지만, 사물의 조화와 모든 부분의 적절한 연결을 이해하는 것은 순수하고 모든 것에 스며들어 있는 빛을 사람의 정신에 비추게 하는 필수적인 요소다.

코메니우스는 결국 데카르트(Descartes)와 베이컨(Bacon)의 방법론을 포용하면서 거기에 머무르지 않고 더 나아갔음을 알 수 있다. 즉, 데카르트가 그의 인식론에서 사용했던 이성 중심의 '분석' 방법과 베이컨이 창안하여 사용한 '분석 후 종합'하는 귀납적 방법에 더하여, 하나님과 함께 배우는 방법으로 '비교연결'을 주장한 것이다(정일웅, 2003a: 20). '비교연결'이란 결국 하나님과 함께 배우는 방법이요, 사물의 근원과 존재 방식과 존재 목적까지 알아내는 방법이다.

## 3. 판소피아 구조를 통해 본 교육방법의 특성

앞에서 언급한 바와 같이 코메니우스의 교육방법론의 핵심은 '전체성'에 있으며, 그 전체적 방법론은 대표적으로 그의 후기 작품에 해당하는 『팜패디아』

에 잘 나타나고 있다. 그의 전체적 방법론의 특성은 다음과 같이 크게 네 가지로 정리할 수 있다.

### 1) 빠르면서 재미있고 철저한 교육방법

코메니우스에게 있어서 교수법이란 '훌륭한 가르침의 기술'을 의미한다. 그래서 그에게 교사란 '가르치는 자($\delta\iota\delta\acute{\alpha}\sigma\kappa\omega$)'라기보다는 '가르치는 방법에 숙련된 사람($\delta\iota\delta\alpha\kappa\tau\iota\kappa\acute{o}\varsigma$)'을 의미한다(Comenius, 1995a: 131). 그렇다면 잘 가르친다는 것은 무엇을 의미하는가? 그에 의하면 학습자로 하여금 빠르게 익히면서도 재미있고 철저하게 배울 수 있도록 가르치는 것을 의미한다. 이를 위해 필요한 것은 모범(실례)과 규칙(지침)과 모방(실천)이다. 즉, 빠르게 배우기 위해서는 '모범'이 필요하며, 재미있게 배우려면 '규칙'이 분명해야 하고, 철저하게 배우기 위해서는 '실천'이 요구된다.

코메니우스는 교육방법의 신속성을 강조한다(Comenius, 1995a: 218-225). 그 이유는 배워야 할 것은 많고 인생은 짧기 때문이다. 이를 위해 필요한 것은 목표에 정진하는 것이다. 즉, 모든 샛길을 최대한 피하고 시작부터 목표를 강조하여 가르치는 것이다. 이때 중요한 것은 방법보다도 목표다. 아무리 좋은 방법이라도 목적을 달성하는 데 충분하지 못한 경우 과감하게 사용을 멈출 필요가 있다. 또한 근본적인 원리를 강조하고 사소한 세부사항에 집착하지 않는 것이 중요하다. 방법의 활용에서 유념할 것은 모든 방법을 강구한 후에 활용하기 적합한 곳에 위치해 있어야 하며, 자료의 활용에 있어서는 항상 점진적으로, 순조롭게 진행해야 한다는 점이다. 그리고 한 번에 한 가지만 가르치는 것이 중요하다. 그럼에도 가르치고자 하는 것이 여러 가지일 경우 서로 관계있는 사물들을 항상 함께 다루어야 한다.

코메니우스는 즐겁게 가르치고 배우는 것의 중요성을 강조한다(Comenius, 1995a: 225-232). 왜냐하면 학습에 있어서 가장 치명적인 장애물이 '싫증'이기 때문이다. 그래서 교사는 싫증을 경계하는 법, 흥미를 자극하는 법, 열심을 품게 하는 법을 잘 알고 있어야 한다. 즉, 교사는 인간의 본성을 기쁘게 하는 것이 무엇인지에 대하여 잘 알고 있어야 한다는 것이다. 코메니우스는 이런 원리를 일곱 가지로 정리하여 제시한다. 첫째, 인간의 본성은 자유로운 가운데 자발적으로 참여하는 것을 좋아하며, 강제로 하는 것을 혐오한다. 그래서 학습자는 본성에 따른 자연스러운 진행을 원하지, 위협과 떠밀리거나 조종을 당하는 방식을 결코 원하지 않는다. 둘째, 인간의 본성은 막연한 것에 대한 두려움이 있으며, 사물들의 명확한 한계를 알기 원한다. 따라서 지루하고, 혼란을 일으키며, 불확실한 모든 것은 결국 학습을 방해하고 불쾌하게 하며 지루하게 만들 뿐이다. 셋째, 인간의 감각기관들은 그 대상들과 연결되어 있기를 기뻐하는 반면에 분리되는 것을 싫어한다. 그렇기 때문에 학습자의 감각기관에 모든 것을 제시하는 방법이 즐거움의 근원이 된다는 것을 기억해야 한다. 넷째, 인간의 본성은 항상 무엇인가를 형성하고 변형하고 구축하는 일을 즐거워한다. 그러므로 학습자를 움직이지 못하게 하거나 학습자의 활동을 억제하는 것은 즐거움을 빼앗는 격이 된다. 다섯째, 인간의 본성은 사물의 활용을 계속 추구한다. 그러므로 공허한 사색에 몰두하지 말고, 모든 것은 활용하기 위해 배워야 한다. 여섯째, 인간의 본성은 다양성을 좋아하고 단조로움을 싫어한다. 인간은 무한한 것을 이해할 수 있도록 창조되었기 때문에 한 가지 유한한 것에 만족을 느낄 수가 없는 것이다. 그러므로 가르치는 모든 것은 즐거움을 주는 다양한 것으로 구성되어야 한다. 마지막으로, 인간의 본성은 놀이와 오락에서 특별한 기쁨을 얻는다. 그러므로 학습하고 있는 모든 것은 여러 학생에 의해서, 즐거운 경쟁의 양식으로 제시되는 것이 바람직하다.

코메니우스는 완전하고 정확하게 가르치는 것을 강조한다(Comenius, 1995a: 233-245). 이를 위해 열 가지의 원리가 필요한데, 첫째, 학습자가 배움을 열망하도록 동기부여를 해 줄 수 있어야 한다. 그래서 교사는 학생의 열정을 불러일으키는 방법을 고안해야 한다. 둘째, 가르침을 위한 모범, 규칙, 실천에 신뢰성이 있어야 한다. 제시되는 실례들은 어떤 부분도 불확실한 것이어서는 안 된다. 셋째, 가르침의 첫 기반이 확고하게 형성되어야 한다. 기초가 잘못되면 그 이후의 모든 것은 헛수고에 불과하기 때문이다. 넷째, 첫 단계를 확고하게 세울 때까지는 그 위에 어떤 것도 쌓아서는 안 된다. 다섯째, 가르침에 있어서 모든 본질적인 요소들을 검증하고 활용해야 한다. 가르칠 때에 모든 부분(앞, 중간, 끝)을 동시에 택하여 그것들을 동시에 제 위치에 있게 하는 것이 필요하다. 여섯째, 사물의 원인을 알게 하는 것이 중요하다. 즉, 한 사물의 존재와 존재 방법과 존재 목적을 알도록 해야 한다는 것이다. 일곱째, 우리의 감각기관을 자주 그리고 정확하게 활용할 수 있도록 해야 한다. 즉, 모든 것이 감각기관을 통해 부단히 그리고 다양하게 새겨져야 한다는 것이다. 여덟째, 실천만이 숙련된 기술자를 만드는 것처럼 실천을 통해서만 향상을 가져올 수 있다는 사실이다. 그러므로 모든 것은 학생 스스로 부단한 실천을 통해 학습하도록 해야 한다. 아홉째, 어떤 일을 더 많이 취급하면 할수록 더욱 많이 알게 된다는 사실이다. 그러므로 부단한 복습과 시험이 시행되어야 한다. 열째, 학생으로 하여금 교과를 다른 사람에게 증명하고 설명하게 함으로써 완전하게 배울 수 있다. 따라서 모든 학생은 교사의 역할을 대행할 습관을 터득해야 한다. 코메니우스는 이에 대하여 "나는 나의 선생님들에게서 많은 것을 배웠고, 나의 동료들로부터는 더 많은 것을 배웠으나, 나의 학생들로부터는 가장 많은 것을 배웠다."라는 포르시우스(Joachim Fortius)의 말을 언급한다.

이와 같이 코메니우스가 제시하는 교육방법의 신속성, 즐거움, 철저성은 교육목표를 달성하기 위한 특성이라고 할 수 있는 효율성, 매력성, 효과성과 연결된다. 즉, 신속성은 효율성과, 즐거움은 매력성과, 철저성은 효과성과 연결된다는 것이다. 이는 곧 균형 잡힌 교육방법론이라고 할 수 있다. 이것들이 교수법의 가장 기본적인 법칙인 모범(실례), 규칙(지침), 모방(실천)과 결합하여 가르쳐질 때 교육목적을 달성하는 최고의 교육방법이 될 것이다.

## 2) 인격성을 강조하는 교육방법

근대 정신의 핵심이라고 할 수 있는 과학적 합리주의는 근대 철학의 아버지라고 불리는 데카르트(René Descartes, 1596~1650)에게서 비롯되었다. 그에게 있어서 확실한 지식을 위해서는 '회의'와 '비판'이 필수였다. 그는 모든 것을 회의와 비판을 통해 걸러 낸 후 남는 확실하고 자명한 것으로부터 인간 정신의 인식이 출발하는 것으로 보았던 것이다. 데카르트는 물질과 정신을 독립된 두 영역으로 분리하여, 물질이 공간을 차지하고 있는 반면, 정신은 공간을 차지하지 않고 사유로서 존재하는 것으로 보았다. 이와 더불어 그는 방법론적 일원론(methodological monism)을 내세웠다(강영안, 1997: 40).[12] 즉, 진리를 추구하는 참된 학문에는 오직 하나의 방법론만 있다는 것이다. 이로 인하여 계량적·자연과학적 방법을 정신의 영역에까지 적용하게 되었고, 마침내 방법에 대한 맹신주의[13]를 낳게 되었다(강영안, 1997: 42). 이것은 근세 이후 받아들일 만한 지식

---

12 데카르트(2010: 83-84)는 그의 『방법서설(Discours de la méthode)』에서 모든 학문에 동일하게 적용되는 방법의 주요 규칙을 네 가지로 제시하고 있다. "첫째, 내가 명증적으로 참되다고 안 것 외에는 어떤 것도 참된 것으로 받아들이지 않을 것. 즉, 속단과 편견을 조심하여 피할 것. 그리고 의심할 여지가 조금도 없을 정도로 아주 명석하고 아주 판명(判明)하게 내 정신에 나타나는 것 외에는 아무것도 판단에 넣지 않을 것. 둘째, 내가 검토할 난제의 하나하나를 될 수 있는 대로 가장 잘 해결하기에 필요한 만큼 작은 부분으로 나눌 것. 셋째, 순서를 따라 내 생각을 이끌어 나아가되, 가장 단순하고 가장 알기 쉬운 것부터 시작하여 계단을 올라가듯 조금씩 위로 올라가 가장 복잡한 것들에 대한 인식에까지 이를 것. 그리고 자연대로는 피차 아무런 순서도 없는 것들 간에도 순서가 있는 듯이 단정하고 나아갈 것. 끝으로, 하나도 빠뜨리지 않았다고 확신할 수 있을 정도로 완전한 매거(枚擧)와 전체에 걸친 통관(通觀)을 어디서나 행할 것." 데카르트는 누구나 지각할 수 있는 것만 지식으로 생각하고, 비판적 검토를 거치지 않은 전통이나 권위와 같은 것들은 배제시킨 것이다. 결국 데카르트 이후 데카르트주의자들에 의하여 이런 점은 더욱 부각되었고, 마침내 전통과 권위는 사실상 모두 부정되기에 이르렀다. 코메니우스는 이 점을 간파하고 부정적 파급효과를 우려하여 말년에 데카르트를 강하게 비판했다.

13 이달우(2012: 85)는 교육적 연구논문들이 천편일률적이라고 할 만큼 방법론에 치우쳐 있는 것을 두고, '방법론 증후군(methodology syndrome)'이라고 말한다. 방법론적 증후군의 원인은 결국 교육의 개념을 과학적으로 보는 데서 비롯된 것이다. 교육을 과학적으로 보려고 하기 때문에 통제가 불가능한 '무의도적인 교육'을 교육의 개념에서 배제하게 된다는 것이다. 그러나 '무의도적인 교육'도 그것을 '학습'이라 부르든지 무엇이라 부르든지 간에 교육에 속하는 것이며, 그것을 관찰, 측정, 통제가 어렵다고 해서 사실의 세계에 존재하는 것을 개념의 세계에서 삭제하는 것은 그 이론의 망라성(網羅性)을 약화시키는 것이라

이란 개인적 · 주관적 요소가 배제된 객관성만을 지닌 것이어야 한다는 사고가
지배하게 된 근원이 되었고, "과학적 지식은 개인의 주관과 선호, 개인적 이해
와 편견 등과 무관하다고 보는 객관주의"(강영안, 1997: 42)를 생성시키는 시발점
이 되었다. 객관주의는 무엇보다도 인격적 · 개인적 · 주관적 요소를 과학적 지
식에서 배제해야 한다는 신념을 가지고 있다. 근대학문의 기본 신념을 객관주
의라고 부르는 이유는 연구자의 인격성과 주체성을 배제하고 오직 '객관성'만
을 유일한 가치로 수용하기 때문이다(강영안, 2002: 25).[14] 지식, 도덕, 예술, 사회
조직 등에서 인격적 요소를 배제하고 객관적이고 합리적인 기준으로 모든 것을
조종하고 관리한 결과, 결국 그것으로 귀결된 것은 각 분야에서 일어난 '주체의
죽음'이었다(강영안, 1997: 28). 여기서 주체의 죽음이란 서양 문화의 탈인격화(脫
人格化) 경향의 귀결이라고 할 수 있다.

　여기서 객관주의에 대한 비판적 견해를 마이클 폴라니(M. Polanyi)의 주장을
통해서 살펴볼 필요가 있다. 의학과 물리화학을 전공한 과학자로서 열역학 분
야와 결정학 분야의 권위자이면서 독창적인 과학철학을 발전시킨 폴라니는 객
관주의에 대하여 매우 설득력 있게 비판한다. 그에 의하면 "객관주의는 우리가
알고 증명할 수 있는 것은 높이는 반면에, 우리가 알지만 증명할 수 없는 모든
것을 소홀히 여겨 내던져 버렸다. 사실상 후자는 우리가 증명할 수 있는 모든
지식의 토대이며 타당성을 보증하는 것임에도, 객관주의는 우리의 진리에 대한
개념을 전적으로 틀린 것이라고 속여 왔다."(Polanyi, 1974: 286)라고 말한다. 이

---

고 말한다.

14　이와 관련하여 강영안(2002: 26)은 객관주의의 네 가지 특성을 다음과 같이 정리하여 제시한다. 첫째, 객
　　관주의는 정확하게 형식화된 지식을 선호한다. 둘째, 객관주의는 환원주의 성격을 가지고 있다. 셋째, 객
　　관주의는 개인의 정감적 요소와 참여를 배제하고 연구대상으로부터의 거리와 분리를 선호한다. 넷째,
　　객관주의는 지식을 물리적으로 관찰 가능한 영역에 제한하고자 한다. 한마디로 말해서, 객관주의는 형
　　식화된 지식의 선호, 환원주의, 가치중립성 주장, 실증주의와 같은 네 가지 요소를 포함하고 있는 것으로
　　요약할 수 있다는 것이다. 이병승(2006: 41)에 의하면 메를로-퐁티(Merleu-Ponty) 역시 객관주의 혹은 과
　　학주의의 문제점을 지적하고 있다고 말한다. 첫째, 인식의 주체와 대상을 분리했다는 점, 둘째, 몸이 지
　　식 생성의 근원인 것을 경시했다는 점, 셋째, 인식의 주체로서의 몸과 생활 세계와의 상호작용을 도외시
　　했다는 점이다.

처럼 객관주의는 인격적 요소가 지식을 형성하는 데 커다란 결함일 뿐 아무런 기여를 하지 못한다고 주장하지만, 폴라니는 물리학과 화학 분야에서조차도 과학자들의 실제 행위는 객관주의자들이 믿고 있는 것처럼 관찰 자료를 그렇게 탈인격적으로 기록만 하는 것이 아님을 보여 준다. 즉, 인식 행위란 단지 관찰하고 관찰한 것을 검증하는 식으로가 아니라 인식 주체의 느낌, 판단 등과 같은 적극적 참여를 통해 이루어진다는 것이다.[15] 그러므로 과학적 지식에는 현실의 의미를 드러내고자 하는 과학자의 정열이 언제나 개입되며 평가와 책임이 따른다.[16] 이때 인격적 주체는 배제되기보다 오히려 과학적 지식의 형성에 중요한 요소로 작용한다. 폴라니(Polanyi, 1974: vii)에 의하면, "모든 이해의 행위에는 이해자의 인격적 참여"가 있다. 인격적 참여가 곧 이해를 주관적으로 만드는 것이 아니다. 오히려 인격적 참여가 있는 앎이란 '보편타당성을 주장할 수 있는 책임 있는 행위'라고 할 수 있다. 이때의 아는 것이란 숨겨진 실재와의 접촉을 드러낸다는 점에서 참으로 객관적이라고 할 수 있다. 결국 '인격적 지식이란 인격적인 참여와 객관적인 것이 결합된 것'이다.[17]

---

15 폴라니(1974: 10)는 이에 대한 예로 아인슈타인의 상대성이론에 대한 착상과 관련된 이야기를 제시하고 있다. 일반적으로 아인슈타인은 상대성이론을 1887년에 있었던 마이클슨-몰리(Michelson-Morley)의 실험이 자극이 되어 착안한 것으로 알려져 있지만, 사실은 다르다. 아인슈타인에 의하면, 상대성이론은 그가 학생이었던 16세 때 착안하여 그 후 10년 동안 줄곧 생각한 결과로 얻어 낸 것이다. 즉, 실험이나 관찰의 결과로 얻은 것이 아니라는 말이다.

16 주관적인 것 역시 과학에서 대단히 중요하다. 예를 들어, 열정은 대상에 감정을 싣게 하며, 탐구 대상을 매력적으로 보거나 혹은 혐오할 것으로 보게 하기 때문이다. 이때 긍정적인 열정은 대상을 학문적으로 값진 것으로 보게 한다(강영안, 2002: 96-97).

17 폴라니는 "우리는 우리가 말할 수 있는 것보다 훨씬 더 많이 알 수 있다(We can know more than we can tell)."라고 말한다. 이것은 명시적 지식에는 암묵적 요소가 전제된다는 사실뿐만 아니라 여러 요소를 통합하는 인격의 행위가 개입되는 것을 의미하는 것이다. 이런 통합은 결코 기계적으로 일어나지 않고 실제로 몸으로 체험하고 그 속에 들어가 거주함으로써 가능하다. 즉, 학문적 지식 역시 '인격적 지식이요 거주를 통한 참여'라는 것이다(강영안, 2000: 191). 코메니우스 역시 같은 맥락으로 그의 방법론에서 언급하고 있다. 그의 『분석교수학(Linguarum methodus novissima)』(Caput 10, Analytical Didactic)의 특별 방법론에 보면, "우리는 우리가 이해하지 못한 많은 사물을 알고 있다."(Comenius, 1995a: 167)라는 아우구스티누스의 말이 인용되고 있다. 이미 알고 있는 사물들이지만 진정한 차원(판소피아)에서는 이해하지 못하고 있다는 것이다. 그 사물이 어디에서 왔으며, 어떻게 존재하고, 무엇을 위해 존재하는지를 모르면

데카르트는 이성 외에는 모든 것을 불신했다. 즉, 감각을 통해 알려진 사물의 존재나 본질에 대한 모든 것을 의심스러운 것으로 간주하였다. 데카르트에게 는 오직 인간의 이성만이 유일한 지식의 통로였던 것이다. 반면에 코메니우스 는 지식을 획득하기 위해 이성과 더불어 인간의 감각과 하나님의 계시의 증거 가 필요하다고 보았다.[18] 이것을 방법론적으로 표현을 해 본다면, 인간은 사물 자체를 직관으로 지각하는 감각과 이제까지 이성적으로 축적된 모든 이론을 이 해하는 이성과 이 모든 것을 통합할 수 있는 영적인 과정을 통해 참된 지식을 획 득한다는 것이다. 비록 인간이 모든 사물에 대한 지식을 획득할 수 있는 능력을 지니고 태어나지만, 이런 배움을 위한 비범한 능력(이성)도 감각[19]과 신앙의 도 움 없이는 정확한 앎과 올바른 앎에 이를 수 없다. 단적인 예로, 객관주의에 의 해 배제되어 온 감정에 대하여 코메니우스(1995a: 225)는 다음과 같이 말한다.

> 실제로 우리가 느끼는 감정은 우리 존재의 절반을 차지한다. 그 감정은 우 리로 하여금 대상들을 지향하게 하거나 혹은 멀리하게 하기도 한다. 영혼이 어 떤 매료도 느끼지 못하는 곳에서는 성향이 결여되기 쉽다. 또 영혼이 성향을 나타내지 않는 곳에서는 의지와의 충돌을 일으키지 않을 수 없다.

코메니우스는 교수·학습의 과정에서 감정의 중요성을 강조하고 있는 것이 다. 이런 관점에서 볼 때, 폴라니의 주장은 정확하게 코메니우스 사상의 연장선 에 있다. 특히 코메니우스는 학습자의 흥미와 관련하여 교사는 인간의 본성을

---

사물을 안다고 해도 이해하지 못하는 셈이다.

18 코메니우스는 데카르트의 사고가 치우쳐 있음을 정확하게 간파하고 있었다. 즉, 그는 데카르트의 "나는 생각한다. 고로 나는 존재한다."의 일방성을 지적했다. 특히 코메니우스는 데카르트보다도 데카르트주 의자들을 더 날카롭게 비판하였는데, 그들은 데카르트가 하나님을 개인적으로 인정했다는 사실을 망각 하고 있다는 것이었다. 그들에게는 하나님과 세상과 인간의 통일성이 깨져 있음을 통렬하게 비판하면 서, 그의 말년에는 데카르트주의를 '철학의 암'이라고 가차 없이 비판했다(Dieterich, 2008: 115-117).

19 특히 감각의 역할이 중요한데, 인식되는 모든 것 중에서 처음에 감각에서 파생되지 않는 것은 하나도 없 기 때문이다(Comenius, 2011: 203).

기쁘게 하는 것이 무엇인지를 알아야 한다고 말한다. 즉, 자유로운 참여는 즐거워하지만 강제적인 참여는 괴로워한다는 것이다. 그러므로 교사는 가르침에 인정이 넘쳐야 하고, 또 모든 의무를 부모와 같은 친절로 수행해야 한다(Comenius, 1995a: 226-227).

또한 코메니우스는 교수방법에 있어서 교사와의 관계성을 매우 중요시한다. 앞에서 언급한 바와 같이 코메니우스는 교수방법을 아우르는 제목으로 '범교사'를 정했을 정도로 교수방법에 있어서 교사의 역할과 중요성을 의도적으로 강조하고 있다. 그러면서 그는 '모범'과 '모방'의 교수 · 학습방법을 반복적으로 언급한다. 이는 곧 교사와 학생 사이의 방법론적 연결고리의 필요성을 보여 주는 것이다. 이 점에서도 폴라니는 인격적 교육방법을 강조하는 코메니우스의 입장을 지지하는 주장을 한다. 폴라니에 따르면, "모범을 통해 배운다는 것은 그 권위에 복종한다는 것이다." 비록 학생이 그것에 대한 효과를 자세하게 설명할 수도 없고 분석할 수도 없을지라도 학생이 교사를 따르는 것은 교사가 사물을 대하는 방식을 학생이 신뢰하고 있기 때문이다. 그래서 "교사가 하는 것을 보고 그의 모범과 그의 노력을 따라 함으로써 그에게서 배우는 학생은 교사 스스로도 명확하게 알지 못하는 규칙을 포함해서 그 기술의 규칙"들을 배우게 되는 것이다(Polanyi, 1974: 53). 이와 같이 코메니우스는 교수방법에 있어서 인격적 접근을 매우 중요하게 여기고 있음을 알 수 있다.

### 3) 믿음을 강조하는 교육방법

데카르트는 어떤 방식으로든지 설득을 당해서 갖게 된 확신 또는 신념과는 달리 전혀 의심할 수 없는 '과학적 지식'을 얻고자 했다. 그에게 어떤 지식이 과학적 지식에 들 수 있는가 없는가의 문제는 아직도 의심을 품을 여지가 있느냐 없느냐에 달려 있다. 그러므로 확실한 과학적 지식을 얻고자 한다면, 우선 모든 것을 의심해야 한다(강영안, 2000: 196). 데카르트의 인식의 출발은 '의심'이었던 것이다.

반면에 코메니우스는 '믿음'에서 시작하여 '믿음'으로 마무리되는 세계관을 가지고 있었다.[20] 이런 그의 세계관을 방법론적 전체성으로 잘 보여 주는 것이 『세계도회』다. 이 책 제8장의 〈표 8-1〉을 통해서 확인했던 바와 같이 코메니우스는 그의 교육내용을 스스로 영원 가운데 존재하는 '하나님'(2번)에서 시작하여 모든 것을 섭리하며 모든 것을 다스리는 '하나님의 섭리'(150번)와 예수 그리스도의 재림을 통한 '최후의 심판'(151번)으로 마무리하고 있다(Comenius, 1887: 5, 191-193). 그는 『세계도회』의 서문을 통해 "기본이 되는 것은 감각적인 사물을 이성으로 파악할 수 있도록 감각에 대해 정확하게 제시해야 한다는 것이다. 나는 그 사실을 말하고 또다시 강조하여 말하는데, 마지막에 언급한 것이 나머지 모든 것의 기초가 된다."(Comenius, 1887: xiii)라고 감각의 경험을 통해 가르쳐야 하는 것의 중요성을 강조하고 있다.[21] 그럼에도 코메니우스는 감각을 위한 사물의 사실적 그림을 제시하기에 앞서 보이지 않는 하나님에 대해 이미지를 통해 가르치고 있으며, 모든 것의 마지막에도 보이지 않는 하나님의 사역을 이미지를 통해 전달하고 있다. 즉, 코메니우스는 하나님과 하나님의 섭리로 배워야 할 모든 것을 감싸고 있는 형식을 통해 믿음의 중요성을 강조하고

---

20  안영혁(2009a: 243)은 코메니우스의 신앙의 중요성을 잘 부각시켜 주고 있다. 그는 비교연결 방법론의 가장 두드러진 특징이 '믿음'이라고 강조한다. 아울러 이 방법이 가능했던 이유는 결국 '신앙' 때문이라고 말한다. 오춘희(1997b: 287) 역시 "그의 사상을 형성한 출발점이자 결정적 방향을 제시해 준 것은 바로 신앙이었다. 신앙은 그의 사상에서 무시해도 좋은 지엽적이거나 비정상적인 요소가 아니라 가장 본질적인 요소였다."라고 하며 코메니우스의 사상에서 신앙의 중요성을 강조한다.

21  코메니우스는 감각 경험을 강조하는 철학적 근거의 상당 부분을 아리스토텔레스(Aristoteles)로부터 가져왔다. 코메니우스의 지식의 정의 역시 "인간이란 지식을 추구하는 합리적 존재"라는 아리스토텔레스의 가정에 근거하여 지식을 정의하고 범위를 설정하고 있으며 다양한 학문 분야와 지식 영역을 세분화했다. 아리스토텔레스는 철저하게 사람은 누구나 감각을 통한 지각에 기초하여 학습하고 이해한다는 입장을 취했는데, 코메니우스의 인식론도 이와 유사하다. 즉, 코메니우스는 아리스토텔레스의 자연이해와 원리를 이용하여 자연사물의 발생과 진화, 다양한 사물 간의 병행과 조화의 개념을 발전시켰고, 또한 자연의 원리인 비교연결을 근거로 하여 그의 지식의 형성과정과 가장 중요한 교수법인 사물과 언어의 병행 방법론을 고안하고 전개했다. 또한 『세계도회』에서는 표제로 아리스토텔레스의 "감각을 통하지 않고 이해될 수 있는 것이란 없다."라는 공리를 인용하고 있다(강선보, 김희선, 2005: 19).

있다.

코메니우스에게 있어서 '믿음'은 그의 모든 작품에서 빠지지 않고 강조되고 있다. 그는 『대교수학』에서 인간의 교육적 본성을 구체적으로 제시하는 가운데 인간은 태어나면서부터 '지식'과 '덕성'과 '신앙'을 갖도록 요구된다는 사실을 강조하면서, "인간의 탁월성은 이 세 가지 속에 있게 된다."라고 말한다(Comenius, 2011: 47). 또한 그는 『빛의 길(Via Lucis)』 헌사에서 세 번째 학교(하나님의 학교)에 대하여 언급하면서, '믿음'이야말로 "이성과 감각의 영광"이라고 말한다(Comenius, 1938: Dedication 15). 『팜패디아』에서도 역시 '감각' '이성' '믿음'의 중요성이 강조되고 있다. 코메니우스는 "'감각'은 세상에 있는 모든 것을 배우게 할 목적으로 주어진 것이고, '이성'은 인간 지혜의 결론을 검증하기 위한 목적으로 주어진 것이며, '믿음'은 신뢰할 만한 증거에 의해 선포되는 모든 것을 받아들일 목적으로 주어진 것이다."(Comenius, 1986: 27)라고 말한다.

코메니우스는 베이컨에게 큰 영향을 받았으면서도 그의 사상과 지속적으로 씨름했다. 그는 새로운 지식을 획득하기 위해 감각의 중요성을 강조하는 베이컨에게는 동의하면서도, 베이컨이 주장하는 귀납법의 한계를 직시한 것이다. 즉, 베이컨의 귀납법은 자연의 비밀을 밝히는 데만 집중하고 있었기 때문에 코메니우스가 원하는 포괄적 지침인 판소피아를 구축하는 데 한계가 있었다. 결국 코메니우스는 포괄적인 방법으로 '감각' '이성' '신앙'을 삼중으로 하여 서로 보완하는 판소피아를 구축해 나갔다. 이에 대하여 코메니우스는 "그러나 사물 자체는 그것이 존재하는 그대로 감각에 새겨진다. 만약 감각이 어딘가 그 기능을 제대로 발휘하지 못하면, 일정한 규범을 지닌 이성이 어떤 오류가 발생하지 않도록 사용된다. 끝으로, 이성이 또한 한계에 부딪힌다면, 하나님의 계시가 도움을 준다. 이런 세 가지 인식원리가 범지혜의 토대로 제시되어야 한다."(Dieterich, 2008: 108에서 재인용)라고 말한다.

코메니우스가 인식 및 교육의 방법으로 '믿음'을 사용하는 것에 대하여 당시는 물론이거니와 이후 많은 학자들의 외면을 받은 것이 사실이다.[22] 여러 오해에도 코메니우스가 주장하는 '믿음'의 방식이 전혀 시대착오적인 것이 아니며, 비현실적인 것도 아니라는 사실을 폴라니의 주장을 통해서 확인할 수 있다. 객관주의적 관점에서 볼 때 '믿음'은 고작해야 주관적 의미만을 갖는다. 그러나 폴라니에게 믿음은 인식의 출발선이다. "비록 위험의 요소들이 포함되어 있음에도 나는 진리와 나의 모습의 상태를 찾기 위해 부름을 받았다는 것을 믿는다."(Polanyi, 1974: 299)라는 문장은 폴라니의 '믿음의 프로그램(the fiduciary programme)'을 요약하는 문장이며, 그가 말하는 궁극적인 믿음이 무엇인지를 보여 준다. 여기서 믿음이란 '내맡김(commitment)'이다.[23] 실제로 우리에게는 믿고자 하는 힘, 신뢰하는 힘이 있다. 의심보다는 신뢰가 훨씬 더 근원적이며 이를 바탕으로 우리의 삶뿐만 아니라 지식이 가능하다. 강영안(2000: 198)에 따르면

---

22  당시 데카르트 역시 코메니우스가 전체에 주목하는 것에 대하여는 새로운 시도라고 인정하였음에도, 코메니우스의 판소피아는 철학에 신학을 섞는 오류를 범하고 있다고 비판했다(오춘희, 1998a: 203). 우정길(2009: 10)은 코메니우스의 『세계도회』에 대해 "그의 질서론은 지나치게 단편적이고, 교조적이고, 비실제적"이라고 말한다. 그러면서 세계를 하나의 전체로 이해하고 이를 한 권의 책에 다 담으려는 그의 시도는 코메니우스 당대에도 이미 "시대착오적이고 동의를 얻기 어려우며", 그래서 "아이들 그림책에서나 할 수 있는 얘기"라고 말한다. 즉, 그의 작품은 종교적 신념과 역사적 가설의 합작품이라는 것이다. 심지어 그는 코메니우스의 『세계도회』는 순진하거나 혹은 과감한 기획이며, 우주론적 질서의 형이상학에 대한 확고한 신념 혹은 맹신이라고까지 말하여(우정길, 2009: 13), 그의 사상을 폄하하는 것처럼 보인다. 또한 클로저(Clauser)는 "코메니우스의 예술적 수완은 그의 풍부한 창의성에 있다기보다는 절충주의에 있었다."(Clauser, 1995: 245)라고 말하면서 코메니우스의 교육적인 공헌을 인정하면서도 그의 독창적인 면에 대하여는 인정하지 않는다. 이런 평가와 관련하여 키프로(Cipro)가 분류한 학자들의 코메니우스에 대한 평가 범주를 살펴볼 필요가 있을 것이다. 그는 크게 다섯 가지 범주로 나누어 제시한다. 첫째, 코메니우스를 완전히 무시하고 거부하는 학자들(Bayle, Adelung, Pjatkowskij), 둘째, 교육학자로서는 그 공헌을 인정하지만, 철학자로서는 인정하지 않는 학자들(Descartes, Bronijewskij, Oxenstjerna, Zoubek, Smaha, Novak, Radl, Mahnke), 셋째, 철학자라기보다는 종교적 사상가로 평가하는 학자들(Kvacala, Geißler, Kalivoda, Nipkow), 넷째, 철학사상을 긍정적으로 평가하지만 독창적인 것이 아니라 절충적인 아류로 보는 학자들(von Raumer, Butler), 다섯째, 코메니우스의 사상 전체를 긍정적으로 평가하는 학자들(Leibniz, Herder, Palacky, Nejedly, Dilthey, Chlup, Lordkipanidze, Kransnowskij, Alt, Patočka, Popelova, Hofmann, Schaller, Michel 등)로 분류할 수 있다(Cipro, 1970: 오춘희, 1998a: 1에서 재인용).

23  강영안은 믿음에 대하여 "지적 탐구를 할 때도 우리는 우리가 사용하는 눈과 손과 같은 지각 기관, 근육조직을 위시한 신체 운동 체계, 지적 작용, 모국어, 우리가 배운 기술과 정보 등에 우리 자신을 '내맡긴다.'"(2000: 196)라고 부언한다.

객관주의와 그에 수반되는 회의주의(Skepticism)에 의해 파괴된 믿음의 힘을 회복시키고자 한 사람은 폴라니, 가다머(Hans-Georg Gadamer, 1900~2002)와 같은 사람들이다. 폴라니(1974: 266)는 아우구스티누스의 "믿지 않으면 알 수 없다."라는 말을 철학적 모토로 삼고, 신뢰와 믿음이 증명과 비판에 선행함을 주장한다. 그렇기 때문에 "우리는 이제 다시 한 번 믿음(belief)을 모든 지식의 원천으로 인정해야 한다."라고 그는 말한다. 즉, 믿음의 틀은 지식을 소유할 수 있는 방식인 것이다. 비록 자연과학적 지식과 종교적 지식은 분명하게 구분되어야 하지만, 그럼에도 모든 지식에는 그 지식에 고유하게 암묵지(tacit knowledge)[24]와 개별적인 요소의 통합 과정이 개입된다는 것을 폴라니는 강조한다.

　토머스 쿤(Kuhn, 2012: 223) 역시 인식 및 패러다임의 변화에 '믿음'이 중요한 역할을 한다고 주장한다. 그에 의하면, 패러다임이 바뀌기 전, 즉 초기의 단계에서 새로운 패러다임을 받아들이는 사람은 문제해결에 의해서 제공되는 증거 없이 그것을 받아들여야 하는 경우가 흔히 생긴다. 결국 그런 경우 옛 패러다임이 소수의 문제를 다루는 데 실패했다는 것만을 아는 상태에서 새로운 패러다임은 그것이 당면한 많은 주된 문제를 해결할 것이라는 믿음을 가져야 한다는 것이다. 바로 이런 상황에서의 결정은 과학적 검증 자료에 의해서가 아니라[25] 바로 믿음을 바탕으로 할 때만 새로운 패러다임을 이룰 수 있다는 것이다.

---

24 암묵지는 폴라니의 철학에서 중심 개념 중의 하나다. 암묵지는 모든 지식의 현실(reality) 구조를 드러내는 것과 관련된 '존재론적 차원'과 '기능적' '의미론적' '현상적' 측면으로 구분되는 '인식론적 차원'이 있다. '기능적' 측면이란 초점의식(focal awareness)과 보조의식(subsidiary)의 기능적 관계다. 예를 들어, 벽에 못을 박으려고 할 때, 못을 박으려는 것이 초점의식이라면, 못을 쥐고 있는 손을 의식하는 것을 보조의식이라고 한다. '의미론적' 측면이란 경험을 통해 사물에 의미를 부여하는 통합이 이루어는 과정을 뜻한다. '현상적' 측면이란 앞의 두 단계를 통해 변화가 발생하는 것을 뜻한다(강영안, 2000: 187-189).

25 관찰과 경험은 인정할 수 있는 과학적 믿음의 범위를 극단적으로 제한한다. 그러나 쿤(2012: 25)에 의하면 관찰과 경험만으로는 믿음의 특정한 무리를 결정할 수 없다. 또한 아이러니하게도 개인적으로나 역사적 사건에서나 결정적인 요소임에도 임의적으로 보이는 것들이 있는데, 그것들은 모두가 믿음과 관련되어 있다.

### 4) 적용 및 개혁으로 나아가는 교육방법

코메니우스의 판소피아, 특히 교육방법에서 결코 지나칠 수 없는 특성이 바로 적용과 개혁적 요소다. 여기에서 '적용'과 '개혁'은 개념상 같은 범주에 속하는 말이다. 판소피아의 실행이 적용이며, 그 적용 결과가 개혁이라고 할 수 있다. 적용하는 것은 개혁하는 것이며, 개혁하는 것은 적용하는 것이다. 그럼에도 굳이 '적용'과 '개혁'을 구분하여 제시하고 있는 이유는 코메니우스의 판소피아 사상의 적용적 측면이 강하기 때문이며, '개혁'이란 용어는 일반적으로 '적용'이란 용어를 통해서는 감지하기 어려운 의미가 있기 때문이다. 비록 두 용어가 같은 범주이지만, 구분하여 적용적 측면을 먼저 제시한 후 개혁적 측면을 살펴보도록 하겠다.

코메니우스에게 앎이란 판소피아적 앎이다. 이는 곧 사물의 근원을 파악하고, 사물의 존재 방식과 의미를 파악하며, 나아가 그 사물의 존재 목적 및 올바른 사용법까지 아는 것을 포함하는 것이었다. 즉, 판소피아는 개념 자체로부터 방법적인 적용까지 내포하고 있는 것이다. 그러므로 중요한 것은 지식의 양이 아니다. 어떤 의미에서는 지혜가 자라나면서 지식은 축소된다. 왜냐하면 세부적인 지식은 원칙에 흡수되기 때문이다. 화이트헤드(Whitehead, 2007: 106)에 따르면, "중요한 세부 지식은 여기(餘技)로 즐기는 그때그때 인생의 장면에서 입수하게 되는 것이지만, 제대로 터득한 원리를 적극적으로 활용하는 습관이 바로 지혜를 궁극적으로 소유한 것"이 된다. 그러나 코메니우스의 적용은 화이트헤드의 활용[26]보다 훨씬 더 나아간다.

우리는 이런 적용에 대한 강조를 코메니우스의 앎에 이르는 단계를 통해서 확인할 수 있다. 그는 판소피아적 앎을 세 단계로 구분하여 설명한다. 1단계는

---

26  화이트헤드가 의미하는 '활용'이라는 말은 어떤 외적 상황을 변화시키는 도구적 기능을 가리키는 것이 아니라, 개인의 창조적 반응, 즉 어떤 관념을 다른 관념이나 다른 경험에, 그리고 최종적으로 그의 삶의 주요 관심사와 연결시키는 능력을 말한다. 활용은 하나의 기술이다(오영환, 2003: 19-20).

'이론(theoria)'의 단계로, '사물' 자체에 대하여 아는 단계다. 사물의 상태와 성
질을 올바르게 아는 것을 말한다. 2단계는 '실천(praxis)'의 단계로, 사물의 존재
근거에 대하여 아는 것이다. 3단계는 '사용(chresis)'의 단계로, 사물의 존재 목
적에 대하여 아는 것을 의미하며, 모든 앎의 궁극적 단계라고 할 수 있다. 샬러
(Schaller)는 앎에 이르는 세 단계를 도식으로 정리하고 소개한다(정일웅, 2003a:
25에서 재인용). 그것을 〈표 14-2〉와 같이 해석하여 정리해 보았다.

〈표 14-2〉 코메니우스의 앎에 이르는 세 단계(Schaller)

| 1단계 | 2단계 | 3단계 |
|---|---|---|
| 무엇<br>(quod) | 무엇에 의해<br>(per quid) | 무엇을 위해<br>(ad quid adhibendum) |
| 기초학문<br>(basis scientiae) | 핵심학문<br>(medulla scientiae) | 최고학문<br>(corona scientiae) |
| 알다<br>(nosse) | 깨닫다<br>(intellige) | 이용하다(즐기다)<br>[uti(frui)] |
| 배우다<br>(scire) | 깨닫다<br>(intelligere) | 사용하다<br>(usurpare) |
| 지각<br>(notitia) | 작용<br>(operatio) | 사용(즐김)<br>[usus(fruitio)] |
| 이론<br>(theoria) | 실천<br>(praxis) | 사용<br>[chresis(χρῆσις)] |
| 역사 지식을<br>(historiceý) | 합리적으로<br>(rationalbiliter) | 완전하게<br>(recteý) |

〈표 14-2〉를 통해 볼 때, 1단계에서는 사물에 대한 외면적인 앎(nosse)에
이르게 되고, 2단계에서는 사물세계 내적인 구조와 존재 방식에 대한 통찰
(intelligere)을 갖게 되며, 마지막 3단계에서는 배움의 최종 목적인 사용 혹은
즐김(uti, fruitio)에 이르게 된다. 1단계에서는 사물에 대한 지각(notita)이 '이론
(theoria)'으로 이어지며, 2단계에서는 사물에 대한 작용 또는 조작(operatio)을 통

해 '실천(praxis)'으로 나아가고, 마지막 3단계에서는 사물의 존재 목적(usus)을 알아 '사용(chresis)'으로 나아가는 것이다. 이런 세 단계 중에서 중요한 것이 바로 마지막 단계다. '사용'이란 사물의 존재 목적을 알고 그에 따라 올바르게 사용하는 것을 의미한다. 즉, 인간의 욕심에 따라 사용하는 것이 아니라 창조주 하나님에 대한 신뢰 안에서 창조원리에 따라 사용하는 것을 말한다.

매킨타이어(MacIntyre, 2012: 15)는 교육 및 교육자의 개혁의지에 대하여 "나는 우리 교육체계의 도덕적 내용이란 단지 우리 사회의 도덕적 내용을 반영하고 있을 뿐이라고 주장하고 싶다. 이런 점에서 교육자의 과업은 그를 실제로 억압하는 시류(時流)에 맞서 싸우는 것이다."라고 말했다. 이는 교육 개념과 사상에 개혁적 요소 혹은 관점이 기본적으로 필요하다는 것을 잘 보여 준다. 교육이 개혁의 의지를 갖고 있지 않다면 참 교육적이기 어렵다는 것이다. 코메니우스의 판소피아 사상은 이런 개혁적 요소를 충분하게 담고 있다. 코메니우스의 개혁사상이 잘 드러나 있는 책이 바로 범개혁의 의미를 담은 『판오르토시아(Panorthosia)』다. 그는 이 책의 표지에 "내가 이 책에 앞서 집필한 책들에서 쓴 것과 같이 모든 빛 안에서, 공적인 상태의 교육, 종교, 정치에 대한 개혁의 즉각적 필요에 대한 생각을 담고 있다."(Comenius, 1995b: 41)라고 언급하고 있다. 계속해서 그는 서문에서 다음과 같이 말한다.

> 그러므로 하나님의 거룩하신 이름으로 내가 이 책 이전에 썼던 작품들이 교육, 종교, 정치에 대한 인류의 완전한 개혁으로 나아가도록 도울 목적으로 하나의 단일한 체계를 구축하도록 하고, 그리하여 세상에 하나님의 복된 계몽의 시대, 복된 종교의 시대, 복된 평화의 시대를 소개하도록 하자(Comenius, 1995b: 43).

이를 위해서는 앞서 저술한 책인 사물로부터 어둠을 제거하는 『판탁시아(Pantaxia)』『팜패디아(Pampaedia)』『판글로티아(Panglottia)』가 서로 분리된 채로 있어서는 안 되고 연합을 이루어 이해되어야 한다. 코메니우스는 이 세 권의 책을 특별히 고려해야 한다고 말하면서, 실제적 요소인 『판탁시아』와 방법적 요소인 『팜패디아』와 언어적 요소인 『판글로티아』가 완전한 조화를 이룰 때 범개혁인 『판오르토시아』가 앞으로 나아갈 수 있다고 말한다(Comenius, 1995b: 44). 흥미로운 것은 코메니우스가 주된 작품으로 언급한 세 작품은 인간의 특별한 기능인 '정신' '혀' '손'과 연결된다. 『판탁시아』는 '정신', 『팜패디아』는 '손', 『판글로티아』는 '혀'와 연결이 된다. 방법론적으로 이 세 가지에 대한 지속적 훈련과 조화를 통해 철저한 가르침이 가능한 것과 같이 이 세 작품이 조화를 이루는 가운데 잘 전달될 때 범개혁적 운동이 일어나게 된다. 이것을 코메니우스가 사용하는 빛의 개념으로 정리할 수 있다. 빛의 삼원색은 파랑, 노랑, 녹색이다. 빛의 삼원색은 색의 삼원색과는 달리 합해질수록 더 밝아지는 특성이 있다. 그래서 파랑, 노랑, 녹색이 연합되면 가장 밝은 색이 나온다. 이것을 코메니우스의 개혁원리와 연결시켜 본다면 『판탁시아』 『팜패디아』 『판글로티아』가 완전히 조화되어 연합을 이룰 때 참된 개혁, 즉 『판오르토시아』가 가능해진다. 이것을 그림으로 표현하면 [그림 14-2]와 같다.

[그림 14-2]를 통해 볼 때, '범개혁(판오르토시아)'이 이루어지기 위해서는 '범존재질서(판탁시아)'와 '범교육(팜패디아)'만 가지고서는 안 되고, '범교육'과 '범언어(판글로티아)'만 가지고서도 안 되며, '범존재질서'와 '범언어'만으로도 안 된다. 세 가지가 조화를 이루어 연합해야만 진정한 개혁을 이룰 수 있는 것이다.

코메니우스는 개혁의 적용을 위한 영역을 네 가지로 분명하게 제시한다. 첫 번째 대상은 모든 사람 중의 개별적 개인이다(Comenius, 1993: 20-28). 개인이 하나님의 형상을 회복하는 것이 가장 기본적 개혁이다. 개인의 개혁의 목적은 하나님의 도우심으로 각자의 몸과 영혼이 이 세상에서 행복하게 되는 것이며, 영원의 세계로 나가는 것이다. 두 번째 대상은 가정이다(Comenius, 1993: 29-37). 코메니우스는 모든 가정에 작은 규모의 학교, 교회, 국가가 있어야 한다고 말한다. 가족 구성원은 가정 안의 학교에서 하나님과 사람들로부터 매일 유용한 것

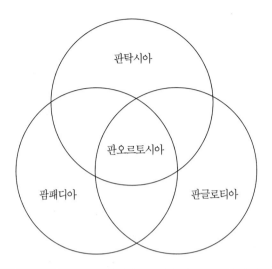

판탁시아

판오르토시아

팜패디아          판글로티아

[그림 14-2] 그림으로 표현한 『판오르토시아』

을 배울 수 있다. 즉, 성경을 묵상하고 기도함으로써, 역사와 도덕적 권면을 통해, 그리고 가족 구성원 간의 토론을 통해 배울 수 있다. 또한 가족은 가정 안의 교회에서 하나님을 경배할 수 있다. 가족은 가정 안의 국가에서 각자에게 할당된 의무를 수행함으로써 주어진 권위를 인정하는 것을 통해 국가의 모습을 닮아 갈 수 있다. 세 번째 대상은 학교다(Comenius, 1993: 38-57). 학교의 개혁은 급박하고 위급한 문제를 이성적으로 수행함으로써 가능하고, 교육방법을 개혁하고, 부패한 것들을 제거하며, 새롭게 개선한 것들로 다시 채우고, 그것들이 지속될 수 있도록 든든히 세우는 것과 관련되어 있다. 코메니우스에게 학교의 개혁은 긴 인생과 관련된 것이며, 이전의 작품들에서 이미 다룬 내용도 포함하고 있다. 네 번째 개혁의 대상은 교회다(Comenius, 1993: 58-101). 코메니우스가 말하는 교회의 개혁은 보이지 않는 교회가 아닌 보이는 교회(유형교회)에 한정한다. 세 가지 차원에서 개혁이 이루어져야 하는데, 본질적인 것, 사역적인 것, 부차적인 것 순이다. 본질적인 것이 '믿음' '소망' '사랑'과 관련된 것이라면, 사역적인 것은 '말씀' '설교'와 관련된 것이며, 부차적인 것은 '명칭' '의식의 남용'과 같은 것들이다. 마지막 개혁의 대상은 국가다(Comenius, 1993: 102-127). 국가는 학교와 교회를 담는 그릇과 같기에 개혁이 필요하다. 이를 위해서는 부패를 제거하고, 개선책을 소개하며, 소개한 개선책이 세워지도록 해야 한다. 국가를 개혁하고자 하는 궁극적 목적은 평화이며, 안보이며, 국민의 안전이다.

더 나아가 코메니우스는 우주적 개혁을 주장한다. 이를 위해 그는 세 개의 세계회의(World Assembly)를 제안한다. 그것은 '빛의 대학' '평화 재판소' '거룩한 종교회의'다. 주목할 만한 것은 우주적 개혁의 수단과 목적이다. 이것을 정리하면 〈표 14-3〉과 같다.

**〈표 14-3〉『판오르토시아』의 우주적 개혁을 위한 수단과 목적**

| 개혁<br>대상 | 수단 | | | | 목적 |
|---|---|---|---|---|---|
| | 수단 | 진정한 수단이<br>이끄는 풍성함 | 각 수단으로<br>세워야 할 것 | 세계<br>회의 | |
| 학교 | 거룩한 범철학 | 믿음 | 계몽된 믿음 | 빛의 대학 | 완전한 빛 |
| 국가 | 거룩한 범정치 | 사랑 | 활동적 사랑 | 평화 재판소 | 완전한 평화 |
| 교회 | 거룩한 범종교 | 소망 | 견고한 소망 | 거룩한 종교회의 | 완전한 기쁨 |

〈표 14-3〉은 우주적 개혁을 위한 수단과 세부적인 필요, 그리고 궁극적 목적이 제시되어 있다. 〈표 14-3〉 안에 제시되어 있는 내용 중에서 좌측에 제시된 '개혁대상' 항목인 학교, 국가, 교회와 우측에 제시된 '세계회의' 항목은 필자가 삽입한 것이다. 결국 우주적 개혁은 학교, 국가, 교회의 개혁을 통해 이루어지며, 이를 위한 수단 중에 세계회의도 포함될 수 있을 것이다.

# 결 론

1. 요 약

2. 판소피아와 교육적 희망

Ecclef. 5. verf. 18.
In re magna æque ac parva, ne unam quidem
ignorato.

　　결론의 표지 그림은 1639년에 런던에서 출판된『요한 아모스 코메니우스의 판소피아 작품(*Operis Pansophici a Johanne Amos Comenio Coepti*)』의 표지 그림이다. 현재 표지만 남아 있는 이 책은 1637년에 책의 전체적인 개요가 담긴 형태로『코메니우스의 판소피아(*Conatuum Comeniuanorum Praeludia*)』(1637)란 제목으로 출판되었다가, 1639년에 영국에서『판소피아의 선구자(*Prodromus Pansophiae*)』란 제목으로 출판된 책과 같은 내용이다. 코메니우스는 이 책을 통해 자신의 사상적 체계에 대한 청사진을 제시한 것인데, 물질세계와 인간 및 인간의 업적에 대한 유기적인 구조와 가르침에 대한 연구물로 범지적 선언서라고 할 수 있다(Hofmann, 1976). 그림의 활짝 핀 꽃은 코메니우스가 중요하게 생각한 형제연합교회의 신학적 유산인 통일성(unity)을 상징한다(Craig, 2009).

　　그림 아래의 문구는 "매우 중요한 문제에서뿐만 아니라 작은 것에서조차도 모르는 것이 없다."(시락서 5:18)는 뜻으로 '판소피아'의 핵심을 잘 말해준다. 결론적으로 '판소피아'는 어둠을 밝히는 빛이요, '미로'에 대한 답이다.

# 1. 요 약

## 1) 판소피아와 구조

이 책의 목적은 코메니우스의 판소피아 사상의 개념적 구조를 제시하고, 그 구조의 타당성을 코메니우스가 저술한 작품의 구조분석을 통해 밝힌 다음 그 교육적 함의에 대해 살펴보는 것이었다. 이것을 위해 먼저 시도한 것은 판소피아의 개념과 특성에 대한 정리였다. 판소피아는 사물 존재의 근원에 대한 앎과 그것의 존재 방식에 대한 앎과 그것의 바른 사용 및 목적에 대한 앎을 포괄하는 전체적 지혜다. 이는 곧 '내용'에 대한 전체적 지혜이고, '방법'에 대한 전체적 지혜이며, '목적'에 대한 전체적 지혜인 것이다. 다르게 말해서, 판소피아는 모든 사람과 관련된 지혜, 인간의 내재적 원리(인격성)와 연결된 지혜, 모든 사물을 탐구하는 지혜, 참된 이해를 통해 진정한 통일을 추구하는 지혜로서 인간의 전체적이며 완전한 지식에 대한 유일하며 포괄적인 체계다. 한마디로 말해서, 판소피아는 모든 사람이 모든 사물에 대하여 얻을 수 있는 철저한 지혜의 체계라고 할 수 있다.

판소피아 특성에 대한 고찰은 이 책에서 매우 중요한 위치를 차지했다. 판소피아 특성은 대표적인 두 개의 성경 구절을 배경으로 하고 있다. 하나는 본질적인 것(롬 11:36)과 관련된 것이며, 다른 하나는 대상적인 것(골 1:28)과 관련된 것이다. 전자는 존재하는 모든 사물의 존재 근거, 존재 방편, 존재 의미의 근원에 대한 것이라면, 후자는 존재하는 사물들 자체의 특별한 범위, 내용, 방법에 대한 것이다. 결국 전자는 모든 사물의 근원이신 '삼위일체 하나님'에 대한 것이라면, 후자는 삼위일체 하나님이 지으신 세상의 모든 사물에 대한 것이라고 할 수 있다. 따라서 전자는 판소피아 특성의 '완전성'과 연계할 수 있다면, 후자는 '전체성'과 연계할 수 있다. '완전성'에는 본질적 특성으로서의 '영원성', 형태적 특성으로서의 '삼원성', 의미론적 특성으로서 '목적성'이라는 세부적인 특성이 내포되어 있다. 이런 특성을 로마서 11:36의 맥락과 연결시켜 본다면, '영원성'은 '에크(ἐξ)'와 연결되면서 존재의 근원을, '삼원성'은 '디아(διὰ)'와 연결되면서 존재의 방편을, '목적성'은 '에이스(εἰς)'와 연결되면서 존재의 목적(의미)을 함축하고 있다. 또한 대상으로서의 '전체성'에 속한 세부적 특성들은 '통일' '조화' '질서'다. '통일'이란 궁극적으로 영원한 하나님 안에서 하나됨을 의미한다. 방법론적으로는 특별하고 개별적인 사물을 총합으로 모으고, 보다 작은 결말을 위대한 결말로, 최종적으로 모든 결말을 결말의 결말로 모으는 것을 의미한다. '조화'란 그 근원이 삼위일체의 조화에 근거하고 있다. 조화란 조화의 근원에 따라 우주적 세계 안에서 전체와 부분, 부분과 부분 간의 적절한 관계의 하나됨을 의미하며, 구체적으로는 인간의 내적인 영역 안에서의 하나됨을 의미한다. '질서'란 세계구조의 세부적인 것까지 지탱하고 있는 원리를 뜻한다. 그 질서의 근원은 역시 하나님의 질서에 있다. 그래서 모든 사물이 하나님을 향할 때 온전할 질서를 회복할 수 있는 것이다. 이런 세 가지 특성은 전체성에 대한 또 다른 조명이다. '통일'이 '조화'와 '질서'를 통해 이루어지는 것이라면, '질서'와 '조화' 역시 전체의 '통일'에서 나오는 것이다. '질서'는 '통일'을 위해 필요한 조건이라면, '조화'는 '통일'과 '질서'의 매개체라고 할 수 있다.

이러한 판소피아의 특성은 판소피아 구조를 드러내는 데 매우 중요한 요소로 작용한다. 코메니우스가 생각하는 구조와 피아제의 구조는 연관이 있어 보이는데, 피아제의 주장과 같이 '전체'가 부분을 포괄하며 하나의 통일성을 유지하는 속성을 가지고 있다면, 이는 판소피아의 '영원성' 및 '통일성'과 맥을 같이한다. 또한 '자율통제'가 구조 자체 안에 있는 스스로를 규제할 수 있는 체계적 속성이라면, 모든 사물이 존재하는 체계를 포함하면서 각 부분과 부분의 조화, 부분과 전체의 조화를 추구하는 '삼원성' 및 '형태적 특성'과 연관되어 있다. '변형'이 구조의 동적인 속성, 즉 머물러 있지 않고 계속하여 상황에 적응하며 변하는 속성이라면, 이는 '완전'을 향하여 나아가는 판소피아의 '목적성' 및 '질서'와 연결된다. 결국 판소피아 특성 안에는 판소피아의 구조적 기원이 담겨 있다. 필자는 이런 구조의 기원을 아우구스티누스, 보나벤투라, 쿠자누스의 사상에서 발견할 수 있었다.

구조가 하나의 체계라면, 판소피아는 그 자체가 하나의 구조라고 할 수도 있지만, 이 책에서 말하는 '판소피아 구조'는 거대한 체계를 핵심적으로 정리한 것을 의미한다. 피아제의 말을 빌린다면, '구조의 구조' 혹은 '체계의 축'이라고 할 수 있으며, 다르게 말한다면 우선적이며 본질적인 것으로, 거대한 체계의 근원이요, 토대라고 할 수 있을 것이다. 코메니우스는 그것을 다름 아닌 삼위일체로 존재하는 하나님으로 규정한다. 따라서 판소피아 구조의 핵심은 하나님의 삼일적 특성과 관련되어 있으며, 그것을 근원으로 하며, 그것을 토대로 하여 드러난다. 코메니우스는 이런 구조적 정당화를 위해 성경을 중심으로 아우구스티누스의 삼위일체 교리에 뿌리를 두고 있다. 이런 삼원적 특성 혹은 삼원성은 모든 삼라만상에 삼중적으로 드러나고 있다. 그 이유는 삼위일체 하나님의 삼일성이 모든 만물에 투영되고 있기 때문이다. 그래서 코메니우스는 모든 것을 삼분법으로 분류하고 있다.

필자는 판소피아 구조를 코메니우스가 제시한 세 가지 그림(하나님, 인간, 세계)을 나름대로 해석한 후 통합적인 그림([그림 4-7])으로 정리를 시도했다. 간략하게 정리해 본다면 다음과 같다. 판소피아 구조의 핵심은 '하나님'이다. 하나님은 영원하고, 삼위일체로 존재하며, 모든 사물의 근원이고, 존재방편이며, 궁극적 지향점이다. 판소피아 구조([그림 4-7])에서 예수 그리스도는 하나님이며, 동시에 완전한 사람이다. 모든 것이 하나님으로 말미암아 존재한다고 할 때, 그 존재하게 하는 하나님이 바로 예수 그리스도다. 그리스도는 하나님과 모든 피조물 사이의 완전한 중보자다. 완전한 하나님의 아들인 그리스도는 무질서한 세상과 어둠 가운데 있는 인간을 온전하게 회복시키기 위해 완전한 사람으로 이 땅에 보냄을 받았다. 판소피아 구조에서 주목할 또 하나의 것은 인간이다. 인간은 하나님의 형상대로 창조되었기 때문에 하나님의 삼일성이 특별한 삼원성으로 나타나는데, 바로 '정신' '혀' '손'이다. 이런 특성은 인간의 세 가지 본성 (지성, 덕성, 신앙)과 유기적으로 연결되어 감각을 통해 사물을 인식하고, 사물에 대한 통찰력으로 이성적 판단을 하며, 하나님의 뜻에 따라 올바르게 사용하는 역할을 한다. 이런 삼원성은 인간세계뿐만 아니라 자연세계에도 역시 나타나고 있다.

필자는 판소피아 구조의 특성을 일곱 가지로 정리해 보았다. 첫째, 판소피아 구조에서 하나님은 구조의 근원이며, 구조의 중계자인 동시에 구조의 목적이다. 판소피아 구조에서 하나님은 영원하시기에 근원이요 시작이며(영원성), 삼일성을 가지고 있기에 방편이요 중계자인 동시에(삼원성), 완전하시기에 목적이요 지향점(목적성)이다. 따라서 판소피아는 본질적으로 하나님의(ἐξ), 하나님에 의한(διὰ), 하나님을 위한(εἰς) 것이라고 할 수 있다. 둘째, 판소피아 구조는 '하나님' '인간' '세계'라는 영역적 틀을 가지고 있다. 이런 틀은 판소피아 구조의 세부적인 사항들과 연결되어 확장된다. 셋째, 삼위일체 하나님의 삼일적 특성이 존재하는 모든 것에 나타나고 있다. 그래서 판소피아 구조는 내적인 일관성을 나타낸다. 즉, 하나님의 삼일성이 인간과 모든 사물에 삼원적으로 투영되어 있기 때문에 모든 것을 삼중적으로 분류할 수 있다. 넷째, 판소피아 구조는 하나님의 형상으로서의 인간을 매우 중요시한다. 왜냐하면 인간은 하나님의 형상에 따라 창조된 존재이기 때문이며, 예수 그리스도를 통하여 하나님의 형상을 회복할 수 있다고 보았기 때문이다. 다섯째, 판소피아 구조는 인간의 교육적 역할을 강조한다. 이와 관련하여 특히 주목할 것은 인간의 자질과 관련된 것이다. '정신'과 '혀'와 '손'은 인간과 '세계'를 하나님께로 인도하는 데 매우 중요한 요소다. 이는 곧 판소피아가 교육적 체계를 가지고 있다는 사실과 연결된다. 여섯째, 판소피아 구조는 예수 그리스도의 중보자(仲保者, μεσίτης)적 역할을 잘 보여 준다. 예수 그리스도는 하나님인 동시에 완전한 사람이다. 그러면서 하나님과 타락한 인간 사이의 완전한 중계자가 된 것이다. 판소피아가 본질적으로는 하나님 중심적 구조를 가지고 있으면서 동시에 인간과 교육의 역할을 강조하는 구조를 가질 수 있는 것은 바로 중보자 예수 그리스도가 있기 때문이다. 마지막으로, 판소피아 구조는 단순한 평면적 구조가 아니라 입체적이다. 하나님, 인간, 세계라는 영역적 틀과 '모든 것' '모든 사람' '철저하게'라는 교육적 틀이 인간의 본성적 가능성과 함께 엮이면서 3차원적 양상을 띠고 있는 체계다.

## 2) 구조를 통해 본 작품별 특성

이와 같이 제시한 판소피아 구조의 타당성을 논증할 방법은 무엇인가? 필자는 이런 물음에 대한 답을 코메니우스가 저술한 작품의 구조분석 자료에서 찾았다. 먼저 중요한 것은 텍스트 선정에 대한 것이다. 과연 어떤 책을 무슨 이유로 선정하였느냐는 구조분석에 앞서서 매우 중요한 것이기 때문이다. 필자는 세 가지 이유에 근거하여 『대교수학(*Didactica Magna*)』 『빛의 길(*Via Lucis*)』 『세계도회(*Orbis Pictus*)』 『팜패디아(*Pampaedia*)』를 선정했다. 그 이유는 첫째, 네 권의 책이 코메니우스의 판소피아적 삶의 궤적을 잘 보여 준다고 판단했기 때문이다. 둘째, 네 권의 책 모두가 교육적인 관심과 특성을 최적으로 보여 주고 있기 때문이다. 셋째, 선택한 네 권의 책은 코메니우스의 초기 저작 중에 가장 포괄적이며 영향력을 끼친 책인 『대교수학』이 제시하는 원리에 부합하기 때문이다. 그것은 바로 '토대' 혹은 '기초', '원리' 혹은 '진리', '순서' 혹은 '질서', '길' 혹은 '방법'이다. 『대교수학』이 판소피아 사상의 핵심 단어(모든 사람, 모든 것, 철저하게)를 담지하고 있다는 점과 인간의 교육적 본성을 중심으로 전체가 진행되고 있다는 점이 판소피아 사상의 '토대'와 같은 역할이라면, 판소피아의 핵심 원리를 포괄적으로 다루고 있는 『빛의 길』은 판소피아 사상의 '청사진'이라고 할 수 있고, 교수·학습의 순서 및 주제의 순서가 제시되어 있는 『세계도회』는 판소피아 사상의 현실적인 '순서'와 관련되어 있으며, 판소피아의 실현을 위한 방법론을 다루고 있는 『팜패디아』는 판소피아의 실현을 위한 '방법'과 직접적으로 연결되고 있다.

『대교수학』의 구조를 분석한 결과, 다음과 같은 결론을 얻을 수 있었다. 첫째, 『대교수학』은 토대, 원리, 순서, 길이라고 하는 네 개의 핵심 기둥 위에 세워져 있다. 코메니우스는 『대교수학』을 통해 가르치는 기술의 근거, 원리, 질서, 방법을 철저하게 제시하고 있는 것이다. 둘째, 『대교수학』에는 인간의 삼원적 특성으로서의 교육적 본성이 처음부터 끝까지 일관되게 나타나고 있다. 셋째, 코메니우스의 『대교수학』은 교수·학습의 원리를 자연에서 찾고 있다. 왜냐하면 자연은 하나님의 삼원적 특성이 투영되어 있는 창조물이기 때문이다. 넷째, 『대교수학』은 자연의 질서로부터 세부적인 규칙을 도출하고 있다. 그래서 코메니우스는 언어교육, 지식교육, 덕성교육, 신앙교육을 위한 규칙들을 구체적으로 제시하고 있다. 다섯째, 『대교수학』에는 이후 코메니우스 저서를 통해서 더 구체화될 학교제도에 대한 밑그림이 나타나고 있다. 마지막으로, 코메니우스의 『대교수학』에는 단원과 단원을 연결해 주는 연결고리가 나타나고 있다. 이것은 『대교수학』 자체에 흐르는 특성인 일관성, 연관성, 연계성, 계속성, 전체성, 균형성의 끈이라고 볼 수 있다. 이 점은 코메니우스의 사상적 특성이라고 할 수 있는 인간의 교육적 특성 및 역할의 강조와 잘 어울리는 특징이다.

『빛의 길』의 구조를 통해 본 특성은 다음과 같다. 첫째, 『빛의 길』의 구조에는 판소피아의 삼중적 특성이 분명하게 드러나고 있다. 이런 사실은 전체 구조를 크게 삼분하여 제시할 수 있다는 점, 판소피아의 삼중적 틀(모든 것, 모든 사람, 철저하게)이 나타나고 있다는 점, 코메니우스가 헌사를 통해 '하나님의 학교'를 삼중으로 제시하고 있다는 점을 통해 확인할 수 있다. 둘째, 『빛의 길』에서 주목할 부분은 헌사다. 특히 주목할 사항은 판소피아에 대한 간략한 정의다. 판소피아란 "인간의 내재적인 세 가지 원리에 의하여 모든 사물을 탐구하며, 누구든지 그것을 이해할 수 있는 진정한 일치를 부여할 수 있는 유일하고 포괄적인 체계"다. 또한 주목할 것은 코메니우스가 직접 언급한 『빛의 길』에서 본질적으로 새롭게 제시하고 있는 내용이다. 그것은 『빛의 길』이 '모든 것을 포함하고 있다.'는 사실, 목적에 도달하기 위한 방법(길)을 제시하고 있다는 사실, 우주적 빛의 확산을 위해 범언어를 정립하기 위한 시도를 하고 있다는 사실이다. 셋째, 『빛의 길』의 구조분석을 통해서 '연결고리'의 역할을 확인할 수 있다. 넷째, 『빛의 길』에는 원리적인 부분에서 『대교수학』에서보다 더 구체화된 내용이 제시되어 있다. 마지막으로, 『빛의 길』은 코메니우스의 주요 저작의 모태와 같은 역할을 하고 있다. 정리해 본다면, 코메니우스는 『빛의 길』을 판소피아의 '원리'로 삼고 이후에 그의 핵심 작품들을 확장하여 간 것이라고 할 수 있다.

『세계도회』의 구조분석을 통해 다음과 같은 결론을 얻었다. 첫째, 『세계도회』의 삼원적 특성이다. 즉, 자체가 삼중적인 구조(세계, 인간, 종교)로 이루어져 있으며, 내용 역시 삼중(자연, 인생, 하나님)으로 제시되고 있다. 세계의 요소(원리)에서 시작하여 식물, 동물, 인간, 인간의 직업, 학문, 공동체, 종교로 진행되는 교육과정 자체가 연속적인 질서를 이루고 있다. 이런 질서는 '하나님'으로 시작하여 '하나님'으로 끝나고 있다. 하나님 자체가 삼원성의 시작이다. 왜냐하면 하나님은 본질(essentia)이 하나이면서, 인격(hypostasis)은 셋이기 때문이다. 이런 삼원성이 인간(정신, 의지, 영혼)에게도 부여되어 있으며, 자연세계(하늘, 대기, 땅과 물)에서도 나타나고 있다. 결국 『세계도회』는 삼원적 특성을 가지고 있다. 둘째, 『세계도회』의 통전성이다. '오르비스(Orbis)'라는 말은 세계를 둘러싸고 있는 전체를 의미한다. 즉, 세계란 학습자 앞에 놓여야 할 전체로서의 세계인데, 코메니우스는 그림을 통해 전체성을 보여 주고 있다. 그에게 있어서 그림은 감각(시각, 청각, 촉각)을 통한 통합적 학습을 유도하는 매개체인 셈이다. 이러한 통합성은 책의 순서와 흐름을 이어 주는 '연결고리'를 통해서도 확인할 수 있다.

『팜패디아』의 구조적 특성은 다음과 같이 다섯 가지로 정리할 수 있다. 첫째, 『팜패디아』는 '표제'를 기점으로 점점 확장해 나가는 나선형적 구조를 보여 준다. 즉, 『팜패디아』의 핵심 개념(본성, 전체, 완전함)이 서론, 1~4장(교육목적론),

5~7장(교육방법론), 8~15장(실행단계)까지 점점 확장되며 나아가는 나선형 구조를 나타내고 있다. 둘째, 『팜패디아』는 핵심 개념이 삼중구조라는 형식을 통해 제시되고 있다. 『팜패디아』의 대표적인 삼분법적 표현이 바로 '모든 사람' '모든 것' '철저하게'다. 셋째, 『팜패디아』는 핵심 개념을 설명하는 중요한 장들이 '연결고리'에 의해 논리적으로 연결되어 있다. 즉, 교육목적론(1~4장)과 교육방법론(5~7장)을 연결하는 연결고리로 4장 19~24절이 사용되고 있으며, 다시 교육방법론(5~7장)과 『팜패디아』의 실행단계(8~15장)를 연결하는 연결고리로 7장 34절이 사용되고 있다. 넷째, 인간의 본성과 관련된 구체적인 사실들 간의 연관성을 확인할 수 있다. '정신'은 '지성'과 연결되어 감각을 통해 사물(자연)을 인식하는 역할을 하며, '혀'는 '덕성'과 연결되어 통찰하고 판단하는 이성적 역할을 담당하고, '손'은 '신앙'과 연결되어 하나님의 뜻에 따라 사물을 바르게 사용하는 역할을 한다. 다섯째, 『팜패디아』는 3+3 형식의 구조를 나타내고 있다. 이것은 『팜패디아』의 아주 흥미로운 구조적 특징이다. 코메니우스의 교육사상은 '전체'를 강조하는 것으로 유명하다. 그러나 그의 전체성은 잡다한 것을 마구잡이로 모아놓는 것을 의미하지 않는다. 자연이 질서를 가지고 있듯, 전체는 질서에 따라 세워져야만 한다. 코메니우스가 전체를 질서에 따라 정리하는 방식 중 대표적인 것이 바로 3+3 형식의 중첩 구조인 것을 우리는 『팜패디아』를 통해 확인할 수 있다. 이것은 곧 판소피아 구조의 입체적 특징을 보여 주는 것이다.

코메니우스의 대표적인 저서 네 권을 구조분석한 결과를 통합적으로 정리해 보면 다음과 같다. 첫째, 『대교수학』의 구조는 코메니우스가 '독자에게 드리는 인사말'에서 언급했던 '토대' '원리' '순서' '길'로 정리할 수 있는데, 구조분석을 통해 발견할 수 있는 특성 역시 네 개의 핵심 단어와 관련이 있다. 즉, 『대교수학』은 인간의 삼원적 특성이 처음부터 끝까지 일관되게 나타나고 있는데, 이런 특성 자체가 『대교수학』의 '토대'를 이루는 것이다. 또한 『대교수학』은 자연으로부터 교수·학습의 '원리'를 끌어내고 있으며, 자연의 질서에서 사물의 합당한 '순서'로서의 설계 규칙을 끌어내고 있고, 학교제도와 더불어 판소피아의 '길'을 보여 주고 있다. 이런 『대교수학』은 판소피아 사상의 토대와 같은 역할을 하는데, 그 근거로는 『대교수학』이 판소피아 사상의 씨앗(모든 사람, 모든 것, 철저하게)으로 시작하고 있다는 점, 인간의 교육적 본성을 축으로 진행되고 있는 점, 교육원리 및 교수·학습의 규칙들은 후기 저서에 나타나는 내용의 기초가 되고 있다는 점, 후기 저서에 나타날 학교제도의 청사진이 제시되고 있다는 점 등을 들 수 있다.

둘째, 『빛의 길』은 구조와 내용에서 『대교수학』과 『팜패디아』와는 다르게 원리적인 진술에 초점을 맞추고 있다. 『빛의 길』의 특성을 보여 주는 내용으로는, 코메니우스의 초기 저서 중에서는 볼 수 없는 판소피아의 정의가 제시되고 있다는 점, 판소피아의 핵심 개념인 '모든 것' '모든 사람' '철저하게'의 원리가 비록 『팜패디아』에 비해서는 간략한 형태이지만 『대교수학』에 비할 때 훨씬 더 구체적인 내용을 담고 있다는 점, 『빛의 길』 14장의 진술방식이 이후 저서인 『팜패디아』의 1~4장 진술방식과 매우 유사한 점 등을 들 수 있다.

셋째, 『세계도회』는 판소피아 사상의 '순서'와 깊은 연관이 있는데, 학습 단계의 구조와 학습내용의 구조다. 코메니우스는 '입문' 그림 후 '알파벳'을 제시함으로써 배움에는 순서가 있음을 잘 보여 주고 있으며, 하나님을 배워야 할 주제의 1순위로 제시하고 있는 점을 통해 배워야 할 순서를 잘 보여 주고 있다.

넷째, 『팜패디아』는 판소피아 사상의 실현을 위한 가장 발전된 교육방법론이라고 할 수 있다. '표제(본성, 전체, 완전함)'에서 시작된 판소피아의 교육적 특성은 '목적론' '방법론' '실행단계'로 더욱 구체화되고, 이는 곧 원리와 방법, 적용으로 세분화되어 가고 있다. 이런 방법론적 접근은 『빛의 길』의 14장에서 언급된 내용에 비해 훨씬 구체적이며 완성된 것임을 알 수 있다.

코메니우스의 네 권의 텍스트 구조를 분석한 결과, 다음과 같은 판소피아 구조의 특성을 발견할 수 있었다. 첫째, 코메니우스는 '영원한 것'에 대한 교육을 우선으로 하고 있다는 것을 발견할 수 있었다. 이것은 하나님을 중심으로 하여 펼쳐 나가는 판소피아 구조와 맥을 같이하는 것이다. 둘째, 코메니우스의 대표적인 네 권의 저서에 공통적으로 나타나는 구조적 특성 중에 가장 눈에 들어오는 것은 '연결고리'다. 코메니우스는 이런 연결고리 역할이 인간에게도 주어져 있음을 강조하고 있으며, 이와 같은 인간의 연결고리 역할은 예수 그리스도의 중보사역에 기인한 것이다. 셋째, 네 권의 저서를 통해 판소피아 구조에 나타나는 삼원적 특성을 확연하게 발견할 수 있다. 넷째, 네 권의 저서에서 공통적으로 판소피아 구조에 나타나는 세 가지 영역인 하나님, 인간, 자연을 확인할 수 있다. 다섯째, 네 권의 저서 모두 인간의 교육적 본성과 역할을 매우 강조하고 있음을 확인할 수 있다. 마지막으로, 『팜패디아』를 통해서 판소피아 구조의 입체적 특성을 확인할 수 있다. 이를 통해 볼 때, 네 권의 텍스트 구조분석 결과는 이 책의 제4장에서 제시한 판소피아 구조의 특성과 맥을 같이한다. 이런 특성을 종합적으로 비교연결하여 고찰한 결과, 판소피아적 특성이 교육과 밀접하게 연결되어 있음과 판소피아 구조를 통해 교육의 요소를 살펴볼 필요성을 알게 되었다.

## 3) 판소피아 구조를 통해 본 교육적 요소

코메니우스는 그의 판소피아 개념의 구축을 교육적 필요에서 시작하여 교육 가능성과 효율성을 위해 쉼 없이 연구하여 마침내 포괄적인 사상체계로 정리했다. 따라서 판소피아의 교육적 함의를 고찰하는 것은 판소피아의 개념, 특성, 구조를 고찰한 후에 이루어지는 자연스러운 작업이다. 이를 다르게 표현해본다면, 판소피아는 논리적으로 교육을 지향하며, 교육은 필연적으로 판소피아를 요청한다고 할 수 있다. 결국 판소피아 구조는 그 자체 안에 교육적 요소(목적, 내용, 방법)를 담지하고 있는 것이다. 따라서 필자는 판소피아의 교육적 함의를 크게 세 가지 측면에서 고찰했다. 첫째는 교육의 목적을 판소피아 구조를 통

해 조명하는 것이고, 둘째는 교육의 내용을 판소피아 구조를 통해 살펴보는 것
이며, 마지막은 교육의 방법을 판소피아 구조를 통해 조명하는 것이다.

먼저 판소피아 구조를 통해 본 교육목적의 특성은 네 가지로 정리할 수 있다.
첫째, 가장 핵심 특성이라고 할 수 있는 것으로 인간의 인격성을 드러내는 교육
목적이라는 점이다. 코메니우스는 교육의 불모지와 같은 17세기의 교육 상황에
도 장애인을 포함한 모든 사람을 교육의 주체로 보고 있다. 둘째, 교육목적의 진
술이 매우 구체적이며 명료하다는 점이다. 교육목적과 관련된 코메니우스의 진
술은 매우 논리적이다. 우선 그는 궁극적인 교육목적을 진술한 후 현실적인 교
육목적을 진술한다. 현실적인 교육목적 진술에 있어서도 점점 더 구체적이며 세
부적으로 진술해 가는 것을 알 수 있다. 셋째, 구조를 통해 코메니우스의 교육목
적이 일관되게 진행되는 것을 발견할 수 있다는 점이다. 코메니우스는 자연적
질서의 기본적인 일관성에 주목한다. 그것을 통해 그는 모든 사물 안에 영원한
일관성이 존재한다는 사실을 주장하고 있는 것이다. 이런 그의 생각이 판소피
아의 교육목적에도 드러나고 있다. 또한 코메니우스는 끊임없는 역동성으로 목
적을 향해 나아가야 함을 강조하고 있다. 마지막으로, 코메니우스의 교육목적의
범주가 균형감을 이루고 있다는 점이다. 코메니우스에게 범주의 균형성은 매우
중요하다. 만약에 전체로서의 인간의 능력이 전체로서의 사물세계를 위해 사용
되지 않고 균형을 상실한다면, 그 능력은 조화를 이룰 수 없고 해로운 방식으로
탈선하게 될 뿐이다. 균형을 상실하면 대부분의 사람은 인식의 대상, 혹은 의지
(意志)의 대상, 혹은 행동의 대상에만 몰두하게 되어 부분적인 지식으로만 가득
채워지고 결국은 무익한 것을 과도하게 추구함으로써 필수적인 것의 결핍을 초
래하고 만다. 그렇기 때문에 코메니우스는 인간의 본성, 학습교재, 학습방법적
인 면에서도 철저한 균형을 이루고 있다. 그는 인간 본성의 완전함을 '지성' '덕
성'의 함양에 그치지 않고 '영성'의 함양까지 포함시키고 있으며, 세 가지 책으로
'자연' '이성' '성경'을 제시하고 있다. 또한 코메니우스의 교육목적은 단순한 앎
에서 멈추지 않는다. 그것은 참된 모든 것을 알고(이론), 참된 모든 것을 선택하

며(실천), 필요한 것을 행하는 것(사용)을 목표로 한다.

판소피아 구조를 통해 본 교육내용의 특성들은 여섯 가지로 정리할 수 있다. 첫째, 교육내용의 통합성 혹은 '총합성'이다. 코메니우스의 교육사상은 '전체'를 강조하는 특성이 있다. 여기에서 그가 말하는 전체는 단순히 모든 것을 기준 없이 모아 놓은 것을 의미하는 것이 아니라 자연의 질서와 같이 원리와 순서에 따라 배열되어 있는 전체다. 『팜패디아』의 경우 입체적으로 내용을 구성하고 있는데, 세로축의 '본성' '전체' '완전함'이라는 『팜패디아』의 핵심 개념이 가로축에 제시된 판소피아의 핵심 개념인 '모든 사람' '모든 것' '철저하게'와 결합하여 『팜패디아』의 전체 내용을 이루고 있다. 세로축의 '본성'은 가로축에서 인간의 본성인 '덕성' '지성' '영성'과 결합되고 있으며, 세로축의 '전체'는 가로축에서 인식 대상으로서의 '인간' '자연' '성경'과 결합하고, 세로축의 '완전함'은 가로축의 '실천' '이론' '사용'과 결합하고 있는 것을 볼 수 있다. 이는 곧 코메니우스의 교육내용의 통합성을 보여 주는 예다. 둘째, 교육내용의 연속성이다. 코메니우스는 『대교수학』에서 4단계의 교육제도를 제시하고 있다. 그런데 '어머니 무릎학교' '모국어 학교' '라틴어 학교' '대학'에서 배우는 교육과정의 세 가지 큰 틀이 '지식' '덕성' '신앙'으로 이루어져, 4단계의 매 단계마다 연속성을 가지고 확장되고 있음을 한눈에 알 수 있다. 『세계도회』의 경우도 마찬가지다. 『세계도회』의 내용 중에서 연속성의 특성을 가장 잘 보여 주는 것이 주제(과목)의 연속성이다. 요소(원리)에서 시작하여 식물, 동물, 인간, 인간의 직업, 학문, 공동체, 종교로 진행되는 교육과정에 연속성의 원리가 있다. 셋째, 교육내용의 응집성이다. 코메니우스의 교육내용 중에서 응집성의 특징을 가장 잘 보여 주는 작품 중의 하나도 역시 『세계도회』다. 예를 들어, 하나님이 창조한 세계는 '요소(원리)' '식물' '동물'이라는 세 가지 큰 주제로 모을 수 있으며, 인간은 '기술' '학문' '공동체'로 모을 수 있다. 좀 더 구체적인 예를 들어 본다면, '기술'이라는 대주제하에 '직업과 기술'(45~64번)이라는 소주제가 편성되어 있는데, 실제로 『세계도회』 안에는 당시에 있었던 직업의 모든 종류가 거의 다 들어가 있다. 한마디로 말해서 『세계도회』는 교육내용의 응집성의 원리에 따라 집필된 교재라고 할 수 있다. 넷째, 교육내용의 균형성이다. 『팜패디아』의 경우 '표제'에서 시작된 내용은 '서론' '본론' '결론'으로 구성되어 있으며, '본론' 부분은 다시 '목적론'(1~4장), '방법론'(5~7장), '실행단계'(8~15장)로 확장된다. '목적론'은 다시 '모든 사람' '모든 것' '철저하게'라는 판소피아의 교육적 모토로 나아가며, '방법론'은 '범학교' '범교재' '범교사'로 나아가고, '실행단계'는 태아기학교부터 사망기학교까지 8단계의 학교로 확장되고 있다. 이런 흐름에서 발견할 수 있는 것은 전체적이면서 동시에 각 부분이 가지는 균형성이다. 즉, 모든 주제가 세 가지 방향으로 균형 있게 흘러가고 있다는 것이다. 다섯째, 교육내용의 계열성이다. 이에 대한 예로, 코메니우스는 학교에서 사용하는 모든 소책자는 초급, 중급, 고급의 단계로 구분하여 출판해야 한다고 말한다. 교육내용의 분량과 의미의 깊이가 초급, 중급, 고급의 단계에 따라 점점 더 추가 및 심화되면서도 핵심적인 학습내용은 변함이 없어야 한다는 것이다. 여섯째, 교육내용의 포괄성이다. 코메니우스가 범교재의 덕목 중에서 첫 번째로 강조하고 있는 것이 '충분함'인데, 이는 시간과 영원 속에서 생략된 것이 없는 것을 의미한다. 또한 코메니우스는 하나님의 세 가지 책들로 안내하는 소책자들이 갖추어야 할 중요한 조건 중에서 포괄성을 강조하여 설명하고 있다. 코메니우스의 판소피아에서 교육내용의 포괄성을 단적으로 보여 주는 예가 『세계도회』에 제시되어 있다. 코메니우스는 교육이 모든 사람을 포함해야 함을 강조했다. 그 모든 사람에 장애인까지도 포함시키고 있다는 점이다.

코메니우스의 판소피아 사상의 특성이 가장 실제적으로 드러나는 것이 바로 교육방법이다. 코메니우스는 이것을 『팜패디아』를 통해 잘 보여 주고 있다. 그의 전체적 교육방법론의 특성은 크게 네 가지로 정리할 수 있다. 첫째, 빠르면서 재미있고 철저한 교육방법을 강조한다는 점이다. 즉, 코메니우스는 교육방법의 신속성을 강조한다. 이를 위해 필요한 것은 목표에 정진하는 것이다. 또한 코메니우스는 즐겁게 가르치고 배우는 것의 중요성을 강조한다. 왜냐하면 '싫증'이 학습의 장애물이기 때문이다. 이와 더불어 코메니우스는 철저한 방법을 강조한다. 이와 같이 코메니우스가 강조하는 교육방법의 신속성, 즐거움, 철저성은 매우 균형 잡힌 교육방법론이다. 이것들이 교수법의 가장 기본적인 법칙인 모범(실례), 규칙(지침), 모방(실천)과 결합하여 가르쳐질 때 교육목적을 달성하는 최고의 교육방법이 될 것이다.

둘째, 인격성을 강조하는 교육방법이다. 데카르트는 이성 외에는 모든 것을 불신했다. 즉, 감각을 통해 알려진 사물의 존재나 본질에 대한 모든 것을 의심스러운 것으로 간주했던 것이다. 이는 곧 인격성을 배제하는 객관주의를 낳는 원인이 되었다. 데카르트에게는 오직 인간의 이성만이 유일한 지식의 통로였다면, 코메니우스는 지식을 획득하기 위해 이성과 더불어 인간의 감각과 하나님의 계시의 증거가 필요하다고 보았다. 이것을 방법론적으로 표현해 본다면, 인간은 사물 자체를 직관으로 지각하는 감각과 이제까지의 이성적으로 축적된 모든 이론을 이해하는 이성과 이 모든 것을 통합할 수 있는 영적인 과정을 통해 참된 지식을 획득한다는 것이다. 이것은 교육에서 전인성(全人性) 혹은 통합성(統合性)을 강조하는 교육방법이다. 그래서 코메니우스는 교수방법에 있어서 교사와의 관계성을 매우 중요시하고 있다. 그는 교수방법을 아우르는 제목으로 '범교사'를 정했을 정도로 교수방법에 있어서 교사의 역할과 중요성을 강조하고 있는 것이다. 또한 코메니우스는 '모범'과 '모방'의 교수·학습방법을 반복적으로 언급하는데, 이는 곧 교사와 학생 사이의 방법론적 연결고리를 보여 주는 것이다.

셋째, 믿음을 강조하는 교육방법이다. 데카르트의 인식의 출발이 '의심'이었다면, 코메니우스는 '믿음'에서 시작하여 '믿음'으로 마무리되는 세계관을 가지고 있었다. 이런 그의 세계관을 방법론적 전체성으로 잘 보여 주는 것이 『세계도회』다. 코메니우스는 그의 교육내용을 스스로 영원 가운데 존재하는 '하나님'(2번)으로부터 시작하여, 모든 것을 섭리하며, 모든 것을 다스리는 '하나님의 섭리'(150번)와 예수 그리스도의 재림을 통한 '최후의 심판'(151번)으로 마무리하고 있다. 그는 감각적 교수방법의 중요성을 강조할 뿐 아니라 실제로 그와 같은 교과서로『세계도회』를 제시하는 중에도 감각을 위한 사물의 사실적 그림들을 제시하기에 앞서, 보이지 않는 하나님에 대하여 이미지를 통해 가르치고 있으며, 모든 것의 마지막에 역시 보이지 않는 하나님의 사역에 대하여 이미지를 통해 전달하고 있는 것이다. 즉, 코메니우스는 하나님과 하나님의 섭리로 배워야 할 모든 것을 감싸고 있는 형식을 통해 믿음의 중요성을 강조하고 있는 것이다. 비록 코메니우스가 인식 및 교육의 방법으로 '믿음'을 사용하는 것에 대하여 당시에는 물론이거니와 이후의 많은 학자들에게 외면받은 것이 사실이지만, 여러 오해에도 불구하고 코메니우스가 주장하는 '믿음'의 방식이 전혀 시대착오적인 것도 아니며, 비현실적인 것도 아니라는 사실은 매우 의미심장하다. 필자는 이런 사실을 과학철학자인 마이클 폴라니(Michael Polanyi)의 주장을 통해서 확인할 수 있었다. 객관주의적 관점에서 볼 때, '믿음'은 고작해야 주관적 의미만을 갖는다. 그러나 폴라니에게 있어서 믿음은 인식의 출발선이다. 여기에서 믿음이란 '내맡김(commitment)'이다. 실제로 우리에게는 믿고자 하는 힘, 신뢰하는 힘이 있다. 의심보다는 신뢰가 훨씬 더 근원적이며 이를 바탕으로 우리의 삶뿐만 아니라 지식이 가능하다.

넷째, 특히 교육방법에서 결코 지나칠 수 없는 특성이 바로 적용과 개혁적 요소다. 코메니우스에게 앎이란 판소피아적 앎이다. 이는 곧 사물의 근원을 파악하고, 사물의 존재 방식 및 의미를 파악하며, 나아가 그 사물의 존재 목적과 올바른 사용법까지 아는 것을 포함하는 것이었다. 즉, 판소피아는 개념 자체로부터 방법적인 적용까지 내포하고 있는 것이다. 또한 코메니우스의 판소피아 사상은 개혁적 요소를 충분하게 담고 있다. 코메니우스는 실제적 요소인『판소피아』와 방법적 요소인『팜패디아』와 언어적 요소인『판글로티아(Pangloittia)』가 완전한 조화를 이룰 때 범개혁인『판오르토시아(Panorthosia)』가 앞으로 나아갈 수 있다고 말한다. 흥미로운 점은 코메니우스가 주된 작품으로 언급한 세 작품이 인간의 특별한 기능인 '정신' '혀' '손'과 연결된다는 것이다.『판소피아』는

'정신', 『팜패디아』는 '손', 『판글로티아』는 '혀'와 연결이 된다. 방법론적으로 이 세 가지에 대한 지속적 훈련과 조화를 통해 철저한 가르침이 가능한 것과 같이, 이 세 작품이 조화를 이루는 가운데 잘 전달될 때 범개혁적 운동이 일어나게 된다는 것이다. 즉, '범개혁(판오르토시아)'이 이루어지기 위해서는 '범지혜(판소피아)'와 '범교육(팜패디아)'만 가지고서는 안 되며, '범교육'과 '범언어(판글로티아)'만 가지고서도 안 되고, '범지혜'와 '범언어'만으로도 안 된다. 세 가지가 조화를 이루어 하나로 모아져야만 진정한 개혁을 이룰 수 있다는 것이다.

코메니우스는 개혁의 적용을 위한 영역을 네 가지로 분명하게 제시한다. 첫 번째 대상은 모든 사람 중의 개별적 개인이다. 개인이 하나님의 형상을 회복하는 것이 가장 기본적 개혁이다. 두 번째 대상은 가정이다. 코메니우스는 모든 가정에 작은 규모의 학교, 교회, 국가가 있어야 한다고 말한다. 세 번째 대상은 학교다. 학교의 개혁은 급박하고 위급한 문제를 이성적으로 수행함으로써 가능하고, 교육방법을 개혁하고, 부패한 것들을 제거하며, 새롭게 개선한 것들로 다시 채우고, 그것들이 지속될 수 있도록 든든히 세우는 것과 관련되어 있다. 네 번째 개혁의 대상은 교회다. 코메니우스가 말하는 교회의 개혁은 보이지 않는 교회가 아닌 보이는 교회(유형교회)에 한정한다. 세 가지 차원에서 개혁이 이루어져야 하는데, 본질적인 것, 사역적인 것, 부차적인 것 순이다. 마지막 개혁의 대상은 국가다. 국가는 학교와 교회를 담는 그릇과 같기에 개혁이 필요하다. 이를 위해서는 부패를 제거하고, 개선책을 소개하며, 소개한 개선책이 세워지도록 해야 한다. 국가를 개혁하고자 하는 궁극적 목적은 평화이며, 안보이며, 국민의 안전이다. 더 나아가 코메니우스는 우주적 개혁을 주장한다. 이를 위해 그는 세 개의 세계회의(World Assembly)를 제안한다. 그것은 '빛의 대학' '평화 재판소' '거룩한 종교회의'다. 주목할 만한 것은 우주적 개혁의 수단과 목적이다.

## 2. 판소피아와 교육적 희망

### 1) 결 론

비록 코메니우스의 판소피아는 본질적으로 우주적이며 포괄적인 사상체계이지만, 사실 시작은 교육적 필요에 따른 것이었다. 다르게 말해서, '미로'와 같은 세상에서 참된 목적지를 향하여 바른 길을 제시하기 위해서는 전체를 포괄하는 완전체적 사상이 필요했던 것이다. 판소피아는 교육적 '필요성'에서 출발하여 교육적 '가능성'과 '효율성'을 위해 쉼 없이 연구하여 정리한 포괄적 사상체계라고 할 수 있는 것이다. 그래서 판소피아의 목적 자체가 대단히 교육적이다. 간략하게 말해서 판소피아란 본질적으로 우주적인 세계관과 그 세계관을 인간에게 적용할 우주적인 교육관이 절묘하게 결합되어 있는, 실천을 위한 우주적 사상체계라고 할 수 있을 것이다. 이는 곧 판소피아 구조와 교육적 의미 관계가 특별함을 뜻한다.

물론 그렇다고 해서 판소피아를 교육적으로만 보려고 하는 것은 오히려 코메니우스의 깊은 의도를 오해할 수 있다. 왜냐하면 판소피아는 본질적으로 존재하는 하나님(Deus)에게서 나온 것이기 때문이다. 그렇기 때문에 중요한 것은 판소피아 사상의 본질적 측면(하나님과의 관련성)과 실제적 측면(삶과의 관련성)이 균형을 이루는 것이다. 이러한 균형 잡힌 관점을 갖도록 돕는 것이 바로 판소피아 구조다. 그러므로 판소피아 구조를 통해 교육을 조명하는 것이 중요하다. 이런 조명을 통해 필자는 일곱 가지의 결론을 얻을 수 있었다.

첫째, 판소피아 구조는 하나님을 중심으로 하는 구조다. 확인한 바와 같이 판소피아 구조는 모든 것이 하나님에게서 시작하여, 하나님으로 말미암고, 하나님을 향하여 나아가는 것임을 보여 준다. 이것은 본질적 측면이다. 실제적 측면

이 온전하기 위해서는 '하나님 중심성'을 잃어서는 안 된다.[1]

둘째, 판소피아 구조는 교육의 목적으로서 인격성을 강조하는 구조다. 인격성의 시작은 인격적 존재인 삼위일체 하나님이다. 흥미롭게도 판소피아 구조는 하나님 중심성을 보여 주는 동시에 인간의 중요성 역시 잘 드러내 주고 있다. 중보자(μεσίτης)인 예수 그리스도로 말미암아 인간은 하나님의 형상으로서의 인격성을 회복한다. 또한 하나님과 인간은 코메니우스에게 교육의 주체다. 하나님이 교육의 초월적 주체라면, 인간은 교육에서 현실적 주체다. 인간이 교육의 현실적 주체라는 의미는 가르침과 배움의 과정에서 모든 사람은 한 명도 예외 없이 주체로서 혹은 인격체로서 교육에 참여한다는 것이다. 이런 인격성의 강조는 교육방법에서도 분명하게 나타나는 것을 확인했다.

셋째, 판소피아 구조는 교육의 내용에서 포괄적 영역을 분명하게 보여 준다는 사실이다. 그것은 다름 아니라 하나님, 인간, 세계의 세 가지 영역이다. 이는 곧 교육내용의 영역으로서 '자연의 책' '이성의 책' '거룩한 계시'를 의미하며, 학문의 영역으로서 '과학' '철학' '신학'을 포함하고, 교육의 장(場)으로서 '학교' '국가' '교회'를 포함하는 것을 의미한다.

넷째, 판소피아 구조는 교육의 방법으로서 철저성을 잘 보여 준다. 이 말은 판소피아 구조가 보여 주는 인간의 교육적 역할을 강조하는 입장을 다르게 표현한 것이다. 이 점은 판소피아 구조의 그림을 통해 확인한 바 있다. 인간의 기능적 특성이라고 할 수 있는 '정신' '혀' '손'은 인간의 교육적 역할을 분명하게 대변한다. 즉, 세 가지 특성은 인간이 이웃하는 인간과 세계를 판소피아의 근원인 하나님께로 인도하는 데 매우 중요한 역할을 한다. 인간의 '정신'은 오감을 통해 모든 사물을 인식하고, 사물의 이치를 통찰하여 '혀(언어)'를 통해 전달하며, '손'으로 하나님의 뜻에 따라 모든 사물을 올바르게 사용하는 것이다. 이렇게 될 때 삶의 세 가지 영역에서 범개혁이 이루어질 것이다.

---

1  하나님을 중심으로 하는 판소피아 구조의 교육적 의미에 관하여는 '영원성' '삼원성' '목적성'과 관련하여 좀 더 구체화할 수 있을 것이다.

다섯째, 판소피아 구조는 교육적 요소들의 균형성을 잘 보여 주고 있다. 이미 살펴본 바와 같이 코메니우스가 강조하는 교육목적의 범주는 균형이 잘 잡혀 있다. 모든 사람이 인식(認識)의 대상, 의지(意志)의 대상, 행위(行爲)의 대상 모두를 균형 있게 대하는 것이 중요하다. 그렇게 할 때 판소피아를 획득하게 되며, 범지인(汎知人)이 될 수 있는 것이다. 이를 위해 코메니우스는 인간의 본성(지성-덕성-영성), 학습교재(자연-이성-성경), 학습방법(이론-실천-사용)에서 철저한 균형을 이루고 있다.

여섯째, 판소피아 구조는 교육의 일관성을 잘 보여 준다. 확인한 바와 같이 이런 일관성은 나선형 교육과정의 특성으로 나타나기도 하며, 교육내용의 연속성과 계열성으로 나타나기도 한다. 특별히 하나님의 삼일적 특성이 인간과 세계에 삼원성으로 나타나는 병행주의 역시 이런 일관성의 한 모습이라고 할 수 있다.

마지막으로, 판소피아 구조는 교육의 입체성을 잘 드러내 주고 있다. 입체성이란 전체를 하나로 보여 주는 특성이라고 할 수 있다. 모든 것, 즉 수많은 요소들이 쪼개져 있는 장작더미와 같이 보기 좋게 쌓여 있는 형식이 아니라 살아 있는 나무와 같이 하나의 통일체를 이루고 있는 모습이라고 할 수 있다. 이런 입체성은 각 요소의 유기적 조화를 포함하고 있으며, 그 결과 창의적인 생산을 가능하게 한다.

## 2) 판소피아와 교육적 희망

코메니우스에게 사상은 삶이었고, 삶이 사상이었다. 그는 생각한 대로 살았으며, 자신의 삶을 통해 사상을 길어 올렸던 교육자였다. 그에게 필요했던 것은 '한 가지(unum)'였다. 그것은 복잡한 미로 속에서의 유일한 길이요, 탈출구였다. 그는 그것을 '판소피아'라는 사상체계로 정리하였는데, 그 판소피아를 한눈에 보여 주는 '판소피아 구조'는 모든 사물의 근원과 그것들의 존재 방식과 존재 목적이 무엇인지를 잘 보여 주는 동시에, 모든 것 중에서도 하나님의 형상을 닮은 인간의 교육적 역할을 잘 보여 준다. 즉, 코메니우스의 판소피아 구조는 모든 것의 존재 근원과 존재 방편과 존재 목적에 있어서, 교육의(ἐξ), 교육에 의한(διά), 교육을 위한(εἰς) '구조의 구조'다. 그는 죽는 순간까지 '판소피아'의 필요성, 가능성, 용이성에 대하여 흔들리지 않는 '믿음'을 가지고 있었다. 그리고 그는 그 믿음에 따라 살았던 것이다.

코메니우스에게 '믿음'은 단지 믿는 것에서 끝나지 않고 '사랑의 수고', 즉 교육적 헌신으로 나아가게 했다. 그의 삶이 그토록 험난한 여정이었음에도 거룩한 열정을 멈추지 않았던 것은 미로에서 헤매고 있는 학생들에게 참 자유를 주고 싶은 사랑 때문이었다. 그는 모든 사람을 교육의 대상으로 삼았으며, 그들을 조건 없이 사랑했다. 또한 그 사랑은 학교에만 머무는 것이 아니었다. 그의 사랑은 평화에 대한 열정으로 승화되어 세계의 평화를 위한 노력으로 나타났던 것이다.

우리가 무엇보다도 기억해야 할 것은 코메니우스의 굽힐 줄 모르던 '교육적 희망'이다. 그는 누구보다도 절망적인 삶의 정황 가운데 살았다. 열 살과 열한 살에 연이어 부모님과 형제를 잃었으며, 공부하고 싶은 열정은 열여섯 살이 되어서야 겨우 채울 수 있었고, 30년 전쟁을 통해 사랑하는 아내와 자식을 모두 잃는 고통을 겪었으며, 각고의 고통을 통해 집필했던 원고들, 특별히 그가 아꼈던 원고들을 전쟁으로 인한 화재로 잃는 처절한 고통을 겪었고, 어머니와 같았던 '형제연합교회'의 스러짐을 목도해야 했으며, 나라를 잃고 평생을 타국에서 이방인으로 보낸 그였지만, 그는 한 번도 교육적 희망을 잃은 적이 없었다.

따라서 오늘 우리는 코메니우스의 삶과 사상을 통해 사상적 통전성에 대한 필요성 및 가능성과 그 길을 모색할 수 있을 뿐만 아니라 그에 대한 믿음을 견지할 수 있으며, 전체성의 유익에 대한 분명한 확신에서 시작된 교육적 수고, 즉 학생에 대한 사랑과 교육에의 열정을 이어받을 수 있고, 그 믿음과 사랑을 가능케 하는 지칠 줄 모르는 교육적 희망을 아로새길 수 있을 것이다.

참고문헌

# 1. 원전

Comenius, J. A. (1633). *JAN AMOS KOMENSKÝY CENTRUM SECURITATIS (HLUBINA BEZPEČ.NOSTI)* http://www.rodon.cz/admin/files/ModuleKniha/590-Hlubina-bezpecnosti.pdf

Comenius, J. A. (1636). *Janua Linguarum Reserata or A Seed Plot of All Languages and Sciences.* Translated by Th. Horne. London: Printed by Robert Young.

Comenius, J. A. (1643). *Pansophiae diatyposis, Ichnographica & orthographica delineatione.* Amsterodami: Apud Ludovicum Elzevirium, M. DC. XLV.

Comenius, J. A. (1651a). *Naturall Philosophie Reformed by Divine Light, or A Synopsis of Physicks.* London: Printed by Robert and William Leybourn for Tomas Pierrepont.

Comenius, J. A. (1658). *Joh. Amos Commenii, Orbis Sensualium Pictus. Die sichtbare Welt*, Noriberga.

Comenius, J. A. (1665). *Joannis Amos Comenii Janua Linguarum cum Versione*

Anglicana, Novissime ab ipso Authore Recognita, Aucta, Emendata, & cum aeneis Typis illustrata. London: Printed by Roger Daniel.

Comenius, J. A. (1685). *Pansophiae Prodromus, et Conatuum Pansophicorum Dilvcidatio accedunt Didactica Dissrtatio de Sermonis Latini Studio perfecte absolvendo, Aliaqve Eivsdem.* Lugduni Batavorum Ex Officina Davidis Lopex de Haro.

Comenius, J. A. (1865). *Rules of Life.* London: William Mallalieu & Co. 97. Hatton Garden.

Comenius, J. A. (1922). *Triertium catholicum.* Prague: The Sokol-Packard Publishing Company.

Comenius, J. A. (1957). *Opera didactica omnia,* Editio anni 1657 lucis ope expressa moderante Otokar Chlup, Tomus I (Pars I-II); Tomus II (Pars III-IV); Tomus III (Commentationes), Pragae.

Comenius, J. A. (1966). *De rerum humanarum emendatione consultatio catholica,* Editio princeps. Tomus I [Panergesiam, Panaugiam, Pansophiam continens], Tomus II [Pampaediam, Panorthosiam, Pannuthesiam necnon Lexicon reale pansophicum continens], Pragae.

Comenius, J. A. (1974). *Johannis Amos Comenii opera omnia 14,* Examinavit Svoboda, Ludvík, 1903-1977. Academia Pragae.

## 2. 번역본

Comenius, J. A. (1651b). *A Patterne of Universall Knowledge,* In a Plaine and true Draught: or a Diatyposis, or Model of the Eminently Learned, and Pious Promoter of Science in generall, Shadowing forth the largenesse, dimension, and use of the intended Worke, In an Ichnographicall and Orthographicall Delineation. trans. into English, by Jeremy Collier. London: Cambridge.

Comenius, J. A. (1887). *The Orbis Pictus*, Tran. by Charles Hoole. New York: C. W. Bardeen.

Comenius, J. A. (1910). *The Great Didactic of John Amos Comenius*. trans by M. W. Keatinge. New York: Russell & Russell.

Comenius, J. A. (1938). *The Way of Light*. trans by E. T. Campagnac. Liverpool: The University Press.

Comenius, J. A. (1953). *The Analytical Didactic of Comenius*. Translated from Latin with Introduction and Notes by Vladimir Jelinek. Chicago: The University of Chicago Press.

Comenius, J. A. (1969). *A Reformation of Schooles*. selected and ed. by R. C. Alston. England: The Scholar Press Limited.

Comenius, J. A. (1986). *Comenius's Pampaedia or Universal Education*. trans by A. M. O. Dobbie. London: Buckland.

Comenius, J. A. (1987). *Panaugia or Universal Light*. Translated by A. M. O. Dobbie. England: Warwickshire.

Comenius, J. A. (1993). *Panorthosia or Universal Reform*. Chapters 19 to 26. Translated by A. M. O. Dobbie. England: Sheffield Academic Press.

Comenius, J. A. (1995a). 분석교수학(*Linguarum methodus novissima caput 10, Analytical Didactic*). 이숙종 역. 서울: 교육과학사.

Comenius, J. A. (1995b). *Panorthosia or Universal Reform*. Chapters 1-18 and 27. Translated by A. M. O. Dobbie. England: Sheffield Academic Press.

Comenius, J. A. (1998). 세계도회(*Orbis Pictus*). 이원호 역. 서울: 아름다운세상.

Comenius, J. A. (1999). 세계 최초의 그림 교과서(*Orbis Pictus*). 남혜승 역. 서울: 씨앗을 뿌리는 사람들.

Comenius, J. A. (2001). 어머니 학교의 소식(*Informatorium der mutterschul*). 정일웅 역. 서울: 이레서원.

Comenius, J. A. (2002). 대교수학(*Didactica Magna*). 정일웅 역. 서울: 창지사.

Comenius, J. A. (2004). 세상의 미로와 마음의 낙원(*The Ladyrinth of the World and the*

*Paradise of the Heart*). 이숙종 외 역. 서울: 예영커뮤니케이션.

Comenius, J. A. (2008a). *The One Thing Necessary or The One Thing Needful* (*Unum Necessarium*), translated by Vernon H. Nelson, Moravian Archives 457 S. Church Street Winston-Salem, North Carolina 27101 www. MoravianArchives.org.

Comenius, J. A. (2008b). 범교육학(*Pampaedia*). 정일웅 역. 서울: 여수룬.

Comenius, J. A. (2011). 대교수학(*Didactica magna*). 정확실 역. 서울: 교육과학사.

## 3. 2차 문헌

강기수(2009). "코메니우스 평화교육사상의 성격", 教育思想研究. Vol.23 No.1. 1-25.

강선보(2002). "코메니우스의 교육과정론", 교육철학. Vol.27 No. 1-17.

강선보(2004). "코메니우스의 성인교육사상", 교육문제연구. Vol.21 No. 1-25.

강선보, 김희선(2005). "코메니우스 교육사상의 형성배경", 교육문제연구. Vol.23 No. 1-27.

강선보, 박의수, 김귀성, 송순재, 정윤경, 김영래, 고미숙(2008). 인성교육. 서울: 양서원.

강선보, 신창호(2012). 교육의 이해. 서울: 동문사.

강영안(1997). 주체는 죽었는가: 현대철학의 포스트모던 경향. 서울: 문예출판사.

강영안(2000). 과학적 지식과 인간다운 삶. 서울: 소화.

강영안(2002). 인간의 얼굴을 가진 지식. 서울: 소나무.

고재희(2008). 통합적 접근의 교육방법 및 교육공학. 서울: 교육과학사.

구경선(2003). "기독교적 범지학에 기초한 코메니우스의 교육 개혁", 교수논총. Vol.14 No. 35-64.

구경선(2005). 코메니우스 교육과의 만남. 서울: 교육아카데미.

권재일(1990). "근대교육의 선구자 코메니우스의 사상과 그 영향", 슬라브학보 (ЖУРНАЛ СЛАВЯНОВЕДЕНИЯ). Vol.5 No.1. 1-22.

김광순(2009). 개혁주의 세계관에서 본 코메니우스의 영유아 부모교육. 고신대학교 대학원 박사학위논문.

김규진(2005). "코멘스키와 체코 바로크 문학의 전통", 동유럽연구. Vol.14 No. 1-19.

김기숙(2001). "정보화 사회와 인간성 교육", 한국기독교교육정보학회. 제3회 학술대회. 72-91.

김기숙(2003). "코메니우스(J. A. Comenius) 교육사상의 현대적 의의", 기독교교육정보. Vol.6 No. 213-239.

김기숙(2005) "코메니우스의 종말론적 신학사상에 나타난 기독교교육적 함의", 기독교교육정보. Vol.12 No. 187-219.

김기숙(2008). "코메니우스의 Pansophie 사상에서 본 기독교대학 교양교육의 방향", 기독교교육정보. Vol.21 No. 135-163.

김기숙(2010). "코메니우스의 범지혜론의 기독교대학에서의 적용", 기독교교육정보. Vol.27 No. 63-95.

김기숙(2012). "J. A. Comenius의 Pansophia 사상에서 본 한국교회의 과제", 기독교교육정보, Vol.32 No. 31-67.

김기숙(2013). "평화지향적 통일 교육을 위한 기독교교육의 방향성 고찰", 기독교교육정보. Vol.37 No. 1-29.

김남순(2006). "코메니우스의 범교육론과 통합교육", 지적장애연구. Vol.8 No.2. 115-136.

김남순(2007). "코메니우스의 범교육론적인 입장에서 바라본 우리나라 통합교육의 비판적 재조명", 특수교육저널: 이론과 실천. Vol.8 No.1. 277-293.

김도일(2010). "인간성 회복을 추구하는 기독교 영성교육", 宗敎敎育學硏究. Vol.32 No. 1-21.

김병희, 김유라(2013). "세계 최초의 그림책 '세계도회'에 나타난 언어교육론 고찰", 어린이문학교육연구. Vol.14 No.3. 95-112.

김선아(2007). "코메니우스의 유아와 어머니 이해의 대상관계 이론적 재해석", 기독교교육정보. Vol.16 No. 181-205.

김선아(2009). "전인성 계발을 위한 기독교교육의 가능성 모색: 생의 주기 8단계를 중심으로", 기독교교육정보. Vol.23 No. 163-200.

김선아(2011). "전인적 기독교 가정교육의 사상적 기초로서의 Comenius와 Bushnell 이해", 기독교교육정보. Vol.31 No. 1-26.

김선아(2013). "포스트모던시대에서의 코메니우스 교육사상의 현대적 해석과 적용", 기독교교육정보. Vol.36 No. 97-126.

김선양(1992). "코메니우스의 인본주의 사상과 인간관에 대한 논평", 교육철학연구. Vol.10 No. 141-143.

김성애(2005). "코메니우스의 기독교 가정교육 방법 고찰", 기독교교육정보. Vol.10 No. 115-137.

김숙이(2007). "코메니우스 유아교육론의 현대적 의의", 教育思想研究. Vol.18 No. 55-79.

김영한(1983). "16−17세기 유토피아에 있어서의 공유제", 인문논총. Vol.5 No. 155-184.

김영한(1989). 르네상스 휴머니즘과 유토피아니즘. 서울: 탐구당.

김영한, 임지현(1994). 서양의 지적운동. 서울: 지식산업사.

김인정(2012). "코메니우스와 몬테소리의 교육사상 비교: 감각교육을 중심으로", Montessori 교육연구. Vol.17 No.2. 55-74.

김정환, 강선보(2008). 교육학개론. 서울: 박영사.

김정환, 강선보, 신창호(2014). 교육철학. 서울: 박영사.

김종우(2012). 구조주의와 그 이후. 서울: 살림.

김지찬(1995). "언어구조 분석 방법론의 타당성", 신학지남. Vol.62 No.3. 160-216.

김창환(1996). "코메니우스의 어린이 인간학", 해석학과 정신과학적 교육학. 오인탁 외 (공저), 서울: (주)사회평론. 259-290.

김홍진(2006). "코메니우스의 인간과 교육의 관계성", 대학과 복음. Vol.12 No. 57-89.

김홍진(2013). "코메니우스의 평생교육 연구", 대학과 복음. Vol.17 No. 87-119.

나현규, 이병승(2011). "'대교수학(Didactica Magna)'의 구조를 통해 본 코메니우스의 교수학습 원리 탐구", 중등교육연구. Vol.59 No.3. 697-728.

나현규, 이병승(2012). "'팜패디아(Pampaedia)'의 구조를 통해 본 코메니우스의 교육목적론 탐구", 한국교육사상연구회, 교육사상연구. Vol.26 No.1. 57-84.

노상우, 신병준(2003). "코메니우스의 교사상 연구", 교육의 이론과 실천. Vol.8 No.2. 45-65.

노진호(2000). "코메니우스의 국가 위기 극복을 위한 교육사상", 한국교육사학. Vol.22

No. 2. 85-100.

마송희(2001). "코메니우스, 페스탈로찌의 교육사상과 기독교 유아교육", 幼兒 敎育學論集. Vol. 5 No. 1. 77-95.

박득자(2005). "'大敎授學'에 나타난 코메니우스의 敎育思想-신에서 인간으로의 전환을 중심으로", 慶尙大學校 大學院 박사학위논문.

박민수(2009). "인성함양을 위한 기독교 교양 교육의 새로운 패러다임: 코메니우스 이론을 중심으로", 대학과 선교. Vol. 17 No. 113-142.

박성익(2003). "홀리스틱 교육의 학문적 정체성과 발전방향 탐색", 한국홀리스틱교육학회지. Vol. 7 No. 1. 1-14.

박성익, 임철일, 이재경, 최정임(2009). 교육방법의 교육공학적 이해. 서울: 교육과학사.

박신경(1993). "대교수학에 나타난 코메니우스의 교육사상: 하나님의 형상 회복을 위한 교육", 신학과 목회. Vol. 7 No. 135-156.

박신경(2013). "인간교육의 첫 단계로서의 태교: Comenius의 '태아학교(Schola geniturae)'를 중심으로", 기독교교육논총. Vol. 34 No. 65-91.

박현주(2005). 교육과정 개발의 모형과 실제. 서울: 교육과학사.

백영균, 박주성, 한승록, 김정겸, 최명숙, 변호승, 박정환, 강신천(2009). 유비쿼터스 시대의 교육방법 및 교육공학. 서울: 학지사.

변영계, 김영환, 손미(2007). 교육방법 및 교육공학. 서울: 학지사.

사재명, 전영국(2003). "남명 조식 교수법의 코메니우스적 접근법", 南冥學硏究論叢. Vol. 13 No. 109-158.

손원영(2004). 영성과 교육. 서울: 한들출판사.

송인규(2008). 새로 쓴 기독교, 세계, 관. 서울: IVP.

신득렬(2003). 위대한 대화-Robert M. Hutchins 연구. 대구: 계명대학교출판부.

신득렬(2004). 현대교육철학. 서울: 학지사.

신현광(2011). "코메니우스의 교수방법론에 관한 연구", 신학과 실천. Vol. 28 No. 51-681.

안건상(1986). 코메니우스의 汎敎育論(Pampaedia) 연구. 서울: 乙支社.

안영혁(2009a). 개혁교회 영성신학으로서 코메니우스 영성사상의 실천적 해석. 서울: 한국학술정보(주).

안영혁(2009b). "코메니우스의 교육학적 영성", 신학지남. Vol.76 No.4. 240-263.

양금희(2001). 근대 기독교교육 사상. 서울: 한국장로교출판사.

오영환(2003). "화이트헤드의 교육론과 유기체 철학", 화이트헤드연구. Vol.7 No.9-24.

오인탁(1980). "J. A. Comenius의 汎敎育(Pampaedia) 理論", 신학사상. Vol.29 No. 312-350.

오인탁(1990). 현대교육철학. 서울: 서광사.

오인탁(1996). "포스트모던의 교육학", 해석학과 정신과학적 교육학. 오인탁 외(공저). 서울: (주)사회평론. 259-290.

오인탁(2009). "Holism의 교육철학적 기초", 한국홀리스틱교육학회 학술발표대회논문집. 3-11.

오춘희(1997a). "코메니우스 사상의 성격", 한국교육의 사상적 이해. 정세화 외. 서울: 학지사. 285-303.

오춘희(1997b). "코메니우스(1592-1670)와 청교도의 관계에 대한 일 고찰", 신학과 선교. 창간호, 259-293.

오춘희(1998a). 요한 아모스 코메니우스에 관한 전기적 연구. 서울: 연세대학교 대학원 박사학위논문.

오춘희(1998b). "코메니우스", 위대한 교육사상가들 II. 서울: 교육과학사.

우정길(2009). "두 개의 세계, 두 개의 인간학 그리고 하나의 교육-코메니우스의 기독교 우주론적 보편주의에 대한 소고", 한국교육학연구. Vol.15 No.2. 5-29.

유순이(2011). "코메니우스의 교육신학사상에 나타난 평생교육에 대한 이해", 신학지평. Vol.24 No. 281-305.

유해룡(1996). "보나벤투라의 영성신학 小考", 신학과 문화. Vol.1996 No. 514-537.

유화자(2002). "John Amos Comenius의 교육론과 기독교교육에 대한 그의 공헌", 神學正論. Vol.20 No.2. 507-543.

윤기종(2008). 코메니우스와 율곡의 전인성 교육론 탐구. 서울: 한국학술정보.

이근엽(1992). "코메니우스의 인본주의 사상과 인간관: 그의 탄생 400주년에 즈음하여", 교육철학연구. Vol.10 No. 127-140.

이달우(2012). "정범모 교사론의 난점", 교육철학. Vol.47 No. 75-90.

이병승(2006). 교육에 관한 철학적 담론. 서울: 원미사.

이병승(2012). 교사에 관한 철학적 담론. 서울: 원미사.

이병승, 우영효, 배제현(2008). 쉽게 풀어 쓴 교육학. 서울: 학지사.

이상성(2003). "플로티누스와 어거스틴의 창조론에 관한 고찰", 신학논단. Vol.33 No. 109-138.

이상오(2008). 교육해석학. 서울: 학지사.

이상현(2007). "코메니우스 범교육론의 도덕적 속성에 관한 연구", 敎育思想研究. Vol.19 No. 1-19.

이숙종(1987). "죤 아모스 코메니스(John Amos Comenius)의 神學的 敎育思想", 현대와 신학. Vol.11 No. 179-202.

이숙종(1989). "코메니우스의 자연관과 새 교수법에 대한 연구", 神學 思想. Vol.67 No. 944-983.

이숙종(1990). "코메니우스의 신학적 인간관과 인식론에 관한 연구", 神學 思想. Vol.70 No. 758-794.

이숙종(1991). "코메니우스의 범지학에 관한 연구", 神學 思想. Vol.72 No. 147-178.

이숙종(1992). "코메니우스의 신학사상과 범지학(汎知學)과의 관계성", 교육철학연구. Vol.10 No. 145-163.

이숙종(1993). "코메니우스의 교회 일치론(Ecumenism)에 관한 연구", 현대와 신학. Vol.16 No. 154-176.

이숙종(1995). "코메니우스의 범교육(汎敎育)에 관한 연구", 신학논단. Vol.23 No. 175-216.

이숙종(1998). "현대사회에서 코메니우스의 재해석과 새 교육의 정립을 위한 연구", 인문과학논집. Vol.5 No. 69-98.

이숙종(2002). "코메니우스의 대학교육의 중요성과 전망", 기독교교육정보. Vol.5 No. 338-361.

이숙종(2004). "평화를 위한 코메니우스의 신학과 교육사상과의 관계성", 코메니우스와 교육. 서울: 프리칭 아카데미. 43-65.

이숙종(2006). 코메니우스의 교육사상. 서울: 교육과학사.

이시용(2004). "코메니우스의 교육사상", 교육논총. Vol.24 No. 73-95.

이은하(2002). "코메니우스의 교육사상이 생태유아교육에 주는 시사점", 생태유아교육
연구. Vol.1 No.1. 121-140.

이준우(2008). "코메니우스와 장애인 교회교육", 교회사회사업. Vol.8 No. 119-147.

이향명(2007). "하나님의 창조질서 회복을 위한 인간교육-Comenius의 Pampaedia를
중심으로", 神學 思想. Vol.137 No. 239-263.

이형대(2012). 미국의 지성 통합을 말하다. 서울: 서울대학교출판문화원.

이홍우(1992). 교육의 목적과 난점. 서울: 교육과학사.

이홍우(2010). 지식의 구조와 교과. 서울: 교육과학사.

이홍찬(2012). "J. A. 코메니우스의 범교사(πανδιδὰσκαλος)론에 관한 고찰", 성경신학
저널. Vol.4 No. 121-155.

장진용(2011). "코메니우스의 교육복지 사상의 교육적 시사", 敎育思想硏究. Vol.25
No.1. 151-166.

장화선(1991). "코메니우스와 루소의 어린이이해에 대한 비교연구", 대신대학논문집.
Vol.11 No. 589-606.

장화선(1993). "코메니우스의 적극적 교육과 루소의 소극적 교육에 대한 비교연구", 대
신대학 논문집. Vol.13 No. 239-272.

장화선(1994). "J. A. COMENIUS와 J. J. ROUSSEAU의 유아교육관점에 대한 비교연구",
기독교교육연구. Vol.5 No.1. 128-159.

정병훈(1994). "코메니우스의 범지주의적 교육학과 과학교육의 사상적 기원에 관한 문
제", 한국과학교육학회지. Vol.14 No.3. 379-392.

정영수(1992). "근대교육에 있어서 코메니우스의 위상", 교육철학. Vol.10 No. 169-181.

정일웅(1995). "코메니우스의 교육신학사상 연구", 신학지남. Vol.62 No.2. 193-229.

정일웅(2003a). "코메니우스의 범지혜와 범교육의 의미", 신학지남. Vol.70 No.1. 274.
9-32.

정일웅(2003b). "범지혜론과 범교육론에 관련된 코메니우스의 인간론", 신학지남.
Vol.70 No.2. 275. 9-40.

정일웅(2003c). "코메니우스의 범교육학 이론에 대한 연구(Ⅰ)", 신학지남. Vol. 70 No.3.

55-83.

정일웅(2003d). "코메니우스의 범교육학 이론에 관한 연구(Ⅱ)", 신학지남. Vol.70 No.4.
11-35.

정일웅(2004). "코메니우스의 태아기와 유아기학교 교육론의 현대적 의미", 신학지남.
Vol.71 No.1. 9-39.

정일웅(2005). "기독교 성인교육론", 기독교교육연구. Vol.15 No.1. 113-138.

정일웅(2006). "코메니우스와 그의 교육신학사상의 현대적 의미", 신학지남. Vol.73
No.4. 13-65.

정일웅(2013). "코메니우스의 교육을 통한 선교방법론", 신학지남. Vol.80 No.4. 238-263.

정재현(1996). 코메니우스 교육사상 연구(A study on Comenius' thought of Christian
education in *Pampaedia* and *Didactica magna*). 亞細亞聯合神學大學校 大學院 석
사학위논문.

정훈(2010). "평화교육이 지향하는 가치 내용의 탐색: Comenius를 중심으로", 교육철학.
Vol.47 No. 159-184.

정희영(2011). "교회학교 유아기 교육과정 기획과 교사교육의 방향: 코메니우스 교육사
상을 중심으로", 總神大論叢. Vol.31 No. 5-45.

조관성(2011). "코메니우스의 윤리학과 교육학-도덕 교육 방법론을 중심으로", 汎韓哲
學. Vol.62 No. 127-154.

조관성(2013). "코메니우스의 인간학과 교육학", 철학과 현상학 연구. Vol.58 No. 43-72.

조관성(2014). "코메니우스의 인식론과 교육학", 汎韓哲學. Vol.72 No. 95-126.

조래영(2003). "J. A. Comenius의 유아교육론의 기독교 세계관적 고찰", 기독교교육정보.
Vol.6 No. 175-212.

조래영(2004). "코메니우스와 프뢰벨 유아교육론의 비교연구", 기독교교육정보. Vol.9
No. 279-309.

조양자(1999). "코메니우스의 유아교육사상에 관한 연구", 동남보건대학논문집. Vol.17
No.1. 143-163.

조쟁규(1999). "코메니우스 인식론의 체육교육적 의의", 한국체육학회지. Vol.38 No.3.
43-57.

조쟁규(2000). "코메니우스 도덕교육관의 체육교육적 의의", 한국체육학회지. Vol.39 No.1. 125–137.

조쟁규, 백영호, 이의철(1997). "코메니우스의 존재론에 대한 체육철학적 연구", 교사교육연구. Vol.34 No. 225–251.

조정연(2011). "코메니우스의 교육이론의 성격", 윤리철학교육. Vol.15 No. 149–160.

최진경(2005a). "Comenius의 '대교수학(Didactica magna)' 저술배경 연구", 개혁신학. Vol.21 No. 209–236.

최진경(2005b). "코메니우스 연구 동향과 그의 사상의 한국에서의 적용", 신학지남. Vol.72 No. 330–355.

최진경(2006). "코메니우스의 신학적 배경에 관한 연구", 한국개혁신학. Vol.19 No. 145–186.

최진경(2007). "코메니우스의 범교사(πανδιδàσκαλος)론의 현대적 의미", 한국개혁신학. Vol.22 No. 282–315.

최진경(2010). "평생교육학의 선구자 코메니우스(Comenius)의 "Pampaedia"(범교육학)에 나타난 평생교육이해와 시사점", 평생교육학연구. Vol.16 No.1. 114–133.

최진경(2011). "코메니우스의 인간이해와 전인적(全人的) 신앙교육 방향", 한국개혁신학. Vol.29 No. 279–310.

최진경(2012). 기독교 교육학의 아버지 코메니우스. 서울: 킹덤북스.

최진경(2013a). "코메니우스의 지식론 '판소피아(Pansophia)'와 Royal Society 설립배경의 관계", 한국교육사학. Vol.35 No. 99–121.

최진경(2013b). "코메니우스의 성경이해에 기초한 초(初)신자 및 세례·입교 청원자 교육 커리큘럼 연구", 기독교교육정보. Vol.38 No. 125–147.

홍은숙(2009). 교육의 개념. 서울: 교육과학사.

Adamson, J. W. (1921). *Pioneers of modern education 1600–1700*. Cambridge: at the University Press.

Adler, M. J. (1982). *The Paideia Proposal: An Educational Manifesto*. N.Y.: Macmillan.

Adler, M. J. (1990). 열 가지 철학적 오류(*Ten Philosophical Mistakes*). 장건익 역. 서울:

서광사.

Adler, M. J. (1994). 쉽게 쓴 아리스토텔레스의 철학(*Aristotle for Everybody: Difficult Thought Made Easy*). 박성호, 박종규 공역. 서울: 이문출판사.

Adler, M. J. (2007). 개념어 해석(*How to think about the great ideas*). 최홍주 역. 서울: 모티브북.

Anastasas, F. H. (1973). *And They Called Him Amos. The Story of John Amos Comenius: A Woodcut in Words*. New York: Exposition Press.

Aristoteles (2008). 니코마코스의 윤리학(*Ethica Nicomachea*). 이창우, 김재홍, 강상진 역. 서울: 이제이북스.

Augustinus, A. (2007). 삼위일체론(*A Select Library of The Nicene and Post-Nicene Fathers of the Christian Church*). 김종흡 역. 서울: 크리스챤다이제스트.

Augustinus, A. (2010a). 신국론(*De Civitate Dei*) 제11−18권. 성염 역주. 왜관: 분도출판사.

Augustinus, A. (2010b). 성 어거스틴의 고백록(*Confessiones*). 선한용 역. 서울: 대한기독교서회.

Bacon, F. (2007). 학문의 진보(*Advancement of Learning*). 이종구 역. 서울: 신원문화사.

Bacon, F. (2009). 새로운 아틀란티스(*The New Atlantis*). 김종갑 역. 서울: 에코리브르.

Beck, G. A. (2012). "네오−토미즘의 교육목적론"(Aims in Education: Neo-Thomism). 교육목적의 철학. 이병승 역. 서울: 강현출판사. 151-178.

Bonaventure, St. (1960). *The Works of Bonaventure: Cardinal Seraphic Doctor and Saint*. Translated from the Latin by Jose de Vinck. Paterson, N. J.: ST. Anthony Guild Press.

Boyd, W. (1996). 서양교육사(*The History of Western Education*). 이홍우, 박재문, 유한구 역. 서울: 교육과학사.

Bruner, J. S. (1960). *The Process of Education*. Cambridge, M.A.: Harvard University Press.

Butler, N. M. (1915). *The meaning of education: Contributions to a philosophy of education*. New York: Charles Scribner's Sons.

Butterfield, H. (1980). 근대과학의 기원: 1300년부터 1800년에 이르기까지(*The origins of modern science 1300-1800*). 차하순 역. 서울: 탐구당.

Čapková, D. (1992). "Comenius: An Alternative", *Paedagogica Historica.* 28:2, 186–197.

Čapková, D. (1994). "The Cultural Inheritance of Comenius", *Johannes Amos Comenius(1592–1670) Exponent of European Culture?* P. van Vliet & A. J. Vanderjagt editors. 17–21.

Cassirer, E. (1996). 르네상스 철학에서의 개체와 우주(*Individuum und Kosmos in der Philosophie der Renaissance*). 박지형 역. 서울: 민음사.

Choi, J. K. (2005). *Der Theologe Johann Amos Comenius und die Entwicklung seines Erziehungsdenkens von der Didactica magna(1657) zur Pampaedia (posthum) unter Berücksichtigung der neueren deutschsprachigen Comenius-Forschung*, Dissertation, Wuppertal.

Chung, M. (2009). Weaving the web of knowledge and Empowerment, *Theologische Zeitschrift*, Theologischen Fakultät der Universität Basel. 65. Jahrgang. 154–174.

Chazan, B. I., & Soltis, J. F. (2005). 도덕교육의 철학(*Moral Education*). 이병승 역. 서울: 서광사.

Clauser, J. K. (1995). "보편적 지혜를 가진 사람: 코메니우스(The Pansophist: Comenius)". 교육받은 사람 I, 성기산 역. 서울: 집문당. 229–261.

Craig, D. A. (2009). *The Theology of the Czech Brethren from Hus to Comenius.* Pennsylvania: Penn State University Press.

Descartes, R. (2010). 진리를 찾기 위한 방법서설, 성찰: 데카르트 연구. 최명관 역. 서울: 창.

Dewey, J. (1963). *Experience and education.* New York: Macmillan Publishing Company.

Dieterich, V.-J. (2008). 요한 아모스 코메니우스(*Johann Amos Comenius*). 최진경 역. 서울: 지만지.

Dilthey, W. (2008). 딜타이 교육학 선집(*Ausgewählte Schriften zur Pädagogok*). 손승남 역. 서울: 지만지.

Dilthey, W. (2009). 고대 그리스와 로마의 교육(*Erziehung und Pädagogik der alten*

*Völker*). 손승남 역. 서울: 지만지.

Foltýn, T. (2008). GNOZEOLOGICKÁ JEDNOTA SMYSLŮ, ROZUMU A ZJEVENÍ BOŽÍHO NEBOLI NOETICKÉ AKCENTY KOMENSKÉHO CELOSTNÍHO ZŘENÍ. *Unie Comenius Bulletin č.* 27-28, 3-13.

Foucault, M. (2012). 말과 사물(*Les Mots et Les Choses*). 이규현 역. 서울: 민음사.

Golz, R. (1996). Aspekte der Comenius-Rezeption Zwischen Regionalität und Internationalität. *Comenius und unsere Zeit: Geschichtliches, Bedenkenswertes und Bibliographisches.* Reinhard Golz, Werner Korthaase, Erich Schäfer. Schneider Hohengehren. 24-39

Gowin, D. B. (2005). 교육학의 이해(*Educating*). 임연기 역. 충남: 공주대학교출판부.

Großmann, K., & Schröer, H. (1997). 코메니우스의 발자취(*Auf den Spuren des Comenius*). 정일웅 역. 서울: 여수룬.

Hamlyn, D. W. (2010). 교육인식론-경험과 이해의 성장(*Experience and The Growth of Understanding*). 이홍우 역. 서울: 교육과학사.

Hanus, P. H. (1911). *Educational aims and educational values.* London: Macmillan & Co. Ltd.

Hofmann, F. (1970). SAL-Bildung zu vollem Menschentum: Eine Pädagogische Betrachtung zu J. A. Komenskys Spätwerk "Triertium catholicum". *Jan Amos Komensky.* von Klaus Schaller. Heidelbeerg: Quelle & Meyer. S. 84-93.

Hofmann, F. (1976). *Jan Amos Comenius Lehrer Der Nationen.* Köln: Pahl-Rugenstein Verlag.

Hooykaas, R. (1988). 근대과학의 출현과 종교(*Religion and the Rise of Modern Science*). 손봉호, 김영식 역. 서울: 정음사.

Hösle, V. (2007). 헤겔의 체계 1-체계의 발전과 논리학(*Hegels System 1-Systementwicklung und Logik*). 권대중 역. 서울: 한길사.

Hutchins, R. M. (1968). *The Learning Society.* New York: Frederick A. Praeger.

Hutchins, R. M. (1985). 교육철학-민주사회에 있어서 교육의 갈등(*The Conflict in Education in a Democratic Society*). 이정빈 역. 대구: 계명대학교출판부.

Hutchins, R. M. (1994). 자유를 위한 교육(*Education for Freedom*). 송준석 역. 서울: 학지사.

Hutchins, R. M. (1997). 대학이란 무엇이며, 무엇을 위한 대학교육인가?(*The University of Utopia*). 조희성 역. 서울: 학지사.

Jitka, K. H. (2005). "Who teaches others, educates himself". 한국동유럽발칸학회. Vol.7 No.1. 283-308.

Korthaase, W., & Beer, J. (2008). *J. A. Comenius: A Biographical Time Chart*. SOURCE: http://www.deutsche-comenius-gesellschaft.de/comenius_2.html. 20-29.

Kues, N. (2007). 다른 것이 아닌 것(*De non-aliud*). 조규홍 역. 서울: 나남.

Kuhn, T. S. (2012). 과학혁명의 구조(*The Structure of Scientific Revolution*). 김명자 역. 서울: 까치.

Kumpera, J. (1992). "Comenius: Between Hagiography and Historiography. Reflections on the Changing Image of the Czech Reformer." *Johannes Amos Comenius(1592-1670) Exponent of European Culture?* P. van Vliet & A. J. Vanderjagt editors. 41-45.

Lang, O. H. (1891). *Comenius His Life and Principles of Education*. New York: E. L. Kellogg & Co.

Laurie, S. S. (1893). *John Amos Comenius, bishop of the Moravians: His life and educational works*. Cambridge: University Press.

MacIntyre, A. C. (1984). *After Virtue. A Study in Moral Theory*. Indiana: University of Notre Dame Press Notre Dame.

MacIntyre, A. C. (2012). "공리주의를 넘어서(Against Utilitarianism)". 교육목적의 철학. 이병승 역. 서울: 강현출판사. 15-44.

Manuel, F. E., & Manuel, F. P. (1979). *Utopian Thought in the Western World*. Cambridge, Mass.: Harvard University Press.

Merriam, S. B. (2009). 성인학습론(*Learning in Adulthood*). 기영화, 홍성화, 조윤정, 김선주 역. 서울: 아카데미프레스.

Monroe, W. S. (1907). *Comenius and the beginnings of educational reform*. New York: C. Scribner's sons.

More, T. (2012). 유토피아(*Utopia*). 주경철 역. 서울: 을유문화사.

Mrštíková, D. (2010). *Univerzita Pardubice Fakulta Filozofická*. Ke Komenského pojetí politiky. Bakalářská práce.

Müller, K. (1988/1998). Caspar Olevian – Reformator aus Leidenschaft: zum 400. Todestag am 15. März 1987, in: *Monatshefte für Evangelische Kirchengeschichte des Rheinlandes*. Jahrgang 37/38. S. 13–138.

Mumford, L. (2010). 유토피아 이야기(*The Story of Utopias*). 박홍규 역. 서울: 텍스트.

Murphy, D. (1995). *Comenius: A critical reassessment of his life and work*. Cambridge: Cambridge University Press.

Nasr, R. T. (2001). 전인교육의 이론과 실제(*Whole Education: A New Direction to Fill the Relevance Gap*). 강선보, 정윤경, 고미숙 공역. 서울: 원미사.

Pánek, J. (1991). *Comenius Teacher of Nations*. Východoslovenské Vydavatel'stvo, Kosice, Orbis, Prague.

Parry, D. (2011a). The Manifold Wisdom of Jan Amos Comenius(1592-1670). *The Renaissance Society of America*, Montreal, March. 1-11.

Parry, D. (2011b). The Trivium the Trinity and the Theory of Everything: Education, Rhetoric and Religion in the works of Jan Amos Comenius and Martin Fotherby. *The biennial conference of the International Society of the History of Rhetoric held in Bologna*, Italy, in July. 1-11.

Peters. R. S. (1980). 윤리학과 교육(*Ethics and Education*). 이홍우 역. 서울: 교육과학사.

Piaget, J. (1980). 현대학문체계와 그 얽물림(*Main Trends in Interdisciplinary Research*). 오세철 역. 서울: 연세대학교출판부.

Piaget, J. (1990). "구조와 구조주의(Structure and structuralism)". 구조주의 이론. 김태수 엮음. 서울: 인간사랑. 17-142.

Piaget, J. (1999). *Jan Amos Comenius, 1592-1670*, UNESCO, International Bureau of Education, p. 1-22.

Platon. (2006). 소크라테스의 변명. 원창화 역. 서울: 홍신문화사.

Platon. (2010). 메논(*Menon*). 이상인 역. 서울: 이제이북스.

Polanyi, M. (1974). *Personal Knowledge, towards a Post-Critical Philosophy*. Chicago: University of Chicago Press.

Reble, A. (2002). 서양교육사(*Geschichte der Padagogik*). 정영근, 임상록, 김미환, 최종인 역. 문음사.

Rood, W. (1970). *Comenius and Low Countries*. Amsterdam: Van Gendt & Co.

Sadler, J. E. (1969). *Comenius*. London: The Macmillan Company.

Sadler, J. A. (2007). *J. A. Comenius and the Concept of Universal Education*. New York: Barnse & Noble, Inc.

Schadel, E. (2008). *Trinität als Archetyp? Erläuterungen zu C. G. Jung, Hegel und Augustinus*. Published by Frankfurt am Main, Berlin, Bern, Bruxelles, New York, Oxford, Wien.

Seung, T. K. (2009). 구조주의와 해석학(*Structuralism and Hermeneutics*). 나경수 역. 광주: 전남대학교출판부.

Spinka, M. (1943). *John Amos Comenius: That Incomparable Moravian*. Chicago: University of Chicago Press.

Uher, B. (1991). "The Educational Work of J. A. Comenius in the Textbooks of History of Pedagogy" *Homage to J. A. Comenius*. Pešková, J. J. Cach, and M. Svatoš, eds. Prague. 357-363.

Van der Linde, J. M. (1999). 미래를 가진 하나님의 세계(*Die Welt hat Zukunft*). 정일웅 역. 서울: 여수룬.

Van Peursen, C. A. (1985). 몸, 영혼, 정신(*Lichaam, ziel, geest: Inleiding tot een wijsgerige antropologie*). 손봉호, 강영안 역. 서울: 서광사.

Van Vliet, P. (1994). "The Utopian Ideas of Comenius and the Dutch Republic. An Uneasy Relation" *Johannes Amos Comenius(1592-1670) Exponent of European Culture?* Edited by P. Van Vliet and A. J. Vanderjagt. North-Holland, Amsterdam/Oxford/New York/Tokyo. 85-92.

Von Criegern, H. F. (1881). *Johann Amos Comenius Als Theolog: Ein Beitrag zur Comeniusliteratur*. Leipzig & Heidelberg.

Walker, W. (1996). 기독교회사(*History of the Christian Church*). 송인설 역. 서울: 크리스찬다이제스트.

Whitehead, A. N. (2007). 교육의 목적(*Aims of Education and Other Essays*). 오영환 역. 서울: 궁리.

Wilson, E. O. (2005). 통섭: 지식의 대통합(*Consilience: The Unity of Knowledge*). 최재천, 장대익 역. 서울: 사이언스북스.

Wooten, K. C. (2009). *Johan Amos Comenius "Organic" Education*, University of Tennessee Honor Thesis Project. http://trace.tennessee.edu/utk_chanhonoproj/1339. 1-37.

Wringe, C. (2013). 교육목적론(*Understanding Education Aims*). 김정래 역. 서울: 학지사.

Yates, F. A. (1982). "르네쌍스 과학에서의 헤르메티씨즘 전통(The Hermetic in Renaissance Science)". 역사 속의 과학. 김영식 편. 서울: 창작과비평사. 88-113.

찾아보기

## 인 명

**강**선보 39, 131, 175, 224, 297, 329, 340, 342, 346, 352, 359, 360, 376, 407

강영안 24, 26, 402, 403, 404, 406, 409, 410

김기숙 39, 41, 105, 117, 118

**변**영계 383

**송**인규 24, 25, 27

승계호 24, 139

신득렬 337

**오**영환 141, 411

오인탁 23, 28, 32, 34, 39, 44, 93, 117,

275, 276

오춘희 30, 31, 32, 33, 34, 35, 36, 37, 39, 40, 66, 67, 68, 70, 77, 85, 87, 88, 89, 90, 91, 116, 124, 134, 156, 165, 166, 179, 197, 203, 233, 255, 327, 396, 407, 409

이달우 25, 402

이병승 26, 39, 40, 203, 275, 295, 335, 340, 346, 352, 359, 360, 403

이숙종 29, 37, 39, 57, 68, 74, 78, 88, 90, 116, 255, 275, 361, 372, 373, 396

이홍우 140, 143, 335, 336

**정**일웅 29, 32, 39, 105, 115, 275, 347,

396, 398, 412

**최**진경 29, 36, 37, 39, 41, 70, 74, 78, 79, 117, 118, 120, 204, 205, 259, 278, 309, 351, 391, 394, 396

**A**damson, J. W. 86
Adler, M. J. 28, 57, 337, 339, 340, 353, 378
Alsted, J. H. 67, 68, 74, 85
Althusius, J. 68
Andreae, J. V. 58, 61, 63
Aristoteles 26, 57, 58, 66, 76, 77, 126, 268, 344, 407
Augustinus, A. 37, 46, 74, 75, 76, 77, 78, 94, 106, 107, 108, 109, 122, 124, 128, 129, 156, 157, 159, 160, 161, 162, 163, 164, 395, 342, 167, 410, 423

**B**acon, F. 29, 58, 61, 64, 65, 66, 76, 77, 85, 86, 324, 398, 408
Basedow, J. B. 324, 325, 326
Beck, G. A. 335
Bollnow, F. 325, 327
Bonaventure, St. 46, 161, 162, 163, 164, 423
Bowen, J. 259
Boyd, W. 29

Brady, L. 336
Brambora, J. 89
Brubacher, J. 340
Bruner, J. S. 46, 139, 140, 141, 142, 143, 158, 167, 194
Butler, N. M. 324, 409

**C**alvin, J. 68, 74, 78
Campagnac, E. T. 129, 130
Campanella, T. 37, 58, 60, 62, 63, 76, 85, 86
Cassirer, E. 163, 164, 165
Čapková, D. 29, 179, 260
Chelčický, P. von 79
Christ 347, 407, 423, 424, 425, 434, 438
Chung, M. 115
Cicero, M. T. 72, 76, 77, 114
Cipro, M. 324, 325, 409
Clauser, J. K. 58, 409
Collier, J. 89
Copernicus, N. 324
Craig, D. A. 419
Cusanus, N. 37, 46, 163, 164, 165, 423

**D**aedalus 23
Derrida, J. 24
Descartes, R. 23, 24, 29, 30, 115, 324, 398, 402, 405, 406, 409, 434

Dewey, J. 29, 325, 336

Dieterich, V.-J. 31, 36, 37, 62, 79, 89, 90, 91, 110, 156, 180, 198, 277, 326, 327, 328, 347, 405, 408

Dilthey, W. 34, 43, 44, 323, 324, 327, 409

Dobbie, A. M. O. 75

Erasmus, D. 74

Foltýn, T. 38

Fortius, J. 401

Fotherby, M. 38

Foucault, M. 67, 145, 172, 179, 206, 207

Francke, A. H. 325

Fröbel, F. 324, 325, 326

Gadamer, H. G. 410

Glover, G. 321

Goethe, J. W. V. 255

Gowin, D. B. 139

Großmann, K. 71, 262, 266, 268

Hamlyn, D. W. 142, 143, 146, 147, 148, 149, 158

Hanus, P. H. 203

Hartlib, S. 88

Hartmann, P. 90

Herbart, J. F. 43, 323, 325, 335. 340

Herder, J. G. V. 32, 34, 325, 409

Hofmann, F. 37, 327, 409, 419

Hooykaas, R. 64, 65, 66

Humboldt, K. W. 325

Hus, J. 74, 78, 79

Hutchins, R. M. 337, 338, 353

Jelinek, V. 214, 367

Kant, I. 34

Keatinge, M. W. 42, 216, 343

Kerschensteiner, G. 325

Klima, G. V. 170, 326

Kues, N. Von 163, 164

Kuhn, T. S. 410

Kvacala, J. 69, 325, 409

Lang, O. H. 323, 324

Lauremberg, P. 69, 86

Laurie, S. S. 216, 259

Leibniz, G. W. 409

Lerando, L. Z. 171, 326

Levi Strauss, C. 191

Locke, J. 325

Luther, M. 29, 74, 78, 325

MacIntyre, A. 24, 26, 335, 413

Melanchton, P. 325

Merleu-Ponty, M. 403

Meumann, E. 325

Montessori, C. 325

More, T. 58, 59, 62, 63

Mumford, L. 60, 61, 63

Murphy, D. 67, 85, 367


Nasr, R. T. 28

Natorp, P. 325

Newton, I. 324

Nigrin, C. W. 90, 171

Nohl, H. 325


Olevianus, C. 68


Pánek, J. 236, 367

Pareus, D. 74

Parry, D. 38, 321

Patočka, J. 35, 89, 165

Patricius, F. 86

Pestalozzi, J. H. 43, 324, 325, 326

Peters, R. S. 335, 336

Phenix, P. H. 359

Piaget, J. 46, 139, 140, 142, 143, 144,
 145, 146, 147, 148, 149, 155, 156, 157,
 158, 165, 166, 178, 260, 422, 423

Piscator, J. 68

Platon 43, 58, 60, 76, 147, 216, 323, 364,
 365, 397

Plotinus 156, 157

Polanyi, M. 27, 403, 404, 405, 406, 409,
 410, 435


Quarles, F. 321


Ratke, W. 324, 325

Reble, A. 239

Ricoeur, P. 191, 192

Rousseau, J. J. 325


Sadler, J. E. 32, 60, 69, 85, 179, 260,
 261, 262

Saettler, P. 383

Saussure, F. D. 260

Schadel, E. 37, 106, 124

Schaller, K. 35, 90, 117, 118, 129, 233,
 291, 409, 412

Schleiermacher, F. 23, 26, 34, 325

Schröer, H. 37, 71, 262, 266, 268

Seneca, L. A. 75, 76, 77, 216

Socrates 43, 147, 189, 323, 364, 397

Spinka, M. 31, 87

Spranger, E. 325

Štverák, V. 324


Trapp, E. C. 325

Tyler, R. W.  336

Uher, B.  324, 325

Van der Linde, J. M.  63, 74, 75, 93, 118,
    119, 127, 156, 167, 179, 259, 263
Van Peursen, C. A.  28
Van Vliet, P.  137
Von Criegern, H. F.  36

Vygotsky, L. S.  158

Walker, W.  161
Whitehead, A. N.  350, 411
Wooten, K .C.  259, 268, 269
Wringe, C.  338, 340, 342

Yates, F. A.  55

## 내용

3+3 구조  286
3+3 형식  284, 289, 290, 295, 296, 298,
    428
30년 전쟁  440
3학  38, 220
4과  220
8단계 학교  281, 292, 294, 295, 352, 388

UNESCO  35

가능성  28, 62, 90, 147, 168, 204, 212,
    224, 236, 280, 281, 286, 287, 288, 296,
    323, 338, 351, 387, 390, 425, 430, 437,
    440
가능의 세계  123, 363, 365, 366

가르치는 자  337, 346, 361, 399
가정공동체  263, 368
갈라디아서 3:19  175
감각 경험  407
감각기관  231, 244, 246, 400, 401
감각적 경험  65, 393
감각적 교수방법  435
감각적 배움  269
객관주의  24, 27, 30, 403, 404, 405, 410,
    434
거룩한 종교회의  416, 436
경험주의  29, 34
계시의 책(성경)  266, 288, 309, 369
계열성  360, 361
고린도전서 1:20-25  94

고린도전서 1:24 94

고백록 75, 106, 160, 161

골로새서 1:20 113

골로새서 1:27-28 114

골로새서 1:27-29 113

골로새서 1:28 45, 72, 92, 93, 95, 105,
　　112, 113, 114, 115, 119, 120, 127, 154,
　　421

골로새서 2:3 95

공시적 구조 260, 264, 265, 306, 311, 313

과학백과사전 67, 85

과학자의 정열 404

과학적 지식 27, 404, 406

과학주의 403

과학지식 61

관념인식 394

관찰 64, 65, 67, 68, 72, 85, 173, 366, 385,
　　402, 403, 404, 410

교과의 구조 140, 158, 194

교수・학습 25, 37, 198, 205, 206, 207,
　　209, 214, 217, 223, 224, 225, 303, 304,
　　348, 360, 384, 385, 390, 405, 425, 426,
　　428, 429

교수・학습 규칙 313

교수법 33, 197, 204, 206, 207, 208, 214,
　　219, 224, 225, 324, 347, 388, 392, 395,
　　399, 401, 407, 434

교수학 33, 34, 70, 87, 89, 185, 196, 203

교수학전집 33, 35, 185, 201, 301, 317

교육객체 47, 128, 359, 361, 362, 368

교육공학 383, 384, 387

교육내용의 계열성 376, 433, 439

교육내용의 균형성 375, 433

교육내용의 연속성 373, 432, 439

교육내용의 응집성 374, 375, 432, 433

교육내용의 통합성 373, 432

교육내용의 포괄성 377, 433

교육목적론 245, 284, 294, 295, 297, 307,
　　351, 427, 428

교육방법론 198, 294, 295, 297, 298, 307,
　　398, 401, 428, 429, 433, 434

교육실행단계 307

교육에 의한 180, 330, 440

교육을 위한 180, 330, 440

교육의 주체 47, 115, 244, 328, 330, 335,
　　336, 346, 347, 348, 350, 351, 387, 431,
　　438

교육적 요소 46, 430, 439

교육적 체계 180, 424

교육적 헌신 440

교육적 희망 437, 439, 440

교육철학 284

교육학 25, 30, 36, 41, 43, 44, 203, 312,
　　327

교육학의 대가 34, 43, 44, 323

교회개혁 79

구조 있는 발생 146, 147, 148, 158

구획화 25

국가공동체 263, 368

궁극적인 목적 93, 118, 126, 191, 239, 329, 341, 343, 344, 364, 381

귀납법의 한계 408

귀납적 방법 398

규칙 130, 172, 207, 208, 215, 216, 217, 218, 219, 221, 224, 226, 247, 293, 304, 396, 397, 399, 400, 401, 402, 406, 426, 429, 434

균형성 227, 337, 340, 341, 352, 361, 376, 426, 439

그리스도 21, 27, 72, 78, 79, 80, 87, 92, 93, 94, 95, 113, 114, 119, 121, 122, 123, 126, 127, 130, 134, 156, 162, 175, 180, 309, 341, 430

극단화 25

기독교 국가 61, 62, 63


나선형 297, 301, 310, 313, 428, 439

내재적 목적 335, 340

내적인 빛 132, 167

노년기학교 281, 292, 294, 378, 390

놀이학교 90, 255

뉘른베르크 253, 257


단일성 130, 157, 340

닮음 179, 207

대개혁 66, 85

대교수학 38, 39, 40, 42, 44, 45, 46, 87, 185, 194, 195, 196, 197, 198, 201, 203, 204, 205, 207, 208, 209, 211, 213, 214, 215, 216, 217, 219, 220, 221, 223, 224, 225, 226, 227, 250, 275, 297, 301, 303, 304, 307, 308, 309, 310, 311, 313, 337, 341, 347, 349, 361, 373, 381, 392, 396, 408, 425, 426, 427, 428, 429, 432

덕성 59, 61, 177, 178, 207, 209, 210, 211, 212, 213, 216, 217, 218, 220, 221, 222, 223, 224, 225, 226, 286, 288, 296, 297, 298, 304, 310, 311, 313, 329, 342, 344, 349, 353, 361, 366, 373, 389, 394, 408, 424, 428, 431, 432, 439

도덕 교수법 216, 217, 218, 224

도덕의 세계 123, 363, 366

도덕철학 261, 263, 368

도야재 359

독수리 357


로고스 365

로마서 11:36 45, 93, 105, 106, 107, 108, 110, 111, 117, 120, 122, 124, 126, 154, 166, 421, 422

로마서 16:27 98

루터주의 74

**마**가복음 16:15 114

마르크스주의 34

마태복음 12:42 94

마태복음 28:19 114

매개물 166, 359

매력성 390, 401

메논 147

명료성 337, 338, 351

모방 214, 219, 286, 366, 385, 394, 399,
　　401, 406, 434

모범 21, 223, 273, 280, 282, 283, 288,
　　293, 296, 347, 370, 389, 392, 394, 396,
　　397, 399, 400, 401, 406, 434

목적성 117, 118, 122, 126, 127, 129, 154,
　　155, 156, 178, 328, 422, 424, 438

무엇에 의해 345, 412

무엇을 위해 345, 398, 412

문화공동체 263, 368

문화명령 173

문화현상 191

미로 21, 23, 419, 437, 439, 440

민수기 11:29b 114

믿음 26, 27, 47, 70, 79, 80, 162, 333, 365,
　　406, 407, 408, 409, 410, 415, 416, 434,
　　435, 440

믿음의 눈 357

믿음의 프로그램 27, 409

**반**과학주의 24

반이성주의 24

발달단계 116, 142, 143, 146, 157, 223,
　　374

발생 없는 구조 146, 147, 156

방법론적 일원 402

방법론적 증후군 402

방법서설 402

방법에 대한 맹신주의 402

백과전서주의 64, 66, 67, 70

범교재 47, 96, 112, 198, 206, 235, 236,
　　245, 246, 247, 248, 277, 281, 286, 287,
　　288, 289, 290, 291, 295, 296, 297, 313,
　　362, 368, 370, 376, 377, 387, 388, 433

범대학 112, 130, 235, 236, 248

범언어 130, 233, 235, 236, 238, 240, 248,
　　371, 414, 427, 436

범위 28, 120, 152, 154, 238, 239, 241,
　　246, 248, 329, 361, 421

범정치 416

범조화 131, 234

범종교 416

범지인 38, 97, 283, 307, 387, 439

범지주의 45, 57, 63, 64, 68, 69, 70, 85

범지혜 혹은 교육철학 69

범철학 416

범학교 198, 235, 236, 247, 248, 277, 281,
　　286, 287, 288, 289, 290, 291, 295, 296,

297, 376, 387, 388, 433

베이컨주의 58, 64, 65, 66, 70

변형 145, 155, 156, 422

병행주의 37, 178, 179, 311, 439

보편성 29, 114, 127, 212, 268

보편적인 것 337

보헤미아 78, 79

본질 28, 47, 69, 86, 94, 105, 106, 107, 110, 118, 120, 123, 124, 127, 142, 154, 159, 161, 212, 225, 243, 267, 328, 340, 345, 367, 369, 405, 427, 434

부엉이 357

분리주의 19, 30

분별 381

분석 37, 46, 69, 178, 192, 193, 195, 288, 290, 303, 392, 396, 397, 398

분석교수학 57, 214, 304, 404

비교연결 46, 116, 192, 193, 195, 288, 290, 296, 303, 312, 313, 392, 396, 397, 398, 407

비교인식 393, 394

비둘기 357

빛의 길 44, 45, 46, 75, 76, 77, 89, 96, 98, 99, 110, 112, 113, 130, 132, 152, 185, 195, 196, 197, 198, 231, 233, 234, 235, 236, 237, 238, 240, 241, 242, 245, 246, 248, 249, 250, 305, 306, 307, 308, 309, 310, 311, 312, 313, 333, 348, 349, 350,

353, 361, 362, 363, 365, 368, 372, 408, 425, 426, 427, 429

빛의 대학 416, 436

빛의 삼원색 414

**사**망기학교 281, 292, 294, 295, 376, 378, 388, 433

사물의 극장 87

사물의 문 88, 171

사역의 질서 149, 152

사용 57, 286, 288, 290, 296, 298, 311, 373, 392, 397, 412, 413, 432, 439

사회공동체 263, 368

삼분법 116, 124, 125, 167, 194, 195, 297, 423

삼원론 38

삼원성 36, 98, 122, 124, 125, 129, 154, 155, 157, 158, 167, 172, 176, 177, 178, 267, 311, 328, 422, 423, 424, 427, 438, 439

삼위일체 37, 38, 60, 94, 98, 106, 107, 108, 109, 110, 111, 116, 117, 120, 121, 122, 124, 125, 127, 129, 131, 133, 154, 156, 157, 159, 160, 161, 162, 163, 164, 166, 167, 170, 172, 175, 177, 178, 239, 240, 328, 421, 422, 423, 424, 438

삼위일체론 37, 106, 107, 116, 160

삼일성 37, 106, 124, 125, 128, 159, 164,

167, 172, 176, 177, 178, 311, 423, 424

삼중구조 38, 105, 161, 297, 428

삼중성 38, 124, 125

삼중의 거처 343

삼중직 38

상대주의 24, 26

새로운 철학 64, 65, 243

샤로슈퍼터크 90, 196, 255

성경 30, 38, 45, 57, 62, 66, 67, 68, 70, 71, 72, 73, 75, 78, 79, 86, 87, 92, 93, 94, 96, 107, 114, 119, 120, 132, 133, 156, 162, 163, 167, 168, 206, 217, 231, 240, 242, 244, 246, 247, 248, 288, 293, 296, 298, 311, 353, 357, 373, 396, 415, 423, 431, 432, 439

세계 최초의 그림 교과서 31

세계관 27, 34, 55, 67, 265, 323, 340, 407, 434, 437

세계도회 31, 40, 44, 45, 46, 55, 57, 90, 120, 122, 123, 168, 173, 185, 195, 196, 197, 198, 253, 255, 256, 257, 258, 259, 260, 261, 262, 263, 264, 265, 266, 267, 268, 269, 303, 306, 307, 308, 309, 310, 311, 312, 313, 350, 367, 368, 373, 374, 375, 377, 381, 407, 409, 425, 427, 429, 432, 433, 435

소시니파 156

소피아 45, 85, 92, 94, 95, 105

솔로몬의 전당 86

수업목표 338, 383

스콜라신학 64, 67

스콜라적 347

스콜라철학 347

시각화 42, 43, 46

신성4문자 168, 170

신속성 399, 401, 433

신아틀란티스 58, 85, 86

신앙 33, 55, 60, 64, 70, 78, 79, 86, 88, 106, 130, 131, 132, 177, 209, 210, 211, 212, 213, 216, 218, 220, 221, 222, 223, 224, 225, 239, 244, 285, 286, 288, 293, 297, 310, 313, 328, 329, 344, 349, 357, 361, 364, 372, 390, 392, 393, 394, 405, 407, 408, 424, 428

신앙 교수법 218

신앙교육 212, 217, 218, 225, 390, 426

신의 도성 75

신적 지혜 95, 333, 353

신플라톤주의 35, 69, 145, 156

실습 219, 288, 293, 385, 396

실천 79, 162, 207, 209, 218, 223, 241, 244, 285, 286, 296, 345, 354, 362, 363, 365, 384, 387, 399, 400, 401, 412, 413, 432, 437, 439

실천적 교수법 224

실천적 교육제도 303

실천적 권위 72

실천적 방법 224

실천적 지식 57

싫증 399, 400


**아**동기학교 281, 292, 294, 389

아리스토텔레스주의 24

알파 93, 110

앎에 이르는 세 단계 57, 346, 412

암묵지 410

어머니학교의 소식 392

언어 교수법 216, 217, 218

언어의 문 21, 55, 173, 174, 189, 231, 253

엘리야의 경고 90

엘빙 90

연결고리 141, 180, 192, 204, 205, 206,
  207, 213, 215, 218, 219, 222, 223, 226,
  227, 234, 235, 236, 238, 249, 250, 262,
  263, 264, 269, 281, 282, 287, 291, 294,
  295, 297, 308, 309, 311, 313, 351, 387,
  406, 426, 427, 428, 430, 434

연속성 141, 360, 361, 373, 374

열려진 언어의 문 31, 87, 333, 367, 395

영원성 122, 123, 124, 129, 154, 155, 170,
  178, 287, 308, 313, 328, 421, 422, 424,
  438

영원의 세계 123, 363

영원한 것 123, 124, 210, 242, 244, 292,
  294, 308, 363, 365, 429

영원한 빛 132, 167

영적인 세계 123, 363, 366

예술 24, 57, 68, 86, 177, 185, 241, 244,
  246, 261, 362, 363, 364, 369, 403

오르비스 센수알리움 픽투스 264

오메가 93, 110

옴네스 72, 93, 209

옴니노 72, 93, 209

옴니아 72, 93, 209

완전성 45, 47, 93, 117, 118, 119, 120,
  121, 122, 126, 153, 154, 155, 164, 168,
  170, 179, 280, 285, 286, 290, 328, 344,
  371, 373, 421

완전한 방법 386

왕립학회 237, 238, 245

외부의 빛 167

외재적 목적 335, 340

요한 아모스 코메니우스의 판소피아 작
  품 419

요엘 2:28a 114

욥기 38:24 231

용이성 236, 280, 281, 286, 287, 288, 296,
  351, 387, 390, 440

우주적 지식의 패턴 89

원형의 세계 123, 363, 365, 366

유네스코 324

유아기학교 281, 292, 293, 378, 390

유일성 106, 120, 124, 157, 159

유토피아 45, 57, 58, 59, 60, 61, 62, 63

의심 406, 434

이교도 205, 216

이데아 130, 394

이론 30, 35, 38, 57, 146, 209, 246, 288, 293, 296, 298, 311, 345, 354, 373, 383, 384, 387, 392, 397, 412, 431, 439

이론적 원리 205, 206, 208, 214, 224

이론적 지식 57, 386

이론적 토대 70, 291

이성의 책 163, 246, 248, 266, 285, 296, 309, 369, 438

이신론 157

이원론 28, 115

인간 생명의 삼중성 211

인간개선에 관한 일반담론 32, 34, 35, 44, 45, 90, 91, 110, 119, 197, 234, 250, 273, 275, 295, 312, 317

인간의 교육적 역할 47, 179, 304, 311, 330, 438, 440

인간의 본성 177, 297, 337, 353, 373, 400, 405, 428, 431, 432, 439

인간의 선천적인 12욕구 286

인간의 이성 32, 60, 132, 267, 405, 434

인간의 타락 62, 263, 264

인간의 학교 238, 239, 242, 310, 313, 349

인격성 24, 47, 99, 177, 337, 351, 403, 421, 431, 434, 438

인격적 주체 404

인격적 지식 27, 404

인격적인 방법 392, 394

인공의 세계 123, 363, 366

인지발달 147

일관성 178, 227, 336, 337, 338, 339, 340, 352, 426, 431, 439

일반담론 32, 63, 75, 233

일체지 29

입체적 특성 151, 180, 301, 310, 311


**자**연신학 357

자연의 세계 123, 363, 365, 366

자연의 질서 116, 134, 205, 206, 207, 214, 225, 226, 246, 304, 373, 396, 426, 428, 432

자연의 책 66, 131, 163, 246, 248, 266, 285, 296, 309, 313, 369, 438

자연의 학교 238, 239, 240, 242, 310, 313, 349

자연적인 방법 392

자연철학 58, 263, 368

자연학 42, 57, 220, 222, 226, 288

자연학 개론 58, 88, 93, 109

자율통제 145, 155, 422

잠언 1:7 73

잠언 8:22-23 94

장년기학교 281, 292, 294, 295, 378, 389

장애인 345, 351, 377, 378, 431, 433

적용 21, 47, 134, 141, 143, 193, 206, 223, 225, 236, 293, 307, 411, 414, 435, 436

적용 61, 65

전인교육 28

전체 388

전체성 25, 26, 28, 29, 30, 32, 33, 34, 37, 38, 40, 41, 42, 45, 47, 63, 64, 70, 93, 97, 105, 112, 114, 117, 118, 119, 120, 121, 127, 128, 129, 130, 145, 151, 153, 154, 155, 168, 170, 180, 227, 266, 268, 275, 311, 328, 336, 352, 387, 398, 421, 422, 426, 427

전체적 체계 86, 145

절대적인 것 121, 337

조화 25, 28, 38, 68, 70, 77, 116, 117, 129, 130, 131, 133, 146, 154, 155, 179, 247, 286, 329, 396, 407, 422, 436

존재의 근원 97, 122, 124, 180, 366, 388, 421, 422

존재의 목적 71, 105, 122, 127, 345, 388, 422

존재의 방법 366, 373, 388

존재의 질서 149

종교개혁 64, 74, 78

종교적 신앙 26, 57

종교적 진리 64

종교적 측면 36

종합 46, 67, 69, 178, 192, 193, 195, 288, 290, 296, 303, 392, 396, 397, 398

주관주의 24, 27, 30

주체의 죽음 403

중보자 175, 309, 423, 424, 425, 438

즐거움 213, 342, 400, 401, 434

지혜의 삼각형 37, 171

직관인식 393, 394

질서 38, 45, 46, 62, 71, 99, 109, 116, 117, 118, 128, 129, 131, 133, 154, 155, 178, 193, 198, 205, 206, 207, 208, 213, 219, 223, 226, 238, 246, 247, 298, 306, 307, 329, 345, 368, 370, 372, 422, 425, 426, 428

**창**세기 1:1 159

창세기 1:3 72

창세기 1:6 72

창세기 1:9 72

창세기 1:26 72

창세기 1:26a 172

창세기 1:26b 172

창세기 1:27 72, 160

창세기 2:7 172

창세기 2:15 72, 173

창세기 2:19a 72, 172

창세기 2:19b 72, 172

천사의 세계 123, 292, 294, 363, 365, 366

천체의 왕관 301

철저성 99, 214, 224, 401, 438

철저한 방법 47, 392, 396, 434

청교도주의 65

청년기학교 281

청소년기학교 281, 292, 294, 378, 390

체벌 392, 395, 396

체제 206, 340, 384

최후의 심판 261, 263, 368, 407, 434

칭의 79


**칼**뱅주의 74

코메니우스 학회 34

코메니우스의 판소피아 30, 37, 39, 40,
    41, 42, 43, 45, 57, 73, 75, 85, 90, 95,
    109, 123, 124, 127, 156, 157, 158, 175,
    179, 195, 196, 198, 233, 266, 267, 275,
    326, 341, 377, 386, 387, 411, 419, 421,
    433, 435, 437, 440

코메니우스의 판소피아 사상 37


**탁**월성 210, 212, 344, 349, 408

탈인격화 403

태아기학교 281, 292, 293, 294, 378, 388,
    433

태양의 나라 60

텔로스 26, 126

통시적 구조 260, 306, 308, 313

통일 28, 62, 63, 99, 128, 129, 130, 131,
    154, 155, 160, 178, 323, 329, 421, 422

통전성 24, 25, 29, 117, 151, 180, 268,
    269, 336, 427, 440

통찰력 285, 289, 290, 296, 391, 397, 424

통합성 360, 361, 372, 384, 427, 434

트리에르티움 카톨리쿰 37, 170, 171,
    326


**파**이드로스 397

파편화 24, 25

판글로티아 92, 249, 250, 413, 414, 435,
    436

판누테시아 92

판도그마티아 246, 248, 370

판소피아 구조의 기원 153, 154, 158

판소피아 서설 238

판소피아 시도의 설명 89

판소피아 실제 사전 96, 149

판소피아 특성 30, 46, 97, 105, 116, 117,
    118, 119, 120, 121, 127, 130, 153, 154,
    155, 168, 328, 421, 423

판소피아의 선구자 44, 45, 88, 89, 110,
    120, 170, 321, 419

판소피아의 형태 363

판아우기아 69, 91, 234, 236, 250

판에게르시아 91

판오르토시아 37, 92, 250, 413, 414, 416,
　435

판탁시아 91, 110, 111, 122, 250, 363,
　365, 413, 414

판히스토리아 246, 248, 369

팜비블리아 368

팜패디아 42, 44, 45, 46, 47, 72, 75, 91,
　92, 113, 114, 115, 127, 130, 185, 195,
　197, 198, 206, 209, 244, 245, 250, 273,
　275, 276, 277, 278, 279, 280, 282, 283,
　284, 285, 287, 288, 289, 290, 291, 293,
　295, 296, 297, 298, 303, 304, 305, 307,
　308, 309, 310, 311, 312, 313, 317, 327,
　341, 344, 345, 350, 351, 352, 361, 364,
　368, 370, 373, 386, 387, 388, 389, 390,
　391, 392, 398, 408, 413, 414, 425, 427,
　428, 429, 430, 432, 433, 435, 436

패러다임 410

평생교육 378

평생교육적 체계 378

평화 재판소 416, 436

평화개혁자 32

평화교육 35

포스트모던 26

프랑켄 고아원 34

프로타고라스 364

필요성 46, 191, 193, 194, 205, 206, 207,
　208, 210, 212, 213, 215, 236, 239, 247,
　249, 255, 259, 280, 281, 285, 287, 288,
　296, 351, 390, 437, 440

필요한 한 가지 21, 23, 73, 127, 166


**하**나님 나라 209

하나님의 섭리 263, 264, 285, 368, 407,
　435

하나님의 학교 238, 239, 240, 242, 249,
　310, 348, 349, 426

하위목적 343, 344, 349

하이델베르크 74

학교개혁 210, 216

학교의 개혁 44, 69, 89, 97, 168, 170, 205,
　212, 321, 415, 436

학교제도 144, 204, 207, 208, 219, 220,
　221, 223, 224, 225, 226, 304, 307, 426,
　429

학문의 진보 65, 66

학습자의 흥미 392, 405

해체주의 24

행복 59, 108, 122, 123, 127, 132, 213,
　238, 243, 245, 341, 342, 344

허무주의 26

헤르보른 67, 74, 85

헤브라이즘 77

헬레니즘 77, 78

형제연합교회 74, 78, 89, 419, 440

환경교육 35

활용 221, 246, 383, 384, 399, 400, 411

회의주의 410

효과성 390, 401

효율성 323, 338, 390, 401, 430, 437

훈육 78, 79, 205, 206, 208, 219, 222, 223, 392, 396

훈육의 방법 396

히브리서 8:6 175

# 저자 소개

## 나현규(Na Hyunkyu)

총신대학교 종교교육과를 졸업하고, 총신대학교 신학대학원(M.Div)을 거쳐, 일반대학원에서 구약학(Th.M)을 전공했다. 이후 공주대학교 대학원에서 교육철학 전공으로 박사학위(Ph.D)를 받았다. 현재 대한예수교장로회 총회교육진흥원에서 연구원으로 재직 중이다. 저서 및 역서로는 『메타 크리스토스』(공저, 대한예수교장로회총회, 2009), 『청년, 거룩함으로 초대』(공저, 대한예수교장로회총회, 2010), 『교육, 자율성 그리고 비판적 사고(Education, Autonomy and Critical Thinking)』(공역, 공감플러스, 2015) 등이 있고, 논문으로는 「'대교수학(Didactica Magna)'의 구조를 통해 본 코메니우스의 교수학습 원리 탐구」(2011), 「'팜패디아(Pampaedia)'의 구조를 통해 본 코메니우스의 교육목적론 탐구」(2012)가 있다.

# 판소피아와 교육
## Pansophia & Education

2015년 9월 25일 1판 1쇄 발행
2016년 9월 20일 1판 2쇄 발행

지은이 • 나 현 규
펴낸이 • 김 진 환
펴낸곳 • (주) **학지사**
　　　　04031 서울특별시 마포구 양화로 15길 20 마인드월드빌딩 5층

대표전화 • 02) 330-5114　　팩스 • 02) 324-2345

등록번호 • 제313-2006-000265호

홈페이지 • http://www.hakjisa.co.kr
페이스북 • https://www.facebook.com/hakjisabook

ISBN 978-89-997-0787-2 93370

정가 20,000원

이 도서의 국립중앙도서관 출판시도서목록(CIP)은 서지정보유통지원시스템
홈페이지(http://seoji.nl.go.kr)와 국가자료공동목록시스템(http://www.nl.go.kr/kolisnet)
에서 이용하실 수 있습니다.
(CIP제어번호: CIP2015023662)

교육문화출판미디어그룹 **학지사**

학술논문서비스 **뉴논문** www.newnonmun.com
심리검사연구소 **인싸이트** www.inpsyt.co.kr
원격교육연수원 **카운피아** www.counpia.com